辽宁文化发展形势分析与预测

(2011—2012)

LIAONING WENHUA FAZHAN XINGSHI FENXI YU YUCE

孙洪敏　牟　岱 ◎ 主　编

张思宁　徐明君 ◎ 副主编

人民出版社

序 言

孙洪敏

　　文化是一个城市的灵魂，是一个地区的品牌。辽宁的工业文化、影视文化、戏剧文化、体育文化、旅游文化、温泉文化以及新闻出版、社会科学事业等等，犹如一张张亮丽的名片，支撑着辽宁不断走向世界，让世界更广泛更深刻地了解辽宁。2011年，是实施"十二五"规划的开局之年，是中国共产党成立90周年。2011年10月15日至18日召开的党的十七届六中全会对文化产业及文化事业的发展具有特别重要意义。在会上，党中央部署了推动中国特色社会主义文化大发展大繁荣的各项重要任务以及到2020年我国文化建设的发展目标。近几年，辽宁已经自觉地沿着这个思路，使文化的发展进入了历史的新阶段，由此推动了辽宁由文化大省向文化强省的跨越，并为实现辽宁老工业基地全面振兴提供了强大的思想保证和精神动力。在这样的背景下，《辽宁文化发展形势分析与预测（2011—2012）》出版了。

　　党的十七届六中全会指出，改革开放特别是党的十六大以来，我们党始终把文化建设放在党和国家全局工作的重要战略地位，坚持物质文明和精神文明两手抓，实行依法治国和以德治国相结合，促进文化事业和文化产业同发展，推动文化建设不断取得新成就，走出了中国特色社会主义文化发展道路。《辽宁文化发展形势分析与预测（2011—2012）》紧跟辽宁省委、省政府发展文化的思路与目标，全面记录这一波澜壮阔的历史进程。全书分为辽宁文化体制改革、辽宁文化事业发展、辽宁文化产业发展、辽宁文化环境建设四部分。这种体例设置体现了当前辽宁文化发展的重心和热点，也符合当前党中央发展文化产业及文化事业的整体思路。在省委、省政府领导下取得的辽宁文化发展业绩得到了中央领导的肯定。2011年5月9日至11日，中共中央政治局委员、中央书记处书记、中宣部部长刘云山在辽宁省长陈政高的陪同下，先后到铁岭、沈阳等地实地考察，刘云山同志对辽宁文化改革发展工作给予充分肯定和有力指导，认为辽宁省委、省政府高度重视文化建设，体现出很强的文化自觉，宣传思想文化工作成为辽宁发展的一个新亮点。十七届六中全会强调，要加强和改进党对文化工作的领导。各级党委和政府要切实担负起推进文化改革发展的政治责任，把文化建设摆在全局工作重要位置、纳入经济社会发展总体规划，把文化改革发展成效纳入科学发展考核评价体系。因此，本书定位为省委、省政府关于文化发展的决策参考，并为辽宁文化大发展大繁荣做出自己应有的贡献。

辽宁文化体制改革在省委、省政府正确领导下已经取得突出成绩。中共辽宁省委宣传部部长张江同志在领导文化体制改革实践中得出这样的结论："辽宁文化体制改革的实践证明，深化文化体制改革，关键是要以高度的责任感认真落实，紧紧抓住真转真改这个要害，全面深入推进文化体制改革，把文化建设提高到一个新水平。"（见张江：《真转真改是深化文化体制改革的要害》，《求是》2011 年第 2 期）党的十七届六中全会认为总结我国文化改革发展的丰富实践和宝贵经验，研究部署深化文化体制改革、推动社会主义文化大发展大繁荣，进一步兴起社会主义文化建设新高潮，对夺取全面建设小康社会新胜利、开创中国特色社会主义事业新局面、实现中华民族伟大复兴具有重大而深远的意义。本书把文化体制改革放在突出位置，对这一部分从新闻出版行业体制改革、广播电视行业体制改革、艺术院团体制改革等方面进行介绍和分析。对于文化体制改革这个文化发展的难点问题，本课题组深入文化战线的实践领域，和相关管理部门广泛交流，综合进行数据分析，对发展中的问题进行前瞻性预测，以期实现为文化体制改革的最后成功发挥积极作用的目标。

十七届六中全会认为当代中国进入了全面建设小康社会的关键时期和深化改革开放、加快转变经济发展方式的攻坚时期，文化越来越成为民族凝聚力和创造力的重要源泉，越来越成为综合国力竞争的重要因素，越来越成为经济社会发展的重要支撑。而振兴辽宁老工业基地目标的实现，也是以辽宁产业结构的优化为前提的。当前，产业结构问题是制约辽宁经济发展的重要因素，加快辽宁经济结构调整，实现产业结构的升级和优化，既是未来几年辽宁经济发展的主线，也是未来几年辽宁文化发展的主要依据。文化产业既是意识形态领域的工作，在舆论宣传领域发挥着重要影响，同时也是一种新兴经济形态，对于加快辽宁经济结构调整，实现产业结构的升级和优化，具有明显的促进作用。作为经济形态的文化创意产业是知识密集型的新兴产业，作为新兴的经济增长的推动力，文化产业对于优化辽宁产业结构、实现经济增长方式转变，推动老工业基地的振兴具有重要的战略意义。从实践规律看，文化产业一直都是逆经济危机周期运行的一道亮点。辽宁因其独特的工业基础和文化底蕴，如果充分发挥本地区高等教育资源丰富的优势，文化产业一定会得到大力发展。从研究方面而言，作为产业经济学一个分支学科的文化产业不仅需要一种定型的研究方法，更需要一种定量的研究方法。本书编写团队一直以此为研究标准，和省内相关厅局以及文化产业业界保持联系，对于数据的分析也力争体现专业视角。

本书的研究方法注重个案实证分析。近年来，辽宁文化行业各部门认真贯彻《国务院文化产业振兴规划》和《辽宁省文化产业振兴规划纲要》，以改革为动力，以发展为主题，积极推进具有辽宁特色的文化产业发展。辽宁构建了以辽宁中部城市群文化产业综合示范区和大连、丹东沿海沿江文化创意产业先导区及辽西特色文化产业区三大文化产业发展区域，形成了以演艺、娱乐、动漫、工艺美术品、文化会展和文化旅游等行业为主的文化产业发展格局，使传统产业优势日益明显，新兴产业业态快速兴起。其中，辽宁报业资源整合，辽宁出版业的集团化发展，辽宁广电、网络资源整合，辽宁本山传媒的演艺事业、辽宁人民艺术剧院的舞台精品都走在了全国前列，对这些典型个案的调查、研究是《辽宁文化发展形势分析与预测（2011—2012）》的重要组成部分。

本书注重对文化发展形势的预测性研究，带有前瞻性视野。社会科学研究的功能不仅在于论证现实，更重要的在于预测未来。哲学社会科学的创新研究不是针对现实具体问题的简单的意见表达，向上级、领导或委托单位撰写的情况反映、调研报告和完成政府部门招标的为现实服务的课题。真正的科学探索创新则是要揭示事物的本质特征，指出事物发展的客观规律，预示事物发展的前景。对当前的实际问题进行研究固然很重要，但更重要、更有价值的是前瞻性、战略性与全局性研究。科学的重要功能之一就是预测。虽然有些预测不一定成为现实，但对人类社会的发展起着警示的作用，对未来产生重大影响。例如，20世纪60年代罗马俱乐部关于人类危机的预测——增长的极限，尽管没有成为现实，但对人口、资源和环境等的改善产生了巨大影响，深刻变革了人类的生产方式、生活方式和生存方式，其价值不可估量。十七届六中全会也强调必须增强忧患意识和风险意识，科学判断国际国内形势，全面把握改革发展稳定大局，有效防范各种潜在风险，努力实现经济社会发展预期目标。当前，辽宁文化发展也面临诸多变化、问题和挑战，在深化改革的过程中也难免遇到各种各样的难题，更需要前瞻性、战略性与全局性研究。基于这种认识，本课题组一直强调一种学术氛围，锻炼作者的一种学术视野和编者的一种哲学思维，使其能够从2011年文化现象对2012年的文化发展做出合乎科学规律的超前性研究。

本书强调一种主旋律的出版导向。在中国现代文化发展史上，歌颂与暴露从来都是相伴相生的。我们通过本书的出版，既要展示辽宁文化建设所取得的成就，也要反应辽宁文化发展中存在的问题；既要展示辽宁人民在省委、省政府领导下，建设文化大省、文化强省的热情与信心，也要对在这种热情下被忽视的，影响发展的"瓶颈"问题，进行冷静的思考与理性的分析。辽宁文化产业发展中存在很多难点和亟待解决的问题，需要我们对之进行理性分析和提出应对措施。很多潜在的问题更需要我们去发现。社会科学研究应该以问题为中心，社会科学研究工作者应树立问题意识，要不断增强创新意识，提高创新能力，积极推动理论创新、制度创新和方法创新。社会科学研究人员应在实践中处理好批判与继承、现实与未来、相对与绝对的关系。总之，《辽宁文化发展形势分析与预测（2011—2012）》作为出版物，要体现弘扬主旋律，体现多样化的风格。

本书追求一种综合的研究视角。从知识的学习和创新角度而言，一切科学都是分门别类的，这种思维曾经客观上促进了欧美各国的工业革命，推动了世界近现代历史的发展。但从丰富多彩的生活层面，一切又都是实践的、综合的。文化生活也一样是实践的，文化发展的研究也需要一种综合的视角。本书课题组要求编者以一个生活实践中的文化人身份，产生"文化自觉"意识，既作为生活中的人，也作为具有创新思维的个体，多维度展示所研究的文化行业发展状态与发展趋势。文化的管理是分行业的，如新闻出版局、广播电视局、文化厅等，作为政府管理体制改革的"大文化部"还没有广泛实践。当前，作为政府的思想库和智囊团的社会科学院，研究的定位也要和政府的行业管理相一致。因此，此书所展现的研究成果主要也是一种行业研究。但我们要求作者深入生活，搞好调查工作，把鲜活的素材提炼为一种理性的结论。

因此，对于同一个文化事件，需要多个文化行业的研究者进行多角度的分析。如对于文化体制改革这样一个宏观性、战略性和前瞻性的课题，我们不得不联想起两年前，抚顺作为一个地级市没有电影院，市民看电影要长途跋涉去沈阳的消息被媒体炒得沸沸扬扬。两年后，辽宁即实现了数字影院 14 个地级市全覆盖。对于辽宁电影市场的这个变化，我们可以用文化体制改革充分释放了文化生产力来解释。同样，文化的大发展、大繁荣也不是一句抽象的口号，当文化信息共享工程通过电视终端连上那些偏僻的农户，农民摁一下遥控器就能学栽种、养殖技术，农家子弟坐在炕头就能收看到北京四中名师的课程辅导时，当文化惠民有效地推进了教育公平和文化平等时，我们才对文化大发展、大繁荣有了更深切的感受。因此，我们要求编者学会从理论到实践，再从实践回到理论的方法，同时把微观和宏观结合起来，在中观角度思考问题，这也是和世界性的后现代文化思潮相适应的一种文化观念。

本书是继《辽宁文化发展蓝皮书》后，辽宁社会科学院文化产业研究课题组的又一研究成果。本书是在辽宁省委宣传部、辽宁省文化体制改革领导小组办公室的直接指导下，在辽宁省文化厅、省广电局、省新闻出版局、省工商行政管理局、省旅游局、省统计局等相关厅局的大力支持下，在沈阳国家动漫基地等部门的积极配合下完成的。本着不断提高为省委、省政府咨询、服务的能力，本书改名为《辽宁文化发展形势分析与预测》，同时在编写体例、研究方法上对比前一部书，也做了一些改进，这也表达了课题组不断提高，追求进步的学术精神。和日益发展的辽宁文化实践相比，本书的编写水平仍存在一定差距。和国内众多优秀的皮书相比，刚刚起步的《辽宁文化形势分析与预测》也显得稚嫩，但这些需要不断改进和完善的地方，正是我们努力的方向。相信随着课题组全体同志编写经验的丰富和研究水平的不断提高，辽宁的文化蓝皮书一定会实现新的跨越！

（作者系辽宁社会科学院副院长，研究员）

目　录

辽宁文化发展总论

　　胡锦涛总书记在 2010 年政治局会议上提出了"三加快和一加强"，即加快文化体制机制改革创新，加快构建公共文化服务体系，加快文化产业发展，加强对文化产品创作生产的引导。李长春同志将其概括为"加大力度，加速发展，巩固提高，重点突破，全面推进"。深化文化体制改革创新，推动社会主义文化大发展大繁荣成为今后一个时期我国文化建设和发展的首要任务。根据中央的精神和省委省政府的工作部署，特别是按照总书记和长春同志的要求，辽宁省委省政府在 2010—2011 年加快了深入推动文化体制改革步伐，进一步解放和发展文化生产力，全力推动社会主义文化大发展和大繁荣。辽宁在文化改革发展理论上不断有新发展，实践上不断有新创造。

一、深化文化体制改革，推进社会主义文化大发展大繁荣的成就

　　（一）中央提出深化文化体制改革，推动文化大发展大繁荣的决策英明

　　十七大以来，党中央着眼于全面建设小康社会奋斗目标的实现，着眼于中国特色社会主义事业总体布局，着眼于中华民族实现伟大复兴，充分认识文化对强国强民的强大精神力量，出台了一系列关于繁荣社会主义文化和文化体制改革的决策部署，有力地推进了文化体制机制改革创新，解放了文化生产力，增强了文化软实力，促进了中国特色社会主义文化的大发展大繁荣。事实表明，十七大以来党中央关于繁荣社会主义文化和文化体制改革的一系列决策部署是正确的和英明的，具有战略意义的。这些大政策大方针为辽宁文化建设和发展带来了宝贵的发展机遇和政策机遇。

　　（二）全国文化体制改革发展势头旺盛

　　十七大以来，文化体制改革在全国全面推进，不断深入，经过七年多探索与奋进，取得实质性突破进展，成效显著。文化体制改革进展平稳，推进有序，有

利于文化科学发展的体制机制初步形成；覆盖城乡的公共文化服务体系框架基本建立，人民群众基本文化权益得到更好保障；文化产业蓬勃发展，国家整体规模和实力快速提升，这表明文化体制改革发展势头旺盛。这种势头为辽宁深化文化体制改革创新、推动社会主义文化大发展大繁荣带来发展氛围和发展环境。

（三）中央与地方上下发展步调一致

十七大以来，辽宁省委省政府坚定不移地贯彻落实中央关于文化体制改革的有关决定，从本省实际出发，把文化建设作为深入贯彻落实科学发展观的重大实践，摆到辽宁转变发展方式，实现科学发展的核心要素地位；把文化发展纳入了经济社会发展的全局，纳入了各级财政预算，纳入了地区发展和领导干部政绩考评体系；始终坚持一手抓公益性文化事业，一手抓经营性文化产业，推动文化事业和文化产业协调发展；明确提出建设文化强省的发展战略，把文化产业建设成为支柱产业，文化产业占全省地区生产总值份额不低于5%，年均增长幅度不低于20%，综合竞争力居全国前列。事实表明，辽宁省委省政府贯彻落实十七大以来关于中央文化体制改革的要求态度是坚决的，推进做法是合理有利的，工作部署是科学的，辽宁文化建设是完全符合中央要求的。

二、深刻理解文化体制改革与社会主义文化大发展大繁荣的意义

（一）深化文化体制改革创新是贯彻落实科学发展观的必然要求

从内容看，科学发展观的每项内容都离不开文化的大繁荣大发展。科学发展观的核心是以人为本，文化体制改革要始终坚持以人为本，把人民群众的实际需求和切身利益放在第一位。文化发展的着力点在于满足人民群众精神文化需求和促进人的全面发展，把握好文化的意识形态属性，在改革中不断改良和创新文化的形式与手段，为人民群众创造出更多文化产品的品种、提高文化产品的品质、创建文化产品的品牌，积极发挥先进文化引导社会、教育人民、推动经济发展的功能，真正实现社会全面进步和人的全面发展。

（二）深化文化体制改革创新是贯彻落实科学发展观的必然要求

胡锦涛总书记强调："深入推进文化体制改革，推动文化建设和经济建设、政治建设、社会建设协调发展，已成为实现科学发展的必然要求。"胡锦涛总书记强调要把文化与经济、政治、社会等建设放在同等地位来抓。所以，中央强调推动文化建设已成为实现科学发展的必要要求，这是对科学发展观理论的完善和发展。党的十七大站在新的历史起点上，提出了"兴起社会主义文化建设

新高潮"和"推动社会主义文化大发展大繁荣"的战略思想，更加突出了文化建设的全局性战略地位。社会主义先进文化既是社会主义市场经济、民主政治、和谐社会建设的反映和结果，又能为其提供精神动力和智力支持。我们必须按照"四位一体"的总体布局，从全面协调可持续发展的基本要求出发，加强社会主义先进文化建设，形成文化与经济、政治、社会相互促进、整体推进、共同发展的良好局面。

（三）深化文化体制改革创新是实现中华民族伟大复兴的必然要求

中华民族实现伟大复兴不仅是经济崛起，硬实力增强，更是文化崛起，软实力增强。单纯的经济兴盛，不能代表一个民族的复兴。因为文化是一个民族的核心和灵魂，是一个民族的标志和符号，文化崛起代表一个民族文明的兴盛、发展以及传播。中华民族不仅要实现经济复兴，还要实现文化复兴；不仅要成为经济大国，更要成为文化大国。因此，只有大力发展文化建设才能提高全民族的文明素质；只有深化文化体制改革创新，才能解放文化生产力，才能增强文化软实力；只有文化大发展大繁荣才能实现中华民族真正的伟大复兴；只有文化复兴才能使中华民族永久地屹立于世界民族之林。

三、辽宁省深化文化体制改革创新的一些做法

2010—2011年，辽宁省委省政府始终在坚定不移地推进文化体制改革，不断探索发展文化事业和文化产业的新思路新举措，文化改革发展取得了很大的成就，积累很多宝贵的经验，也形成了很多文化改革发展模式。例如，中部城市群文化体制综合改革试验区的"营口模式"，文化信息资源共享的"广电模式"，电台、电视台、教育电视台"三台合一"模式等，这些开创性的文化改革经验使辽宁走在了全国文化改革发展的前列。文化改革工作不仅激活了辽宁文化生产力，也促进了辽宁经济发展方式的转变，也充分保证了人民群众的文化权益。辽宁文化改革工作的一个基本经验就是真转真改，把企业化、市场化作为经营性文化单位改革的基本方向，把政府职能真正由办文化转到管文化和提供公共服务上来。辽宁之所以能取得如此的成就，我们认为主要是在以下几个方面实现了深化文化改革发展工作。

（一）深化文化体制机制改革创新工作

1. 在文化体制机制改革创新上深化。

"十一五"以来，辽宁省的文化体制改革步伐在不断加快，目前已经初步形

成有利于文化科学发展的体制机制。目前辽宁省按照中央的精神和省委省政府的工作部署，文化体制改革工作已经全面铺开，辽宁省国有经营性事业单位转企改制取得决定性进展，公益性文化单位内部改革不断深化，文化宏观管理体制改革成效显著，并且文化企业的转企问题已经基本完成。据报道，截至目前，辽宁省全省21家出版社、65家新华书店和67家电影制作发行放映单位全部完成转企改制。辽宁省国有文艺院团2011年上半年已基本完成转企改制任务。下一步主要是转企后文化企业转制的问题，这样不仅推进了国有经营性事业单位的改革问题，也从机制建设上兼顾了改革后企业的健康发展问题。

2. 在跨地区、跨行业、跨部门等方面的文化资源整合上深化改革。

近几年来，辽宁的文化体制改革发展，已经由转企转制进入了优化文化资源配置的阶段，主要表现就是充分地整合文化资源，目的是打造新型文化市场主体，激活文化生产力。目前，我省的文化体制改革已经由各地区分散改革向跨区域整体改革深入；由各部门自身改革向跨领域协同改革深入；由各单位独立改革向跨行业综合改革深入，辽宁的中部城市群也是文化资源整合积聚区，文化体制改革试验区。按照省委、省政府"做优做强一批、整合重组一批、停办退出一批"的思路，辽宁将各地区、各行业、各部门分散的文化资源整合起来，变资源优势为产业优势。例如，整合全省广电网络，组建北方联合广播电视网络股份有限公司，全省14个市级公司全部签署协议以分公司形式加入省公司；辽宁报业集团整合中部城市群报业资源，搭建省级与中部城市群各市新闻资源共享平台，设立省级晚报地方版，减少晚报间同质竞争。再比如，组建由沈阳、大连、抚顺、本溪、锦州、朝阳、阜新、新民8城市的12家剧场组成的中国辽宁剧院联盟，打造集剧场、剧目、票务、多元开发等一体化经营的全国演艺产业品牌院线等。

3. 在优化文化市场环境上深化改革。

辽宁省委省政府在文化体制机制改革创新过程中，首先大力培养市场主体，推进出版、发行、电影、广电等全行业转企改制，进行跨地区跨行业优化重组整合。其次加快转变政府职能，积极推进政企分开、政事分开和官办分离。对行政部门、事业单位、企业单位领导交叉兼职的现象进行清理，整合有关文化行政管理部门，省内各地市级要逐步合并成为一个综合文化责任主体，副省级以下城市实施创新文化市场综合执法改革，打破行政壁垒，创新文化管理。三是加强各类文化产品和要素市场的建设，大力推进省内文化市场建设，实现资源、人才、技术自由流动，积极培养文化市场，并进一步完善统一开发、竞争有序的现代文化市场体系。

（二）加快全面构建公共文化服务体系覆盖网络

五中全会强调，要继续实施文化惠民工程，基本建成覆盖全省的公共文化服务体系。文化建设的出发点和落脚点是惠民，是让人民群众参与文化建设、享受文化发展成果，满足文化发展诉求。群众文化是全部社会主义文化的基础，是文化发展的标志和重要支撑，必须把文化建设发展的根基牢牢放在群众文化上，不断满足人民群众对文化的新期待。

"十一五"期间，辽宁省覆盖城乡的公共文化服务体系框架基本建立，人民群众基本文化权益得到更好的保障。省委、省政府对文化的投入显著增加，重点文化惠民工程完成"十一五"目标，公共文化设施免费开放基本实现。全省的文化惠民取得了很大的成效。这为辽宁省公共文化服务全面加快发展奠定了坚实的基础。

1. 推进重点文化惠民工程建设。

"十一五"期间，辽宁省实施了文化惠民的"五大工程"：广播村村通工程、文化信息共享工程、电影放映发行工程、乡镇文化建设工程、农家书屋建设工程，有力地实现了文化惠民。其中，文化信息共享工程用广电渠道整合了文化资源，不仅实现了文化资源共享，也节省了文化运营成本，充分实现了文化发展的惠民和便民。

2. 建设和完善公共文化基础设施。

"十一五"期间，辽宁省在重点推进惠民文化工程建设的同时，辽宁省还进一步优化了公共文化资源配置，启动了省本级公共文化设施，向社会开放了省博物馆、省图书馆、省科技馆、档案馆、群众艺术馆、省广电大厦、新闻传媒大厦等重大公共基础设施，目前还在加快建设分布均匀、面向社会、免费开放的博物、科技、图书、纪念馆群，提高文化惠民工程建设水平。省本级公共设施的启动，有力地带动了全省市县乡村的四级基层群众文化基础设施建设，构建了覆盖全省的群众文化基础设施网络。在十一五期间，覆盖全省的公共文化服务体系基本建成。

3. 大力发展群众文化。

十二五期间，辽宁文化发展的重要任务之一就是要大力发展群众文化建设。加强群众文化建设，大力发展群众文化是文化惠民工程的体现和要求，要把人民群众创造文化、参与文化和享受文化的程度视为检验文化服务的程度，检验文化惠民的程度。为此，辽宁省委省政府制定下发《关于进一步加强群众文化建设的若干意见》，突出强调抓好公益性文化事业，大力发展群众文化，把全部文化发展的立足点转到群众文化建设上来。在建设和推进群众文化的过程中，省委省政府还以红诗红歌为主题引领全省的群众文化建设和方向，坚持了群众文化的正确导向，也坚持了先进文化的前进方向。

今年是辽宁"十二五"开局第一年，辽宁文化发展的重要任务就是全面推进文化惠民工程，大力发展群众文化建设，掀起群众文化建设的新高潮。为此，辽宁省委、省政府制定下发了《关于进一步加强群众文化建设的若干意见》，突出强调发展好公益性文化事业，大力发展群众文化，把文化发展的立足点转到群众文化建设上来。各级党委政府和文化行政管理部门要把群众文化建设摆在重要位置，放在"四位一体"整体格局中统筹部署，进一步完善全省的公共文化服务体系建设。

（三）加快文化产业发展

"十一五"期间，辽宁省文化产业蓬勃发展，规模和实力快速提升，整体规模不断扩大，文化市场空前繁荣，国际文化贸易逆差局面明显改观。目前，我省在大力推进文化产业发展，进一步解放和发展文化生产力，不断增加文化产业对经济增长的贡献率等方面整体上进入了一个新的发展阶段。从去年到今年，辽宁省委省政府从三个方面着重加快推进了文化产业发展。

1. 着力加快推进文化产业结构调整。

十二五期间，辽宁省着力加快文化产业发展，明确提出了由文化大省建设成为文化强省的发展战略，把文化产业建设成为支柱产业，文化产业占全省地区生产总值份额不低于5%，年均增长幅度不低于20%，综合竞争力居全国前列。为此，辽宁省加强了文化产业的统筹规划，优化文化产业结构，不断提高文化产业的规模化、集约化、专业化、科技化水平，目的就是要使文化产业的增加值占地区国民生产总值比重不断提高。

2. 实施重大项目带动战略。

为了加快辽宁省文化产业发展，省委省政府实施了文化产业发展的五大战略。

（1）实施培育骨干企业战略。

随着文化体制改革由机制体制改革转向资源整合，辽宁省在全面整合优质文化资源的过程中，大力做强做大做优国有文化骨干企业，着力培育了一批以北方联合出版（集团）股份有限公司为代表的骨干文化企业。

（2）实施产业集群战略。

建设各具特色的文化产业集群，是整合地域文化资源，形成集聚效应和规模效应，提高辽宁省文化产业的市场集中度，促进文化产业的内部分工与协作，提高文化产业发展的质量和速度的必然趋势。为此，辽宁省在培育骨干企业的同时，加快重大项目建设、配套设施建设、新兴业态培育和运行机制创新，突出主导产业，加强企业集聚和资源区域化行业化积聚，强化分工配套，使各地园区成为吸纳投资的主要土壤和产业扩张的主要增长点，并采取有力措施，加大扶持力度，完善扶持政策，加快文化产业基地和示范园区建设，鼓励和支持各地根据自身优势形成各具特色的文化产业带和集聚区。目前，辽宁省文化产业形成辽宁中部产业综合示范区、大连和丹东沿海和沿江文化创意产业先导区、辽西特色文化产业区等三大区域布局，重点发展印刷、报刊发行、广播影视、演艺娱乐、动漫游戏、文化旅游、工艺美术、文化会展、新媒体产业等九大主导产业，有力地推动文化产业向集群化、集聚化、集约化发展，不仅激活了文化生产力，也促进了辽宁经济发展方式的转变和辽宁发展的全面转型。

（3）实施文化创新战略。

加快文化产业发展，关键是要加快提升文化产业核心竞争力。文化创新是提升文化产业核心竞争力的关键，文化产业是创意产业，强调创新。文化创新，灵魂在文化，出口在产业，要用产品体现中国精神，必须立足于自主创新，形成一大批拥有自主知识产权和核心技术的创新型文化企业，让自主创新成为辽宁省产业发展最重要的驱动力。为此，辽宁省实施了一系列鼓励政策，激励文化企业开展自主创新活动，提升企业自主创新的能力。

（4）实施文化科技创新战略。

辽宁省实施了文化和科技双驱动发展战略，充分利用信息技术即结合数字文化产业的趋势发展辽宁省的文化产业，以现代文化艺术和设计提升制造业和其他服务业的发展战略，积极推进文化产业与高新技术相关产业的结合，加强文化数字化建设，改造传统技术，催生新业态和新产业，为推动产业升级优化结构。

（5）实施文化产业人才战略。

人才是发展文化产业的核心，能不能建立一支适应文化产业发展需要的人才队伍，直接关系到文化产业能否快速健康持续发展。为此，辽宁省制订了一系列人才培育和人才成长政策，培育和确保文化产业人才的形成和发展，建立健全在职人员业务培训和继续教育制度，抓好文化产业领军人物和各类高层次专门人才的培养，吸引优秀人才投身文化产业，着力建设规模宏大、素质较高的辽宁文化产业从业人才队伍。由于实施文化产业人才战略，使一批文化产业领军人才脱颖而出，例如，国内外知名的年轻芭蕾舞演员吕荣和焦扬被评为国家一级演员，充分体现了破格培养文化人才的举措。

3. 实施文化产业金融创新扶持战略。

辽宁省委省政府按照五中全会提出的"在政府引导下发挥市场机制积极作用"，抓紧建设文化产业引导资金，增加文化产业专项资金额度，采取多种方式积极完善文化产业金融体系，完善文化产业投融资政策，降低文化企业财务和融资成本，搭建包括信贷、证券、文化产权评估交易、保险等内容的文化产业投融资公共服务平台，缓解文化企业的资金瓶颈问题，积极促进辽宁省文化企业参与国际竞争。

（四）强化文化产品的创作生产的引导

胡锦涛总书记强调要加强对文化产品创作生产的引导。在落实中央"三加快一加强"，深入推进辽宁文化机制体制改革创新，构建公共文化服务体系和加快文化产业发展的过程中，辽宁省委省政府始终把"三个加快"作为一个发展整体来推进，在推进中坚持加强对文化产品创作生产的引导，把其贯穿在"三个加快"过程中，引领全省的文化体制机制改革创新，引领全省公共文化服务体系构建工作，引领全省文化产业发展。突出强调"三个加快"推进工作的社会公益性，社会主义核心价值观的调控作用，并且重点加强了对文艺作品的引导，加强了网络宣传建设，组建了网络局，专门负责网络管理、宣传和监控。辽宁省委宣传部还具有战略眼光地打造了廖言、廖文两个重要评论品牌，有力地把握了舆论引领的主导性和方向性。文化产业"内容为主"的特性，决定了在发展中必须加强内容引导，必须重视社会主义核心价值体系在文化产业发展中的引领作用。

四、文化体制改革与社会主义文化大发展大繁荣存在的问题

从辽宁文化体制改革推进工作看，我国文化体制改革工作，还需要就以下一些问题进行深入的研究和探索。

（一）推进文化体制改革与繁荣发展哲学社会科学事业的战略尚需衔接

繁荣发展哲学社会科学应该是社会主义文化大发展大繁荣的题中之意，国家也应该有统一安排和部署，推动社会主义文化大发展大繁荣也要把繁荣哲学社会科学提到议事日程上来。辽宁省委省政府还是很重视落实繁荣发展哲学社会科学事业工作的，始终按照中央的要求，强调哲学社会科学为地方党委政府

服务的思想库智囊团作用，使全省哲学社会科学事业进入了空前繁荣发展时期。例如，辽宁社会科学院近几年的研究成果比过去十年成果的总和还多，这是省委省政府高度重视的结果。

但是，全国有些地区的文化体制改革，重点推进的都是广播电视、新闻出版、演艺和动漫等行业和部门的改革，哲学社会科学作为一个社会公益性部门，尚未纳入文化体制改革工作部署中。从大的文化概念讲，文化体制改革，也应该包括哲学社会科学部门的改革，社会主义文化大繁荣大发展也应该包括哲学社会科学的繁荣和发展。因为一个民族，要立足于世界民族之林，离不开哲学社会科学的熏陶和滋养；一个国家，要在世界综合国力的竞争中立于不败之地，离不开包括哲学社会科学在内的"软实力"的凝聚和支撑。以胡锦涛为总书记的党中央，对哲学社会科学事业高度重视，2004年1月专门为繁荣发展哲学社会科学事业发了文件，2005年5月19日，胡锦涛同志又进一步指出："在全面建设小康社会，开创中国特色社会主义事业新局面的伟大历史进程中，哲学社会科学具有不可低估的战略地位和不可替代的重要作用。"可见，我国哲学社会科学繁荣发展，对于增强文化软实力、全面建设小康社会、实现中华民族伟大复兴，意义重大，特别是随着我国进入了工业化中后期，哲学社会科学将起着不可忽视的重要作用。

（二）文化体制改革过程中的引领问题还需要进一步加强

经济建设、政治建设、文化建设和社会建设，其实是一个有机整体，是相辅相成、密不可分的。无论是文化体制改，还是经济体制改革，政治体制改革，还是创新社会管理，都要始终坚持马克思主义的指导地位，特别是文化体制改革，不同于经济体制改革，既有意识形态属性，又有产业属性，必须始终坚持文化体制改革的政治方向的引领，引领的目的就是要坚持先进文化的前进方向。为此，要坚持用社会主义核心价值观引领文化体制改革，确保做到"两手抓、两加强"，坚持一手抓公益性文化事业，一手抓经营性文化产业。

（三）文化体制改革过程中还存在着只讲经济效益忽视社会效益的现象

中央强调加强对文化产品创作生产的引导，并把其视为文化建设的首要任务，但是，目前在一些地区还存在着单纯依靠经济效益大小评价文化体制改革的力度和成就的问题，特别是文化产业发展的衡量指标仍然主要以经济指标为主，依靠占地区生产总值的比重和增速来衡量，而对社会效益的衡量还没有具体可操作的评价指标和指标体系。这样在实际推进文化体制改革和促进文化大发展大繁荣的过程，必然会导致实际上重视文化体制改革的经济效益而忽视社会效益的结果。

（四）对公益性文化事业的财政投入制度建设急需加快步伐

目前我国财政性文化投入总体不足，增量不大，没有固定的财政投入比例，导致文化建设和发展，特别是一些公益性的文化事业的建设和发展没有长效资金投入保障，这种现状无法适应今后深化文化体制改革创新，推动社会主义文化大发展大繁荣的要求。目前，国家已经确定了科技财政投入的比例为GDP的2%，2012年国家财政性教育经费支出占国内生产总值比例也将达到4%。确保文化实现"三加快一加强"，急需确定财政文化投入比例问题，形成促进文化繁荣发展的制度保障机制。

五、对全国文化体制改革发展的一些建议

辽宁省文化改革发展工作取得了很大的成就，积累了很多经验，也遇到了一些严峻挑战，基于辽宁省文化改革发展的经验，针对今后深化文化体制改革，推动社会主义文化大繁荣大发展，特别是在"三加快一加强"过程中，以下一些问题将成为文化体制改革过程中亟须解决的问题。

（一）加强文化改革发展的顶层建设

深化文化体制改革创新，推动社会主义文化大发展大繁荣需要重视改革的总体规划设计以及具体化程序。党的十六大、十七大以来，我国各省市宣传思想文化战线按照党中央关于繁荣社会主义文化和文化体制改革的一系列决策部署，推进体制创新、机制创新和文化创新，文化体制改革试点工作取得重大突破，为进一步深化文化体制改革提供了经验，奠定了深厚的基础。目前，很多省份（例如辽宁省）的文化改革发展工作取得了很大成效，走在了全国的前列，像辽宁省的沈阳市、营口市还受到了全国的表彰，全国范围内以省市为界限的文化改革工作已经积累了丰富的经验，但也出现了一些新情况新问题。例如，重组后的新闻媒体企业集团的产权归属问题，促进股本结构优化的制度安排问题，公益性财政文化投入比例问题等等。下一步在落实"三个加快、一个加强"的文化建设重点任务时，中央应该加大制度层面的建设，加大宏观制度层面对文化体制改革规划和具体实施要求的设计和调控，从国家最高层面开始，站在战略制高点上，设定文化体制改革和社会主义文化大发展大繁荣的实现目标、整体发展结构和发展模式，逐层设计实施，以便全面推开使文化体制改革走向全面深化与系统的协调配套，使全国文化改革发展工作由微观层面向宏观层面拓

展。顶层设计就是一个全国文化体制改革的总体规划的具体化，如果光有规划，缺乏具体的实现手段，则在总体规划之下很可能又造成各自为政、分兵把口的局面，造成资源难以共享，信息难以互联互通的后果，最终会影响全国文化体制改革的效果。

（二）加大力度提高文化产业的创意能力，打造中华文化知名品牌

目前我国文化产业普遍存在以下几个方面的问题：一是文化产品内容创新不足，具有震撼力的国际化和民族化的文化品牌，特别是原创的具有独立知识产权的精品力作少，这直接导致文化产业核心竞争力不足，参与国际竞争的能力、文化传播力、文化渗透力、文化扩散力不强；二是文化产业形式创新不够、将现代高科技手段应用于文化领域，改造传统生产经营和传播模式，创造新的文化样式的能力我们还有欠缺；三是业态创新能力不强，传统产业升级转化慢，导致整体竞争能力弱；四是创意人才群体比较弱小。总之，我国文化产业的创意能力还不够强大，这直接导致文化产业发展缺少知名文化品牌的支撑和带动，而知名品牌是一个国家的文化符号，代表着一个民族的文化形象。为此，亟须健全加强激励机制，实施文化品牌塑造战略，培育文化企业的创意能力，进而创造新鲜的、文化时代感强的文化品牌，着力打造一批具有国际竞争力的创新型、复合型、外向型、科技型的中华文化产品，打造具有核心竞争力和国际影响力的著名文化品牌和知名文化企业，让具有自主知识产权的精品名牌引领国内市场，进军国际市场，增强我国文化产业的核心竞争力。品牌是文化传播的聚焦和影响力来源。因此，我国在精心塑造和传播国际化的中华文化品牌的同时，还需要加大知识产权保护力度，精心维护好中华文化知名品牌的知识产权。发展和保护中华文化品牌，不仅是一个国家文化主权问题，更是一个国家民族文化安全问题。

（三）尽快建立健全文化发展评价体系和评价标准

李长春同志强调，各级党委政府一定要从中国特色社会主义事业"四位一体"总体布局的战略高度，充分认识文化建设在经济社会发展中的重要地位和作用，把文化建设纳入党委政府重要议事日程，纳入经济社会发展总体规划，纳入科学发展考核评价体系。根据这个要求，辽宁省委省政府制定实施了《辽宁省群众文化建设评估指标体系》，把群众文化作为考评各地区文化建设水平、质量和领导干部工作实绩的重要内容。

为了确保今后全国文化改革发展工作在"三加快一加强"过程中取得实际成效，应该尽快研究制定文化改革发展的评估指标体系，解决什么是深入的文化体制改革，解决满足广大人民群众文化需求和文化发展诉求的衡量标准问题，

解决文化机制体制改革创新、公共文化服务体系构建和文化产业发展的评价标准问题。这个指标体系的确立，可以确保文化产业发展由投资驱动型向人力资源增值型转化，由产品规模经济型向品牌与附加值为主导转化，由文化资源依赖型向资源创新型转化，也能起到监控文化产业的规模化风险问题。因此，这个指标体系建设不仅对实施文化改革发展工作具有指导意义，也是社会主义文化大繁荣大发展的制度保障。

（四）加快引导文化产品创作生产的激励机制建设

加强对文化产品创作生产的激励和引领是文化建设的首要任务。引领的目的就是要坚持先进文化的前进方向。为此，当务之急就是要尽快建立引领文化产品创作生产的激励机制，确保面向全社会艺术创作、生产和传播能够长效发展，确保精品文化产品不断涌现，确保人民群众评价文化产品的地位。

（五）从制度安排上解决文化体制改革本身的双重效益关系问题

深化文化体制改革，促进社会主义文化大发展大繁荣，必须处理好文化改革中的经济效益和社会效益之间的关系，确保社会效益放在第一位，经济效益放在第二位，始终把满足社会需要和广大人民群众文化需求作为文化改革发展的目的和首要任务。为了确保这一点，中央已经强调加强对文化产品生产创作的引导，确保这个问题有了一个政治保障，但与此同时，还要有一个制度保障。当务之急要尽快建立引领文化产品创作生产的激励机制和保障机制，确保面向全社会艺术创作、生产和传播能够长效发展，确保精品文化产品不断涌现，确保人民群众评价文化产品的地位，确保社会效益放在突出位置上。

（六）把哲学社会科学事业改革纳入文化体制改革的总体布局中

文化体制改革的总体设计中应该包括哲学社会科学事业的改革。当前随着我国改革推向深入，事业单位改革全面推开，哲学社会科学部门和行业也面临改革问题。从大文化概念讲，文化体制改革应该包括哲学社会科学的改革，因此，应该把哲学社会科学改革纳入全国文化体制改革工作中，特别是下一步在中央制定推进社会主义文化大发展大繁荣的总体方案中，如何考虑一下哲学社会科学部门的改革，尤其是 2004 年中央确定了繁荣哲学社会科学的指导思想后，应该进一步从机制体制上明确哲学社会科学机构下一步如何改革的问题。这样可以巩固哲学社会科学的繁荣发展局面，保持哲学社会科学的发展势头，激发哲学社会科学研究和探索的新活力和创造力。

（作者：牟岱，辽宁社会科学院哲学所所长，研究员）

第一编

辽宁文化体制改革报告

第一章 辽宁新闻出版体制改革报告

2010 年底，辽宁省明确提出：要从文化大省迈向文化强省，把发展文化产业提升为辽宁经济社会发展的战略支柱产业之一。全力发展出版印刷、报刊发行、广播影视、演艺娱乐、动漫游戏、文化旅游、工艺美术、文化会展、新媒体九大优势产业，打造具有较强实力和竞争力的文化企业和文化产业集群，把辽宁中部城市群建成本省最大的文化产业发展集聚区。这其中，新闻出版行业是其中重要组成部分，而新闻出版体制改革对其跨越式发展必将起到积极作用。

第一节 辽宁新闻出版体制改革概览

长期以来，文化资源按行政区域而非按市场配置，条块分割，重复建设现象明显，文化单位普遍小、弱、散，缺乏活力。辽宁在文化体制改革过程中，打破这种体制障碍，由分地区、分行业的点、线改革，向跨区域、跨领域整体协同推进全面改革，形成一大特色。辽宁新闻出版行业的跨区域、跨行业发展为企业注入了新鲜活力。

一、新闻出版单位转企改制工作成效显著

辽宁省严格按照中央要求，坚持不留壳、不借壳、不造新壳，不可逆、可核查、真转真改原则，规范推进转企改制，把企业化、市场化作为经营性文化单位改革的基本方向，把政府职能真正由办文化转到管文化和提供公共服务上来。目前，已完成经营性文化事业单位转企改制 313 家，其中 21 家经营性出版社和 65 家新华书店全部完成转企改制。

非时政类报刊转企改制任务取得突破。辽宁省将中部城市群各家晚报和辽沈晚报进行整合，对辽沈晚报进行整体转企改制，为全国非时政类报刊出版单

位的转企改制，特别是省级晚报、都市类报纸的转企改制做出了榜样，树立了典型。2011 年 5 月 30 日，《辽沈晚报》整体转企改制暨辽宁北方报业传媒股份有限公司成立仪式在沈阳举行。这标志着辽宁省晚报都市类报纸在采编、经营整体转企改制方面迈出实质步伐。在转企改制过程中，辽宁报业传媒集团将《辽沈晚报》编辑部、沈阳辽晚传媒广告有限公司经营资产、沈阳红马甲报刊发行物流配送有限公司发行资产、辽宁北国数字传媒有限公司股权及北国网资产从集团剥离，并按照现代企业制度的要求，组建股份公司，但辽宁报业传媒集团主管主办地位不变。原《辽沈晚报》内具有事业身份的员工，严格执行 114 号文件精神，按照人随业务走，自愿、公开的原则，实施了身份转换。辽沈晚报社的事业身份也按照规定予以注销。

二、实施跨区域跨行业整体改革，实现新闻信息资源共享

辽宁省实现了中部城市群新闻信息资源共享。2009 年，辽宁设立了中部城市群文化体制综合改革试验区，在沈阳、鞍山、抚顺、营口等中部 8 城市，采取统筹推进、整体实施的方法，打破地区、行业、单位界限，推动各地区由分散改革向跨区域整体改革深入，各部门自身改革向跨领域协同改革深入，各单位独立改革向跨行业综合改革深入，打造跨区域跨行业文化体制综合改革示范区。实施省市两级报业资源整合，探索报业集团跨区域深度资源整合的有效模式，为新闻的出版发行提供了一条有创新性的改革之路。

三、改革省级党报发行体制，探索报业集团发展新模式

辽宁报业传媒集团分两个阶段对《辽宁日报》进行了大规模改版。第一阶段自 2009 年 4 月 1 日起，主要目的是提高党报的可读性，解决订报人看报问题；第二个阶段自 2009 年 7 月 1 日起，以进报亭进家庭为目标，解决没订报的人看报问题。两次改版增强了《辽宁日报》的时效性、亲和力和吸引力，扩大了党报的阵地和影响力。党报的经济效益也明显增强，零售数量从无到有，目前已达到每日销售 20000 份。2010 年，《辽宁日报》广告进款增长 21%，历史上首次实现盈利。在此基础上，集团进行了党报发行体制改革的探索。通过推动《辽宁日报》进报亭进家庭，摸索出了一套行之有效的零售策略。2010 年，为进一步增强对零售渠道的掌控力，集团还出资 350 万元与省邮政公司合资成立辽宁北方报刊发行零售公司，合作建设和运营报刊亭。目前全省已建设 574 个

报刊亭，已批待建的有 69 个。同时，集团还通过省市两级报业资源整合，探索报业集团跨区域深度资源整合的有效模式。省级与中部城市群各市新闻资源共享平台的搭建，有效解决了地方报纸新闻类资源不足的问题。未来还将在资本层面实现进一步战略合作，组建由辽报集团控股、各地市报社晚报和经营性资产入股的股份制公司，推动省市两级报业资源的整合。

四、组建广播电视新闻资源共享平台，实现资源互补

完成广电媒体"三台合一"。辽宁人民广播电台、辽宁电视台、辽宁教育电视台三台合并，成立辽宁广播电视台。在实现机构建制、呼号和频率频道、服务管理、产业经营、规划投入"五统一"基础上，开创了一个机构、一支队伍、一个平台、一体化运作的"化学反应"模式；组建广播电视新闻资源制播共享平台，完成"一次集合采编新闻、广播电视两个窗口播出"，提高新闻资源利用效率；组建文艺资源制播共享平台，开展广播与电视文艺节目双向介入，贯通融合广播与电视文艺内容，实现资源共享、优势互补。经过半年多的运转，大大提升了主流视听媒体舆论引导能力，是新闻类节目真正进入百姓生活，提高了主流新闻的传播力、影响力。

五、打造惠民文化工程，共享行业改革成果

在建设全国文化信息资源共享工程过程中，辽宁省创造性地用覆盖全省98％以上地区的广播电视村村通网络，传输文化信息资源共享工程的信息资源，探索出了富有特色的"广电模式"。通过"进村和入户相结合、广播和点播相结合"的方式分层次推进，使广大农民群众足不出户就能收听收看文化共享工程节目，不仅解决了原来依托互联网带来的一系列费用问题，使这一文化惠民工程迅速推向全省，而且把文化共享工程与有线电视数字化改造工作、"三屏合一"工作等融合在一起，使农民群众可以在一台电视机上享受到公益服务、付费服务等不同层次的文化产品和文化服务，真正为群众带来了文化实惠。同时，建成点播服务点 6 万多个，推广点播用户 209 万，提前三年完成覆盖全省所有行政村和自然村任务。提前两年实现 20 户以上的通电自然村"广播电视村村通"目标；完成"农村电影放映"工程目标；全省 11762 个行政村中，建成农家书屋 6269 个，其余村 2010 年年底全部建成；建成综合文化站 338 个，占全省乡镇总数的 36％。

北方联合出版传媒集团通过建设书城等方式参与到文化广场的建设中去，也借助文化广场高涨的人气为自身跨区域、跨行业发展开辟新路。如今遍布全省的文化广场是广大人民群众享受文化体制改革的重要途径。"文化产品不是花瓶，不能束之高阁。"人民群众受益是文化繁荣发展的唯一标准，已成为全省上下的共识与行动。通过一系列的惠民文化工程，新闻出版行业改革的成果得到了群众的认可和支持，为进一步的改革和完善提供了良好的群众基础。

六、探索建立报刊退出机制，实施新闻记者依法有序退出

为全面、准确、翔实地掌握第一手资料，为科学决策提供依据，新闻出版局组织力量对全省报刊业发展的现状、布局、结构进行认真研究分析。根据近几年的年检数据，对全省 446 种报刊进行分类排队，摸清底数。在此基础上，根据上一年度报刊年检情况，有针对性地选取了 74 家报刊出版单位，采取问卷调查、现场核对等方式，对其出版规模、资产、人员、编制、经营等情况进行摸底确认。对拟退出的报刊逐个分析，筛选重点单位，最终确定第一批拟退出的 12 种报刊。在 12 种拟退出的报刊中，报纸占 66.7%，都市类和社会生活服务类报纸占拟退出报纸的 50% 以上。

这其中既有经营不善、长期亏损、负债严重的都市类报纸，如《沈阳今报》、《都市青年报》，也有市场生存能力弱化、发行量很少的专业类报纸，如《北方体育报》、《青年知识报》；既有发展空间狭小，经济效益逐年下滑，需要逐步调整结构的广播电视类报纸，如《葫芦岛广播电视报》，也有已不具备办刊条件，存在严重出版隐患的期刊，如《中外服装》、《市场与消费》等。辽宁省第一批拟退出的 12 种报刊，涉及安置人员 242 人，涉及人员安置补偿经费342.74 万元，处理债务 5250.2 万元。2010 年，辽宁省注重探索实施报刊退出常态化管理，又先后退出了 5 种报刊。辽宁还把报刊退出作为切入点，积极探索深层次的规律性问题，以建立起党委领导、政府依法行政管理、报刊自主经营、客观标准评估、社会需求选择，集内容、形式、队伍监管为一体的新时期报刊动态管理新秩序和报刊业繁荣发展新格局。

辽宁省将新闻记者队伍监管纳入重要日程，在把好新闻记者准入关基础上，总结报刊退出机制经验，积极探索建立新闻记者退出机制，实现新闻记者的合理、有序退出。2009 年对 8 名违规记者实施调离采编岗位、注销记者证等行政处罚。

七、辽宁出版传媒竞争力不断增强

2007 年 12 月 21 日,辽宁出版传媒股份有限公司成为中国第一家编辑业务与经营业务合并,实现整体上市的出版企业,堪称真正意义上的"中国出版传媒第一股"。2009 年 1 月 6 日公司名称由辽宁出版传媒股份有限公司变更为"北方联合出版传媒(集团)股份有限公司"。目前,公司已与遍布世界主要国家的近 500 位作者建立起合作,内容资源涉及建筑、景观、平面、包装等各领域。通过与国内知名出版策划人和有显著成就的出版企业家及其团队的联手合作,出版传媒已经取得主业强势发展的新活力,形成稳健、可持续快速增长的能力。

(一)焕发了行业活力和创造力,产生一批精品力作

2010 年,公司各出版企业调整选题结构,集约选题资源,坚定经营信心,保证图书产品效益的稳定增长,市场效益和占有率处在稳定中。公司整体排位保持在全国出版集团十强,全年出版了重点图书 336 种,占全年出版新书的 20%,有 42 种图书申报了国家出版基金,有 39 种图书申报国家"十二五"重点图书规划,在开卷监测的 13 类图书中,公司 9 月份有 10 类进入前十位次,其中哲学、生活、计算机和文学类位于前五位次,全年有 20 余种图书分别进入各种畅销书榜。全年销售 1 万册以上图书 693 种,占出版图书的 17%,5 万册以上图书 48 种,10 万册以上图书 48 种。公司所属万卷出版公司连续 8 个月位于同类出版社首位,辽宁科技出版社一直稳居同类出版社第三的位次,其他出版社的位次也有不同程度的提高,图书再版率比 2009 年提升了 7 个百分点,再版率由去年的 50%,提升到今年的 57%,其中辽海教材中心再版率为 91%,辽宁美术出版社为 64%,万卷出版公司为 49%,公司两家电子音像社的产品再版率平均超过 80%,辽宁音像出版社为 91%,辽宁电子出版社为 72%。

(二)出版呈现国际化趋势,在社会上树立了良好形象

产品输出到美国、法国、德国、西班牙、丹麦、澳大利亚、土耳其等国家。在法兰克福书展上,公司实现输出版权合同和意向 80 余项,金额 51 万美元,并与英国 FIELL 公司签约共同出版《中国设计》图书,输出项目和金额位列中国出版参展团第五的位次,位列地方集团第二的位次。全年输出与引进版权比例为 1:5。

(三)加快了出版行业发展步伐

公司下属的辽宁北方出版物配送公司拥有全国第一家大规模、先进的出版

物配送物流中心，建设了国内具有先进水平的自动化管理系统和物流设施，实现了物流、商流、信息流、资金流等业务环节的数字化、网络化、智能化运营，具备处理和配送60万种图书的能力，已与内蒙古新华书店集团合作，建造了全国第一例跨区域的图书配送体系。出版传媒与十几家国外图书销售机构达成销售代理合作。

第二节　辽宁新闻出版体制改革存在的问题分析

当前辽宁新闻出版体制改革的总体思路已经大致确立，并取得了显著成果，但是文化体制改革中还有诸多难点和问题，这些问题如不能得到妥善解决，将极大地阻碍改革的顺利进行。

一、占国民生产总值比例低，竞争力欠佳

辽宁新闻出版体制改革走在全国前列，取得了显著成效，有着国内出版业整体上市的"第一股"——辽宁出版传媒，但是新闻出版发行产业在辽宁国民生产总值中所占比例小，竞争力欠佳。今后改革的进程中，如何提升新闻出版行业的竞争力和整体实力，更好的发挥新闻出版行业对我省经济发展和文化发展繁荣的推动力是重要课题和任务。

二、出资人缺位等问题

新闻出版行业的特殊属性使得资产属性不明确，导致出资人缺位，出资人缺位必将导致无人对文化资产的保值增值真正负责，更谈不上企业的健康科学发展。新闻出版单位改革的基本思路是与主管主办单位脱钩，另组新闻出版集团作为出资人，集团当然要管人、管事、管资产，这是一种市场管理，而原来的主管机构是一种业务管理，只对新闻出版业务的一种指导。在转制过程中要处理好主管单位、新闻出版企业集团、出资人等关系问题。

三、重塑市场主体，规范市场秩序的任务艰巨

新闻出版行业宣传教育方面的性质属于重要的社会公益范畴，在转制过程

中，需要以市场为主导，创新体制，转换机制，面向受众，增强活力，然而以往事业单位的性质制约了新闻出版行业面向市场的主动性和竞争力，图书出版发行收入和利润过分依赖教材的问题比较突出，新闻和杂志依靠摊派的问题也比较明显，市场秩序有待规范，市场规则尚待完善。转制以后的新闻出版企业需要真正面向市场，拓展新的业务领域，实现有序良性竞争，真正成为能够自主经营、自我发展的新型市场主体，进而提高市场调控能力，分析和了解受众的真实需求，也将是新闻出版行业改革进程中的关键环节。

四、产业结构调整的任务艰巨

新闻出版产业地区发展不平衡，产业集中度偏低，规模比较小，市场调控能力不够强。由于缺乏统一的规划，致使我省大部分新闻出版企业处于各自为政、各自为战的状况，各市、县（区）难以突破地域限制去策划、衔接、延伸企业和行业的发展。而转制过程中存在政出多门、多头管理的状态，无法形成优势互补，规模经营、整体推进、全面发展的市场效益。这种状态给新闻出版产业机构调整带来了一定困难。在今后改革过程中，应该统筹全省，制定相应的产业结构发展规划，形成产业发展合力。

五、时政类报刊和非时政类报刊的混合管理问题

按照分类改革的思路，省级以上的党报党刊严格按照采编经营两分开的方式进行管理，而其他报刊则实行采编经营合一，这也可能导致时政类报刊和非时政类报刊二者的发展目标和经营思路不一致，如何实现有效的集团化管理将成为一个极为重要的问题。在下一步的体制改革过程中，如何妥善处理非时政类报刊体制改革过程中的各种问题是文化体制改革的重要内容。

六、税收方面相关政策问题

按照目前的改革方案，转制后的报刊企业其税收因为营业税和增值税的重复缴纳反而显著提高，这也导致很多报刊企业迟迟不愿转制改企。国有出版发行单位与民营发行单位在税收方面的经济政策还没有统一。在今后的改革过程中需要尽快出台和完善相关税收政策。

七、转制后人员安置与专业人才聘用问题

企业转制后，涉及员工的切身利益，关键是社保和补偿问题。由于社会保险的水平较低，员工身份转换后在退休后收入就会下降很多，相关问题处理不好会影响社会稳定和改革能够顺利进行，改企转制带来的工资、福利、社保等许多实际问题需要研究解决。另一方面，新闻出版行业优秀人才匮乏，制约了行业的发展速度和改革进程，因此，今后的改革过程中需要出台优秀文化产业人才引进、培养的有效机制，为我省新闻出版行业发展提供人才支撑。

八、发展速度与发展质量问题

我省作为新闻出版行业改革的试点，较快地完成了转制等各项工作，重视改革力度和发展速度，但是忽视了自有品牌的培育，导致产品过于大众化、普通化和一般化，缺乏品牌的持续传播力和影响力，缺少具有辽宁特色的，在全国具有影响的优秀文化品牌。今后，如何提升自有品牌的影响力，重视发展速度和发展质量的统一是改革重点。

九、经营理念落后，手段单一

转制以后虽然企业性质发生了转变，不过从管理层到普通员工的发展思路和经营理念没有发生根本性改变，没有建立与市场相适应的营销运行机制，大部分企业仍然依靠传统经营理念维系生存。经营意识呆板、滞后，经营方式简单、粗放；缺乏市场创意和经营的创新，市场占有率较低，没有形成现代企业科学经营的理念。今后的发展过程中，如何整合营销，实现多元化的营销机制是发展重点。

第三节　辽宁新闻出版体制改革的发展对策

新闻出版行业通过转制改企解决制约自身发展的体制性问题，必将为新闻出版行业的科学发展注入源源不断的动力，但是我们也必须清醒地认识到，转制改企不是目的和结果，而是手段和方式。要真正使转制改企的体制性功能发

挥真正的效用，政府、中介机构和相关单位还必须踏踏实实做好各项改革工作。

一、政府部门要科学合理地界定自身的职能

相关政府部门要立足于建立服务型政府，由微观管理方式转变为宏观管理方式，把其自身职能定位为：经济调节、市场监管、社会管理、公共服务。一是为新闻出版行业发展提供相关的政策法规扶持，制定产业规划，加大在税费减免、土地使用、财政支持等方面对新闻出版企业的扶持力度，提供便捷有效的服务，为新闻出版企业做大做强提供更多的政策支持，促进新闻出版行业的有序、健康发展。二是进行规范化的市场监管，整顿新闻出版行业市场秩序，打击非法传播物，保护知识产权，为新闻媒体的发展营造良好的市场环境。三是科学定位新闻出版行业的资产属性，建立起资产的监督管理机构，使其真正履行出资人职责。四是建立表彰和奖励机制，对我省在新闻出版行业建设和发展上做出突出贡献的单位和个人给予表彰奖励，对有发展潜力和发展前景的文化产业项目给予扶持，借以鼓励文化企业发展的信心和勇气，激发文化企业创新发展的活力。

二、创新发展理念是新闻出版行业发展的前提

（一）产业理念

新闻出版产业完成转制之后已经成为独立的法人实体，新闻出版人要增强市场意识和效益意识，从根本上改变生存方式和工作模式。新闻出版行业必须多开发贴近读者和受众、贴近市场和产品，树立产业发展新思维和新理念。

（二）品牌理念

品牌是无形资产，创造品牌不仅可以降低和减少新闻出版生产与经营中的风险，而且易于获得受众的认可和最佳的社会回报。在今后的改革过程中对产品的要求应该由传统的质量层次上升到品牌新层次，打造辽宁新闻出版行业知名品牌。

（三）传播理念

新思想、新理念、新技术的产生和传播对社会进步的推动作用远远超过积累和传承。辽宁在新闻出版体制改革方面取得了重大成绩和经验，因此，我省新闻出版业应该总结经验和问题，为其他兄弟省份改革提供可以借鉴的宝贵成果。同时，树立读者本位、传播和创新文化的新闻出版理念，与受众共谋发展。

（四）国际化理念

新闻出版人应树立国际化理念，在改革和发展我省新闻出版业的同时，主动地放眼世界，加强国际合作，与国家汉语国际推广领导小组办公室合作，联合出版国际汉语教材、读物，占领国际市场；建设现代印刷产业集群平台，打造国内乃至国际具有一定规模和影响力的集印刷装备制造、印刷附属配套、印刷包装等为一体的大型文化企业集团和印刷物流基地，增强我省新闻出版行业的国内国际竞争力。

三、创新产品，整合营销，多元化经营

（一）产品创新

新闻出版行业要根据市场和消费群体的需要，向社会提供高质量的精神文化出版物，不仅要在出版物的内容上贴近现实、满足群众的消费需求，还要对创新的内容进行前瞻性规划，并能对市场有敏锐的感知，以受众所能接收的形式出精品。对于新闻出版集团，其内部各单位可以按照自己的定位和特色，对一个优质选题开发出不同层次的跨媒体出版物，实现"一鱼多吃"——杂志社做专题，图书出版社可以深加工整合，出版图书，音像出版社则利用自身声画结合的优势，制作成光碟并随刊、随书赠送等。这样的方式不仅实现了产品创新，而且能让资源得到优化配置，信息内容得到更好的挖掘。

（二）多元化经营

突破行业边界，因地制宜，加强优势，立体经营，多元发展，是新闻出版业做大做强、做成国内一流甚至国际一流出版集团的重要而现实的途径。目前，湖南出版集团构建了以出版产业为主体，具有多元经济成分的现代立体出版产业体系，业务横跨出版、物流、光电、生物技术、材料、旅游等多个行业；山东出版集团发展成为实行图书、期刊、音像电子出版物出版发行的主业经营与文化用品销售、餐饮接待服务、证券投资等辅业经营相结合的多元经营大型集团；重庆出版集团以内涵式发展模式成立了集图书、报刊、电子音像、网络出版为一体，涉及纸业、印务、发行、广告、旅游和房地产等相关产业的大型国有出版文化企业。这些多元化经营的思路可供我省新闻出版企业借鉴。

从目前我国出版业发展背景来看，有三种多元化战略比较适合我国出版企业。一是跨图书、报纸期刊、广播电视、数字多媒体、网络等媒体的横向伸展，也就是跨媒体经营；二是整合物资供应、印刷、出版、发行等出版业上中下游纵

向产业，也就是整合出版相关产业链和价值链；三是以出版产业为圆心，同时辐射相关产品及相关领域，主要体现在出版—培训—教育这一链条上。需要注意的是，在进行多元化的同时，出版企业要警惕"多元化陷阱"，注重把握多元化的"度"。在操作时，应该注意产业关联，在进行多元化的选择时应该考虑与企业核心竞争力互补，与主业之间的资源要可叠加、可互动。企业还应具体考虑相应人才、管理能否跟得上，不能一味依靠资源优势盲目多元化。

（三）整合营销

传统体制下多数出版社的营销能力无疑是个短板，基本上是只有"发行"没有"营销"。在营销理论已经发展到"整合营销"的今天，多数出版社的营销手段显得格外贫乏、苍白，而一些市场化程度比较高的出版机构，其图书宣传营销能力已经几乎可与国外出版商相媲美。例如《富爸爸穷爸爸》的立体营销就是业界的经典案例。出版企业应该充分重视营销人才的引进和培养，重视营销部门的组织架构，建立完善的图书产品营销机制，实行既突出文化产品特质又符合市场规律、读者需求的"特色营销"，让优秀出版物能够发挥其应有的价值。借鉴连锁经营模式，形成商流、物流、信息流、资金流"四流"贯通的全方位、立体化营销网络，完成全省连锁经营的整体覆盖，对全省门店实行连锁配送。推进各地新华书店加入北方联合出版传媒（集团）股份有限公司，实施统一管理、统一运营的新型连锁化网络经营，统一开发全省及东北市场。推动沈阳、大连、鞍山等地书刊批发市场建设，以中国沈阳书刊批发市场为主体，形成我省统一开放、竞争有序的现代出版市场营销体系。

四、开展跨地区、跨国界、跨行业合作

（一）国内跨地区、跨行业合作

出版企业打破地域界限、行业界限进行更广阔的合作有利于提高整体抗风险能力、竞争能力和赢利能力。最近的一个典型事例是 2010 年 11 月 5 日，北方联合出版传媒（集团）股份有限公司分别与天津出版传媒集团有限公司、内蒙古新华发行集团股份有限公司的股权合作。这是我国出版业国有独资、国有控股出版发行企业与出版上市公司之间的首次跨地区合作。国内跨地区、跨行业合作对打造产业链，建构新的产权结构、资本结构和治理结构，实施规模化、集约化、专业化、效益化发展具有积极的推动作用。这种合作应该持续、深化开展下去。要充分利用书报刊等传统媒体、音频视频媒体和各种网络媒体等一

切人民群众喜闻乐见的形式，对新闻出版内容资源进行全方位、深层次的全面开发利用，形成各种传媒形式与优质内容资源紧密结合发展的新格局，把出版业打造成为多种媒体形态共存，集内容创新、制造、推广、服务为一体。

（二）开展国际合作，开拓国际市场

出版企业要走向世界必须扩大与国际出版企业的交流和交往、合作。目前国内很多知名出版社已经与国际出版商开展了深度合作，共谋出版发展。例如，2010年8月，外研社与牛津出版社共同出版了《牛津·外研社英汉汉英词典》，开创了中英两国出版社合作编写的先河，并且实现全球170多个国家同步出版发行，这是中国出版"走出去"精神的精准诠释。其他如中国出版集团公司与日本最大出版发行商签署合作协议，在东京成立中国出版东贩股份有限公司，进军日本出版传媒市场；凤凰出版传媒集团与欧洲最大的大众及教育图书出版集团法国阿歇特共同投资组件合资公司凤凰阿歇特文化发展有限公司；中南出版传媒集团与美国麦格劳—希尔教育出版集团共同开展内容、渠道、纸质和数字媒体等多方面的合作，与韩国祥明大学合作，使湘版历史教材进入韩国大学课堂，实现我国出版的教科书第一次走出国门等，这些创新举措都为出版业今后开展国际合作拓宽了思路。

五、完善管理机制是企业持续发展的有力保障

作为一个文化企业，新闻出版行业经营和管理的目标不同于一般企业简单追求利润的最大化。在目前出版业改革已经进入培育市场主体和战略投资者阶段的情况下，出版社应注重在用人机制、薪酬体系和发行管理机制三个方面的改革和创新。

（一）人才管理和使用机制

要根据文化产业的特点进行人事制度改革，传媒企业的主要资产为品牌和人才等无形资产，因此，只有高度重视人才建设，充分发挥人才的优势，才能真正实现可持续发展。要建立健全人才激励和约束机制，注意人力资源的平衡配置，精简高效，深化劳动用工制度的改革，形成人尽其才、才尽其用的用人机制。要建立我省文化产业人才培养、引进、管理机制，支持高等院校开展对文化产业人才的长、短期培训，加快人才培养速度，为我省培养一批懂文化、善经营、会管理、能创新的高素质新闻出版人才；引进高端文化人才和创意产业人才，建立我省文化产业人才供求信息平台和高级人才数据库；设立"优秀新

闻出版人才奖励基金"。

（二）薪酬机制

在承袭现有的薪酬制度的基础上，融入绩效理念，体现效率优先、兼顾公平的原则。建立起"精神激励与物质激励并重，短期激励和长期激励有机结合"的激励约束机制，使传媒企业和人才成为真正的利益共同体，更好地实现传媒资产的保值增值。

（三）内部管理机制

要完善出版社发行的内部管理，建立严谨、透明的发行管理费用和营销费用的审批程序，高效地衔接各环节的工作，减少机制运转费用，减少发行成本，并将费用支出绩效考核的重要指标之一。还要建立健全科学合理的公司治理机制，关键在于建立一个权责明确、分工有序、科学合理的决策机制：加强决策的科学性；减少决策队伍规模，以提高决策效率和质量。

六、加快数字化建设，增强科技含量

世界范围内科技进步突飞猛进。互联网的发展改变了人类的生活方式和工作方式，网络化数字化的广泛应用，对新闻出版行业产生了革命性的影响。我国目前正在着力构建数字出版、网络出版、手机出版等以数字化内容、数字化生产和数字化传输为主要特征的战略性新兴新闻出版业态。如方正集团与上海张江集团共同投资 2.85 亿元组建全国数字出版的旗舰企业——中国数字出版技术有限公司；广东省组建了国内首家"数字出版产业联合会"，有效促进数字出版内容生产、技术研发和产业运营等企业的深度交流；江苏省确立了以项目带动数字出版战略实施、加快传统出版业转型和加快数字出版新业态发展的思路，鼓励数字出版项目申报文化产业引导资金。在以互联网为主体的新媒体飞速发展的时代，出版企业要着眼于世界科技发展前沿，加快出版的数字化建设，积极开拓电子图书出版、互联网出版、手机出版等业务。

可见，以高科技为主要手段和特征的现代内容产业的迅速产生和壮大，已经成为不可逆转的社会发展趋势。要运用高新技术改造传统出版方式，实现我省出版产业从传统纸介质出版物向多种介质形态出版物的数字出版产业转型，推进"传统报纸出版商"向"现代传媒内容提供商"战略转型，打造跨行业、跨地区大型现代报业传媒集团。

七、多渠道的融资途径是新闻出版行业发展的重要条件

新闻出版的未来发展趋势是大传媒的概念，即图书、期刊、影视、游戏、动漫及其他相关产业的融合，需要大量的资金投入，特别是要参与国际竞争、提高国家软实力，现有的出版发行企业规模远远不够。出版企业要做大做强，必须拓宽融资渠道，借助银行、信托、基金、证券市场、产权市场、民间资本、国际市场开拓资金等融资渠道，充分发挥资本的力量；还可以扩展投资领域。新闻出版业可跨领域、跨行业实行多种投资经营，如涉足于教育、网络、印刷、酒店等低风险、高效益行业。目前新闻出版有一些融资方式的探索，如项目融资、股权融资、债券融资、兼并和收购、参股和控股、争取国家相关文化发展基金、设立风险投融资担保制度、有效评估文化产业资产、优惠贷款、鼓励创业板等。从国际来看，美国出版业采用的是证券市场主导型融资模式，日本出版业采用的是主银行制度和相互持股制度。出版企业应认真学习、借鉴国内外各种融资模式，积极探索适合我国出版业的融资方式，并使之逐步规范化、制度化。新闻出版总署将引进一大批像石油、钢铁、金融、通讯等行业的国有企业进入出版产业充当战略投资者。

八、打造具有影响力和带动力的大企业和基地

目前，在我省有影响力的大企业，如北方联合出版传媒（集团）股份有限公司、沈阳胡台包装印刷基地等，要支持其健全完善基地配套服务，加快引进国内包装印刷龙头企业，着力提高基地产业集中度和集约化发展水平，建设东北地区规模最大、专业配套最齐全的包装印刷产业基地，支持其向国家新闻出版总署申报国家级印刷产业基地；如辽宁大族冠华印刷科技股份有限公司，要支持其依托营口印刷高新技术产业园和大族冠华现有的行业领先地位及产业优势，建设现代印刷产业集群平台，打造国内乃至国际具有一定规模和影响力的集印刷装备制造、印刷附属配套、印刷包装等为一体的大型文化企业集团和印刷物流基地。此外，还要让辽沈晚报传媒股份有限公司创造条件，争取企业上市；加快完成辽宁报业传媒集团与沈阳日报印务资源资本合作，组建辽宁报业印刷股份有限公司；推动与邮政部门合资组建辽宁北方报刊零售发行有限公司，拓展市场代理、产品运输、商品配送、电子商务等现代物流服务，实现报刊发行业务向多元化、专业化、规模化和集约化发展；推进各市党报集团发行、广

告、印务等经营性资产剥离重组，整体进入辽宁报业传媒集团，打造国内知名的跨地区大型报业传媒集团，提升我省新闻出版行业的影响力和带动力。

（作者：陈东冬，辽宁社会科学院哲学所）

第二章 辽宁广电网络体制改革报告

2010 年，辽宁广播电视台经营收入同比增长 23%，获得"2010 中国传媒年度品牌"称号；在第二届中国品牌与传播大会上，辽宁卫视获得"最具品牌传播价值大奖"。这是辽宁实施广电整合改革取得的成果。

第一节 辽宁广电网络体制改革概览

改革创新是广播影视繁荣发展的不竭动力。近年来，辽宁省广电局和辽宁广播影视系统认真贯彻落实中央关于深化文化体制改革、加快文化事业产业发展的重要部署，积极推进广播影视体制机制改革创新，大力发展广播影视事业产业，各个方面都取得了重要突破，广播影视业整体呈现快速健康发展的良好态势。

一、广电网络体制改革促进文化民生工程建设

在辽宁省，文化惠民已成为实实在在的实事工程。经过十余年建设，辽宁广播电视村村通工程取得了巨大成效，丰富了广大农村群众的文化生活，也为他们开启了致富的新篇章。辽宁提前两年实现 20 户以上通电自然村通有线电视。

为了解决边远地区群众听不到广播、看不到电视的问题，国家发展改革委和国家广电总局于 1998 年启动广播电视村村通工程。经过十年建设，2008 年辽宁广播电视村村通工程建设继完成全省行政村、50 户以上自然村广播电视村村通工程任务后，已经全部完成"十一五"时期规划的 4630 个 20 户以上自然村"盲村"的广播电视村村通建设任务，比国家下达的任务完成时间提前了两年。

2009 年，辽宁省广播电视村村通工作结合全省文化信息资源共享工程进村入户工作的推广，逐步推进 20 户以下自然村广播电视村村通工程建设；完成已经规划的省级广播电视节目无线覆盖工程建设；同时开始推广农村广播电视数字化改造。2010 年，省广播电视局制定了 20 户以下广播电视盲村村村通建设方案和"十二五"时期广播电视村村通规划；完成了中央广播电视节目无线覆盖工程的收尾工作，基本实现中央和省级广播电视节目无线覆盖设施的更新改造和新增频率的建设任务；结合部分地区数字电视平移工作，采用了数字双向点播机顶盒（VOD）、准视频点播机顶盒（NVOD）等接收方式，形成了"推送点播为主、多种形式并存"的用户终端接收体系。

2011 年，辽宁省建成农村电影放映工程监管平台。2011 年 3 月 19 日，辽宁省农村电影放映工程监管平台（中影广告运营平台辽宁监控分平台）在辽宁新兴农村数字电影院线公司集成、调试完毕，即将投入运行。该平台由中影新农村数字电影放映公司提供技术支持，其建成标志着辽宁省实现了农村电影放映监管的信息化、数字化和规范化，全省农村电影工作进入了新的阶段，充分满足辽宁全省农村数字电影设备大规模运营、监管的需要。目前，辽宁已实现了数字影院 14 个地级市全覆盖。截至目前，全省建成并运营数字影院 50 家，银幕 242 块，观众席 4.4 万多个。2010 年前 9 个月，辽宁电影放映收入达 2.5 亿元，已超去年全年收入。为促进电影产业繁荣发展，我省将加大政策和资金扶持力度，从 2010 年起设立电影精品专项资金，用于全面扶持全省重点影片拍摄项目，积极扶持现实、工业、农村、少数民族以及少儿题材的电影故事片创作，积极促进动画片、纪录片、科教片以及适合网络、手机等新媒体新形式传播的影片生产，加强影视、动漫产业基地建设。2011 年，辽宁省各市、各县区要开工建设一批新的文化设施，启动一县一座数字影院建设。

二、完成广电媒体"三台合一"，资源整合释放发展活力

2009 年 12 月，辽宁人民广播电台、辽宁电视台、辽宁教育电视台重组为辽宁广播电视台，组建国内首家新型全媒体业态。原辽宁人民广播电台、辽宁电视台、辽宁教育电视台呼号取消，在各台原有节目基础上全新规划、重组资源、调配队伍，整合后的 8 套广播频率、8 套电视频道均冠以"辽宁广播电视台"统一台标。原"三台"的领导班子、媒体资源、服务管理、产业经营和规划投入合为一体，统一领导、统一决策、统一规划、统一运作，建立一个集中原电

台和电视台新闻制作力量的大新闻平台，实现广播、电视资源跨界整合、新闻联动。整合后，辽宁广播电视台将拥有8套模拟电视节目、8套模拟广播节目、6套向全国传送的付费电视节目、18套省内数字视频点播节目、10套数字音乐节目和1个网站，兼具广播的特长与电视的优势，在早、午、晚时段，选取三个点进行广播新闻与电视新闻的同步现场直播，提高新闻节目的时效性，创新广播电视节目新样式。

经过一系列优化重组，目前的辽宁广播电视台，集广播、电视、影视生产、新媒体和相关文化产业于一体，是一个多市场维度，多媒体表现形式的综合性播出机构，拥有先进的节目生产能力和节目播出能力，努力打造国内最具影响力和竞争力的一流媒体。在此基础上，辽宁广播电视台将影视剧、综艺、体育等节目的制作业务分离出去，与经营性资产合并，组建台属、台控、台管的企业公司，即辽宁北方广电传媒（集团）有限公司，是集广播电视节目制作经营、新媒体运营服务以及传媒相关业务于一体的传媒产业集团。该公司的成立标志着辽宁在广电资源成功整合的同时，广播电视制播分离改革也取得了重要的阶段性成果，实现了跨越式发展。该公司运营引入市场机制，将新闻宣传业务主体以外的广播电视节目进行经营形式的剥离，为外部的投资融资创造条件，通过对具备市场发展潜力的业务板块进行重组，打造一批面向市场的独立子公司。业务范围涵盖除公益性事业以外的广电传媒业务，包括广告经营、影视剧制作、电视购物、娱乐节目营销、体育、培训、电影院线、节目制作中心等各个板块业务。集团及所属子公司将从为播出而制作转变成为市场而制作，从地方广播电视播出机构转变为面向全国乃至海外的内容提供商、发行商和服务运营商。

同时，辽宁广播电视台积极拓展新媒体业务，与中国联合网络通信有限公司合作成立广联视通新媒体有限公司，共同打造手机新媒体品牌，为广大手机用户提供内容丰富的视讯服务。为了进一步提升创意能力、生产能力和社会影响力，辽宁广播电视台与沈阳音乐学院和鲁迅美术学院合作成立了沈阳鲁艺文化传播有限公司，这一跨行业、跨领域的联合成为我省文化体制改革又一创新之举。

经过一年多的运转，大大提升了主流视听媒体舆论引导能力，辽宁广播电视台管理成本降低20%，广告收入增长29%。中国最大的收视率调查公司，也是中国最大的市场研究机构央视索福瑞公司提供的全国城市收视数据显示，2010年1月至4月，辽宁广播电视台所属辽宁卫视在该收视市场全天时段省级卫视排行中稳居第五位，白天时段排名跃升至第四位，各档自办栏目同时段竞争力稳定增长。这是辽宁广播电视体制改革和机制创新的一个起点,同时,又是辽宁省推进文化体制改革,加快广电事业和产业发展的一个重要成果,有利于优化配置广电媒体资源,加速构建现代传播体系,形成舆论引导新格局。

三、文化信息资源共享工程取得了积极成效,百姓得实惠

文化信息资源共享工程是国家的一项重要的民生工程,是惠及千家万户的一项重要文化基础工程。辽宁省从2008年12月开始,结合自己的实际情况,经过反复论证,利用覆盖全省98%以上地区的广播电视"村村通"网络,推进文化信息资源共享,成功构建了覆盖城乡的文化信息资源网络,在全国首创"辽宁广电模式",推进文化信息资源共享工程,得到了中央领导和中央、国家有关部委的充分肯定。

以文化信息资源共享工程进村入户为契机,辽宁将广播电视村村通工程与文化信息资源共享工程相结合,并采用"进村和入户相结合、广播和点播相结合"的方式分层次推进,使广大农民足不出户在家中就能共享工程节目,真正实现文化信息服务内容点对点式进入千家万户。如今,辽宁文化信息资源共享工程已建成点播服务点6万多个,覆盖省内所有行政村和自然村,推广点播用户200多万,节省90%以上投资,提前三年完成了覆盖全省所有行政村和自然村任务。如果按照传统模式在辽宁推广文化共享工程,至少需要三年时间,投入4.5亿元,还只能覆盖1万个左右行政村,更不可能进入农户家里。在全省范围内实施以"广电模式"让文化共享工程"进村入户",仅用一年时间,共享工程就推广使用到1.1万个行政村、6万个自然村(屯)、226万已通有线电视的农户,覆盖率超过98%,而投入仅为5000万元。辽宁省为文化信息资源共享工程建设,找到了一个符合中国基本国情的路子。这是一次理念创新、模式创新和技术创新,为广播电视农村公共服务开辟了新领域、拓展了新空间。

运用"广电"模式推进文化信息资源共享工程,实现了广大农村群众足不出户收听收看文化信息资源共享节目。居民用自己家里的电视机通过连接数字机顶盒就可以与有线电视网对接,收看到"文化共享工程"频道,该频道包含了金农热线、聚焦三农、供求信息、科普之窗、教学园地、知识讲堂、文化艺术、新闻回放、阳光政务、图书阅览、电影欣赏等11个一级栏目和43个二级栏目,视频资源总量达到6209小时,内容非常丰富。共享工程不但带来了致富信息,还丰富了农民群众的文化生活。而随着有线电视网络双向数字电视改造

工程的深入，文化信息服务将更加便捷。

据统计，自辽宁省全面启动文化信息资源共享工程"进村入户"工作以来，截至目前，依托乡镇综合文化站、村文化活动室及农村计划生育中心户、农业科技协会组织，全省已经设立了六万多个基层服务点，采购机顶盒也已经全部投入使用。辽宁各地市推广机顶盒用户达到224万户，模拟频道用户达到226万户。至2009年6月底，点播式用户也将达到100万户，可以让更多的农民家庭享受到更丰富的文化信息。目前，辽宁省文化共享工程的视频资源总量已达到6209小时，包括了国家中心提供的各类资源2500小时、国家和省内有关部门资源1179小时以及专门采购的适合农民群众需求的资源2530小时。文化共享工程已被列入《辽宁省国民经济和社会发展"十二五"规划》，把实施文化共享工程作为统筹城乡发展，推进社会主义新农村建设，完善公共文化服务体系的重要惠民工程全力加以推进。

如今，在辽宁省，越来越多的农民享受着文化信息资源共享带来的实惠，学科技难、看戏难、看书难、解决问题难，逐渐在"共享"中破解。山沟里的孩子在家中拿个遥控器就能看到北京四中最好的老师讲课的录像，海边的渔民随时可以了解最新的养殖信息和市场行情。共享工程已经成为广大农民足不出户解决问题的"搜索引擎"。贫富差距、地区差距一时还无法缩短，但是，通过文化惠民，依然可以有效推进教育公平和文化平等。

四、制播分离改革取得实质成效，广播影视新媒体新业态发展迅猛

辽宁制播分离、产业延伸的广播电视体制改革，取得了一定的实效。2009年，原辽宁人民广播电台的广告收入为1.5亿元，而今年广播签约广告已达2.5亿元。今年前4个月，辽宁广播电视台的广告收入，比去年同期三台广告收入的总和增长了29%。今年前5个月，辽宁广播电视台经营收入同比增长20%以上。

央视索福瑞提供的全国71个城市网数据显示，2010年1至4月份，辽宁卫视在全天时段省级卫视排行榜中位居前列。各档自办栏目同时段竞争力稳定增长，其中《欢乐集结号》稳居同时段第一，新闻类节目《第一时间》和《说天下》也创下较高收视率，今年开播的午间综艺节目《新笑林》等自办节目均能进入全国35个省级卫视所有节目排行榜前60名。

辽宁广电系统实行"三台合一、制播分离"后，呈现出了广播影视全媒体

新业态。辽宁广播电视系统在全国省级广播电视综合实力排名中名列第八位，在全国率先实现"村村通广播电视"，辽宁电台、电视台第一套节目运用卫星传递，节目信号覆盖全国和世界范围内60多个国家和地区。全省广播电视系统产业总收入15.6亿元，在全国排名第六位。辽宁省电影公司为迎接WTO的挑战，与沈阳、大连、鞍山等几家市公司联合组建了辽宁北方电影股份有限公司，在此基础上，又与中国电影集团公司以资本为纽带，实行资产重组和资本运营，成立了辽宁北方电影院线股份公司，得到了国家广电总局的充分肯定，在全国产生了较好的影响。

辽宁广播电视台新闻广播和各档电视新闻栏目的收听收视率明显攀升。辽宁卫视的收视率在省级卫视中从几年前的第18位上升到第5位；新闻广播频率早7时新闻栏目《新闻大视野》收听率稳定在全国同类节目的前三位；电视新闻栏目《第一时间》收视率在全国省级卫视同时段中一直稳定在前两位；电视评论类节目《说天下》稳定在前三位。《辽宁新闻》、《全省新闻联播》、《第一时间》、《新闻大视野》、《新北方》等一批独具辽宁特色的时政类、民生类品牌节目的影响力进一步扩大。

辽宁卫视频道根据自身所处地域特征和拥有的核心优势，确立了"向北方"的全新频道理念，实施主打"娱乐、电视剧和大型活动"的新战略，通过盘活明星资源，创新节目形态，依托"一山两刚（纲）"量身定做《王刚讲故事》、《欢乐集结号》、《明星转起来》、《到底是谁》等品牌栏目，打造出了特色浓郁的高品质节目带。辽宁北方频道自创的《北方快报》、《北方时报》、《北方今日谈》和《老梁说天下》等节目，把目光聚焦于新闻，通过人文与新闻的双剑合璧，使北方频道动静结合，形成了有别于其他专业频道的独特魅力，今年早早就将6000万元广告收入纳入囊中。北方频道是使用原辽宁教育电视台空出的资源打造的全新电视频道。节目以前瞻性思维把握时代契机，关注历史文化、社会民生等重大问题，及时报道重大新闻，解析热点事件。

北方广电传媒集团等为主的国有文化企业发展势头强劲。辽宁北方广电传媒（集团）有限公司（英文简称NMG）以传媒产业为核心业务，现已全线规划了广播电视节目制作，广告经营，新媒体业务，电视购物，影视剧制作、营销，影视基地开发、经营，电影院线经营，会展服务，音像制作出版，文化信息咨询服务，培训，办学，报刊发行等近20个业务板块，现旗下拥有辽宁广播电视广告有限公司、辽宁七星传媒集团有限公司、辽宁北方新媒体有限公司、沈阳鲁艺文化传播有限公司、辽宁艺嘉文化传媒有限公司、辽宁七星音像出版传媒有限公司等多家国内具有一定影响的企业（集团）。NMG集传统媒体业务、新媒体业务和各类相关业务为一体，在产业链条上已经建立起了"多媒体规模化投资、多渠道多元化营收、多品牌集群化发展"的投资运营体系。北方广电传媒集团在做好原有业务的同时，积极进入文化创意产业。他们与沈阳音乐学院、鲁迅美术学院合资组建沈阳鲁艺文化传播有限公司，充分发挥三方优势，对外提供丰富多彩的文化视听节目、文艺演出、音像产品、教学培训等文化服务，打造新的文化产业链；他们与中国联合网络通信公司合作成立广联视通媒体有限公司，共同打造手机新媒体品牌。

辽宁广播电视台还和新华通讯社主办的新闻周刊《望》杂志合办了评论栏目《望评辩天下》，在卫视频道重要时段播出，采用专家评点的方式对社会经济发展中的热点、难点、重点问题进行舆论引导，开创了地方电视媒体与中央权威平面媒体合作的先河。目前，辽宁广播电视台还延伸传媒产业链，进军网络媒体和手机媒体，与中国联通合作成立广联视通新媒体有限公司，发展手机电视等新媒体业务，为手机用户提供视讯服务。原创系列喜剧片《新笑林》符合移动媒体的传播要求，即将通过手机平台，呈现给广大手机用户。

五、完成全省网络整合，三网融合取得实质进展

我省有线电视行业已经进入三网融合的新时代。辽宁基于广电网络的三网融合基础网络建设在2010年7月底前在营口市试点完成。营口市的三网融合试点项目网络以传统广播电视业务为基础，可以同时开展电话（可视电话）、宽带互联网等全业务。营口广电网络通过双向数字化改造，将使基础网络得到全面的升级，这意味着辽宁省探索实现"三网融合"新模式的序幕正式拉开。

在试点、推广中，辽宁省在学习外省整合工作经验、深入基层调查研究的基础上，制订了《辽宁省广播电视有线网络整合方案实施细则》，对解决"股份"、"存量"、"增量"、"债务"、"资产"、"投资"等基层关注的问题提出了明确意见。坚持行政推动、市场运作原则；坚持存量保值、增量分成、兼顾各方利益原则；坚持网络资源互补、杜绝重复建设原则。充分发挥广电系统与国有通信运营商各自的优势，开展与通信运营商在技术、业务、功能和资本层面的合作，通过整合、重组省、市、县（区）广播电视网络资源，盘活有线网络资产存量，做大网络资产增量，推进广播电视网络经营产业化、市场化步伐，逐步实现"全省一张网"和"三网融合"的目标。辽宁省在营口市试点的基础

上，正在总结经验逐步向基层推进，被列为全国试点的大连市三网融合工作也按计划顺利展开。2010年，辽宁基本实现全省有线电视网络城区和农村全程全网、互联互通，并建立起了全省统一规划、统一建设、统一管理、统一运营的有线电视网络管理体系，实现"事业管理向企业管理"、"模拟向数字"、"单向数字向双向数字"、"分散经营向规模化集约化经营"四个重要转换。

目前，有线网络资源整合"全省一张网"已经编织成型。2011年1月，辽宁省、市两级16个广电系统股东共同签署了《辽宁省广播电视有线网络联合重组股东投资协议》和《辽宁省广播电视有线网络联合重组股东资产投入协议》。协议的签署，标志着各市网络整合工作的完成，实现了全省一张网的工作目标。

三网融合试点推进已有实质性进展，目前首批12个试点地区的有线电视网络运营商与电信运营商已经启动"双向进入"的交叉申报并进入准备阶段。双向进入一直是三网融合推进中的难点，也是广电和电信博弈的焦点。此次启动"双向进入"申报意味着双方从各自为战转向了交叉发展。

此外，我省还实施了全省网吧连锁经营，建立了新型政府管理网吧有效模式。在全省8094家网吧中，整治关闭近700家，其余网吧99%由8家企业实行连锁经营，在全国率先实现省域网吧连锁经营。通过集中监控和统一管理，形成未成年人受益、家长放心满意、网吧业主得益、政府监管高效的"多赢"发展新格局。

第二节　辽宁广电网络体制改革存在的问题

广电三网融合需要体制改造，更需要市场化历练。广电三网融合过程中，一方面要承担宣传职责的重任，另一方面要开放增值业务市场，这是振兴文化产业的基本需求，是广电新业态发展的需要。随着广电产业化发展的深入，表面上看，体制制约似乎成为发展数字电视综合信息服务的主要因素。但是，即使广电网络完成企业化改造后，仍然存在很多问题。

一、辽宁广电传媒业与国际媒体的水平差距大，竞争力不强

虽然广播和电视节目数量可观，并已实现了"上星"，但是他们都处于规模

小、水平低的初步产业化阶段，和国际媒体的水平相比差距很大。电视台和广播电台尽管数目庞大，但有些仍覆盖面窄，节目水平低，有的台不能自己制作节目，仅仅依靠购买节目或引进电视剧维持。

二、中国传媒多元化发展态势迅猛，广播电视传媒的观众不断流失

中国传媒的多元化发展格局在 20 世纪后期就已经形成，但是，在计算机网络媒体大规模发展之前，中国传媒的多元化格局呈现一种稳定的状态，广播电视传媒并没有太多的来自多元媒体竞争所产生的压力。但是随着科技的发展，互联网迅猛发展，广播电视传媒的观众大量流失，这对多年来备受广大受众青睐的中国广播电视传媒产业来说，是一种关乎生存空间的严峻挑战。

三、经济全球化致使传媒压力加剧，中国的广播电视传媒产业受冲击

经济全球化及中国大陆加入世界贸易组织形成了改革开放后另一个重大的历史转折点，民营资本作为经营主体进入除新闻宣传外的广播电视节目制作业及其他广播电视产业，外资进入中国广播电视市场的门槛降低了，世界各国传媒通过卫星、电信、网络等载体影响中国的广播电视传媒产业。此外，世界各国传媒互相进行节目买卖，如电影、电视剧、卡通片、纪录片、综艺节目等。合作制作节目的形式也被广泛应用，并通过人员交流、访问等形式参与境内外广播节目制作。加入世贸组织，导致了广告经营的外资进入，这对国内广播电视的广告经营产生巨大影响；外国和地区制作的录音录像进入国内播放需付出相应报酬，这也冲击着国内广播电视业的经济收入。

四、电视台机构冗杂，经营管理混乱

在国内很多省会城市，众多的电视台形成了复杂而拥挤的局面，所有的台都把自己办成综合频道，全国上千个综合频道，制作节目和播出节目都没有选择性。其次，一次普通的会议就有多家电视台报道，一部电视剧在同一时段在不同的频道播出屡见不鲜，极大的浪费了资源。目前国内相当部分电视台内部没有科学的专业分工，内设机构、节目设置以及各部门内部只能配置都是小而全的模式，既无法实现生产资源的合理配置和优化组合，又不利于专业水平的提高和专业人才的培养，由于僧多肉少，市场小，生产和播出的单位太多，对有限资源的恶性竞争就表现十分突出，造成了恶性竞争。

五、广播电视业现有的人才结构单一，不能适应行业需要

广播电视数字化带来的是广播电视制作、传输、播出、监测、监管等方面的技术革命，这需要更为专业的经过系统学习过这方面知识的人才来从事电视行业。因此数字化也正改变着广播电视业现有的人才结构。随着现代广电产业的发展，传统广电人才队伍在市场意识、营销观念、经营能力、管理水平等方面已经出现明显的不适应，因此在某种程度上大大阻碍了广电产业的快速发展。为适应新形势发展的需要，一些广电单位开始着手挖掘、培养一批广播影视改革发展急需的战略规划、资本运作、版权管理、科技管理、项目管理等知识复合型经营管理人才。随着网络技术、卫星技术的发展，广播电视业开始转向跨行政区域、跨媒体经营，有的甚至开始走出国门。因为传统本土化的人才队伍已经很难满足广播电视业走出去发展的需要，一些懂传播业务、会经营管理以及精通外语的优秀人才成为广电人才市场需求重点之一。

六、三网融合对广电体制改革提出了更高要求，还需要进一步加强

在三网融合形势下广电网面临新的机遇和挑战。"三网融合"事关国家的发展战略和核心利益，代表了行业发展的方向，是大势所趋。在此形势下，如何主动置身于市场经济环境下，尽早认识和把握"三网融合"的规律和模式，适应"三网融合"新规则，是广电网络需要认真思考的问题。另外，广电系统面临如何快速实现市场化运作的难题。由于许多市级广电网络都是由当地财政拨款建设的，而广电运营商通常更多地关注播出安全而不是盈利。因而，从行政事业管理体制走向现代化管理体制的转型面临挑战。其根本问题是人的观念和适应市场化的素质。也就是说，改制并没有从根本上转变人们的观念和行为准则，没有落实盈亏自负的责任机制。

七、文化产品和文化管理的创新能力亟待提高

改革不可能一蹴而就，革除体制机制的弊端，需要的不仅是勇气和魄力，还需要创新的理念和思维。目前，文化市场条块分割、区域壁垒和行政干预的问题虽然有所改观，但还没有从根本上得到扭转。原有的行政主导的文化管理体制并未彻底改变，文化管理权限分散的问题并未得到解决，极易造成资源浪费和多头管理。创新是文化发展的灵魂。经过文化体制改革这些年的发展，我

国的文化企业的实力有所增强，但是与国际先进水平相比，差距仍然巨大。我国的主要文化产品如电影、电视剧、图书、报刊等的总量在全世界位居前列，但总体上不具备全球影响力，文化创新能力亟待提高。

第三节　深化辽宁广电网络体制改革的对策

在广播电视事业经过以"广播电视事业"为基本特征的初期发展阶段和以"事业单位，企业管理"为基本特征的探索发展阶段后，目前已进入大整合、大汇流的全新产业化发展时期，并成为新兴文化产业的重要部分。但是，广播电视体制改革不仅要受到国情和社会制度的限制和影响，而且还要受到思想观念的束缚。因此，辽宁广电网络体制改革需要切实可行的对策。

一、梳理总结经验，深化对文化建设规律的认识，把握改革发展方向

辽宁文化建设有许多新的经验、新的突破、新的创造，梳理总结好这些成功经验，有利于不断深化文化建设规律性的认识，把握好文化改革发展的基本方向。辽宁广电网络体制改革在文化体制改革的进程中，积累了很多成功的经验，体现了文化体制改革的总体进展和取得的成效，让大家看到了改革发展的趋势。对这些经验进行梳理总结，有利于进一步推动我省文化体制改革深化发展。

二、加快科技创新，为辽宁广电体制改革发展提供技术支持

科技创新是辽宁广电体制改革的关键。辽宁广电体制改革需要科技的有力支撑。从三网融合的情况来看，广电三网融合必须建立符合广电特性的业务支撑体系。从根本上看，广电实现三网融合的最终目的是实现广电业务、电信业务、互联网业务安全可控的跨屏融合。这三类网络业务的表现形态、需求形态、实现方式和监管要求，需要广电网络在三网融合中对各种业务传输环节、内容审核、传播范围、终端呈现等方面采取相应的技术加以解决。基于广电的三网融合中，就必然要面对如下的技术问题：必然会遇到多芯片平台、多种终端、多增值应用不断变化的需求，必然面对多标准兼容、多协议融合、多业务集成

的实现问题。因此，要不断加强和推动科技创新，为辽宁广电体制改革发展提供技术支持。

三、大力推进广播电视有线网络管理体制创新

当前，要认真贯彻落实中央有关要求，加快有线网络整合和双向数字化改造步伐，大力推进广播电视有线网络管理体制创新、传输技术创新和服务方式创新，实现我省广播电视有线网络产业健康快速发展。各级党委、政府要高度重视广播电视有线网络整合工作和管理创新，统一思想，提高认识，加强领导，创新管理方式，最大限度地发挥有线网络资源的优势，努力实现社会效益和经济效益双丰收，实现我省广播电视有线网络产业健康快速发展。

四、大力实施人才战略，不断提高广播电视从业人员的专业素质

在广播电视体制改革中实施电视人才战略才是改革的最主要的途径。首先实施人才战略要在体制改革、机制创新中全面推进。其次，实施人才战略，要转变观念，要树立人才是第一资源的观念并且要树立人才管理的观念。再次，要营造适宜人才成长的良好环境。这就包括要全面推行会员聘任上岗制；建立并严格执行职称评聘分开制度；初步建立与市场接轨的人才考核制度；加强人才培训。对于实施人才战略，还主要体现在：电视台越来越注重传统的专业技术队伍向掌握广电科技发展新技术的高层次人才转变；越来越注重专业技术型队伍向创新型、专业交叉型、学科综合型人才队伍转变；越来越注重传统宣传队伍向既懂宣传业务又懂传媒经营、管理的知识复合型人才队伍转变；越来越注重视本土化队伍培养向懂传播、会管理、精通外语的外向型、国际化人才队伍的转变。综上所述，电视人才战略是当前电视台应对市场竞争的重要手段。

五、面对新媒体的传播特点，着力提高舆论引导能力

一是要不断提高舆论引导的权威性，公信力，在第一时间发布真实准确的权威信息；二是要深入推进节目创新、切实增强节目的针对性、时效性、吸引力和感染力，真正使广播影视节目入耳入目入心；三是要积极引导网络舆论，坚持网络问题"网上来网上去"的基本原则，主流媒体紧紧依托自身资源，传统媒体和新型媒体相结合，壮大强大传播引导力量。

六、着力提高影视产品的质量，实现数量与质量的有效统一

对于电影和电视剧制作方面，影视剧生产在"十六大"以来取得了长足发展，成绩显著，但是我们在强调数量，强调规模发展的同时，有必要把我们工作着力点转到提高影视剧生产的质量上来，实现数量与质量的有效统一。毕竟现在叫得响、传得开、留得住，被广大人民群众所喜爱，被市场所接受，和国外影视大片相匹敌的影视剧仍然较少。出精品要靠市场机制，但是只靠市场机制不行，党委宣传部门和政府部门要加强引导，处理好和市场机制之间的关系。

七、因地制宜制定广播电视的评价标准，防止频道过度娱乐化

当前，受市场化追逐利益最大化的影响，电视节目过度娱乐化现象较为普遍。电视娱乐大众的功能从来没有否定，但我们要为全体人民服务，要为全体人民丰富多彩的文化生活服务，要防止频道过度娱乐化，广电总局在制定广播电视的评价标准，也希望各地因地制宜制定广播电视的评价标准。

第四节　辽宁广电网络体制改革形势分析

目前，中国媒体走进新中国成立以来最大力度的改革时期，传媒走进市场，市场运营的规则也就走进了传媒，传统的传媒理念越来越受到冲击和挑战，以往的价值取向和经营方式在当代背景下也会有不同程度的突破与重建。按照广播电视媒体自身所具备的宣传功能、信息服务功能、产业功能，重新界定广播电视业的管理制度，重新界定起宏观组织结构和微观组织结构，制定和采用行政的、经济的、法律的管理方法体系，这也是我们整个中国广播电视体系需要改革的方向。

一、从国内情况看广播电视体制的发展趋势

在中国，广播电视系统比起报业系统来讲，管理思想显得更加谨慎。主要原因还是出于政治稳定和意识形态方面的考虑，其次是广播电视行业内部多年形成了单纯的技术工具观念，比较缺乏现代传播理念和人文理念。因此广播电

视系统的观念更新与体制改革的阻力很大，时进时退，发展相对缓慢。就行业性质而言，广播电视系统是一个知识密集、人才密集、技术密集，并担负"党和人民喉舌"功能的系统。在新的形势下，如何保障党和政府对广电系统的宏观调控扎实有效，藉以保证舆论导向正确；如何保障制作出更多更好的电视节目；如何增强经济实力，构建强势的主流媒体，这三个问题是未来广播电视生存、竞争与发展的三个支撑点。基于此，未来广播电视的体制改革，是否可以从三个方面着手，即宏观管理制度、采编播运作制度和经营分配制度。也就是说，从政策上对这三个方面的制度做出符合国情与适应新形势发展要求的新的界定、新的要求。

随着计算机技术及网络技术的飞速发展及普及，世界进入了网络时代。传统产业将面临极大的挑战，但其中也蕴含着极大的发展机遇。我国加入 WTO后，信息产业将面临世界级大公司的冲击，我们广电行业及其信息传输网络也不例外。中国广电系统如能以现有的 CATV/HFC 网为基础，尽快建成适应新形势要求的多功能综合信息网（含多媒体数据广播、远程教学、互联网接入服务、IP 电话、可视电话 VT、电视电话会议 VC、音频点播 AOD、视频点播 VOD 等功能），将获得前所未有的发展空间，这也是我国广播电视体系改革的一个方向。

二、从国外情况看广播电视体制改革的方向及利弊分析

世界各国的电视节目制播体制，是受其政治制度、电视管理体制和电视产业化程度的差异而呈现多样化特点，但最基本的类型有两种——制播合一和制播分离。《意见》指出，电视节目的制播改革不是简单意义上的推行"制播分离"或者"制播合一"，更不是所谓"制作权"和"播出权"的分离，而是要适应新形势下公益性节目的不同定位和制作播出要求，实施有针对性的制播生产策略。

（一）针对性制播分离，培育独立节目制作主体

分析英国的广播电视管理体制，发现它实行的是工商并营体制，并在此基础上形成了电视节目的制作和播出模式。长期以来，英国广播电视的突出景观是有一个制播合一的节目提供者——英国广播公司（BBC），这种情况一直持续到 20 世纪 90 年代，英国改革实行了"制播分离"。

从国外的情况来看，"制播分离"有两个层次。第一个层次是把节目委托给市场上的独立制作公司或者直接购买节目，如在美国，媒介产品或服务的供应

过程通过包括三个相对独立的步骤：制作、整合包装、发行。有时候这三者各自独立，完全分开；有时候制片者、包装者和播出者的角色是重合的。第二个层次是在台内部把节目制作与播出机构相对分离，在成本核算的基础上模拟市场运作。前者成为外部市场，后者成为内部市场。内部市场与外部市场可以同时并存，相互促进。英国BBC在1996年的改革中，将广播电视节目的播出与制作分离，创立一个内部市场：制作中心制作节目，广播中心负责委托制作、安排和播送节目，重新组合后的节目制作中心为BBC的所有频道提供节目，BBC的所有频道按照内部交易规则向制作中心"购买"节目，广播中心的节目委托可以在内外制作机构中进行选择，从而在内外同时引入竞争。

（二）保护公营电视，实行公益性事业和经营性事业良性竞争

促进广播电视公益性事业和经营性产业的共同发展，是我国广播电视体制改革目标之一。发展经营性产业，是市场经济条件下提高文化生产力水平，满足人民群众日益增长的文化消费需求，全面建设小康社会的重要途径。而公益性事业是由政府主导，要坚持党和人民的喉舌属性，保护和实现人民群众的政治文化权益。

美国是商业电视占主导地位的媒介大国，广播电视是追求利润的工具。在一个压倒性的私营商业媒介大市场中，公营媒介只占据了一个小小的角落。在商业电视统治的美国，公共电视没有与私营商业台竞争市场的"野心"，因为它的追求不同，它要实现的是推进社会民主和提倡高雅文化的独特功能。

在韩国，公营KBS的首要地位难以超越，这不仅是因为这些国家在政策上给予公营电视更多的优惠和维权，同时也由于公营电视坚持高品质的节目制作，以区别于追逐利润难免粗制滥造的商业电视，因而具有独特的存在价值。在德国和法国，曾经一枝独秀的公营电视都受到来自商业电视的巨大冲击，从而不得不改弦更张，面向市场。德国的公营电视仍然占据重要地位，而法国的公营电视则退入边缘。

国外电视体制发展的历史说明，没有生存条件的公营电视无力竞争，没有生存压力的公营电视也很难改革。国家政策（税收）和国家资金（拨款）保证了公营电视的生存底线，市场竞争是商业电视的行业规则，它未必符合公共电视的规律，要求公共电视按照商业规则竞争，可以说是"球类比赛实行田径规则"。因为市场规则更适合商业电视，商业电视也更长于市场竞争，因此，对公共电视政策的支持，国家的保护不能完全取消。

（三）电视媒体联合合作，形成完整电视产业链

我国广播电视体制在改革前采用的制播合一体制是"自产自销、自给自足"的小农经济生产模式，没有形成真正意义上的电视产业市场体系，改革目标之一，就是通过电视体制改革，打破条块分割和市场垄断，建立统一开放、竞争有序的市场格局，以及充满活力、调动各方面积极性的电视管理体制和运行机制，通过合理地配置节目资源、频道资源、实现生产要素的优化组合，多出节目精品。

1984年，采用法语的电视五台（现由法国、瑞士、比利时、加拿大等国合办）与采用德语的三星电视台（由德国、瑞士、奥地利三国合办）分家开办。1989年，有23个国家成员国通过欧洲委员会拟定的《关于跨国电视广播的欧洲协约》，以多国观众为对象的电视机构随之迅速增加，电视规模也在扩大。

在德国，公营的ARD和ZDF虽然一个属于联邦制，一个属于集中制，但在分离电视接收费和共同制作播出节目方面，有长期的合作关系和经验。BBC和DISCOVERY之间的合作是公共电视与商业电视合作的代表。国际媒介大亨默多克便在各大洲建立了商业伙伴关系，将他的传播网络笼罩全球。还有在合作制片方面，加拿大与超过三十个国家签订了国际电视合作协议，加拿大独立制片人的最大市场是美国的有线电视。

在竞争日益成为国际电视市场主流的情况下，联合也是一种强劲的国际趋势。这种联合不仅指跨国媒介公司在国际范围内的兼并、融合，也指不同国家的各种媒体之间的联合与节目制作，并特指这种独立主体之间的合作。我国电视台应寻求更多的内部和外部合作。

（作者：刘艳菊，辽宁社会科学院哲学所）

第三章 辽宁国有文艺院团体制改革报告

自 2009 年中宣部、文化部《关于深化国有文艺演出院团体制改革的若干意见》下发以来,辽宁国有文艺院团体制改革全面推进,效果显著。2010 年,辽宁省有 13 家国有文艺院团完成转企改制,其中市级 9 家、县级 4 家。营口市国有文艺院团转企改制"不留壳、不借壳、不造新壳"的做法受到相关领导充分肯定,并在全国文化系统文化体制改革电视电话会议上介绍了经验。体制改革塑造出一批有竞争力和影响力的新型演艺市场竞争主体,演艺领域焕发出创新活力。

第一节 辽宁国有文艺院团体制改革背景

2010 年是实施"十一五"规划的最后一年,也是谋划"十二五"发展、加强辽宁全面振兴的关键之年。辽宁省委、省政府深入贯彻落实胡锦涛总书记在中央政治局第二十二次集体学习时的重要讲话精神,按照中央关于加强文化建设、深化文化体制改革的部署要求,紧紧抓住文化体制改革重点领域和关键环节,狠抓落实,不断推进文化体制改革。

在 1 月召开的"全省宣传思想工作会议"上,省委书记王珉强调,要确保中央规定的改革任务,把文化体制改革和文化产业发展紧密结合起来,加快国有经营性文化事业单位转企改制,培育合格市场主体,进一步解放和发展文化生产力。他要求各级党委要深刻领会胡锦涛总书记的指示精神,坚决执行中央和省委的部署,着力提高工作的执行力,解放思想,攻坚克难,一抓到底。

7 月,辽宁省委、省政府召开电视电话会议,部署加快发展文化产业和文化事业。王珉在讲话中指出,加快发展全省文化产业和文化事业,建设文化强省,是实现科学发展、创新发展、和谐发展的迫切需要,是全面振兴辽宁的重要内容。近年来,在省委、省政府正确领导下,各地、各部门采取了一系列措施,文化建设取得重大进展，文化体制改革走在全国前列，许多成功经验在全国推广，为加快文化产业和文化事业发展打下了良好基础，实现从文化大省向文化强省跨越的战略时机已基本成熟。各级党委和政府要把思想和行动统一到中央精神上来，不断提高对文化改革发展重要性的认识，抢抓机遇，乘势而上，全力推进全省文化大发展、大繁荣，为实现辽宁全面振兴作出新贡献。

王珉强调，要始终坚持以改革为动力，牢牢抓住体制机制创新这个根本，抓住推进国有经营性文化事业单位转企改制这个中心环节，抓住重塑合格市场主体这个关键，不断深化文化体制改革，解放和发展文化生产力，增强文化产业、文化事业发展的动力和活力。

9月，为贯彻落实《国务院关于印发文化产业振兴规划的通知》，辽宁省委、省政府结合辽宁实际，制定了《辽宁省文化产业振兴规划纲要》，并下发给各市委、市人民政府和省各部委、省直各单位，要求结合实际认真贯彻落实。在《辽宁省文化产业振兴规划纲要》中确定了文艺院团改革的新思路：除中央允许保留事业体制的院团外，辽宁的文艺院团按照"同剧种合并、跨地市重组、一次性注资、全部实现转企"，以整合优势演艺资源，促进重点艺术院团、剧场、演出公司等强强联合，打造名人、名团、名剧、名剧场联动品牌。

第二节　辽宁国有文艺院团体制改革概览

按照辽宁省委、省政府的安排部署，辽宁国有文艺院团体制改革全面推进，演艺院团坚持以改革为动力，以发展为主题，塑造出一大批有竞争力和影响力的新型演艺市场竞争主体，演艺领域焕发出了高涨的创新活力，取得了可喜的社会效益和经济效益。沈阳杂技集团有限公司继续实施"走出去"战略，2010年与美国快乐时光演出公司签署了中美和南美地区巡演3年的演出合同，每年演出700—800场。营口市艺术剧院转企后，2010年演出78场，演出收入90余万元，比上年同期"三团"演出收入总和翻了一番。2010年，全省实现演出收入2.63亿元。辽宁演艺集团、沈阳杂技演艺集团、辽宁芭蕾舞团被商务部、文化部评为2009—2010年国家重点出口文化企业，为辽宁文化"走出去"做出了贡献。以下是几家改制后单位效果情况：

一、沈阳杂技团

作为全国第一个挂牌的文化体制改革试点单位，沈阳杂技团成为了文化体制改革大潮中的第一个受益者。可以说，沈阳杂技真正走向市场、走出国门、走向世界是在改制的2004年。用他们自己的话说，不是国家的行政命令，不得不改，是非改不可，不改就没有出路。一个最简单的例子，改制之前，出国演出需要的审批手续十分繁琐，先是要上报文化局，然后文化局的人事处、外事处要审批，再报主管副局长，然后报到厅里，厅里再报到部里，部里转到外联局，外联局批过后再转到部里的办公厅，办公厅再报给主管的副部长，批完后再转到省外办，省外办再给市外办，市外办再转给我们，这一圈下来至少要几个月，很多演出就是这样被取消的。但改制后就便利多了，只需到使馆签证，办一个因私护照就可以了，演出可以随时出发。

沈阳杂技团改制为企业后，进一步增强了发展动力和活力。在确定了提高国际演出市场占有率、走外向型发展之路后，他们一方面进行人员聘任和分配机制的变革，实行多劳多得；一方面卧薪尝胆、创新思维，将传统杂技节目打造成集杂技、舞蹈、音乐、舞美、服饰于一体的杂技晚会《天幻》、《梦幻》、《美幻》等"幻"字号系列精品晚会，先后赴十几个国家和地区演出，抢占国内及欧美国际市场，大受欢迎。随后，又陆续创演了《龙幻》、《美丽的传说》、《孔子》、《天幻Ⅱ》等一系列精品节目，每一台节目都引起观众不小的震动，受到了世界各地演出商和观众的青睐。几年来，演出订单不断，市场全线飘红。一年演出超千场，收入超千万，比改制前增长180%；演员人均收入6万元，比改制前翻了两番多，年薪在10万元以上的占演员总数的10%。

也许以下几组数字更能可以说明沈阳杂技团改制后的变化和状态：

一是2010年，沈阳杂技演艺集团投入了近200万美元，排演了《天幻Ⅱ》大型情景杂技秀。合同显示，第一年，《天幻Ⅱ》将在南美7个国家巡演30周，演出达240场，一年就能收回成本，剩下两年的演出收入就是净赚；二是沈阳杂技演艺集团12人组成的"绸吊顶技"节目，与美国黑人马戏团及世界各国50多名演员共同打造了一场动感、欢快、惊险的晚会，于2010年2月至11月在美国的32个城市进行巡回演出，共演出507场，观众约90万人，为"沈杂"创造了近30万美元的收入。据统计，近3年来"沈杂"共派出24个演出团队300多人次，赴欧洲、北美、南美等20多个国家进行商业演出2600场，观众超过

300 万人次。

改制后的沈阳杂技团活了，也火了。如今，他们正在筹划在沈阳能够出现一座杂技城，如杂技、马戏以及与此相关的传统表演形式能够以更现代的科技包装找到自己表演的空间和喜爱自己的观众；他们也设想在在全国的一些大城市建设自己的演出剧场和阵地，把"沈阳杂技"的品牌延伸到各个角落；而他们近期已经开始提上日程的目标则是要让沈阳杂技演艺集团成为全国第一个上市的演艺单位。作为全国首个成功实现由事业单位向企业转型的艺术表演团体，沈阳杂技演艺集团背后的生存理念不仅仅带有文化本身的思考，也涵盖着改革方向的探索意义，他们的一些成功经验，也能给其他的艺术院团一些启示。

二、辽宁演艺集团

辽宁演艺集团的成立，为辽宁演出产业链的形成奠定了基础，从客观上拉近了院团与销售终端的距离，理顺了艺术产品从创意、市场调查、定位、投资、宣传、推广、销售到分配的链条，两组优良文化资源的有机融合，提高了产业的整体市场竞争力。改制后，集团已经表现出了资源互补的明显优势。他们的市场开拓思路是"把剧院作为窗口，把艺术院团作为脊梁，把多种经营作为翅膀，把艺术教育作为基础"。而如果这些思路转化为成果，就意味着改革的成功。

而体制和机制的创新，激发了辽宁演艺集团的内在活力，他们"以创新为灵魂、以市场为导向、以特色为支点"，多方研究艺术创作思路和发展方向，从内容、形式、目标定位、营销策略上实现了创新，在短短几年间，创作或复排了一系列优秀剧（节）目，演出超过千场，创收 3000 余万元。《女儿风流》是一场令人耳目一新的"民族音乐秀"，它一改传统的坐着演奏的旧模式，嬗变成以动感时尚的民乐演奏方式和流畅自如的节目组合为看点，以精巧独特的舞美服饰为亮点，把民族器乐、民族舞蹈、杂技戏曲等有机糅合在一起，将中国民族文化元素放大到了极致。这台节目复排后不但在国内演出了 200 多场，成功入围纪念改革开放 30 周年献礼剧目赴京演出，而且还应邀到日本各地巡演了 93 场，引起巨大反响。广岛县高三学生宗盛千枝看过演出后说："第一次看到中国的舞蹈和民族乐器，天女般美丽的女演员令人惊叹，这是现代与传统的完美融合。我真正感受到了中国文化的魅力。"

除了复排演出《女儿风流》外，辽宁演艺集团还为庆祝北京奥运会和新中国成立 60 周年量身定做了两场大型晚会《奥运之光》和《盛世中华》。他们还加强了后续节目的创作储备和更新。红歌联唱《流金岁月》、杂技《荷尖初展》、《腾飞》、《男子力量》、器乐组合《震撼》等节目已陆续进入演出节目单。集团还把剧场营销分析提前介入到艺术生产创作中来，有针对性的开发演出剧目，增强了市场竞争力，取得了可观的演出业绩。

艺术院团改革的根本目的是满足人民群众日益增长的精神文化需求。辽宁演艺集团成立以来，全力开拓市场，把高品位低价位的舞台精品奉献给普通百姓。他们不但组织旗下的剧团努力创作演出，而且承接外地的演出越来越多。剧院平均利用率接近 70%，这在全国也不多见。爱尔兰国家舞蹈团的踢踏舞剧《舞之韵》、美国圣何塞芭蕾舞团的《火鸟》、韩国民族舞剧《东方的早晨》、空政文工团歌剧《江姐》等优秀剧目都在这里亮相。东方歌舞团的《蔚蓝色的浪漫》、中国木偶艺术剧院的童话剧《胡桃夹子》、广受好评的精品剧目话剧《父亲》、民族芭蕾舞剧《二泉映月》等都在这里一展风姿。这既给辽宁观众带来了难得一见的艺术精品，又凸现了票房卖点，增加了集团收入。

集团还承办了辽宁省首个"演出季"。在历时 45 天的活动中，来自本省、国家直属院团和境外的专业艺术表演团体演出了 45 场节目，而最低 10 元钱的多档次门票以及 10 个"公益场"，让更多的市民、贫困大学生、农民工和低保户走进大剧院，引导着广大百姓的健康文化消费，票房零售收入突破 40 万元。他们还走出剧场，与企业联手到基层为普通百姓演出，剧团先后在沈阳市居民社区演出了近 20 场综艺晚会，又进行了全省 13 个城市的巡回演出。

按照首个演出季的模式，集团又承办了辽宁的第二个演出季的活动。其中，商演和公益演出的有机结合，有效地将剧目的艺术价值转换成经济价值和社会价值。

2010 年是辽宁演艺集团发展势头最为强劲的一年。3 月，辽宁省委书记王珉亲临集团视察，对改革和主业发展给予了充分肯定，鼓励多出艺术精品。同月剧团新创排的大型民族歌舞晚会《家园欢歌》拉开了"红塔演出季"的序幕，40 天的时间里，《家园欢歌》在剧院连续演出 11 场，观众人数超过万余人次；美国、白俄罗斯艺术家们精心准备的 45 场文艺节目也同时上演，涉及声乐、舞蹈、戏剧、器乐、杂技等多个艺术门类。5 月，集团 81 名演职人员赴上海参加"世博会—辽宁周"活动周演出，大型综艺晚会《放歌辽宁》受到主办方和中外游人的热情赞扬和肯定。5 月至 6 月，《女儿风流》剧组赴湖北、湖南、广西、广东、福建等 5 省 8 市进行了 13 场的巡演，反响热烈，好评如潮。9

月，"辽宁省第八届艺术节"隆重举行，集团新创排的大型民族音乐会《乐彩华夏》和民族歌舞综艺晚会《家园欢歌》，分别荣获"优秀表演奖"和"表演奖"。11月至12月，杂技团赴法国勒芒市进行了20天、23场的演出，演出倾倒了浪漫的法兰西观众。为了让农民朋友与大城市的观众一样，享受到精神文化大餐，在家门口就能欣赏到高雅艺术，集团还将一台大型民族综艺晚会送到了农村，受到广大农民朋友的欢迎。集团还与辽中县委、县政府合作，共同投资创编了新的满族神话舞剧《珍珠湖》，预计将在2011年上演。在辽宁省委宣传部、省文化厅的支持下，集团联合省内8个城市的12个剧场，组建了"中国辽宁剧院联盟"，其项目已启动运作，2011年各项演出将陆续开展。

目前，辽宁演艺集团的艺术生产、演出营销都呈现良好发展势头，市场空间不断拓展。自己的优秀剧目不断走出省门、走出国门，国内外的经典、精品剧目不断地引进来，产生了前所未有的经济效益和社会影响。

三、营口市艺术剧院

营口市艺术剧院有限责任公司的改制，已从根本上激发了院团活力。如今，公司积极开拓演出市场，把精心创演的新节目推广到星级酒店、大企业、部队中，在市场竞争中不断发展壮大。下一步，他们要把辽河大剧院作为自己的固定演出场所，积极打造一个以本土市场为中心，辐射外省市，集艺术策划、创作、演出、营销为一体的自主经营、富有活力的市场主体，推动营口地区音乐、舞蹈、京剧、评剧、曲艺、辽剧等艺术品种的全面发展。

改制后，有些已经走了的演员又回来了，有些打算走的最终又留下了，有些本不愿来的现在费尽心思要进来。周海萍是原营口市评剧团的演员，原本打算辞职去外地发展的她，在新公司成立后，通过公开竞聘成了市场营销部经理，"留下和新公司一起开创一番新事业"是她现在最大的心愿。而在营口市颇有名气的声乐演员亢平主动放弃了事业编制，进入了新组建的公司。改制后，老员工的积极性被调动起来了，新人才的补充也没有间断。从沈阳音乐学院舞蹈专业毕业后，青年演员哈懿珈来到了转企改制后的营口艺术剧院有限责任公司。这位在深圳工作过几年，本可以继续留在深圳挣高薪的年轻人认为在这里工作感觉既踏实，又有前途。去年7月，他带着舞蹈《春闺梦》和《花儿红了》，在第43届北非国际演剧节上摘得了金奖。

一年来，营口市艺术剧院机制高速运转，努力开拓市场，取得了令人瞩目的成果。商业演出达到90多场，实现演出收入140多万元，是以前"三团"年总收入的3倍。剧院在辽宁省第四届优秀剧（节）目演出季、第43届国际演剧节、辽宁省第八届艺术节上都取得了前所未有的成绩。

第三节　辽宁国有文艺院团体制改革中的问题

尽管辽宁国有文艺院团体制改革已经取得了很大的成效，但与快速发展的社会主义市场经济的进程和全面建设小康社会的新要求相比，与党中央、国务院、文化部安排部署的文化体制改革进度也有相当的差距。全省现有演出团体516家，其中，国有文艺演出院团52家（省级4家，市县级48家），目前有23家国有文艺院团已经完成转企改制工作（省直1家，市县级22家），仅占总数的44.2%。而所有改制后的国有文艺演出院团尽管在走市场、创效益方面都较之以前有了大幅度的提高，但他们所创造的全面经济效益加起来都不如辽宁民间艺术团的"刘老根大舞台"一家，他们的2010年演出收入是2亿元，占辽宁全年所有演出收入的76%。相对而言，国有文艺演出院团在演出人才、设备、场地和政府支持、政策条件等方面都远远强于民营演出团体，但为什么却不如民营演出团体呢？究其原因，还是体制上存在的问题制约着文艺院团改革的深入，制约着文化事业和文化产业的进一步发展，其主要表现在以下几个方面。

一、思想观念不适应

多年来事业单位的管理体制和计划经济体制下文化产品指令性的生产方式，形成了传统的思维模式和僵化的思想观念，重事业轻产业、重评奖轻市场、重争取投入轻计算产出等陈旧观念，集中反映了对文化产品的双重属性缺乏全面的了解和认识，依赖思想严重。

二、管理体制不适应

片面强调文化的教化功能，形成国家包办事业单位的体制和社会福利型的运行模式，院团缺乏自主权和积极性。在人事制度上，文化工作者均是国家干部身份，实行终身制；在劳动分配制度上，实行工资制；在工作上，政府及职能部门统得过死、限制过多，具有浓厚的计划行为和长官意志。院团缺乏自我发展的生存能力，单位结构调整不到位。

三、经营机制不适应

国有文艺院团的公益性与经营性界限模糊，职责不清。经营性单位还没有成为自主经营、自负盈亏、自我发展的市场主体，法人地位不确定，产权关系不明晰，缺乏市场主体意识，缺乏竞争意识，缺乏文化资源的有效流动和合理组合，没有形成文化产业；公益性单位更是单纯的社会服务型事业单位，自身创收能力很低，完全依赖政府投入，在投入不足的情况下，出现了经费短缺、设施陈旧、功能萎缩等重重困难。

四、市场体系不适应

一些国有文艺院团没有建立与市场相适应的营销运行机制，其文化产品的生产与大众需要不适应，群众喜闻乐见的产品不多。

产品生产与市场经营脱节，文化产品缺少与市场衔接的桥梁和纽带，不会也不善于利用中介机构、文艺演出经纪人和代理人，没有建设多层次、区域性的演出网络。

五、人才政策不适应

一些国有文艺院团没有建立吸引和留住优秀艺术人才的政策，吸引不来或留不住优秀的艺术人才，难以形成优秀人才的洼地效应。另外，由于由于艺术院团的规模不够，经营手段滞后，很难造就出优秀的文化艺术产业经营管理人才。还有，院团还没能建立起对优秀艺术人才引进、培养的有效机制。

第四节　辽宁国有文艺院团体制改革模式

在省委、省政府正确领导和安排部署下，2010年，各地、各部门坚持以改革为动力，牢牢抓住体制机制创新这个根本，抓住推进国有经营性文化事业单位转企改制这个中心环节，采取了一系列措施，辽宁的国有文艺院团的体制改革走在了全国前列，许多成功经验在全国推广，为辽宁文化强省建设奠定了一个良好的开端。

一、"沈杂模式"

作为全国首批文化体制改革试点单位之一，沈阳杂技团于2003年7月率先破冰，着手转企改制工作。2004年8月，经整合沈阳杂技团、沈阳南湖剧场和沈阳市文化局招待所3家原事业单位资源，成立了"沈阳杂技演艺集团有限公司"。2005年12月，集团下属3家单位撤销了事业编制，员工全部实行劳动合同制。2010年，公司整合东北杂技演艺资源，组建了"北方杂技有限公司"。

沈阳杂技演艺集团在转企改制最关键的一环就是人事制度改革，他们在这方面率先总结出了一套灵活、规范的用人制度。集团共撤销事业人员编制289个，妥善安置在岗职工312名；完成离退休人员和符合"530"政策提前退休人员共188人的社会统筹转交工作；对于13名二级以上特殊演艺人才和因公伤残人员执行"人才保护"政策，调入其他单位保留事业身份；不能享受"530"政策和"人才保护"政策的人员则全部解除事业单位身份。新的人事管理模式既保障了职工利益和队伍稳定，又为企业发展增添了活力。

对于舞台演出来说，人才建设是重中之重。沈阳杂技演艺集团采取多项举措推进人才建设。一是自己培养，提高40名团代班学员的专业技能，使他们尽快走上舞台；二是由团里出资，送优秀青年演员到北京舞蹈学院、中央戏剧学院等深造；三是高薪引进教师、优秀杂技演员，并每年都会组织他们到美国拉斯韦加斯、百老汇观摩学习世界最前卫的艺术表演，开阔大家的眼界，学习创演经验；四是采取高薪政策，破格聘任优秀管理人才担任相关部门要职。

强化经营管理团队是沈阳杂技演艺集团人才建设中的另一个重点任务。集团现在的领导班子4名成员平均年龄为39岁。经纪运营团队中既有海归人才和大学教师，也有艺术家。年龄梯队合理、知识结构优秀、综合素质高，保障了集团管理、经纪和演艺团队同处高端水平。同时，集团实行艺术委员会制度，在艺术创作、生产投入、演员聘用、业务考核、晚会制作等重大事项上，艺术委员会有重要的决策权。避免了人情关系，提高了决策的正确率和透明度。2010年，集团制作完成了《沈阳杂技演艺集团品牌管理手册》，修订和完善了现行的几十项规章制度和十几项考核标准。这些举措增强了院团的竞争实力和发展后劲。

转企改制不仅要解决人事制度的问题，同时也要理顺经营体制的问题。作为以表演而存在的沈阳杂技演艺集团来说，节目就是他们生产的商品。必须要改变先前那种闭门生产，不管市场要不要，上级或领导来说了算的局面。于是，沈阳杂技演艺集团形成了以市场为导向，市场要什么，就生产什么的经营体制。他们现在的新剧目的开发是按订单来进行的。比如，杂技童话剧《美丽的传说》是为纪念丹麦作家安徒生200周年诞辰而应丹麦安徒生基金会之邀创作的，《美幻》是专门为以色列观众打造的，杂技剧《木兰》、《孔子》是按德国演出市场的要求创作的，《海盗》是根据南美市场的需要打造的。2010年，集团与美国Time for Fun国际娱乐公司合作，共同打造了全新情景杂技秀《天幻II——太阳鸟》，并将从2011年5月起赴南美洲各国进行商业巡演三年。

　　为了拓展国际市场，集团抛弃了传统的接演出方式，建立了沈阳杂技团网站，及时发布艺术创作、精品生产、演出经营、人才培养信息，构建起通往世界的演出市场网络，直接与全球演出经纪机构和演出商洽谈业务、签订合同；组建了专业的营销队伍，灌输"剧目营利"的理念。经过市场的磨炼，营销队伍逐渐成熟。集团还广泛参与国际、国内的演出中介活动，如参与中国国际文化产业博览交易会和各种演出洽谈会，加强与国际、国内演出商的联系与合作。让大批优秀节目走出国门，传播中华文化，集团也因此赢得了"全国优秀出口文化企业"和"国家文化出口重点企业"称号。

　　当然，沈阳杂技演艺集团坚持实施的战略是，创作金奖节目和精品晚会，以艺术精品打开市场，文化"走出去"，努力打造"沈杂"的国际品牌。集团借鉴其他艺术门类的创作元素，大胆创新剧目，按照演艺界最新流行、最时尚的品位，生产与国际市场对位、对味的艺术精品。《天幻》、《龙幻》等原创杂技晚会就是融惊险性、艺术性、观赏性于一体的杂技精品，已成为国际知名的品牌。

　　需要特别提到的是，沈阳杂技演艺集团采取的"剧目股份制"，吸引社会资源对剧目实行股份制投资，较好地解决了钱从哪儿来的难题，为文艺院团市场运作创造了一种成功的模式。杂技童话剧《美丽的传说》排演，集团对排演晚会所需的200万元人民币，实行项目公开招商。结果，安徒生基金会出资30万元、沈阳两家开发商出资90万元、剧团自己出资80万元，四方投资者共担风险、共同受益，开创了中国杂技界市场运作、四方同赢的先河。

　　沈阳杂技演艺集团作为全国文化体制改革的先行者之一，它用产品、市场、人才、管理加创新的"4+1"模式成功推进集团产业发展，推动中华文化"走出去"，取得了经济效益和社会效益的双丰收。

二、"辽演模式"

对于多数沈阳市民来说，辽宁歌舞团和辽宁大剧院大都耳熟能详：前者是国内知名的老牌艺术表演团体，后者是投资 2.5 亿元建设的现代化演出场所。但也有人可能不知：作为辽宁省文化体制改革的首批试点单位，2007 年 7 月两家单位重组，成立了辽宁演艺（集团）有限责任公司（以下简称辽宁演艺集团）。过去，剧团作为艺术产业的前端，其任务就是创作排演；而剧场作为艺术产业的后端，其任务就是承接演出。两者各有优势，也各有"短板"，但在计划经济体制下长期固守自身利益，互不为谋，艺术产业链被人为割裂。集团成立后，经过资源整合，业务涵盖了剧目生产和剧场经营两个领域，产业链得到有效延长，资源优势开始凸显。集团大胆尝试把剧场营销分析提前介入到艺术生产创作中来，把创作融入到整个演出市场体系里，力求将深刻的思想内容、先进的表现手法和审美艺术全方位展示出来，增强剧（节）目的市场竞争力，形成真正的现代演出市场主体。组建后的辽宁演艺集团，拥有辽宁歌舞团（辽宁民族乐团、辽宁杂技团）、辽宁大剧院、辽宁歌舞团附属艺术学校等知名艺术品牌和资源，涵盖艺术演出、艺术教育、剧场经营、广告会展等领域，是集艺术创作、生产、演出、人才培养以及综合市场开发等为一体的企业集团。该集团的组建是辽宁省深化艺术院团改革、整合资源、做强做大演艺产业的一项重要举措和工作成果。

集团成立后，改革从剧团管理和运营机制层面展开。在管理上，首先，剧团对原有的内部机构设置重新进行整合，先后撤销了资料室、基础工作部，把人事科改为人力资源部，把财务科改为财务部；加强了演出经营部，增设了对外联络部、演出管理中心、招生办，保留了附属艺校、声乐队、舞蹈队、舞美队、党办和工会；附属学校由原来的只有中国舞一个专业学科增加到 7 个专业学科，实行多元化立体教学。新的艺术资源组合，壮大了产业实力，提高了集约化经营水平，同时也为剧团实现跨越式发展奠定了基础。其次，实行竞聘上岗。对演出经营部、对外演出部、培训部、财务部、行政办公室、人事部（党办）、老干部处（工会）等 7 个职能部门及乐团、杂技团、附属艺校、舞蹈队、舞美队等 6 个专业部门的中层干部，一律通过个人竞聘、主管领导咨询、全员投票推荐、领导班子任命的程序产生；打破身份、职称、工龄等界限，实行以艺术生产、经营为核心、"因事设岗、依岗聘人"的人事制度，变"养人"为"干事"。受聘人员的市场意识、竞争意识、创新意识、服务意识大大增强。第三是创新分配机制。对长期形成的僵化分配机制进行改革，实行"以岗定薪、按质取酬"。实行专职经营人员和非专职经营干部及演职人员在创收方面的提成奖励政策，工资、奖金分配以工作质量、贡献大小为标准。在保证基本工资不变的前提下，将全团职工奖励额度拉开档次，多劳多得。以正面激励、提高艺术生产力为宗旨，完成任务的给予奖金鼓励，创收越多，奖金越多。演职员工月薪最高的达 5000 元，最低的只有 800 元；年终奖励最高的 5000 元，低的仅500 元。

在人才使用上，剧团视"人才是第一资源"，认为人才是企业发展的根本，只要有人才，企业才会具有市场竞争力。因此，剧团想方设法发现人才、培养人才、吸纳人才。

首先，集团注重打造复合型人才。目前，领导班子成员都是多面手，把闯市场、跑营销作为检查和衡量复合型人才的重要标志。一位副团长既分管专业队，又分管演出经营工作。另一位副团长是小提琴演奏员，分管行政、党务，同时又是市场营销的能手。还有一位副团长是舞蹈演员，分管舞蹈业务，经营也是强项。复合型班子带出了复合型团队，一些职工既有主要业务，又有兼职工作，全团同志的积极性、主动性和创造性得到充分发挥。

其次，集团设法用事业留住人才。剧团接受 2002 年底前流失近 20 名二级以上专业人才的教训，为人才创造良好的工作环境和实现自身价值的机会。民族乐团总监是沈阳音乐学院本科毕业生，以前很少有展示才华的平台，工资待遇较低，想另谋高就。觉察到这种情况后，在《女儿风流》中，剧团便安排她担任二胡、高胡、京胡、声乐、舞蹈、打击乐等 6 项表演角色，并是领衔主演，使她既充分展示了才华，又实现了自身价值，工作非常安心。一些院校为发展艺术教育，多次试想聘请剧团的老艺术骨干，但这些老同志宁可待遇低些，也愿意在剧团工作，团里就把这些骨干安排到附属学校任教，让他们继续发挥余热。

第三，集团广泛吸纳人才。一是利用互联网等媒介对外宣传，招聘人才；二是到各省、市人才市场和大专院校吸引人才；三是利用省文化厅面向社会统一为省直院团招聘艺术人才的机会选拔人才。仅 2004 年集团就引进优秀人才 63名。沈阳音乐学院一位曾荣获全国双排键电子琴比赛第一名的毕业生，毕业前就已被武汉音乐学院选中。为了引进这名"尖子"人才，团长亲赴沈阳音乐学院与院领导协商，并多次做这位学生及其父母的工作，终于把她引进到歌舞团。进团后，破格聘为副高级职称，晋升为二级演奏员，成为《中国变奏》剧组一号领军人物。为挖掘马头琴演奏人才，民族乐团班子成员在内蒙古各地奔波了两天两夜，终于选到了理想的演奏员。为提高艺术教育师资水平，用年薪20万元在中央芭蕾舞团聘请了国内外较闻名的舞蹈专家施教。

由于剧团倡导尊重人才形成了良好的风尚，人才真正受到尊重，广大演职员工干事有机遇，发展有舞台，团内精神面貌便焕然一新。人才队伍的迅速壮大，造就了一支适应市场经济需要的经营、演出和教育人才队伍，使剧团焕发出勃勃生机。

在经营上，剧团坚持以市场为导向，面向群众，更新观念，创新经营机制。首先，剧团建立起了营销网络，实行演出经销委托经纪代理人制度，把演出市场网络扩展到外省、市、自治区和国外，拓宽了演出市场渠道，扩大了演出服务范围。目前，在北京、广州、山东等地建立了营销代理基地。《女儿风流》在抢占国内市场的同时，着眼于开发国外市场，抓住机遇，投入资金，分别在美国、日本及欧洲、东南亚等国家和地区举办的文化产品展览会上，设立艺术产品推介展位或委托代理经纪人帮助推广项目，该剧还进入了韩国和我国香港特别行政区演出市场。与天创国际演艺交流制作公司合作共同向国际市场推销《天女》，该剧已被列入文化部国家商业演出出口目录。

其次，剧团实行全员经营，层层分解销售指标，把指标落实到部门和人头。根据演员社交能力强、社会联系面广的特点，充分发挥演员个人的经销作用，要求演员不仅要演好戏，还要积极参与经营，成为"弹性角色"。几年来，全员销售取得了良好的效果。第三，剧团积极发展辅业。在抓好创作、演出同时，歌舞团加强附属学校建设，做到主业、辅业并举，形成良性互动。附属学校由一个中国舞专业发展到中国舞、芭蕾舞、时装模特、杂技、器乐、影视表演等7个学科；教职员工由60多名发展到146名。目前，校区已壮大为两个，建筑面积8243平方米，占地面积10550平方米；学班27个，破例两季招生，在校生达到680名，总收入达500万元。

一系列的改革措施，使剧团在市场经济大潮中找回了"自我"，重塑了市场主体形象，形成了新的发展基础。而在此同时，为打造更加强大和完善的艺术生产产业链，辽宁演艺集团组建了舞美工程公司、广告策划公司、票务公司，拉近院团与销售终端的距离，真正地实现了内部资源优化组合。

辽宁大剧院还参与创建了旨在促进剧院之间优势互补和强强联合，促进演出行业和演出市场的繁荣发展的"中国北方剧院（场）联盟"。据了解，联盟由辽宁大剧院发起，是一个以项目为依托的区域性演出经营场所联合体。其具体做法是：充分利用北京作为全国文化艺术中心和演出信息集散地的地域优势，搭建演出资源交流平台，通过联盟运作降低成本，扩大经济效益；通过联合策划、共同运作项目的方式逐步建立起以北京、辽宁、吉林、黑龙江为主体的区域票务流通体系和优秀剧节目的市场推广渠道，完善演出市场体系建设，促进各省市直属表演团体的进一步交流与演出合作等。

专家们认为，在当今中国的演出产业中，剧院的定位有些微妙。剧院最直接地面对着市场，但也背负着抬高票价的骂名，同时还承担着培育市场的重任。然而，作为演出产业的终端，上游内容生产的好坏直接关系甚至可以说决定了剧院经营情况。而国内演出产业目前的体制，又使得剧院面临着地域分割以及上下游割裂的经营环境。因此，国内相当多的剧院在一定程度上仅仅发挥着物业管理的作用，很难找到做大做强的途径。

在此背景下，辽宁发起成立剧院联盟，可以看做是打破地域分割以及向产业上游延伸的努力，是探索剧院在演出产业中定位的有益举措，是辽宁文化体制改革的标志性事件。2010年，联盟已扩展为"9+3"，不但北方的辽、吉、黑、京、冀、鲁的9家剧场加盟，南方的武汉、合肥和宁波的3家剧场也积极参加进来。联盟以"团购"的方式与演出方洽谈，起到了"一石三鸟"的作用：既大大降低了演出成本，繁荣了艺术舞台，又让剧团和剧场都增加了效益，成功运作了大型民族歌舞《云南映象》、荣获国家舞台艺术十大精品工程称号的歌舞《八桂大歌》、红色经典芭蕾舞剧《白毛女》等等一系列在国内外有较大影响的艺术剧目的演出。

2010年，辽宁演艺集团以深化改革为动力，以推进产业发展为主线，以打造市场主体为重点，克服各方面的困难，不断开拓，积极进取，全年在艺术生产、演出营销和辅业经营等方面继续呈现良好发展势头，市场空间不断扩大，产业收入实现了3200余万元，同比增长14.29%；职工待遇也得到了进一步的改善和提高。

三、"营口模式"

2009年，营口被确定为辽宁中部城市群文化体制综合改革试点市。营口随即成立了由市委书记、市长任组长的文化体制改革领导小组，形成了党委统一领导，政府组织实施，宣传部门协调指导，文化行政主管部门具体落实，各有关部门密切配合的领导体制和工作机制。

在国有文艺院团转企改制工作中，"钱从哪里来"，是最重要也是最受关注的问题。对于大多数一直依靠财政拨款维持生计的文艺院团来说，自行负担改革成本显然是行不通的。几年前，辽宁省营口市评剧团、京剧团、歌舞团还在靠财政拨款勉强度日。对此，营口市决定将"三团"改制重组为"营口市艺术剧院有限责任公司"，给予新组建的公司5年的资金扶持，把过去人员经费改为"文化企业发展扶持资金"，拨款渠道不变。转制后连续5年按原经费额度全额拨付，扶持企业发展。第一年另增加100万元扶持资金。5年过渡期后，根据公司实际情况，市财政每年继续给予一定数额的资金扶持。

2010年是转制后的第一年，营口市里仍按原"三团"经费额度全额拨款450万元，另增加100万元扶持基金，其中30%用于偿还原歌舞团欠职工个人抵押金、"三险"金、"三团"离休干部医疗费和购置设备。另外，"三团"清产核资所需费用由市财政承担，原歌舞团所欠养老保险和失业保险金共82万元，做挂账处理。新型的文化企业公司有了资金保障，可以放手经营，还可以用发展基金去招聘优秀人才，这样，公司的发展就充满了活力和希望，就可以逐渐走上良性的发展轨道。

"人往哪里去"更是改革的难点。营口市根据文艺表演团体实际情况，明确了人员安置的五条原则。一是"先开渠，后放水"。对需要转岗的人员，首先解决好转岗的途径，再进行安置。二是坚持尊重个人意愿，职工去留实行双向选择。三是坚持"老人老政策，新人新办法"的原则。对原来就是事业单位身份的人员按相关政策安置，对招聘的人员由新成立的企业按条件优先录用。四是坚持壮大文化企业、加强基层文化建设的原则。把骨干力量留在新企业，把部分有专业特长但没被聘用或本人有意愿的人员充实到社区做基层文化工作。五是坚持稳定的原则。政府负责安置，人员不推向社会，确保社会稳定。

按照这五条原则，营口市通过多种渠道和办法对转企改制单位人员进行了妥善安置。对新组建的营口市艺术剧院有限责任公司实行"扶上马，送一程"的政策，吸引人才留下；对距法定退休年龄不满5年或工龄满30年以上的人员，实行提前退休；对文艺院团中有文艺特长但未被聘用或自愿转岗人员，由政府购买公益性岗位，安置到社区做文化辅导员；愿自谋职业的，允许申请离职，享受相关鼓励政策。在编不在岗的，按现行政策给予经济补偿，补偿后解除劳动关系。不愿解除劳动关系的，政府负责帮助接续社会保险关系，到法定退休年龄时按企业办法办理退休手续。辽宁省营口市青年京剧团、市评剧团、市歌舞团原有在编人员 179 人。在岗的 146 人中，54 人主动办理了提前退休手续，38 人提出了加入营口市艺术剧院有限责任公司的申请，51 人主动申请转岗分流到社区工作，3 人按政策解除劳动关系；对不在岗的 33 人，政府负责帮助接续社会保险关系，到法定退休年龄时按企业办法办理退休手续。由于政策合理，三团合并过程中，退休、留在新企业、进社区的人员基本上各占三分之一，各方满意、全员稳定。此外，营口市的文艺院团转企改制中，51 名专业艺术人才被安排进入社区担任专职文化辅导员，延长了演员的艺术生命，为基层文化事业的发展补充了专业人才，也推动了公共文化服务向基层延伸。

营口市在文艺院团转企改制过程中，不回避困难和矛盾，抓住制约改革的深层次问题和关键环节，解放思想，攻坚克难，坚持一步到位、一次性解决根本问题的原则，不留壳、不借壳、不造新壳，仅用半年时间，就顺利完成了转企改制，为地方文艺院团的改革提供了模板。

第五节　辽宁国有文艺院团体制改革形势分析

从 2003 年文化体制改革试点工作开始算起，到 2010 年已经过了 7 年。随着文化体制改革不断推向深入，很多深层次问题暴露出来，各方利益相互交集，牵一发而动全身。要想把改革推向深入，就需要更大的魄力、更大的决心；要想收到实效，则需要更多兼容并包的思路。艺术院团体制改革的目标是激发其文化的内生活力，既要面向市场创造经济效益，也需要走出国门扩大文化交流；既需要壮大文化产业，也需要提高文化事业的服务效率。在辽宁，事业和产业的发展融合在一起，在体制改革的大背景下相互促进、共同发展。根据中央精神，按照省委、省政府的部署，2011 年辽宁的艺术院团改革将会取得新的进展。

一、改革在重点领域将会取得较大的进展

在省委、省政府的统一部署下，艺术院团改革将会加大力度、加快进度，在巩固提高、重点突破、狠抓实效上下工夫。经过相关部门充分讨论的辽宁《关于加快全省国有文艺院团改革的若干意见》将会出台，为加快文化体制改革

创新，为文化产业发展提供动力支持。到年底，将全面完成全省国有文艺院团的转企改制任务。

二、打破地区、行业、单位界限资源整合将会开始实质性的运作

不突破行政区域限制，不打破行业业态壁垒，文艺院团就不可能做大做强。因此，打破地区、行业、单位界限，实现由各地区分散改革向跨区域整体改革深入，由各部门自身改革向跨领域协同改革深入，由各单位独立改革向跨行业综合改革深入，势在必行。2011 年，以整合辽宁中部城市群歌舞演艺资源，推进区域间的战略合作的，打破演艺人才的区域界限，以项目为轴心统筹配置歌舞演艺资源的"辽宁歌舞演艺联盟"将开始组建，形成跨地区的大型龙头演艺企业。同时，以整合省内外剧场资源、扩大连锁经营规模、延伸经营领域、引进国内外战略合作伙伴、盘活演出市场的"辽宁剧院联盟"，也将正式组建。据悉，以辽宁大剧院为龙头，省直和沈阳、大连等 8 个城市的 12 家剧场将成为首批签约入盟单位。它将成为具有辽宁特色的国内一流的演出院线。

三、文艺舞台将会更加繁荣

改革的目的就是要打造一批竞争力较强的市场文化主体，释放出巨大的文化艺术创作力，涌现"全国叫响、群众叫好、市场叫座"的文化艺术产品。2011 年，辽宁各相关部门选题创作的重点剧目将陆续走上舞台。据了解，主要有：辽宁人民艺术剧院话剧的《郭明义》、《辛亥魂》、《黑石岭的日子》；辽宁歌剧院歌剧《赵尚志》；辽宁演艺集团舞剧《珍珠湖》；辽宁芭蕾舞团舞剧《胡桃夹子》、《仙女》、晚会《国风·2011》；沈阳京剧院京剧《将军道》、《锡伯人》；沈阳评剧院评剧《繁漪》；大连京剧院京剧《廉颇》；大连杂技团杂技舞蹈剧《霸王别姬》等。而与往年"演出季"大部分集中在沈阳不同的是，2011年的"演出季"将会由沈阳向省内其他城市推广，形成其他城市"演出周"或"演出月"，并一改变北方冬季演出少的习俗，在春节期间推出"文化惠民演艺工程春节特别节目"，给省内其他城市的观众送去不同类型、高质量的演出。

四、公益性艺术院团单位改革将会开始推进

一些保留事业体制的艺术院团也将会进一步积极推进内部机制的改革，以激发内部潜力和发展活力，提高文化服务水平的"全员聘用制"、"岗位责任

制"和"绩效工资制"等人事、收入分配和社会保障制度将会开始实行。更多的优秀剧目、舞台艺术精品，将会"走出去"，走向国际市场，进行国际间的文化艺术的交流。类似《天幻Ⅱ》、《女儿风流》等更多具有中国气派、民族特色的优秀节目，将会再次轰动、震惊世界，成为辽宁的品牌、中国的形象。

（作者：韩晓时，辽宁社会科学院哲学所）

第二编

辽宁文化事业发展报告

第四章　辽宁公共文化服务与设施建设报告

近年来，辽宁省公共文化服务体系建设在各级党委和政府的重视与支持下取得了很大成就。"十一五"期间，辽宁省覆盖城乡的公共文化服务体系框架基本建立，人民群众基本文化权益得到更好的保障。省委、省政府对文化的投入显著增加，重点文化惠民工程完成"十一五"目标，公共文化设施免费开放基本实现。全省的文化惠民取得了很大的成效。这为辽宁省公共文化服务全面加快发展奠定了坚实的基础。

第一节　辽宁公共文化服务报告

构建公共文化服务体系，实现和保障人民群众的文化权益，是新时期文化建设的头等任务和中心环节。尽管对"公共文化服务"的含义见仁见智，但是，不管是学理层面，还是实践操作，公共文化服务体系建设都表现出旺盛的生命力。

一、辽宁公共文化服务发展概况

（一）推进重点文化惠民工程建设

"十一五"期间，辽宁省实施了文化惠民的"五大工程"：广播村村通工程、文化信息共享工程、电影放映发行工程、乡镇文化建设工程、农家书屋建设工程，有力地实现了文化惠民。其中，文化信息共享工程用广电渠道整合了文化资源，不仅实现了文化资源共享，也节省了文化运营成本，充分实现了文化发展的惠民和便民。

（二）大力发展丰富多彩的群众文化活动

2010年，辽宁省文化厅组织参加全国第十五届"群星奖"评奖，拉场戏

《差钱了》、海城高跷《强劲的东北风》等8个节目、作品获作品类"群星奖"，辽宁省农民文化艺术节等4个活动获项目类"群星奖"，获奖数量位居全国各省前列，2人被授予"群文之星"称号；参加"永远的辉煌"第十二届中国老年合唱节，获得一等奖"红船奖"1个、二等奖"红舵奖"1个；参加第七届全国"四进社区"文艺展演，2个节目均被评为优秀节目；开展了"红诗辽宁"群众性诗歌征集、咏诵活动；实施了群众文化培训"火种工程"；继续开展了"百馆千站"培训工程，在10个市举办了培训班，共培训文化馆（站）长及社区文化管理员1700余名；继续开展基层文化建设创先工作，命名2个省文化先进县（区）、31个省文化先进乡镇（街道）、59个省文化先进村（社区）。

（三）加强图书馆事业和古籍保护工作

2010年，辽宁省文化厅组织了2007—2009年度辽宁省公共图书馆优秀服务成果奖评选和公共、高校、党校系统图书馆应用科研成果奖评选，公共图书馆服务领域不断拓宽，服务水平继续提高。有145部古籍和2个图书馆分别入选第三批《国家珍贵古籍名录》和全国古籍重点保护单位。省政府批准公布了1013部古籍入选《辽宁省珍贵古籍名录》，确定了2个图书馆为辽宁省古籍重点保护单位。

二、辽宁公共文化服务发展中存在的问题

近年来，辽宁公共文化服务取得的成就有目共睹。但随着经济社会的发展，人民群众的需求日益增长，消费方式发生深刻变化，对公共文化服务体系建设提出了更高要求。总的来看，人民群众的基本文化需求同公共文化服务能力不足之间的矛盾仍然比较严重，城乡发展不平衡的状况依然没有改变。

（一）公共文化服务体系建设缺乏有力的财政保障和支撑

从地方财政的一般预算支出情况来看（见表4-1），自2006年以来尽管文化体育与传媒方面的支出在不断增长，尤其在2009年更是迅猛增长，但由于基数小、比例低，文化行业一直处于"先天不足、后天失调"的状况，一定程度上影响到文化事业的发展进程，制约公共文化服务体系发展的一些长期性深层次矛盾依然存在。

表 4-1　地方财政的一般预算支出情况

年份	一般预算支出总额（亿元）	文化体育与传媒支出（亿元）	文化体育与传媒支出占一般预算支出的比例（%）
2006 年	1422.75	23.58	1.66%
2007 年	1764.28	24.80	1.41%
2008 年	2153.43	29.94	1.39%
2009 年	2682.39	76.25	2.84%

（数据来源：《2010 年辽宁统计年鉴》）

其实，公共文化服务体系面临的不仅是建设的问题，而且是改革的问题。辽宁的公共文化服务体系是以计划经济时期形成的体制框架为基础的，在整体上已不适应社会主义市场经济体制的要求，多年来形成的公共文化服务设施网络在这个体制框架中难以很好地发挥作用，公共文化财政投入还存在很大的体制和机制性风险。比如，在这个框架内，"公共"文化需求项目的选择往往偏离实际，一些文化奖项的设立脱离群众、文化产品的评奖由专家而不是由群众决定等，有时"叫好不叫座"，既浪费了公共资源，又损坏了公共文化服务应有的信誉。社会主义市场经济条件下，无论是私人产品还是公共产品，最终出资购买者都是公众，应体现他们的意愿，满足他们的需求。因此，公共文化产品和服务的提供必须通过需求表达、意见搜集和社会评估等环节，而辽宁目前的公共文化服务体系在这些环节上的制度设计相当薄弱。

（二）公共文化投入方式欠妥使有限的资金不能发挥最大效益

与投入规模相比，投入方式存在的问题更值得关注。大部分地区公共文化财政仍然按照传统行政管制的"条条"、"块块"模式，分系统并且过分依赖地方的投入。这一方面使得资金投入分散化，既容易在发达地区出现重复建设，也导致不发达地区资金短缺；另一方面使得资金的使用和监管都集中在系统内，缺少公众意见和专家系统作支持，缺乏决策的科学性，有时还为权力寻租提供了空间。因此，公共文化服务的投入方式和使用效率需要更多的研究和设计。

另外，辽宁在文化投入上也一直存在着硬件投入与软件投入配比上的"现实困境"。在"蛋糕"有限的情况下，大多数决策者选择"投设施、投硬件"，文化设施等"硬件"建设具有"看得见、摸得着"的实际效果，"投硬件"比"投软件"是一种决策风险较小的选择，更能够作为政绩的表象物。但重"硬"

轻"软","硬"与"软"不配套却产生了文化设施没有"软件"支撑就不能发挥应有作用的投入风险，一些更能够提高人们的文化素养、更具有实质意义，但收效周期长又不容易物化显现的软件则投入严重不足，因此在一些农村和基层地区出现了文化设施"边建边死"的现象。公共文化产品和服务也存在着品种单一的问题，当前虽然已经步入了一个日益多元化的社会，不同的人群、不同的时期有着完全不同的文化需求，而以官僚制为主要架构的现代政府在寻求统一的过程中，更倾向于以自己为中心标准化地提供品种单一的公共文化产品，这与公民日益多元化的文化需求形成一对亟待解决的矛盾；公共文化产品和服务覆盖面窄，一些小城镇，尤其是广大农村地区，公共文化产品供给处于非常低的水平，许多农村地区甚至接近于空白，不仅缺乏基本的基础设施建设，而且也缺乏能够反映社会发展和技术进步的基本图书和知识传播，农村信息化的落后不仅使得当地人们的文化权益得不到保障，而且，将进一步扩大不同地域的人们之间创新能力和竞争能力的差距，从而步入贫者越贫、富者越富的恶性循环。

（三）公共文化服务专业人才队伍建设滞后，文化人才匮乏

纵观近年来的文化事业机构数和文化事业人员数（见表4-2），令人惊讶地发现，自2005年以来辽宁文化事业机构当中的文化部门数量逐年递减（2008年除外），而文化事业人员中文化部门的人数在总体趋势上也在递减，尤其是2009年，文化部门的人数更是锐减的厉害。

表4-2 辽宁文化事业机构数和人员数

年份	文化事业机构数（个） 文化部门	文化事业人员数（人） 文化部门
2005	12315	53698
2006	10338	61946
2007	5982	32375
2008	6475	33248
2009	2279	19677

（数据来源：《2010年辽宁统计年鉴》）

之所以出现这种现象，主要由于公共文化服务中的一些项目吸引不了很多

的参与者，致使人才十分缺乏。这是由于编制、职称的瓶颈效应使得留人难。公共文化服务人才队伍流失情况严峻，文化产品生产能力和文化服务能力下降，这种状况越往基层越严重。辽宁基层文化工作者严重缺乏，多数文化站存在空壳化、工作人员老龄化、不专业、不专职的情况。文化站的编制少，人员待遇低，职称晋升机会少等现实问题，又成为限制优秀专业人员参与其中的现实问题。因此，基层文化工作得不到很好的开展，基层部门急需专业的工作人员和制度化管理。

发达国家公共文化服务机构一般都有专职专业服务队伍，保证机构的高效运行；有兼职的专业参谋咨询和服务队伍，提高决策水平、深化对外服务；有数量庞大的义务服务志愿者队伍，公共文化服务的数量和质量较高。而辽宁在人才队伍建设问题上，创新意识不强，机制不灵活，用人体制过于死板，造成"需要的人才进不来，不需要的人员走不掉"的被动局面。再加上现有文化事业单位日子难过，工资待遇较低等因素，更难以吸引人才。此外，必要的其他文化事业单位（戏曲研究机构、文化遗产保护机构等）因编制、经费限制而无法建立起来，对特色文化的发展、特色人才的培养造成很大的制约。

（四）公共文化服务的社会化程度不够

公共文化服务与公共教育、公共卫生、科学技术等公共产品相比，是一种受个人或小众群体偏好影响较大的公共产品类型。公共文化产品不仅类型众多，且不同类型之间差异很大。对于不同文化程度、不同地域、不同年龄阶段和不同性别的受众来说，公共文化产品的需求存在着较大的区别，这使政府管理部门不得不面临着标准化管理上的技术困难。长期以来，辽宁的文化管理领域存在着公共文化多样性需求与标准化、一体化文化管理体制之间的"悖论"。公共文化需求的多样性对应的是分权、分级管理模式和分散化决策机制，但辽宁的文化事业体制事实上是一种带有社会动员性质的集中管理模式。在"国家至上"和"精英文化趣味"的主导下，辽宁基层群众的文化偏好一直被"锁定"在次要的位置上，只是作为一种"参考性"因素存在，这在某种程度上造成了公共文化供给与基层群体真实的需求之间的错位。尽管"文化专项资金"的设立对部门的"过度偏好"是一种技术性矫正，在一定程度上体现出"文化自觉"，但部门经费体制的总体性架构并没有出现根本性的改变。这导致了以部门为主、以"送"为主、以精英文化趣味为主的公共文化供给体系尽管持续投入的时间不短、积累总量不小，但却没有得到基层人民群众的普遍认同。西方的经验证明，政府为主不等于政府"包揽"，也不等于完全由政府直接供给，仅仅依靠政府供给事实上难以满足公共文化需求量大面积的要求，必须建立以政府提供为主，政府引导社会提供、社会自主提供、市场补充提供等多种公共供给模式相结合的供给体制，这就需要公共财政建立超越行业部门、面向全社会的公共资助渠道，引导社会力量参与公共文化建设的过程。

三、辽宁公共文化服务存在问题的原因分析

作为现代化建设过程中的一个重要组成部分，辽宁公共文化服务建设存在的问题是很多因素综合作用的结果，其中有历史的原因，也有现实的原因，有政府的原因，也有公民和社会组织的原因。这里着重从政府职能定位与履行职责的角度来进行分析。

（一）文化与服务观念的双重淡化

首先是文化观念的淡化。由于改革开放前很长一段时间，我国经济的长期停滞不前，以及为了表明社会主义优越性的需要，中国政府及民间社会都具有迫切发展经济的欲望。在"以经济建设为中心"、"发展就是硬道理"、"效率优先、兼顾公平"等思想的引导下，政府长期以来只偏重经济发展职能，而忽视其他职能尤其是文化职能的履行，一些地方片面理解以经济建设为中心，认为只要解决人民群众物质生活问题就万事大吉。很多政府部门和官员将政绩等同于发展，将发展等同于经济发展，又将经济发展等同于 GDP 的提高，这种观念的错位导致了社会、文化腿短的不平衡局面。

其次是服务观念的淡化。从政府管理的整体特征来看，更多是管制型的政府，而不是服务型的政府。广大政府工作人员更多地习惯于将自己定位于人民的主人而不是人民的公仆，在政府行为中还普遍存在着行政审批事项过多，工作人员服务态度恶劣、执法粗暴等问题。

（二）规则制定与行为监督的缺位

长期以来在公共文化职能的界定和履行中普遍存在着法规缺位的问题。中央和地方政府对公共文化的投入比例为多少，中央和地方在文化建设中各应履行什么样的职责比较模糊。没有相应的制度依据，使得公共文化产品和服务的提供没有成为对政府的硬性约束，而更多的是带有一种主观号召的色彩，在发展任务很重，面临的问题纷繁复杂的转型期，文化职能的履行被很多地方政府忽视。

同时，地方政府在履行文化建设过程中，缺乏有效的监督。地方政府在文

化建设中投入多少、效果如何，上级政府的监督存在着缺位，更谈不上有针对性地提出具体要求，以改变现状，从而减少地方政府的试错成本。

（三）全能政府模式的习惯性越位

在市场经济环境下，政府的主要作用在于弥补市场不足，这个结论有一个预设前提就是市场经济处于一种相对成熟的状态。事实上，我国的市场经济不是自然长成的，而是在多年的改革过程中，政府理性构建的产物。我国的市场经济体制已经基本建立，但其完善还有很长的路要走。改革的过程也是政府不断地将自身职能优化的过程，其中很重要的一点就是将政府不该做也做不好的那些事情让给市场或社会去做。但这种职能的渐进优化需要一个很长的过程，并充满了试错行为。由于传统计划经济的影响，全能政府的思想和做法还在一定范围内存在，政府在文化建设上，出于传统意识形态的考虑而做了很多自身不应去做的事情，缩小了社会、公民的选择和创造空间，影响了言论自由的形成；有些政府部门处于自身部门利益的驱动，不愿意放权；有些行为低估了市场、社会、公民的理性行为能力，而出现政府大包大揽的现象。事实证明，政府、社会、公民良性互动合作才是社会治理的最佳结构，政府要通过政策引导，让社会组织参与到公共文化产品与服务的提供中来。

（四）政府职能重点与引导的错位

政府公共文化职能重点的错位，主要表现为重意识形态，轻公共服务。政府将大部分用于文化的资源和精力都投入到了意识形态领域，而忽视了公共文化服务。在建国初期，我国要建设一个全新的社会主义社会，政府必须强烈关注政治社会化，这本身无可厚非。但在和平与发展成为世界主题的今天，意识形态的功能和作用在减弱，而公民对公共服务的呼声不断提高。在很大程度上讲，公共文化职能的落实并不仅仅在于政府提供了多少文化产品，更在于这些产品有多少被人们所消费，是否满足了公民的文化需求，进入了百姓的日常生活，充实了他们的精神空间。所以，转变党管意识形态的执政方式，提高党的文化执政能力是构建国家文化服务体系的一个非常紧迫的问题。

政府管理的引导错位主要表现为上级政府对下级政府的考核内容存在偏颇。政绩考核体系过多地强调了经济发展，而忽视了文化的发展。在中国压力型的管理体制下，不科学的考评体系必然促使地方政府单纯追求 GDP 增长，忽视社会事业发展，弱化公共服务职能，导致一些重大民生问题长期得不到解决，其文化权益也就难以得到有效保障。

（五）部分政府服务职能履行不到位

在市场经济条件下，社会阶层日趋分化，经济形态、市场形态日趋复杂，对政府提供公共文化服务的要求也越来越高。而目前的政府管理显然不适应这个要求，政府所能提供的公共文化服务还不能满足公民的文化需求，不到位的情况还很普遍。如文化信息服务不到位、知识产权保护不到位、市场监管不到位，等等。不到位问题的产生与政府回应型行政模式占主导具有很大的关联，定位于回应社会问题的政府管理必然落后于社会发展的实际，我们应该努力建设旨在预防问题发生的具有高强预见性的前瞻型政府。

四、对发展辽宁公共文化服务建设的对策

辽宁公共文化服务体系建设虽然起步晚，但发展较快，民众参与热情也被激发，全社会的公共文化意识观念逐渐形成。再加上政府因地制宜地纷纷出台相关政策措施支持文化建设，形成各具特色的公共文化体系。

辽宁省文化厅预计，到 2015 年，全省文化服务水平和能力将显著增强，实现城乡基本公共文化服务均等化，文化软实力得到较大提升，全省文化发展主要指标居全国前列。在公共文化服务方面，基本建成公共文化服务体系。公共博物馆、图书馆、文化馆、纪念馆、美术馆等公共文化设施免费向社会开放；公共文化设施基本完善，80% 以上的图书馆、文化馆（艺术馆）达到国家三级以上标准；100% 的乡镇建成面积不低于 300 平方米的综合文化站，村及社区文化室覆盖率达到 80%；文化服务能力大幅提高，建成全省公共图书馆文献服务合作网，公共图书馆公共电子阅览室覆盖率达到 100%，人均拥有公共图书馆藏书达到 0.7 册；实施送戏下乡工程，每年为农民群众演出 2000 场以上；举办群众文化节，丰富城乡广大人民群众文化生活。

"十二五"期间，文化建设首要的重点任务就是努力完善公共文化服务体系，大力推进基层文化建设。

（一）完善公共文化服务设施网络

新建省图书馆、博物馆、群众艺术馆及辽宁芭蕾艺术中心，建设标准达到国内前列水平；新建 8 个市级图书馆、11 个市级博物馆、14 个市级群众艺术馆，均达到国家建设标准；新建 38 个县级图书馆、36 个县级文化馆；对 84 个没有列入"十一五"建设规划、面积低于国家建设标准（300 平方米）的乡镇文化站，实施新建或改扩建；建设村及社区文化室。

（二）实施重点文化惠民工程

全面推进公共电子阅览室建设。2011年完成公共电子阅览室建设试点工作，2012年全面启动全省公共电子阅览室建设，至2015年，省、市、县区、乡镇均建有一个集互联网信息查询、数字图书馆服务、现代信息技术培训、休闲娱乐等为一体的公共电子阅览室。

（三）举办丰富多彩的文化活动

1. 集中展示优秀文化艺术成果。从2011年开始，设立"辽宁群众文化节"，荟萃全省群众文化活动精品，评选一批广大基层群众喜闻乐见、主题及地域特色鲜明的品牌文化活动。同时举办辽宁省全民读书系列活动，培育广大人民群众多读书、读好书的良好习惯。举办辽宁省第九届艺术节，集中展示自2011年以来全省艺术创作的最新优秀成果，推出优秀作品30部以上，并推出一批优秀青年艺术人才。

2. 开展公共文化服务体系示范区等文化创建。创建公共文化服务体系示范区2个，示范项目2—4个；创建国家级文化先进单位2—4个；创建省文化先进县（区）4—6个，民间文化艺术之乡20个，文化先进乡镇（街道）100个、文化先进村（社区）300个。

3. 创建一批县区特色群众文化基地。在全省100个县区，逐步创建具有鲜明地域特色、深厚群众基础、广泛覆盖面的群众文化活动基地，带动本地区群众文化的蓬勃发展。

4. 扶持一批基层文化示范广场。在全省评选基层设施较好、具有一定活动规模、坚持持久开展活动、具有较大吸引力和影响力的文化广场及活动，进行重点扶持，使广场成为当地文化活动中心。

5. 培育一批群众自办文化典型。在全省评选自办文化典型，给予专业培训及资金、技术、器材等方面的支持，吸引更多的群众自主创造、自觉参与文化活动，形成和壮大群众文化队伍。

6. 评选一批"群文之星"。按照群众认可的原则，由基层推选长年活跃在基层，为群众文化做出突出贡献的基层群众文化工作者、专业文艺工作者和民间文化艺术人才，授予"群文之星"称号。

（四）实施基层文化队伍培训工程

继续开展"百馆千站万村"培训，2011年完成"百馆千站"剩余4个地区600余名县乡基层文化管理人员的培训。2012年开始，实施"万村（社区）培训"，按照分级培训的原则，利用四年时间，通过举办各类培训班的方式，对全省 11595 个行政村的文化管理员或协理员、3963 个社区的文化辅导员系统培训一次。

（五）提升公共图书馆文献信息服务能力

建设全省公共图书馆文献服务合作网。一是以省图书馆为中心馆，对现有数字文献信息资源进行整合，实现全省图书馆数字文献信息资源服务"一网通"。二是以大连、鞍山为试点，在全省各市逐步实现以市图书馆为中心、县区图书馆为支撑的图书通借通还服务体系，实现市、县区图书馆间图书借阅"一卡通"。另外，还要实施文化部"县级数字图书馆计划"。将国家图书馆优秀资源配送到每个县级图书馆，做好安装使用及培训工作，为广大基层群众提供便捷服务。

五、辽宁公共文化服务建设的发展趋势

（一）由主体单一逐步走向主体多元化

在现代社会，享有公共文化服务是公民的基本权利，保证人的文化权利，提供公共文化服务是政府的重要职责。政府广泛介入文化活动并成为提供公共文化服务的主导是人类文明进步的必然结果。长期以来，政府在公共文化实践活动中起着主导作用。一是主导政策的制定。政府出台相关政策措施，鼓励支持公共文化建设，明确了发展方向和目标、在全社会形成基本共识。二是提供建设经费。在强调政府财政资金对公共文化服务投入增幅保证略高于同期财政收入增长幅度的同时，运用多方筹资、全民共建的原则，打破准入壁垒的限制，多渠道、多形式地筹集社会资金，发展公共文化事业。公共管理理论认为，政府作为公共文化服务的最重要责任主体，其职责并非包办公共文化服务，而是在合理界定政府与社会特别是与各类文化单位职能分工的基础上，动员社会力量广泛参与公共文化服务，形成政府主导、多元参与的公共文化服务体系。实际上，作为公益物品和服务的生产者的私人企业能够显著改善公共领域的效率。这就是说，公益性公共文化服务，可以通过政府直接投资生产和提供，也可以由企业来参与生产和经营，从而繁荣文化市场，提高公共文化供给的效率和质量。

（二）由卖方市场逐步走向买方市场

长期以来，公共文化产品属稀缺资源，公共文化产品的生产者（即政府）更多考虑的是生产更多的产品满足市场需求，而对改进产品质量，满足买方需

求则缺乏意愿。公共文化产品市场是一个简单的卖方市场，即提供的公共文化产品考虑的首要条件是生产能力，对受众的需求偏好考虑不多，表现为公共文化产品形式单一，传播渠道不畅等，增大了供给成本，弱化了基本效用。市场理论认为，在卖方市场上，商品供给量少，由于供不应求而不能满足市场的需求，即使商品质次价高也能被销售出去，商品价格呈上涨趋势。这时，买方对商品没有选择的主动权，卖方只关心产品数量，很少考虑市场需求。卖方在交易上处于主动地位。卖方市场的存在，意味着商品交换中买卖双方之间的平等关系，已被商品的供不应求所打破。这也是社会总供给和社会总需求比例失衡时出现的一种市场状况。随着文化产品种类的日益丰富，消费形式的多样化，消费者选择自主性的增强，加之文化消费的多元化和产品的可替代性，决定了以往文化产品必然要面临的市场竞争格局，即在多元的文化产品消费体系中不仅要面临同类产品的竞争，而且要面临其他多元文化产品的竞争，由此决定了公共文化市场由卖方市场向买方市场转化的必然趋势。从辽宁公共文化建设的实际也可以看出，近年来纷纷推出需求导向的精神文化产品，由过去只注重产品或服务的数量逐步转变成既重视数量也重视质量。服务型政府的公共性和文化的公共性将文化发展与政府职责联系在一起。提供充分的公共文化服务、满足公众对公共文化的需求、保障公民的基本文化权利，是服务型政府在文化领域体现其公共性特征的有效措施。在建设公共文化服务体系中，政府应秉持为社会和公众服务的公共性价值理念，提供更多人性化的商品和服务。

（三）由重过程变为重绩效

在公共文化建设的初期，由于没有可供遵循的实践模式，政府行为均在探索之中，政府将较多的精力集中在"如何做"上，往往重视公共文化实践的过程；随着公共文化实践模式的逐步成熟，对公共文化建设过程重视的同时，逐步重视建设的成果。表现为政府往往关注投入多少，建设了什么设施，出台了哪些措施，同时对相关资源投入的效用逐步开始建立相应的评估体系。公共文化服务体系建设的实质是服务型政府将部分社会资源通过转移支付的形式变成社会福利，让人民群众共享发展成果。绩效评价则是对政府服务型功能最好的评价，要建立政府对公共文化事业投入的绩效考评机制，要求政府要把文化建设列入重要议事日程，建立工作责任制，把文化建设作为评价地区发展水平、衡量发展质量和领导干部工作实绩的重要内容。建立科学合理的公共文化服务投入保障与考核机制、艺术创作激励和评价机制、文化投入绩效评估机制，有利于构建文化科学发展的体制机制。同时，将公共文化建设纳入领导干部的考核指标，研究制订详细、具体的公共文化工作考评标准，加强对基层政府文化工作的考核，以促进管理的规范化、制度化。

（四）由重点突破到均衡发展

在公共文化实践建设的初期，公共文化资源相对有限的条件下，集中优势资源投入到人民群众最需要领域，重点突破，解决人民群众最基本的文化需求是政府公共文化实践普遍的做法。这种重点推进的模式有利于资源发挥最大效用，有利于实现社会福利最大化，符合经济社会发展的一般规律。随着公共文化建设的不断推进，公共文化服务产品不断丰富，越来越多的地区施行将部分公共文化产品的供给转向其他地区，实现公共文化服务供给的均衡发展。目前辽宁城乡之间还存在着比较明显的差别，不但严重阻碍了经济社会的协调发展，而且直接影响了公共文化服务的均衡发展。区域差别导致公共文化发展的非均衡性是一种社会历史现象，在一定时期内将长期存在。通过科学有效的手段，统筹区域公共文化发展，缩小区域公共文化差距，实现基本公共文化服务均等化，需要政府切实加强公共文化转移支付力度，增强乡村公共文化自我发展能力，发展现代公共文化服务业态，实现区域公共文化普遍同质服务等。

第二节　辽宁公共文化设施建设

"十一五"期间，辽宁省进一步优化了公共文化资源配置，启动了省本级公共文化设施，完成或在建的重大文化基础设施项目20个左右（不含文化站），向社会开放了省博物馆、省图书馆、省科技馆、档案馆、群众艺术馆、省广电大厦、新闻传媒大厦等重大公共基础设施。目前，还在加快建设分布均匀、面向社会、免费开放的博物、科技、图书、纪念馆群，提高文化惠民工程建设水平。

一、辽宁省公共文化设施建设概况

省本级公共设施的启动，有力地带动了全省市县乡村的四级基层群众文化基础设施建设。目前，我省已实现了"县县有图书馆、文化馆，乡乡有文化站"的目标，图书馆、文化馆一级馆数量位居全国前列，构建了覆盖全省的群众文化基础设施网络。

（一）博物馆建设、开放工作全面推进

省文化厅会同省委宣传部、省财政厅公布全省 65 个博物馆、纪念馆和全国、省爱国主义教育示范基地为免费开放单位。2010 年，我省文化文物系统免费开放单位共举办阵地展览和专题展览 93 个，各类临时展览 118 个，引进国内国外展览 6 个，推出和交流展览 22 个，全年接待观众 506 万人次，其中未成年人 144 万人次。鞍山市博物馆和本溪市博物馆等一批市、县级博物馆新馆建成并对外开放。同时，我省启动了全省民办博物馆藏品登记定级试点工作，举办了"5·18 国际博物馆日"宣传活动。

2011 年上半年，辽宁古生物博物馆、鞍山岫岩非物质文化遗产博物馆相继开馆。同时，为满足广大人民群众日益增长的精神文化需要，省政府继续加大对公共文化设施的投入，开工兴建中国沈阳工业博物馆。

辽宁古生物博物馆是经辽宁省人民政府批准、由辽宁省国土资源厅和沈阳师范大学共建的一个集展示、收藏、科研、科普、教学等功能于一体的公益性博物馆，是我国目前规模最大的古生物博物馆。辽宁古生物博物馆是一所公益性的博物馆，该馆于 5 月 21 日下午 1 点首次正式对外免费开放，日接待量可达3000 人。博物馆占地面积 19000 平方米，建筑面积 15000 平方米，主体建筑共分为五层，地下一层，地上四层，共设有 8 个展厅、16 个展区，包括地球与早期生命、30 亿年来的辽宁古生物、热河生物群、国际古生物化石、珍品化石、辽宁大型恐龙等主题。展馆以科学性为主，以介绍 30 亿年来辽宁"十大古生物群"为重点，以展示地史时期生命起源与演化为主线，内设有四大明星化石：世界最早的带毛恐龙"赫氏近鸟龙"、"会滑行的蜥蜴"赵氏祥龙、为揭示鸟类可动性头骨的早期演化和早期鸟类的树栖能力演化研究作出了贡献的"沈师鸟"以及"迄今世界最早的花"辽宁古果。在沈阳师范大学辽宁古生物博物馆馆地建设期间得到了国土资源部，辽宁省委省政府、省国土资源厅等部门的大力支持，在沈阳师范大学建校 60 华诞当天，全国最大的古生物博物馆——辽宁古生物博物隆重开馆。

6 月 9 日，鞍山岫岩非物质文化遗产博物馆正式开馆，这是我省第一个非物质文化遗产博物馆，将长年免费对外开放。该馆总面积 900 平方米，博物馆分上下两层，整体装修风格为浓郁的满族民族风格。一楼为"非遗"项目多功能展演大厅，前设一小型升降舞台并配备先进的灯光、音响设备以及大屏幕，并设有容纳 200 多人观看的茶座，在这里可进行岫岩皮影、岫岩东北大鼓等节目的演出。此外，这里将经常举办各类"非遗"表演项目的演出和研讨、培训、辅导活动，不定期举办如剪纸、农民画等临时性展览。一楼多功能展演大厅将被打造成岫岩非物质文化遗产项目艺人们切磋技艺、研讨学习、展演传承的主要场所。有关人士介绍，过去很多岫岩的非物质文化遗产项目没有专门的场所进行传承，新落成的非遗博物馆一楼展演大厅将成为非遗的传承地。非遗博物馆的二楼为展示大厅。目前岫岩已有 5 个项目被列入国家级非物质文化遗产名录，是全国入选国家级项目最多的县之一；此外，还拥有省、市、县级"非遗"项目 8 个，总计 13 个"非遗"保护项目。岫岩的非物质文化遗产项目均在二楼展示大厅进行系统展示。这里不仅有岫岩各项非物质文化遗产的简介，还有众多的实物展示，其中包括岫岩满族婚庆习俗的旗头、盖头、马鞍、秤杆等，岫岩皮影的影卷、影人半成品、刻刀等，岫岩玉雕的玉瓶、玉如意、玉炉、玉盘等。据介绍，二楼展示大厅展览采用文字、图片和实物相结合的展陈方式，展线为环绕二楼围栏呈"U"形，系统地将岫岩 13 项"非遗"保护项目一一介绍给观众。每个项目的展板都采用大幅精美的、具有代表性的图片，配以简练的文字说明，介绍该项目的源流、特点、传承等情况。玻璃罩密封展柜内则陈列特色展品，共展示实物近千件。

2011 年 5 月 18 日"国际博物馆日"，中国沈阳工业博物馆在有着百年工业史的沈阳市铁西区奠基开工。中国沈阳工业博物馆位于沈阳市铁西区卫工北街14 号，将在现有的沈阳铁西铸造博物馆的基础上进行改造、扩建而成。博物馆以传承中国工业文明和展示工业文化为宗旨，将从历史中钩沉众多的"中国第一"和"中国制造"，并将其永久地传承下去，从而为继承弘扬中国工业文明和文化作出贡献。展馆预计总建筑面积 4 万平方米，其中新增建筑面积 1.4 万平方米，旧建筑改造面积 2.6 万平方米，拟设置机床馆、金属馆、矿山采掘馆、四大发明及世界工业文明等 26 个主题展馆，另设 1 个预留展馆，为将来扩容做准备。博物馆主体工程将于今年底建成，明年 6 月全部建成并实现部分展馆对外展览。2013 年全运会开幕之前，博物馆将正式向社会开放。目前，面向全国的工业文物征集工作已经全面展开，铁西区已经收集到炼焦煤气厂机器及零部件等工业文物 114 件。

（二）图书馆事业稳步推进，农家书屋工程全面完工

2010 年省文化厅组织了 2007—2009 年度辽宁省公共图书馆优秀服务成果奖评选和公共、高校、党校系统图书馆应用科研成果奖评选，公共图书馆服务领域不断拓宽，服务水平继续提高。有 145 部古籍和 2 个图书馆分别入选第三批

《国家珍贵古籍名录》和全国古籍重点保护单位。省政府批准公布了 1013 部古籍入选《辽宁省珍贵古籍名录》，确定了 2 个图书馆为辽宁省古籍重点保护单位。

在省委、省政府的高度重视和正确领导下，辽宁省农家书屋工程现已全部完工，如期实现了省委、省政府确定的用三年时间完成农家书屋工程建设任务、农家书屋在全省行政村 100% 全覆盖的工作目标，成为全国 4 个提前全面完成农家书屋工程建设任务、率先实现"农家书屋村村有"的省份之一。我省在 2008 年全面启动实施农家书屋工程建设，先后投资共计 2.3 亿元，在 2010 年底完成所有建设任务，覆盖全省 11762 个行政村，惠及 3000 余万农村人口。2010 年，沈阳财政充分发挥公共财政职能，进一步加大对农村公共文化基础设施建设支持力度，筹措落实资金近千万元，支持新建了 607 家农家书屋，使该市农家书屋的数量达到了 1463 家，实现农家书屋在所有村庄的全覆盖。

我省农家书屋工程建设所取得的突出成绩不仅得到了新闻出版总署和省委、省政府领导同志的充分肯定。而且也受到了社会各界特别是各级新闻媒体的普遍关注。去年 12 月 27 日，人民日报要闻版刊发了记者任胜利、郑少忠采写的题为"辽宁村村都有农家书屋"的文章，对我省经过三年努力全面完成农家书屋工程建设任务，提前实现了农家书屋在全省 14 个市的 11700 余个村全覆盖工作目标的情况给予了报道，同时对"辽宁省把农家书屋建设当成加强农村文化阵地建设的大事来抓"和"省委、省政府主要领导亲自谋划，保证农家书屋建设资金足额及时到位"等给予了赞赏和好评。12 月 28 日，新华社也专电刊发了由驻辽宁分社记者李克瑶采写的题为《辽宁提前 5 年实现农家书屋"村村有"》的文章。两篇文章随后被国内各地报纸、网站转载，引起了积极社会反响。

目前，由相关媒体策划组织开展的"书香新农村"系列采访报道活动正在进行当中。活动拟采取当面采访省市有关部门负责人和实地走访农家书屋相结合的方式，通过连续刊发领导访谈和具有典型意义的各地农家书屋"建、管、用"经验介绍文章及相关图片等，着重宣传我省各地在农家书屋工程建设工作中采取的得力举措、取得的有益经验、收获的可喜成果，集中展示农家书屋建成启用后给农民群众生产生活带来的积极影响和可喜变化，特别是在保障农民群众基本文化权益、丰富农民群众精神文化生活、促进农民群众读书用书等方面发挥的重要作用，从而进一步调动社会各界关注、关心、支持和参与农家书屋建设与管理工作的积极性，推动社会主义新农村建设和新农村文化建设。

（三）加快实施乡镇综合文化站建设工程

辽宁纳入国家"十一五"规划的乡镇文化站建设项目640个，目前已完成302个（2010年建设项目145个），国家补助资金总计7680万元，辽宁省政府也采取措施进行了相应的配套；其余338个项目，目前进行项目开工的前期准备工作，预计2011年全部建完。在推进乡镇综合文化站设施建设的同时，省文化厅积极开展了乡镇综合文化站设备和图书扶持工作，加强综合乡镇文化站业务建设。全省两年共扶持了261个乡镇综合文化站的业务建设，投入扶持资金1200万元，集中配送了活动设备及图书。各市、县也投入了很多资金，为文化站添置了必要的活动设备、图书等。

建设期间，一些市地文化部门积极争取地方政府的投入，为文化站建设筹措资金，保证了建设工作的顺利推进。大连市各级政府投入近5000万元，提前完成了建设任务；建平县的十几个乡镇，在国家资金没有下达的情况下，自筹资金用于文化站建设；北票市对每个文化站配套20万元，一半用于设施建设，一半用于设备购置和广场建设；新宾、义县、北镇等县，减免了有关建设税费。已建成的文化站按照省里要求在选址、建设规模、功能设置，人员配备等方面做了统一安排。鞍山海城、丹东东港、沈阳康平等地投入使用的文化站，已经在培训、共享工程服务、图书报刊服务、组织群众活动等方面发挥了重要作用。同时，沈阳市还为250个村级文化活动室配置音响等设备，提升了农村文化活动室的设施水平；大力支持乡镇文化站及农村文化活动广场建设，切实增加了农民群众文化活动场所。同时，市财政将推进农村公共文化基础设施作为一个整体来考虑，把农家书屋、村级文化活动中心、文化活动广场的规划与建设结合起来，依托文化活动中心建设农家书屋，通过农家书屋建设提升文化活动中心服务设施水平，基本形成了结构合理、发展均衡、网络健全、服务优质的农村公共文化服务体系，有效提升了农村公共文化服务水平，极大丰富了广大农民群众的文化生活，促进了社会主义新农村建设。

现在，辽宁省要求各市、县文化局制订详细的工作进度表，按照"倒计时"的方式开展工作，以确保乡镇综合文化站建设任务按期完成。为高质量建设乡镇综合文化站，辽宁省要求，在项目建设过程中，坚决不允许将文化站建在乡镇政府内，已建设的必须选址改建。要结合当地实际，进行统一规划、统一设计、统一组织、统一施工、统一标准、统一功能，保证文化站集书报刊阅读、科普培训、青少年教育等于一体，形成设计合理、功能完善的乡镇综合文化站建设品牌。在建设资金方面，国家补助每个乡镇综合文化站12万元，要求各地区予以配套。

二、辽宁省公共文化设施建设中存在的问题

（一）城市公共文化设施建设与管理中的问题

辽宁公共文化设施建设和管理虽然取得了一些成绩，但仍存在一些问题，城市公共文化设施建设水平与人民群众日益增长的文化需求还不相适应，公共文化设施的布局和整体结构与城市化进程还不相适应，公共文化设施的数量、质量和管理机制与文化工作的新要求还不相适应。主要表现在设施总量不足、管理水平不高、运行机制不活等方面。

1. 总量不足。

尽管我省的公共文化设施已经基本形成了从省到市、县区、乡镇的四级网络，但是从总体上来看，公共文化设施的总量仍显不足。重大公共文化基础设施数量较少，规模也较小。在一些经济发展水平相对落后的县（市）、区的文化馆、图书馆馆舍不仅面积小，而且设施陈旧简陋，已经不适应当地的经济社会发展速度。

2. 管理水平不高。

虽然近年来，我省的公共文化设施建设步伐不断加快，但公共文化设施，特别是基层公共文化设施"重建设，轻管理"的现象较为严重，公共文化设施管理水平不高，功能设置不合理，相关配套措施滞后，导致公共文化设施作用发挥不充分。有个别文化设施被挪作他用或闲置，一些地方对基础设施工程的创建活动高度重视，但创建完成后由于后续投入乏力，管理不够到位，使得这些设施利用率不高。部分文化站管理手段落后，服务功能单一。一些图书室不但藏书量少，而且少有更新，借阅人数寥寥。

3. 运行机制不活。

公共文化设施运行单位人事、分配、考核制度改革相对滞后，无法针对不同类型的公共文化设施，形成不同的管理体制和运行机制，缺乏应有的生机与活力。

（二）农村公共文化设施建设与管理中的问题

"十一五"期间，我省乡镇综合文化站建设如雨后春笋般涌现。农村公共文化设施的不断完善，使社会公众在闲暇之时有了休闲、娱乐、学习、聚会的场所，对丰富基层群众的业余生活、促进社会和谐、改善乡风文明有着显著的成

效。但现实中也存在部分农村公共文化设施没有完全发挥其应有的作用，与建设预期的成效还存在一定的差距。

1. 公共文化设施的有效利益率不高。

一些已建成的乡镇文化站存在部分被挪用、挤占的现象，个别文化站在完成考核验收使命之后部分被闲置，大大降低了公共文化设施的有效利用率。

2. 公共文化设施利用的不均衡性。

一是内部设施利用的不均衡，农村公共文化阵地建成之初可以说是设施齐全，以乡镇综合文化站为例，一般包括培训教室、书刊阅览室、多功能活动厅、信息资源共享服务室，以及室外活动场地、宣传栏、阅报栏等。现实中，室外活动场地的利用率相对较高，跳舞健身、饭后散步的人相对集中；而其他场所，由于管理服务不到位，不少设施有闲置现象，如个别图书阅览室因藏书量少、更新慢、开放时间短，借阅人数较少。二是利用主体的不均衡。在公共设施的使用者方面，最突出的问题是年轻人缺位。进出公共文化场所最活跃的人群包括中老年妇女、老年男性和儿童，年轻人相对较少，使得乡镇综合文化站在某种意义上沦为老年活动中心的代名词。

3. 有些公共文化场所存在一定的安全隐患。

一是消防隐患。由于部分场所缺乏管理人员，建设时配置的消防设施无人检修，部分场所堆放杂物，容易引起火灾事故。二是财产安全隐患。由于公共场所的性质，人员流动频繁，同时又没有专人对场所内的设施设备进行管理，公共文化设施被损毁的现象时有发生。

三、解决辽宁省公共文化设施中的问题的对策

（一）提高对加强公共文化设施建设与管理工作的重视程度

公共文化设施是实现文化大发展大繁荣的平台，是满足群众文化需求，保障群众基本文化权益的物质基础。各级政府及领导应牢固树立以人为本的理念，站在全面建设小康社会的战略高度，充分认识加强公共文化设施建设和管理工作的重要性，树立科学发展、统筹发展、均衡发展的思想，建设和管理好公共文化设施，推进文化惠民工程。当前，特别应妥善处理好四个关系：一要处理好公益性与社会化的关系，明确政府在公共文化设施建设和管理中的主体责任。二要处理好普及与提高的关系，重点做好基层及相对薄弱地区基础性文化设施的建设工作，对已基本普及的地区，应着重在提升内涵上下工夫。三要处理好

公共文化设施建设规划与地区经济社会发展规划的关系，充分考虑与城镇化发展趋势相适应，与村落、社区规划建设相协调等问题，切实做到同步规划、同步实施、同步交付，确保人民群众在物质生活水平不断提高的同时，精神文化生活得到同步改善。四是处理好建设与管理的关系，积极探索公共文化设施的管理机制和运行模式。

（二）完善规划，合理布局，统筹推进城乡公共文化设施建设与管理

要形成与经济发展相协调、与群众需求相适应、与城市地位相匹配的文化城市格局，需牢固树立城乡一盘棋的思想。在继续促进城市标志性公共文化设施建设的同时，要自觉兼顾乡村普及性公共文化事业的发展。根据上级有关部门的要求以及人民群众精神文化需求的变化，加快规划并全面建设覆盖城乡的公共文化设施网络。

一是在认真调研的基础上，进一步完善文化设施建设规划。根据辽宁的区域发展战略及城乡特点、区位优势，优化调整文化设施布局。可根据城市区域特色和建筑进行文化设施的整合和改造，形成公共文化设施的特色区域，真正做到功能性与特色性相结合，既继承历史和文化传统，又体现时代特征；既突出文化品位，又体现地方特色，把公共文化设施建筑成为地域的标志和人民群众文化生活的集聚地，实现更大范围的共建共享，以满足人民群众的不同文化需求。二是在公共文化设施建设中，坚持基层优先、城乡统筹推进的原则，实行向农村倾斜的政策。通过加强和完善公共文化服务考核，建立健全公共文化设施建设的分级责任制，切实强化县（市、区）和乡镇政府的责任，把公共文化建设置于公共教育服务、公共卫生服务同等位置。当前要特别重视加强边远村、贫困村的文化设施建设，合理调整公共文化资源，逐步改变城乡之间、乡镇之间、村落之间不平衡的问题。三是在城市新区开发、社区建设和新农村建设中，一方面争取逐步按人口比例规划和配套建设相应的公共文化设施；另一方面在区域配套建设中，必须明确文化设施的布点，明确项目用地，控制预留规划用地，切实做到城乡开发到哪里，公共文化设施就建到哪里。四是对已列入"十二五"规划的项目要抓紧实施建设，注重建设质量。五是对一些处于交通相对不便区域的公共文化设施，配套开通便捷的公共交通，既提高设施的利用率，又体现人文关怀。

（三）完善政策，着力提高公共文化设施建设和管理的资金保障力度

为社会提供足够的公共文化服务是政府的重要职责，应充分发挥政府在公共文化设施建设中的主导作用。一是进一步健全政府公共财政体系，调整优化

财政支出结构。要建立公共文化设施建设的刚性投入机制，严格按照《公共文化体育设施条例》及有关法律法规的要求投入到位，确保"十二五"时期各级财政对文化事业经费投入不低于财政经常性收入的增长幅度，同时逐年增加对公共文化设施建设和管理的资金投入，新增的经费要向农村和相对欠发达地区倾斜，向薄弱环节和基础环节倾斜，促进城乡文化均衡协调发展。二是根据我市公共文化设施免费开放的实际需要，建立健全公共文化机构正常运转经费保障机制，保证公益性文化机构，特别是乡镇、村基层文化机构正常运转和开展公共文化活动所需的必要经费。三是改革政府投入方式，适当引入市场机制，采用公开招标、委托代理、公共文化项目外包等多种途径，创新公共文化服务投入方式，实施绩效评估，根据绩效对管理单位实施补贴，进一步完善财政资金使用的监督管理。四是采用政策激励、资金扶持等措施，降低社会资本进入公共文化服务领域的门槛，积极探索社会资本以股份制、冠名权等方法兴办公共文化事业的有效途径，逐步形成以政府投入为主，多渠道筹资，多主体投入，多种所有制并存的城乡公共文化设施建设新格局。

（四）整合资源，创新机制，充分发挥现有公共文化设施的社会效益

公共文化设施的根本目的在于向社会公众普遍提供丰富优质的文化服务。也就是说公共文化设施的管理和服务应具备两个特征：一是公益性，保证社会公众普遍参与；二是优质高效的服务，保证效益发挥的最大化。两者缺一不可。为此，对建成且已投入使用的各类公共文化设施要加强运行管理，优化软件建设，丰富场馆内涵，不断提高利用率。一是加强对公共文化设施的监管，制订公共文化设施服务规范，明确设施的公共性质，明确监管主体，明确服务规范。文化行政部门可统一对设施服务使用情况进行监督管理，尤其是对实行市场化运作的设施，主管单位还应明确防止随意改变用途和性质的约定。二是积极探索大型公共文化设施管理的新模式，坚持体制机制创新，进一步完善公共文化服务政府采购、高雅艺术演出补贴等措施和做法，不断提高公共文化设施的利用率和群众的参与率，使之发挥应有的效用。对有些公共文化设施也可探索引入市场化管理手段，以实现管理的专业化和设施、设备、人才、市场等资源的整合，提高管理水平和服务效益，降低管理成本。三是依托图书馆、文化馆等公共文化资源，延伸服务范围，提升服务能力，加快文化信息资源共享工程建设步伐，重点扶持乡镇、村落基层服务网络建设。四是进一步做好社会文体设施资源整合工作，政府有关部门可通过相应的政策激励措施，鼓励辖区单位包括学校进一步参与支持社区文化工作，努力提高部门所属的文体设施的资源共

享程度。五是加强文化管理人才队伍建设，重视用好现有人才，加大优秀人才培养引进力度，努力建设一支数量充足、素质优良、结构合理的公共文化服务管理者队伍，为推进文化事业大发展、大繁荣提供人才保障。六是建立公共文化发展工作联席会议制度，针对公共文化设施建设和管理中存在的问题，研究协调相关事项，促进我省公共文化事业的持续繁荣和发展。此外，还应发挥好有关新闻媒体"公益性"宣传的功能，为公共文化设施建设和管理营造良好的舆论环境，让更多的人了解文化、参与文化、共享文化。

四、提高农村公共文化设施管理效率和使用效益的对策

（一）努力培育公共精神，使全社会都成为农村公共文化设施的管理者

在政府层面，农村公共文化设施的建设和使用应该坚持公益性原则，政府在公共文化设施的管理过程中无疑起着主导性作用。要贯彻"面向基层、服务群众、关注农村、关心农民"的原则，按照"结构合理、网络健全、运行有效、惠及全民"的要求，完成"构建公共文化服务体系、实现人民群众的基本文化权益"的目标，这不是一蹴而就的。政府在建设公共文化设施的同时，就肩负起了监管的责任，一方面要监管它不被破坏，另一方面要保证它能够达到预期的服务功能，这就必然要求花大力气切实提高公共文化设施的使用效率和加强公共文化设施的管理力度。如制定公共文化设施管理办法，建立健全绩效考评办法等，使之规范化、制度化、正常化。

在公众层面，"爱护公共设施，人人有责"的道理可以说是妇孺皆知，但很多人仍把公共事业的建设和管理责任都放在政府身上。而事实上，现代社会对公共事务的参与是公众政治、文化权利的实现，公共事务的管理模式将逐渐由政府管理转变为公众的自觉参与和自我管理。因此，社会公众必须把对公共生活及公共事务的关怀和参与摆在突出位置，并自觉形成以公德意识、社会责任、政治参与等为基本价值内涵的公共精神。农村公共文化设施作为公共设施的重要组成部分，公众拥有利用文化设施来享受文化的权利，也要担负起保护文化设施，让全民共享的义务。在此方面，新闻媒体要积极发挥公益性宣传功能，为公共文化设施建设和管理营造良好的舆论环境，让更多的公众了解文化、参与文化、共享文化，让更多的公众明白他们不仅是公共设施的使用者，也是管理者，让公共精神深入人心。

（二）积极追求效益最大化，使公众满意度成为衡量管理绩效的标杆

农村公共文化设施建设的根本目的在于向社会公众普遍提供丰富优质的文

化服务。因此，公共文化设施的管理一方面要保证社会公众普遍参与，另一方面要确保提供优质高效的服务，保证社会效益最大化。就目前而言，农村文化设施重建设轻管理，重一次性投入轻后续补给的现象严重。如果已建成的公共文化设施长期处于闲置状态，老百姓无法得到切身的实惠，那就是对建设成本的零回报、零效益。为此，对建成且已投入使用的农村公共文化设施要加强管理，形成责任明确、行为规范、富有效率的公共文化设施运行机制。同时，坚持以人民群众的满意度为衡量标准，建立对各级文化机构、文化工作管理者的绩效管理考核机制。

（三）探索科学管理办法，实现公共设施高效利用

一是坚持政府主导，保障农村公共文化设施正常运行。要搞活机制，为农村公共文化设施良好运行提供制度保障。市级文化主管部门要建立健全全市乡镇综合文化站管理的日常监督、通报、考核、奖惩等制度，重视解决农村文化设施被挪用、挤占和边建设边流失的问题，乡镇领导班子中要有专人负责文化站建设与管理，按照文化站建设标准配齐配强管理人员，规范各种规章制度，建立健全工作人员岗位职责、教育培训、团队活动管理、器材使用维护、图书借阅等制度，并及时进行信息公开，自觉接受村民的监督。

要加大投入，为农村公共文化设施良好运行提供经费保障。要确立以省、市、乡镇、社会资金为主体的四级经费补助政策。各级财政每年要设立专项资金，用于对各级文化阵地建设的资金补助，同时加大对公共文化的投入，投入指标纳入各级政府和部门的目标考核体系之中。文化系统文化事业费占各级财政总支出的比重要达到 1％，文化支出的增幅要高于同级财政经常性收入的增幅，全省人均文化事业费要到达 30 元。切实提高文化事业费预算基数，要不断加大"文化事业建设费"、"宣传文化发展专项基金"等的文化支出比例。在确保政府投入为主的基础上，要采取多种形式鼓励企业等社会资金捐赠，扩大投入渠道，进一步充实乡镇文化阵地活动经费。可以乡镇为单位，探索采取公司化的管理模式，由政府向企业购买服务，企业对一定范围内的文化设施进行管理并提供服务，政府再对该企业进行科学考评。

要定岗到位，为农村公共文化设施良好运行提供人员保障。每个乡镇综合文化站应配备一名文化员。文化员要求有一定的文化水平和文艺特长，年轻有活力，热爱文体事业，有一定的组织协调能力，工作责任心强，并且具有奉献精神。通过一定时间的专业培训，掌握管理公共文化设施的素质和技能。文化员要切实履行岗位职责，管好、用好现有文化设施，按照当地群众的文化需求

和生活习惯，对室内场所定期开放，确保开放时间，对户外设施加强巡查管护，对设施功能不全或损坏的设施要予以修复，及时消除安全隐患，最大限度地满足群众参与活动的需要。同时，组织开展多种形式的文化体育活动，丰富群众文化生活。

（四）不断增强活力，促进农村公共文化设施高效运行

要丰富基层文化活动载体，以文化活动带动文化设施利用率的提高。省、市级文化部门要建立健全送文化下乡的长效机制，深入开展以"三送"（送戏、送书、送电影）为载体的文化下乡活动，逐步把临时性、分散性的援助帮扶转变为有组织、有制度、有保障的运转体系，使文化下乡活动经常化、制度化。乡镇文化站要有计划地开展广场文化、老年文化、外来人员文化等文化活动。

要加强基层文化队伍建设，以文化人才集聚人气、活跃农村文化阵地。积极培育农民文化骨干，充分发挥民间艺人、文化能人在活跃农村文化生活、传承发展民族民间文化遗产方面的作用；加强文化户建设，发挥文化户在农村文化建设中的示范带头作用，每年评选出省、市级文化示范户；加强文体团队建设，发掘和培养多种门类的业余文体骨干，不断巩固壮大群众文体队伍；加强农村文化志愿者队伍建设，逐步形成各级文化志愿者服务网络，积极鼓励社会各界人士为农村（社区）和企业提供文化服务。

五、"十二五"期间辽宁公共文化设施建设趋势分析

（一）辽宁省将加大重大基础设施建设力度

"十一五"期末，省政府召开专题会议研究重大文化基层设施建设问题，省图书馆、博物馆、艺术馆、芭蕾艺术中心等项目启动实施，计划 2012 年竣工。省图书馆、博物馆建筑面积将分别达到 10 万平方米，艺术馆、芭蕾艺术中心分别为 2 万多平方米，建设标准达到国内前列水平；规划市级文化设施建设，已制定了市级文化设施建设规划，"十二五"期间要完成新建 8 个市级图书馆、11 个市级博物馆、14 个市级群众艺术馆，均达到国家建设标准；对 84 个没有列入国家"十一五"建设规划、面积低于国家建设标准（300 平方米）的乡镇文化站，实施新建或改扩建；建设村级社区文化室。同时，扶持一批基层文化示范广场。在全省评选基础设施较好，具有一定活动规模，坚持持久开展活动，具有较大吸引力和影响力的文化广场及活动，进行重点扶持，使广场成为当地文化活动中心。

（二）全面推进公共电子阅览室建设

公共电子阅览室建设是中央和文化部高度重视并积极推进的重点工作之一，是弘扬社会主义核心价值观、传播社会主义先进文化，以未成年人和进城务工人员等低收入群体为重点服务对象、保障人民群众基本的网络文化需求的重要服务阵地。2010年9月，全国公共电子阅览室建设试点工作会议在天津召开。2011年5月31日，全国文化信息资源共享工程工作会议暨公共电子阅览室建设试点工作现场经验交流会在青岛召开，文化部要求全国"总结经验、开拓创新，努力开创公共数字文化建设新局面"。2011年我省计划完成公共电子阅览室建设试点工作，2012年全面启动全省公共电子阅览室建设，至2015年，省、市、县区、乡镇均建有一个集互联网信息查询、数字图书馆服务、现代信息技术培训、休闲娱乐等为一体的公共电子阅览室。

（三）提升公共图书馆文献信息服务能力

建设全省公共图书馆文献服务合作网。一是以省图书馆为中心馆，对现有数字文献信息资源进行整合，实现全省图书馆数字文献信息资源服务"一网通"。二是以大连、鞍山为试点，在全省各市逐步实现以市图书馆为中心、县区图书馆为支撑的图书通借通还服务体系，实现市、县区图书馆间图书借阅"一卡通"。同时，实施文化部"县级数字图书馆计划"，将国家图书馆优秀资源（1TB，相当于25万册电子图书或926小时视频节目）配送到每个县级图书馆，做好安装使用及培训工作，为广大基层群众提供便捷服务。

到2015年，辽宁省将显著增强文化服务水平和能力，实现城乡基本公共文化服务均等化，文化软实力得到较大提升，全省文化发展主要指标居全国前列的总体目标。同时，基本建成公共文化服务体系。公共博物馆、图书馆、文化馆、纪念馆、美术馆等公共文化设施免费向社会开放；公共文化设施基本完善，80％以上的图书馆、文化馆（艺术馆）达到国家三级以上标准；100％的乡镇建成面积不低于300平方米的综合文化站，村及社区文化室覆盖率达到80％；文化服务能力大幅提高，建成全省公共图书馆文献服务合作网，公共图书馆公共电子阅览室覆盖率达到100％，人均拥有公共图书馆藏书到达0.7册。

（第一节作者：张　妍，辽宁社会科学院哲学所；
第二节作者：魏素蕊，辽宁社会科学院科研处）

第五章　辽宁非物质文化遗产保护报告

非物质文化遗产保护工作是一项利在当代、功在千秋的伟大事业，其对于传承中华文明、发展先进文化，对于落实科学发展观、实现经济社会的全面协调和可持续发展，对于维护国家文化主权和文化身份都具有重要的现实意义和深远的战略意义。辽宁省的非物质文化遗产保护工作遵循规律，采取积极措施，取得了重大进展。

第一节　辽宁省非物质文化遗产保护概况与措施

2003 年，文化部和财政部在全国启动了中国民族民间文化保护工程，这是我国政府层面正式在全国开展非物质文化遗产保护工作。2005 年 3 月，国务院办公厅下发了《关于加强我国非物质文化遗产保护工作的意见》（国办发〔2005〕18 号），标志着非物质文化遗产保护工作在全国正式启动。在这些政策的指导下，辽宁省委、省政府对加强非物质文化遗产保护工作非常重视，非物质文化遗产保护工作取得了很大成绩。

一、辽宁非物质文化遗产保护概况

2004 年，在省政府召开的第 53 次和第 97 次业务会议上，先后两次将我省开展非物质文化遗产保护工作作重要内容进行了专题研究。并于 2005 年 7 月由省政府办公厅下发了《关于加强我省非物质文化遗产保护工作的通知》（辽政办发〔2005〕54 号），从而使我省的非物质文化遗产保护工作正式步入了健康发展的轨道。

辽宁是我国北方多民族聚集的重要地区，因而创造出拥有数量众多的内容丰富、形式多样、异彩纷呈、具有鲜明民族民间特色和强烈时代感的非物质文化遗产。有代表性的如民间文学就有谭振山民间故事、古渔雁民间故事、喀左东蒙民间故事、辽东满族民间故事、何钧佑锡伯族民间故事等；传统音乐有辽宁鼓乐、千山寺庙音乐、建平十王会、阜新东蒙短调民歌、岫岩满族民间歌曲、长海号子、丹东单鼓等；传统舞蹈有抚顺地秧歌、本溪县太平秧歌、海城高跷秧歌、辽西高跷秧歌、本溪朝鲜族农乐舞、铁岭朝鲜族面具舞、金州龙舞、辽西太平鼓等；传统戏剧有凌源皮影戏、复州皮影戏、盖州皮影戏、锦州皮影戏、黑山皮影戏、辽西木偶戏、海城喇叭戏、沈阳评剧（韩、花、筱）、奉天落子等；曲艺有沈阳东北大鼓、鞍山评书、本溪评书、营口评书、黑山二人转、铁岭二人转、蒙古族乌力格尔等；传统美术有医巫闾山满族剪纸、庄河剪纸、岫岩剪纸、岫岩玉雕、阜新玛瑙雕、抚顺煤精雕、本溪桥头石雕、满族民间刺绣等，以及诸多的传统技艺及古朴的民风民俗，数以千百计。这些非物质文化遗产根植民间，活态传承，生生不息，遐迩闻名，通过不同方式展现了辽宁历史、经济、文化、科技等各方面的发展脉络和成就，具有突出的历史、文化和科学价值。

沈阳地区的少数民族非物质文化遗产占据了其中的民间文学、传统音乐、传统舞蹈、传统戏剧、曲艺、杂技与竞技、传统美术、手工技艺、民俗等9大类别，拥有数量上的绝对优势和独特的文化资源潜力。已被列为市级非物质文化遗产名录项目的有满族珍珠球竞技、西关回民龙狮斗、朝鲜族回甲祝寿礼仪、锡伯族抓嘎拉哈等16项，其中，被列为省级非物质文化遗产名录项目的有沈阳满族关氏皮影、杨久清回族民间故事、朝鲜族传统说唱艺术、锡伯族喜利妈妈等7项，已申报国家级非物质文化遗产名录项目的有沈阳满族关氏皮影、杨久清回族民间故事、何钧佑锡伯族民间故事、锡伯族喜利妈妈等4项。以上这些少数民族非物质文化遗产项目充分地反应出了沈阳地区丰富的民族民间文学底蕴。

在这些民族民间文学中以满族剪纸、回族和锡伯族民间故事、朝鲜族传统说唱艺术最为典型。以"初春枝满族剪纸"为代表的沈阳满族剪纸艺术，以风俗画的形式记录了辽沈地区满族古老的文化传统和民间岁时节令。满族剪纸作为东北民间的一种文化事象，它的形成与发展离不开特定文化，起到了承前启后、继往开来的历史传递作用。以回族故事家杨久清老先生为例，他已经91岁了，至今仍能讲述近千则融合了满族、回族等多个少数民族的民间故事，他的讲述方式质朴生动，富于感染力，把沈阳新民一带的历史和民生讲述得淋漓尽致。他不仅能唱出字正腔圆的京剧，也能唱出京腔京韵的京东大鼓，还能表演纯粹地道的东北二人转。可以说，杨久清所讲述的民间故事就是一部生动的沈阳民间历史，形成了一种"辽河口述文学历史现象"，具有较高的学术研究价值和史学价值。

朝鲜族传统说唱艺术是朝鲜族一种叙事性的说唱艺术,具有曲调优美婉转的特点。表演大多采用一人表演的形式,在角色中跳进跳出,用一长鼓伴奏。在演奏时,演员要着朝鲜族的传统服装,手拿一把扇子,演员的舞蹈动作、手势、面部表情,也是有力的表现手段,充分体现了朝鲜族能歌善舞的民族特点。在市级非物质文化遗产名录项目中,以满族、回族、朝鲜族和锡伯族为代表的少数民族项目占全市非物质文化遗产项目总量的31.57%。可以说,我市少数民族非物质文化遗产伴随着沈阳的发展步伐,为维护民族团结、建设和谐沈阳发挥着举足轻重的作用。目前沈阳市的少数民族非物质文化遗产保护工作成效显著,已有16个项目进入省级和市级的非物质文化遗产保护名录,4个项目申报为国家级非物质文化遗产保护名录。

目前我省有省级以上非物质文化遗产名录项目190项,其中被国务院批准并公布的国家级名录项目60项(含扩展项目),被省政府批准并公布的省级名录项目130项。我省已有5个国家级名录项目(剪纸)作为中国剪纸项目的重要组成部分,于2009年入选联合国教科文组织"人类非物质文化遗产代表作名录",并获得了联合国教科文组织颁发的证书。有35人被文化部命名为国家级非物质文化遗产代表性传承人,同时省文化厅命名了省级非物质文化遗产代表性传承人115人。

二、辽宁省非物质文化遗产保护工作主要措施

辽宁非物质文化遗产保护得到了省委、省政府的高度重视,也得到了社会各界民众的积极响应,在广大非物质文化遗产保护工作者的不懈努力下,取得了长足进展,并步入健康发展轨道。主要体现在以下方面:

(一)建立组织工作机构

2004年11月,省政府成立了由副省长滕卫平任组长,省委宣传部、省文化厅、财政厅、民委、文联等有关部门负责同志任成员的省民族民间文化保护工程领导小组。由主管副省长担任全省非物质文化遗产保护工作领导小组的组长,充分体现了省政府对非物质文化遗产保护工作的重视。2008年7月,省编办正式批准成立了辽宁省非物质文化遗产保护中心,具体承担全省非物质文化遗产保护的日常管理和组织协调工作;建立了专家咨询和项目评审制度,成立了省非物质文化遗产保护工作专家委员会,吸收了全省25位非物质文化遗产保护工

作方面的专家、学者及有关部门的管理人员参加。2009 年根据工作需要对专家委员会进行了增补，增补后的专家委员会专家有 62 名，业务门类相对齐全，成为全省非物质文化遗产保护最具权威性的咨询机构。全省 14 个市均建立了非物质文化遗产保护工作领导小组和专家委员会或专家组。

（三）建立名录体系，突出保护工作重点

积极开展省级非物质文化遗产名录确定和国家级名录推荐申报工作。我省已先后于 2006 年、2007 年、2009 年、2011 年四次开展了省级非物质文化遗产名录评审和确认工作，目前已公布了四批，共计 190 项，其中被国务院批准并公布的国家级非物质文化遗产名录 60 项。

辽宁省第一批省级非物质文化遗产名录（共计 60 项）

1. 民间文学（5 项）

序号	项目名称	申报地区或单位
1	谭振山民间故事	新民市
2	喀左东蒙民间故事	喀喇沁左翼蒙古族自治县
3	"古渔雁"民间故事	大洼县
4	医巫闾山民间文学	北镇市
5	北票民间文学	北票市

2. 民间音乐（9 项）

序号	项目名称	申报地区或单位
6	长海号子	长海县
7	阜新东蒙短调民歌	阜新蒙古族自治县
8	复州双管乐	瓦房店市
9	千山寺庙音乐	鞍山市
10	辽宁鼓乐	省群众艺术馆
11	丹东鼓乐	丹东市
12	辽阳鼓乐	辽阳市
13	丹东单鼓	丹东市
14	岫岩单鼓	岫岩满族自治县

3. 民间舞蹈（11项）

15	海城高跷秧歌	海城市
16	满族地秧歌	抚顺市
17	辽西高跷秧歌	锦州市太和区
18	上口子高跷秧歌	大洼县
19	盖州高跷秧歌	盖州市
20	朝阳民间秧歌	朝阳县
21	金州龙舞	大连市金州区
22	本溪朝鲜族农乐舞（乞粒舞）	本溪市
23	本溪社火	本溪市
24	辽西太平鼓	绥中县
25	义县社火	义县

4. 传统戏剧（12项）

26	奉天落子	沈阳市和平区
27	沈阳评剧（韩、花、筱）	沈阳市
28	沈阳京剧（唐派）	沈阳市
29	复州皮影戏	瓦房店市
30	鞍山皮影戏	鞍山市千山区
31	海城皮影戏	海城市
32	岫岩皮影戏	岫岩满族自治县
33	盖州皮影戏	盖州市
34	锦州皮影戏	锦州市古塔区
35	凌源皮影戏	凌源市
36	海城喇叭戏	鞍山市
37	辽西木偶戏	锦州市

5. 曲艺（9项）

38	沈阳东北大鼓	沈阳市
39	复州东北大鼓	瓦房店市

40	岫岩东北大鼓	岫岩满族自治县
41	鞍山评书	鞍山市
42	本溪评书	本溪市
43	陈派评书	锦州市
44	黑山二人转	黑山县
45	铁岭二人转	铁岭市
46	蒙古族乌力格尔	阜新蒙古族自治县

6. 民间美术（10项）

47	庄河剪纸	庄河市
48	岫岩剪纸	岫岩满族自治县
49	医巫闾山满族剪纸	锦州市
50	建平剪纸	建平县
51	盖州风筝	盖州市
52	指画艺术	铁岭市
53	沈阳"面人汤"	沈阳市皇姑区
54	岫岩玉雕	岫岩满族自治县
55	本溪桥头石雕	本溪市
56	阜新玛瑙雕	阜新市

7. 传统手工技艺（3项）

57	老龙口白酒传统酿制技艺	沈阳市
58	道光廿五白酒传统酿制技艺	锦州市
59	民间香蜡制作技艺	盘锦市

8. 民 俗（1项）

60	蒙古勒津婚礼	阜新蒙古族自治县

辽宁省第二批省级非物质文化遗产名录（共计53项）

1. 民间文学（8项）

序号	项目名称	申报地区或单位
1	沈阳东陵满族民间故事	沈阳市东陵区
2	沈阳新民民间故事	新民市
3	沈阳民间传统灯谜	沈阳市沈河区
4	庄河民间故事	庄河市
5	抚顺满族民间故事	抚顺市
6	本溪满族民间故事	本溪满族自治县
7	辽阳王尔烈民间传说	辽阳市
8	辽东满族民间故事	辽宁省民间文艺家协会

2. 民间音乐（10项）

序号	项目名称	申报地区或单位
9	白清寨传统唢呐	沈阳市苏家屯区
10	大连吹咔乐	大连市
11	金州古琴音乐	大连市金州区
12	复州鼓乐	瓦房店市
13	大连新金民歌	普兰店市
14	普兰店鼓乐	普兰店市
15	庄河双管乐	庄河市
16	岫岩满族民间歌曲	岫岩满族自治县
17	建平十王会	建平县
18	建昌鼓乐	建昌县

3. 民间舞蹈（6项）

序号	项目名称	申报地区或单位
19	本溪全堡寸跷秧歌	本溪满族自治县
20	丹东上打家什高跷	丹东市
21	辽阳地会	辽阳市
22	铁岭朝鲜族面具舞	铁岭朝鲜族面具舞
23	喀左天成观庙会	喀喇沁左翼蒙古族自治县

24	兴城满族秧歌	兴城市

4. 传统戏剧（4项）

25	评剧（沈阳鑫艳玲）	沈阳评剧院
26	京剧（本溪徐派毕谷云）	本溪市
27	宽甸八河川皮影戏	丹东市
28	黑山皮影戏	黑山县

5. 曲艺（6项）

29	新民二人转	新民市
30	庄河东北大鼓	庄河市
31	锦州西城派东北大鼓	锦州市
32	营口评书	营口市
33	辽阳二人转	辽阳市
34	建昌大鼓	建昌县

6. 杂技与竞技（2项）

35	金州梅花螳螂拳（六合棍）	大连市金州区
36	辽阳逍遥门武功	辽阳市文圣区

7. 民间美术（10项）

37	瓦房店东岗剪纸	瓦房店市
38	普兰店传统手工布艺技艺	普兰店市
39	岫岩满族民间刺绣	岫岩满族自治县
40	新宾满族剪纸	新宾满族自治县
41	抚顺煤精雕刻	抚顺市
42	凤城满族荷包	丹东市
43	锦州满族民间刺绣	锦州市古塔区
44	营口陈氏面塑工艺	营口市
45	铁岭王千石雕	铁岭市
46	烙画艺术	辽宁省艺术研究所

8. 传统手工技艺（3 项）

47	沈阳胡魁章制笔工艺	沈阳市沈河区
48	东北古建筑传统地仗（油饰）	沈阳市彩绘技艺
49	古建筑彩绘技法	沈阳市苏家屯区

9. 民俗（4 项）

50	海城庙会	海城市
51	丹东朝鲜族寿礼	丹东市
52	大石桥迷镇山庙会	大石桥市
53	建昌灯会	建昌县

辽宁省第三批非物质文化遗产名录（共计 41 项）

1. 民间文学（3 项）

序号	项目名称	申报地区或单位
1	何钧佑锡伯族民间故事（长篇）	沈阳市于洪区
2	薛天智民间故事	沈阳市于洪区
3	铁岭朝鲜族民间故事	铁岭市

2. 民间音乐（5 项）

4	朝鲜族传统说唱艺术	沈阳市苏家屯区
5	辽南古诗词吟咏	大连市金州区
6	金州单鼓音乐	大连市金州区
7	本溪鼓乐	本溪市
8	朝鲜族盘嗦里	铁岭市

3. 民间舞蹈（6 项）

9	张氏皇苑龙舞龙技艺	沈阳市沈北新区
10	复州高跷秧歌	瓦房店市
11	本溪县太平秧歌	本溪满族自治县
12	营口津式高跷	营口市

13	铁岭伞灯秧歌	铁岭市
14	凌源高跷秧歌	凌源市

4. 传统戏剧（5项）

15	沈阳关氏皮影	沈阳市沈北新区
16	庄河皮影戏	庄河市
17	陈桂秋评剧表演艺术	锦州市
18	凌海民间皮影	凌海市
19	金开芳评剧表演艺术	沈阳师范大学附属艺术学校

5. 曲艺（2项）

20	沈阳相声	沈阳市
21	蒙古勒津好来宝	阜新蒙古族自治县

6. 杂技与竞技（1项）

22	大刀张举刀拉弓杂技表演艺术	锦州市

7. 民间美术（7项）

23	初春枝满族剪纸	沈阳市和平区
24	马驷骥根艺	大连市中山区
25	抚顺琥珀雕刻制作工艺	抚顺市
26	黑山玛瑙雕	黑山县
27	营口木浮雕工艺	营口市
28	彰武民间剪纸	彰武县
29	西丰满族剪纸	西丰县

8. 传统手工技艺（4项）

30	书画装裱修复技艺	沈阳市
31	普兰店田家黄酒酿造艺	普兰店市
32	本溪永隆泉满族传统酿酒工艺（铁刹山酒）	本溪满族自治县

33	千山白酒酿造工艺（麸曲酱香酿酒法）	辽阳市

9. 传统医药（4 项）

34	德记号中医药文化	大连市金州区
35	海城苏氏正骨	鞍山市
36	蒙古勒津蒙医药	阜新蒙古族自治县
37	张懋祺中医整复点穴骨盆复位疗法	辽宁大厦

10. 民俗（4 项）

38	锡伯族喜利妈妈	沈阳市沈北新区
39	旅顺放海灯	大连市
40	蒙古勒津祭敖包	阜新蒙古族自治县
41	广佑寺庙会	辽阳市

辽宁省第四批省级非物质文化遗产名录（共35项）

1. 民间文学（3 项）

序号	项目名称	申报地区或单位
1	锡伯族民间故事	沈阳市沈北新区
2	王树铮民间故事	新民市
3	辽西古战场传说	朝阳市

2. 传统音乐（1 项）

4	蒙古勒津马头琴乐	阜新蒙古族自治县

3. 传统舞蹈（3 项）

5	锡伯族灯官秧歌	沈阳市沈北新区
6	金州狮舞	大连市金州新区
7	哨口高跷	朝阳市双塔区

4. 传统戏剧（2 项）

8	抚顺皮影戏	抚顺市

9	喀左皮影戏	喀左县

5. 传统体育、游艺与杂技（7项）

10	朝鲜族传统"掷栖"竞技游戏	沈阳市
11	沈阳北市"摔跤"	沈阳市和平区
12	螳螂拳	沈阳市皇姑区
13	锡伯族欻嘎拉哈	沈阳市沈北新区
14	凤城满族珍珠球	凤城市
15	通背拳	沈阳体育学院
16	鸳鸯拳	沈阳体育学院

6. 传统美术（7项）

17	桃核微雕	大连市西岗区
18	孤山泥塑	丹东市
19	传统锡雕	锦州市凌河区
20	传统泥塑彩绘	黑山县
21	朱月岚剪纸	阜新市细河区
22	蒙古勒津刺绣	阜新蒙古族自治县
23	朝阳红土泥塑	朝阳市

7. 传统技艺（10项）

24	辽菜传统制作技艺	沈阳市
25	老边饺子传统制作技艺	沈阳市
26	马家烧麦制作技艺	沈阳市沈河区
27	桃山白酒传统酿造技艺	法库县
28	大连老黄酒酿造技艺	大连市
29	海城牛庄馅饼制作技艺	海城市
30	本溪松花石砚雕刻技艺	本溪市
31	凤城老窖酒传统酿造技艺	凤城市
32	锦州小菜制作技艺	锦州市凌河区

| 33 | 沟帮子熏鸡制作技艺 | 北镇市 |

8. 民俗（2 项）

| 34 | 铁岭朝鲜族秋夕节 | 铁岭市 |
| 35 | 辽西朱碌科"黄河阵" | 建平县 |

被列为国家级非物质文化遗产名录项目的有：《古渔雁民间故事》（辽宁省大洼县）、《喀左东蒙民间故事》（辽宁省喀喇沁左翼蒙古族自治县）、《谭振山民间故事》（辽宁省新民市）、《辽宁鼓乐》（辽宁省、辽阳市）、《千山寺庙音乐》（辽宁省鞍山市）、《东北大鼓》（辽宁省沈阳市）、《东北二人转》（辽宁省黑山县、铁岭市）、《岫岩玉雕》（辽宁省岫岩满族自治县）、《岫岩玉雕》（辽宁省岫岩满族自治县）、《北票民间故事》（辽宁省北票市）、《满族民间故事》（辽宁省文学艺术界）、《笙管乐》（辽宁省瓦房店市、建平县）、《海城喇叭戏》（辽宁省鞍山市）、《评书》（辽宁省鞍山市、本溪市、营口市）、《锡伯族民间故事》（辽宁省沈阳市）、《盘索里》（辽宁省铁岭市）、《海洋号子》（长海号子、象山渔民号子）（辽宁省长海县、浙江省象山县）、《评剧》（辽宁省沈阳市和平区）、《建筑彩绘》（传统地仗彩画）（辽宁省沈阳市）、《锡伯族喜利妈妈》（辽宁省沈阳市）、《金州龙舞、高跷》（辽宁省盖州市、大洼县）、《朝鲜族农乐舞》（辽宁省铁岭市）、《岫岩皮影戏》（岫岩满族自治县）、《盖州皮影戏》、《望奎县皮影戏》、《庄河剪纸》（辽宁省庄河市）等60项（含扩展项目）。

（三）加强队伍建设，推进项目传承保护

几年来，我省积极开展了国家级非物质文化遗产代表性传承人推荐和省级代表性传承人的评审、认定工作。我省已有35名传承人被文化部命名为国家级代表性传承人，同时命名了省级代表性传承人115名。

2009年，我省出动普查人员4万余人，收集线索3.3万多条，登记传承人及讲述人15777人，征集实物11621件、手稿1936册，仅录音资料和录像资料的时长就分别达到了1473小时和1571小时。在此基础上，我省又利用现代化手段建起了一个详尽的档案资料和数据库。

2010年，我省启动了一次大型调研活动，在7个月的时间里，调研组深入近百个县（区）、乡村，对全省所有省级以上非物质文化遗产代表性传承人进行了实地走访和音像资料的收录，全面掌握了传承人的基本现状和传承情况。传承人健在的有110位，其中绝大部分传承人都年事较高：49岁以下的只有13

人，50 岁至 79 岁的为 82 人，80 岁以上的 15 人。省级传承人中年龄最大的是杨久清（沈阳民间故事），今年 91 岁，年龄最小的谭丽敏（谭振山民间故事）25 岁；在国家级传承人中，年龄最大的是刘振义（辽宁鼓乐），今年 96 岁，年龄最小的周丹（沈阳评剧"韩花筱"）也已经 40 岁了。

几年来，我省在激发这一群体热情上不遗余力。2007 年，经省专家委员会评选，我省确定了 115 名传承人为省级名录代表性传承人，省文化厅给予每年每人 3000 元的补助费，其中有 35 人成功升入"国家级"，补助费调至 1 万元。除了资金支持，我省还采取多种措施，给传承人创造条件，并在全省范围内开展以传承人"收徒授艺"为基本形式的"薪火工程"。14 个市也陆续建立了一批博物馆、传习所及展示基地，为非物质文化遗产的学习和展示提供固定场所。我省更给予传承人展示自己的平台及机会，近年来，无论北京奥运会、上海世博会还是中国首届非物质文化遗产博览会、"关东风情宝岛行"辽宁民间文化展示展演活动等，都有他们精彩的表演。从"挖掘传承人"到"依托传承人"的转变，使一项又一项非物质文化遗产因一颗种子而生根发芽、开花结果。更为难能可贵的是，他们在保持各种艺术种类"原生态"的同时，创造性地加入符合当代人审美需求的新元素。凌源皮影戏的代表性传承人于振声于 2005 年开始制作皮影装饰艺术品，除了传统的影人、影件，他还扩展题材，刻制了寿星、福字、喜字、脸谱等适应市场需求的影件装饰品，结果供不应求。如今，他已收了 5 个徒弟，办起了皮影雕刻手工作坊。

同时，沈阳、葫芦岛等市为市级以上的代表性传承人提供专项补助金；鞍山市、铁岭市、盘锦市积极建立传承基地，为传承人提供传承场所；锦州市为传承人提供展示平台，在国内举办的相关活动中，积极选送本市优秀传承人参加展示展演活动；凌源市在今年开展了皮影下乡活动，对参加活动的皮影演出队伍给予补助，还千方百计为传承人拓展皮影演出市场。

（四）搭建技艺展示平台

近几年来，我省积极组织非物质文化遗产项目及传承人参加全国性的技艺展示活动，为宣传辽宁做出了突出的贡献。我市陈氏面塑第五代传承人陈群，代表辽宁省"非物质文化遗产"项目，8 月 7 日应邀去北京参加 2008 奥运会"中国故事"文化展示活动。市委宣传部部长、市文联、市文化局及项目单位、市群艺馆等领导为陈群钱行。陈群还参加了 2008 年残奥会"中国故事"展示活动。我省的"祥云小屋"参展的项目有锦州市的刺绣、沈阳市的烙画、大连市庄河的剪纸、营口市的陈氏面塑。每位艺人现场制作，并把作品赠予国际友人。

从 8 月 9 日正式启动，到 24 日圆满结束，此次活动共展示 16 天。陈群于 8 月 26 日载誉返营。市委常委宣传部长王辉、副市长车竞带着鲜花到家慰问。

2010 年上海世博会辽宁活动周于 5 月 29 日至 6 月 2 日在世博园成功举办。辽宁周期间，我省组织选调的 37 个国家级、省级非物质文化遗产项目，43 位代表性传承人及海城高跷、抚顺地秧歌、本山艺术学院民间舞蹈等 3 支表演队伍承担了展示展演任务。把辽宁最好、最具地方特色的项目展示给世博会中外观众。我省参展参演的各类绝技和节目格外引人注目，令国内外游客大饱眼福。来自中国台湾的一对新婚夫妇一走进传习区，就被辽西太平鼓传承人的反串扮相所吸引，经过传承人的热心讲解和现场示范，他们情不自禁地伴着鼓点兴奋得手舞足蹈。来自德国的多罗西娅对栩栩如生的辽西木偶表演产生了浓厚的兴趣，并表示很希望自己十岁的孩子也来中国学习木偶戏。庆典广场的展演活动也是精彩纷呈，海城高跷以浪、俏、哏、逗的精彩表演吸引了无数观众；抚顺地秧歌以火爆矫健、大摆大浪、盘旋作势的舞姿，生动地再现了满族英勇善战、骑射为本的民族特色；本山艺术学院的高跷表演凸显出朝气、俏丽、活泼的别样风情。

据世博局活动部统计，辽宁活动周期间，我省非物质文化遗产传习区共接待中外游客 4 万余人，其中大量游客是慕名而来。仅 5 月 30 日当天，传习区的参观人数就超过 1.2 万人，创开园以来最高纪录。大家以最佳状态、最精彩的表演展示辽宁的传统文化。辽宁活动周期间，正值上海高温天气。广大参展参演人员以旺盛的工作热情，高度的责任感、荣誉感，全身心地为观众表演。特别是参加广场演出及花车巡游的演员们，他们头顶烈日，汗流如洗，每场演出都是拿出了全部精力，最佳状态；每招每式、举手投足，都是一丝不苟。在沿街两侧、林荫道上、二楼的栏杆边及世博轴高架步道上，驻足观看的中外游客和着高亢、激昂的《东北风》主旋律欢呼雀跃、激情澎湃。而表演队伍沿途撒赠的具有东北特色的二人转手绢、满族荷包、小旗头挂件等，更拉近了演员与游客的距离，场面异常热烈，到处洋溢着欢乐、喜庆、祥和的气氛。2010 年上海世博会辽宁活动周非物质文化遗产展示活动和 2011 年省长赴台期间辽宁民间文化展示活动，这些活动均取得了极大的成功，得到了国内外各界人士的高度赞誉，也得到了中央领导和省委、省政府领导的充分肯定。

第二节　辽宁省非物质文化遗产保护中的问题与对策

为了更好地对珍贵、濒危的非物质文化遗产进行抢救和保护，辽宁省还设立了省级非物质文化遗产保护名录。截止 2011 年 7 月，辽宁省共出台 4 批非物质文化遗产保护名录，共有 190 项非物质文化遗产项目列入保护名录。为更加深入开展非物质文化遗产的普查和保护工作提供了基础条件。

一、辽宁省非物质文化遗产保护中存在的问题

2006 年起至 2011 年间，中央财政下拨近百万元，扶持东北大鼓、谭振山民间故事、评剧"韩花筱"等国家级名录保护。省财政也下拨专款，用于扶持部分省级名录项目保护。但在实践中，仍存在一些亟待解决的问题。

（一）生产性保护工作存在的缺乏文化自觉的问题

2006 年国务院公布了每年 6 月第二个星期六为我国"文化遗产日"，作为我国非物质文化遗产保护史上的里程碑，"文化遗产日"旨在唤起人们对非物质文化遗产的爱护意识，探寻保护的方法和理念。2010 年全国第四个、第五个"文化遗产日"期间，辽宁省非物质文化遗产保护中心协助辽宁省文化厅社文处成功举办了辽宁省非物质文化遗产展示活动，对辽宁省近年来非物质文化遗产保护工作进行了总体回顾和集中展示，引起强烈的社会反响。特别是在 2010 年 5 月，非物质文化遗产保护中心在上海世博会辽宁活动周中成功组织了非物质文化遗产展示、展演活动，该活动选调了 37 个国家级、省级非物质文化遗产名录项目的 43 名传承人和项目代表以及海城高跷、抚顺地秧歌、本山艺术学院的 3 支群体表演队伍共计 196 人参加，充分展示了辽宁传统文化的魅力，受到上海世博会和有关领导的一致赞誉。

非物质文化遗产的生产性保护的概念尽管早就有人提出，但真正被广泛认可却相对较晚。文化部副部长周和平在总结了近年来我国在非物质文化遗产生产性保护工作中取得的经验和成绩时，指出了生产性保护工作存在缺乏文化自觉这一问题。这个问题在我省的非物质文化遗产保护工作中也同样存在。所谓的"非物质文化遗产的生产性保护"是指：通过生产、流通、销售等方式，将

非物质文化遗产及其资源转化为生产力和产品，产生经济效益，并促进相关产业的发展，使非物质文化遗产在生产实践中得到积极保护，实现非物质文化遗产保护与经济社会协调发展良性互动。①

抢救性保护、生产性保护、整体性保护、立法性保护是非物质文化遗产的四种重要保护方式。非物质文化遗产生产与文化生产一样，辽宁省的非物质文化遗产资源比较丰富，形态是多种多样的，生产的方式有自给自足式生产，有商业生产，有分散的个体生产，有社会化生产，有手工生产，也有机械化生产等类型。因此，非物质文化遗产的生产，究竟采用哪种方式，要具体问题具体分析。在生产性保护性工作中忽视地域文化的传承，过度的开发利用，缺乏文化自觉观念的事例时有发生，造成非物质文化遗产的流失。

资源有限，不可再生，让非物质文化遗产回到自身的生产中，这是确保非物质文化遗产生命力的有效途径。任何生产的最终目的都是消费，无论是自我直接消费还是通过商品交换给别人消费，消费是非物质文化遗产生产是否存在和可持续的决定因素。但从非物质文化遗产的本质而言，应该以其所有者和传承人及其他相关的消费需求为先、为主，在此基础上，才可以考虑其他人的消费需求。当下谈论最多的非物质文化遗产生产是现代的产业化生产，但非物质文化遗产能否走现代产业化发展道路，并非绝对的，不能一概而论。文化生产与物质生产、人的生产不同，它有自己的法则：一是出发点和落脚点是确保非物质文化遗产的生命力，也就是让非物质文化遗产代代相传；二是保护方式要因项制宜，不能用一种模式衡量和要求；三是要以传承人为主体，充分尊重传承人的愿望；四是要依法进行，尊重遗产所有人的知识产权、发展权。

（二）重整理留存，轻应用推广

辽宁省是着手进行大规模的普查和搜集、整理工作比较早的省份之一，也相继出版了《东北大鼓漫谈》、《东北大鼓曲目大全》、《谭振山故事选》、《奉天落子明星》等出版物，但是还应看到这些非物质文化遗产项目都在不同程度上存在着传承危机。以法库的萨满歌为例，被国际上称为"萨满教活化石"的法库萨满歌目前正在面临着传承危机。一旦现年80多岁和70多岁的两位传承人作古，这个"萨满教活化石"就将在世界上消失。为何存在这样的危机，其中原因之一就是没有将这一综合性的艺术瑰宝应用于现实生活，没有赋予其现代

---

① 安葵：《传统戏剧的生产性保护》，《中国文化报》2009 年 11 月 27 日。

的存在意义。萨满歌是集宗教、音乐、舞蹈、说唱等多种艺术形式于一体的非物质遗产项目。虽然在现在其宗教崇拜的功能已经消退，但是其作为一种了解满蒙文化的途径，一种具有强大艺术观赏价值的艺术表演形式，仍有适应现代社会生存的鲜活存在意义。

截至 2011 年 6 月公布的第三批国家级非物质文化遗产名录，辽宁省已有国家级非物质文化遗产项目 52 项（含扩展项目名录），内容涉及民间文学、传统音乐、传统舞蹈、传统戏剧、传统美术、曲艺、传统手工技艺、传统医药、民俗等九大方面。

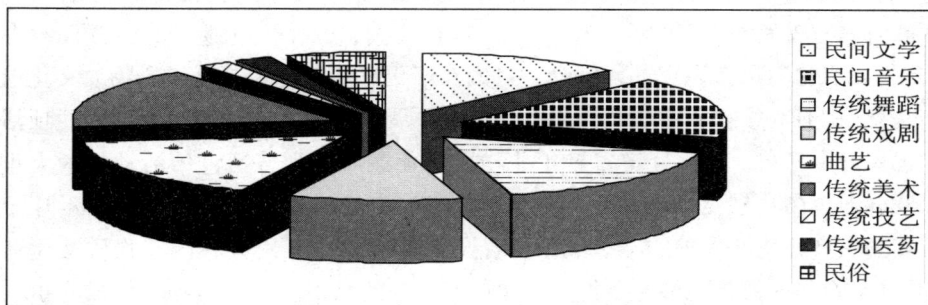

图 5-1　辽宁省国家级非物质文化遗产项目类型状况

要采取得力举措使得这些非物质文化遗产项目能够有更加优越的发展空间，也为进一步申报国家非物质文化遗产项目提前做好准备。

（三）观念冲突、资金缺乏、市场狭窄

在现代文明的冲击下，非物质文化遗产赖以生存的农耕文化土壤弱化和消失殆尽。市民生活方式和观念的嬗变同样给依靠口传心授传承的非物质文化遗产造成了巨大冲击。文化冲突、观念差异直接影响保护工作。资金不足、受众萎缩且老龄化、市场开发困难等导致非物质文化遗产的存活困难，社会效益无法发挥，经济效益更谈不上。一些民间艺人自身无法解决非物质文化遗产项目的传承问题，甚至被迫改行，放弃传统技艺。

与此同时，非物质文化遗产"活态"传承正在辽宁省不同区域进行尝试，其中有一部分地区已将非物质文化遗产保护引入校园。例如 2010 年 12 月 20 日，辽宁省非物质文化遗产进校园活动正式拉开帷幕，非遗传承人将带着作品走进辽宁省 4 所院校，展示非遗作品的无穷魅力。辽宁省非物质文化遗产保护中心今后将有计划、有针对性地邀请省级以上代表性传承人，分批、分期地走进其他高等院校、中小学校开展展示、展演和传习活动。这次非物质文化遗产进校园活动选取了具有辽宁省地方特色的辽西木偶戏、盖州皮影戏、庄河剪纸3个项目，并邀请其代表性传承人王娜、林敏、韩月琴等20余人参加演出。演出活动将分别走进辽宁省朝鲜族师范学校、沈阳市和平区望湖路小学、沈阳市第六十一中学和沈阳市大东区培智学校进行展示展演。

（四）法制解读尚需成熟，评估、预测、监管力度有待加强

非物质文化遗产保护工作在我国尚属新的课题，还处于不断完善的阶段。2011年6月1日《中华人民共和国非物质文化遗产法》正式实施。辽宁省文化厅联合《辽沈晚报》于2011年6月11日在我国第六个文化遗产日，共同举办《非物质文化遗产知识竞赛》活动，目的在于更好地宣传和普及《非物质文化遗产法》。同时辽宁省非物质文化遗产保护成果展和非物质文化遗产大讲堂两项活动也拉开了序幕。这是辽宁省今年非物质文化遗产系列普法宣传活动的两大重头戏，通过图片展览、展板宣传、项目展演、专题讲座等形式，全面展示辽宁省非物质文化遗产保护的丰硕成果，普及宣传《中华人民共和国非物质文化遗产法》，唤起人们自觉参与非物质文化遗产保护的意识。这个活动不仅成为扩大非物质文化遗产项目社会影响的窗口，也将逐步成为渗透和促进文化产业发展和交流的平台。

《中华人民共和国非物质文化遗产法》的颁布，体现了我国在非物质文化遗产保护方面的政府主导，在法律层面上强化和提升了我国非物质文化遗产保护的社会环境。然而要将《非遗法》落到实处，还需要对法律的正确解读和把握以及对整个社会的参与，需要广大社会民众树立起一种文化自觉。对于辽宁省来说，非物质文化保护工作更加需要从法律法制层面加以保障。将评估、预测、监管等一系列环节纳入法制化的范畴之内，加以规范，将极大推动辽宁非物质文化遗产保护的进程。

（五）产业化未形成良性产业结构链，多为分散开发

辽宁省加大非物质文化遗产保护工作的力度，也在不断摸索如何将非物质文化遗产产业化，将非物质文化遗产置于其传承发展的活态环境中的有效途径。有些已经取得了显著效果，如老龙口的酿酒工艺、二人转的表演艺术等，但是还有相当大的一批可以走产业化的非物质文化遗产项目并未挖掘出来。而且现存的产业化项目也还处于零散发展，并未形成良性的产业结构链条。

从图中可以看到，目前辽宁省大多数对于非物质文化遗产项目生产性保护

```
                                    ┌─ 文化背景
                        ┌─ 资源 ────┼─ 人力资源
                        │           └─ 资金链条
                        │
                        │           ┌─ 产业资源
"非遗"项目产业化 ────────┼─ 产业 ────┤
                        │           └─ 支撑体系
                        │
                        │           ┌─ 需求
                        ├─ 市场 ────┤
                        │           └─ 环境
                        │
                        └─ 政府 ───── 保障
```

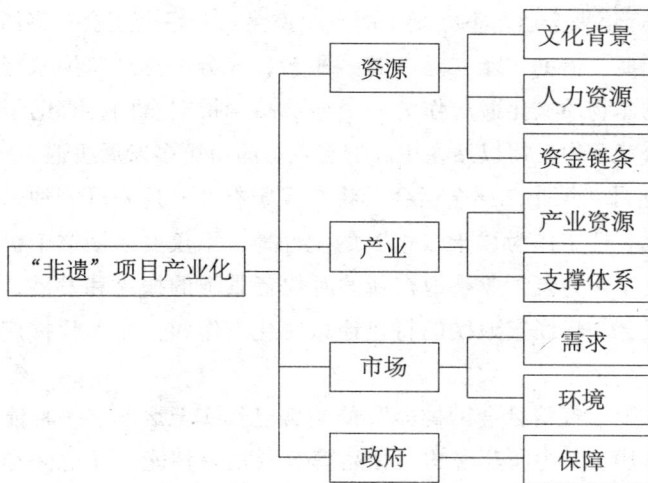

图5-2　非物质文化遗产产业化结构链

的产业化开发与利用尚未实现完整的产业结构链条，大多处于分散和零散状态，很难在激烈的市场竞争中占据优势地位，还存在很多产业结构必要环节需要修复与完善。

（六）知识产权主体不清，利益归属含混

非物质文化遗产的形成和发展是一个长期的、多元的、丰富的智力劳动投入的过程，凝结了一代代人的心血，传递并汇集了群体的智慧，因此权利主体具有群体性的特征。权利主体很难确定，导致利益分享制度含混，造成不必要的纠纷，阻碍非物质文化遗产的传承发展。

二、辽宁省非物质文化遗产的品牌建设

（一）打造地域文化品牌是提升综合竞争力的必然要求

随着非物质文化遗产研究工作的不断深入，非物质文化遗产作为一种软实力很快便显示出强大的全国性和全民性的动员力量。当下，非物质文化遗产已经成为一种能够标识地域特色的文化名片，其中所蕴含的文化品牌效应更是一种能带动地区经济产业化联动性发展的内在驱动力。打造辽宁非物质文化遗产文化品牌是政府工作的重要组成部分。

（二）以"十二运"为平台是推出辽宁文化品牌的重要契机

辽宁的非物质文化遗产项目是一张别具特色的地域文化名片。"办全运，城

市兴"，这是近年来全运会举办城市的发展铁律。办好全运会，将给举办地带来全新的发展周期。借助"十二运"这一平台，充分发挥辽宁地域特色文化的优势，将辽宁的非物质文化遗产作为一个地域品牌推向全国，有助于提升辽宁的知名度和综合竞争力，得以站在更高的起点，赢得更多发展机遇。

2013年9月"第十二届全运会"将在辽宁召开，这是辽宁迎来的又一个重大机遇和挑战。辽宁作为"十二运"的主办地，不仅要借助这个机会让国人进一步了解到辽宁作为老工业基地在新的时代背景下的振兴和发展，而且要借助这个难得的机会，将辽宁地区的特色地域文化，作为一张名片推广出去，展示给国人。

全运会作为"经济社会助推器"的断言已经实至名归。一种能够标识地域特色的文化名片，其中所蕴含的文化品牌效应是一种能带动地区经济产业化联动性发展的持久性的、内在驱动力。在全运会所带来的全新城市发展周期中，以非物质文化遗产为核心的地域文化品牌，将带动旅游业及相关生态文化产业发展，将给辽宁带来巨大的经济效益和社会效益。

三、辽宁省非物质文化遗产保护的发展趋势

打造非物质文化遗产的产业品牌，是辽宁省非物质文化遗产保护工作的一项重要举措。在政府政策、人才、资金的三大保障之下，打造辽宁非物质文化遗产产业品牌，提升城市美誉度、城市文化软实力，做到"以文养文、以文兴省"，有如下几条途径。

（一）完善性的法制化规范

2011年6月1日《中华人民共和国非物质文化遗产法》正式实施，让非物质文化遗产的保护工作更加有法可依，有章可循。新法律的出台并经要经过一段与当地实践的磨合期，辽宁省应该抓住这段时期，结合当地实际情况，认真研读《非遗法》，力求全面把握、准确诠释，在实践中认真执行。除此之外，还有在《非遗法》的范围内，针对辽宁地区的工作实际进一步改进和完善政策法规建设，尤其要把工作重点放在有针对性的地方保护的法规建设上来，不断在体制机制建设上有新的突破，为基层非物质文化遗产保护工作创建良性运转的工作平台，促进保护工作持续发展，让所有层次的利益相关者，包括政府领导、科研机构、企事业单位、传承人参与到非物质文化遗产发展规划的制定中来，对开发过程中所有可能影响或改变这些遗产文化价值的问题进行评估、预测和

监管。

（二）合理的产业化运作

非物质文化遗产保护工作是多元的、复杂的，可以允许一些适宜进行产业化的项目进入商业领域。非物质文化遗产的产业化保护可以通过产业链，以非遗作为核心文化符号，带动相关配套产业的发展，在世界经济发展面临危机、文化日新月异的今天，高度重视非物质文化遗产产业化的经济和社会价值，对沈阳乃至全国都具有较强的现实意义。

产业链上应该包括：公共服务体系（平面、电视、网络媒体的立体宣传、普及基础教育、国际交流、产品评估咨询、保护项目研究基地和培训基地）、技术介入（提炼核心文化符号，制造、营销不同形态的文化产品）及实体产品（旅游景区、影视和演艺作品、博物馆或文化馆、纪念品）等层面。每个层面的不同点都可以根据具体的非遗项目的特点在打造文化品牌的同时与经济对接，实现产业化进程。然而并不是所有的"非遗"项目都可以走产业化的道路。以沈阳市非物质文化遗产为例，如下表。

沈阳市市级非物质文化遗产项目（57项）产业化可行性状况分析

定位	项目名称	级别	保护与利用形式
已产业化	老龙口白酒传统酿造工艺	国家	
	胡魁章制笔工艺	省	
	京剧唐派艺术	国家	
	沈阳相声	省	
	鑫艳玲评剧表演艺术	省	
	评剧"韩、花、筱"三大流派艺术	国家	
	马家烧麦制作工艺	市	
	桃山白酒传统酿造工艺	市	
	法库王缸炉制作工艺	市	
	沈阳边家饺子传统制作工艺	市	
	盛京满汉全席	市	
	东关"四绝菜"传统烹调技艺	市	

定位	项目名称	级别	保护与利用形式
可产业化	沈阳关氏皮影	省	1. 大型文化主题活动；2. 商演；3. 展览展演；4. 制作并销售工艺品；5. 馆藏。
	康平皮影戏	市	
	奉天落子	省	1. 商演； 2. 公开出版发行音像图书； 3. 馆藏； 4. 展览展演； 5. 整合纳入大型文化主题活动。
	周仲博京剧表演艺术	市	
	朝鲜族尚帽舞	市	
	龙凤船民间舞蹈	市	
	新民传统二人转	省	
	法库传统二人转	市	
	东北大鼓	国家	
	白清寨传统唢呐	省	
	新民民间吹打乐	市	
	辽中鼓乐	市	
	回民小鼓高跷	市	
	蔡氏飞车走壁技艺	市	
	沈北鼓乐反堂调吹奏技巧	市	
	张氏皇苑龙舞龙技艺	省	
	西关回民龙狮斗	市	
	初春枝满族民间剪纸	省	1. 制作并销售工艺品； 2. 馆藏； 3. 展览展演； 4. 整合纳入大型文化主题活动。
	王玉芬民间剪纸	市	
	王桂香民间剪纸	市	
	杨氏民间剪纸	市	
	穆玉冰民间剪纸	市	
	耿慧英民间发绣技艺	市	
	安氏龙灯传统制作工艺	市	
	面人汤技艺	省	
	沈阳四平街灯市	市	1. 策划大型主题活动；2. 展览展演
	沈阳民间传统灯谜	省	
	朝鲜族传统"掷柶"竞技游戏	市	

定位	项目名称	级别	保护与利用形式
可产业化	锡伯族抓嘎拉哈	市	1．制作并销售产品；2．展览展演；3．馆藏。
	满族珍珠球竞技	市	
	东北古建筑传统彩画、地仗（油饰）技艺	省	
	古书画装裱修复技艺	省	
可部分产业化（侧重静态保护）	谭振山民间故事	国家	作为产业链的一环 1．公开出版发行音像、图书资料 2．展览展演； 3．馆藏； 4．纳入主题文化活动。
	薛天智民间故事	省	
	朝鲜族传统说唱艺术	省	
	何钧佑锡伯族民间故事（长篇）	省	
	杨久清回族民间故事	省	
	锡伯族民间故事	市	
	东陵满族民间故事	省	
	铁西老工厂传说故事	市	
	薛天智民间故事	市	
	萨满歌	市	
	锡伯族喜利妈妈	省	
	于宝良古建筑彩绘技法	省	
	朝鲜族回甲祝寿礼仪	市	

（资料来源：《沈阳市非物质文化遗产产业化可行性研究》）

此外，不同种类的"非遗"项目的产业化模式也不能一刀切。例如，曲艺类如二人转、评剧、辽派评书、口述民间故事等非遗项目应该选择最有效的、最便捷的产业链节点切入；人生礼俗、体育竞技类，如锡伯族嘎拉哈竞技游戏、北市庙会等非遗项目，则应该发挥规模优势，丰富产业链上的元素，涉及范围越广，非遗项目的影响力越大，传播效果越好，参与度越高，产生的价值也越大。针对我市的国家级非遗项目，以新民谭振山民间故事为例，可以借助新民吹打乐、穆玉冰剪纸、新民二人转等市级名录项目进行整体开发。以新民的文化博览园为平台，首先要开设传承班，同时在传承班内训练一部分学员，对他们进行必要的舞台包装，进行展演或巡演，定期举办主题文化节。其次，建立宣传网络。开设专题网站、平面媒体专栏、电视媒体专题节目、举办交流座谈会、建立声像资料档案库。再次，以非遗项目文化符号为基础提炼设计特色商品，包括旅游纪念品、生活用品、服饰等。最后，也是产业化经营的更高层面，即大规模的硬件配套，包括开发影像书籍产品、建立特色主题旅游目的地等。

（三）选择性的物质化再现

整体保护、统一展示。非物质文化遗产可以依托有关景区、街区、场馆等，与创意产业、旅游行业联姻，仅形式的再现性移植。具体参考设计如下：

一是建设辽宁省非物质文化遗产主题公园，置入二人转戏台、民间故事村、酿酒工艺展示作坊等山水人文景观；二是在满族或锡伯族文化保护好的村镇基础上，加强少数民族元素建设，进行本土的非物质文化的展览或演出，在满族皇家礼仪大型演出的基础上，形成满族或锡伯族民俗一条街。三是在博物馆增设非物质文化电子展示厅或是数字化非物质文化博物馆。四是在大学城建立沈阳市教育文化博物馆，该馆可同时举办教育展览、周末文化广场、民间技艺培训等活动。五是打造网上虚拟博物馆，增加相关内容尤其是有声的动态实景内容，增加互动功能，成为网络保护的重要窗口。

选择性地物质化再现非物质文化，在其他省市有点已经取得了显著成果，比如，山东崂山的做法就是把老子的《道德经》整体刻在山上，成为崂山一大景点，取得了很大的经济与社会效益。

（四）与旅游产业结合也是物质化的重要途径

旅游文化介于物质与非物质文化之间，非物质文化遗产可增添旅游的人文精神内涵。依托旅游景点复制、物化非物质文化，设计非物质文化遗产旅游精品线，开发相关旅游产品、或举办相关活动，是打造地区文化产业品牌的最大亮点。

1. 全民性的立体化传播。

文化创意活动可使非物质文化遗产生产性保护适应当今时代的要求，融入社会、融入当代、融入民众，为人民群众带来实实在在的利益。如我市的非物质文化遗产项目多涉及民间故事、民间鼓乐、二人转表演这些具有观赏性的非遗项目，我们可以借鉴央视青年歌手大赛的形式，以一种强势宣传推广力度，举办民间故事大赛、民间鼓乐大赛、二人转大赛等等，增强公众的参与意识，形成全社会主动参与保护的文化自觉。此外这些赛事还可以在景区实地展演，并使之成为一年一度的传统赛事，从而纳入我省旅游节的一部分。

2. 延续性的教育化传承。

把非物质文化遗产专业研究于保护、传承的人才问题纳入辽宁省整体教育体系中，可以形成研究与整理、保护与传承、市场推广方面的多层次多类型人才队伍。首先以大专院校、非物质文化遗产保护中心作为研究基地，将非物质文化遗产研究、保护作为某些相关专业下的细分方向，定向培养研究生，如重庆大学的文学与新闻学院已经开始招收非物质文化遗产保护方向的硕士研究生，以便解决高端人才问题。其次，可以在辽宁省内的高等职业技术学校中设立定向委培生，生源直接倾向于非物质文化遗产的所在地。在沈阳市开设非物质文化相关职业资格鉴定培训与考试，鼓励有志于相关事业的人们取得权威认证。其三，给非物质文化遗产相关传承人设立专项基金，并定期邀请或直接聘请担任相关人才培养的导师，同时给这些传人评定职业技术资格或者职业技术职称，并评定分级，以此作为政府提供相应补助和支付相应教学活动酬劳的依据。

除以上教育形式之外，还可充分利用高校优势，开始文化选修课，以高校教育带动中小学文化素质教育，在文化素质教育实践基地中，增设相关非物质文化遗产内容。

3. 完善非物质文化遗产的知识产权保护制度。

我国还没有出台完善的非物质文化遗产知识产权制度，导致一些优秀的非物质文化遗产大量流失。涉及非物质文化遗产的纠纷日渐增多，是非物质文化遗产的原创人、传承人的权益不能得到有效保护的结果。依据非物质文化遗产自身的特殊性建议采用综合保护模式即著作权法、商标法和专利法三位一体的保护方式，才能对非物质文化遗产进行全方位的保护。具体建构如下：

首先是非物质文化遗产的著作权保护制度方面。一要确定权利的主体；二要建构合理的使用制度；三要构建利益分享制度。其次是非物质文化遗产的商标权保护制度方面。一要确定注册商标申请人；二要完善注册商标制度。再次是非物质文化遗产专利权保护制度方面。一要建立非物质文化遗产库；二要建立声明制度；三要适度商业秘密保护；四要加强非物质文化遗产域名保护。又次，延长保护期限。鉴于非物质文化遗产世代相承、生生不息的特点，在立法中对其知识产权保护应区别于普通知识产权保护中的时限性要求，而应适当延长保护时限。最后，建立侵害非物质文化遗产的法律救济机制。对于故意或过失侵害、破坏非物质文化遗产甚至直接导致非物质文化遗产消失的行为，应当追究行为人的民事责任、行政责任乃至刑事责任。各级政府文化行政部门及其他有关部门工作人员，在非物质文化遗产保护工作中玩忽职守、滥用职权、徇私舞弊的，依法应给予行政处分；构成犯罪的依法追究刑事责任。对负有传承义务的传承人若疏于保护非物质文化遗产的应由该级文化行政部门发出警告并限期改正；若无视警告并进而造成非物质文化遗产遭到严重破坏甚至灭失者，应追究其民事责任乃至刑事责任。

附：辽宁非物质文化遗产保护大事记

2010 年 1 月 18 日，由锦州市文化广电新闻出版局主办，非物质文化遗产保护中心承办的锦州市国家级、省级非物质文化遗产代表性传承人迎新春座谈会近日在锦举行。

2010 年 2 月 22 日，省及沈阳市非物质文化遗产保护中心联合采录小组来到东北古建筑地仗代表性传承人李松柏老人家中，对他的技艺技能、项目特点、传习脉络及生活环境进行全面采录。

2010 年 3 月 6 日，在沈北新区文化艺术中心隆重举行，沈阳市 2010 年"神州一欻"嘎拉哈节。采自全市各县、市、区的十四个代表队和沈北新区各乡镇街的十三支队伍参加了比赛。

2010 年 4 月 14 日，省级非物质文化遗产保护项目——凤城满族荷包将奔赴上海参加上海世博会。

2010 年 5 月 29 日至 6 月 2 日，上海世博会"辽宁周"成功举办，杨利伟、郎朗等辽宁籍名人亲临现场。

2010 年 9 月 3 日，东北老戏"奉天落子"唱响了辽宁大舞台。

2010 年 10 月 22 日，由辽宁省文化厅、大连市文化广播影视局和西岗区人民政府主办，辽宁省非物质文化遗产保护中心、西岗区文化体育局承办的"辽宁省非物质文化遗产辽南展示基地揭匾仪式"在大连市西岗区市民文化活动中心隆重举行。

2010 年 12 月 20 日，我省非物质文化遗产进校园活动在辽宁省朝鲜族师范学校礼堂正式拉开帷幕，辽宁省非遗传承人将带着作品走进我省 4 所院校，本次非物质文化遗产进校园活动选取了具有我省地方特色的辽西木偶戏、盖州皮影戏、庄河剪纸 3 个项目，并邀请其代表性传承人王娜、林敏、韩月琴等 20 余人参加演出。

2011 年 2 月 16 日至 18 日"辽宁活动周"民间文化展示活动在台湾举行，我省选调了辽宁非物质文化遗产项目中最具有表现力和代表性的内容进行展示、展演，共涉及传统音乐、传统美术、传统舞蹈、曲艺、传统技艺和民俗6个门类，参加的代表性传承人和项目代表近百人。

2011年3月，抚顺煤精雕刻、新宾满族剪纸又成功入选《第二批国家级非物质文化遗产名录》。至此，抚顺已有3项国家级非物质文化遗产项目。

2011年4月20日至23日，省非物质文化遗产保护中心在大连市对国家级非遗保护项目庄河剪纸进行专项调研，由此拉开我省非物质文化遗产重点项目调研活动的序幕。

2011年6月11日文化遗产日，在辽宁大剧院广场，举行了全省非物质文化遗产保护图片展活动，群众共同见证非遗保护历程。

2011年7月，辽宁省非物质文化遗产保护成果奖获奖名单揭晓，本次评奖共设非遗研究成果、非遗活动成果、非遗创新成果三个类别奖项，经过专家评委认真评选，共评出44个奖项。

2011年8月26日，在"第22届韩国马山国际演剧节"上，大连市西岗区木偶剧团一举夺得三个个人单项金奖、一个团体金奖和最佳组织奖。

2011年9月，省政府公布了第四批省级非物质文化遗产名录，全省共有35个非遗项目入选，包括民间文学，传统音乐，传统舞蹈，传统戏剧，传统体育、游艺与杂技，传统美术，传统技艺，民俗八个门类。

（第一节作者：汪萍，辽宁社会科学院哲学所；

第二节作者：李阳，辽宁社会科学院民俗所；

大事记由汪萍整理）

第六章　辽宁农村文化建设报告

农村蕴涵着丰富的文化资源，各地都具有浓郁的特色文化，辽宁省在农村文化建设中，树立新的建设理念，探索新的建设模式，发展新的建设内容，注重发展农村地方特色文化，实施了"特色艺术之乡"命名等工作，发展"一县一品"、"一乡一品"、"一村一品"的特色文化，实施了特色文化品牌战略，培育了一批文化名镇、名村、名园、名人、名品。这些措施极大地促进了辽宁农村文化建设。

第一节　农村文化建设概述

改革开放以来，我国农村经济有所发展，随之而来的是农村经济建设与农村文化建设没有和谐发展。为了加速推进社会主义新农村文化建设，全面繁荣农村文化事业，满足广大农民群众的精神文化需要，构建和谐文明的社会主义新农村，党和国家出台惠农政策建设和谐乡村，但是如何把农村文化建设做好，成为我们面临的新任务。

一、农村文化建设的背景

农村文化是社会文化的有机组成部分，它是指在特定农村生产方式基础上，以农民为主体，建立在农村社区的文化，是农民文化素质、价值观、交往方式、生活方式等深层次心理结构的反映。就农村文化的特征而言，由于每个民族的"境况"不同，因而每个民族的文化各有其特征，中国农村文化的特征是由中国农村的基本国情决定的，是在中国农村独特的社会、历史、地理条件下形成的。因此，中国的农村文化具有继承性、民族性、时代性、地域性、多样性、群众性等的基本特征。

有关新农村文化建设的研究，要从新农村建设开始。关于新农村的研究始于 20 世纪初，到 20 世纪 80 年代才引起了众多相关业界人士的关注。2005 年 10 月党的十六届五中全会通过的《中共中央关于制定国民经济和社会发展第十一个五年规划的建议》正式提出建设社会主义新农村之前，理论界和实践工作者已经在新农村建设研究方面取得了初步的理论成果和实践经验。

　　2006 年 3 月十届全国人大四次会议通过的《国民经济和社会发展第十一个五年规划纲要》确定了今后 5 年我国经济社会发展的奋斗目标和行动纲领，提出了建设社会主义新农村的重大历史任务，建设社会主义新农村就是按照"生产发展、生活宽裕、乡风文明、村容整洁、管理民主"的要求，协调推进农村经济建设、政治建设、文化建设、社会建设和党的建设。由于农村文化建设是社会主义新农村建设的一个重要方面，因此，国家又相继出台一些意见，包括《中共中央国务院关于推进社会主义新农村建设的若干意见》和《中办国办关于进一步加强农村文化建设的意见》，这些都明确提出了加强农村文化建设的目标和要求，就是要按照建设社会主义新农村的五项要求，基本形成适应社会主义市场经济体制、符合社会主义精神文明建设规律的农村文化建设新格局，使文化在促进社会主义新农村建设中发挥重要作用。

　　为把党的政策与辽宁省的具体情况结合起来，中共辽宁省委办公厅、辽宁省人民政府办公厅 2006 年出台了《关于进一步加强辽宁省农村文化建设的意见》，意见阐述了加强农村文化建设的必要性和紧迫性，并明确地提出了今后 5 年内的工作目标。意见提出在"十一五"（2006 年—2010 年）期间在全省 6000 个行政村或自然村都建立"农家书屋"（自我管理、自我服务的农民自助读书场所）；另外还承诺到 2010 年基本实现全省每个村每个月放映一场电影的目标，全省 70% 至 80% 的行政村将共享数字文化信息资源；强调农村文化建设综合水平要进入中国东部发达地区行列，全面达到国家标准。2010 年《辽宁省"十二五"文化发展规划》中提出："100% 的乡镇建成面积不低于 300 平方米的综合文化站，村及社区文化室覆盖率达到 80%；实施送戏下乡工程，每年为农民群众演出 2000 场以上；举办群众文化节，丰富城乡广大人民群众文化生活；新建 38 个县级图书馆、36 个县级文化馆；对 84 个没有列入国家'十一五'建设规划、面积低于国家建设标准（300 平方米）的乡镇文化站，实施新建或改扩建；建设村及社区文化室。"

二、农村文化建设的必要性和迫切性

改革开放以来，我国农村文化有了很大发展，但是中国农民长期处于封建意识的束缚及受到自然经济的约束，加之改革开放后，西方各种文化涌入农村社会，冲击着我国农村文化的健康发展，因此，构建一个和谐、健康的农村文化就十分必要和迫切。

（一）遗留的传统封建思想亟待加以改变

数千年以来，传统自给自足的自然经济使中国农民习惯沉湎于日出而作、日落而息、面朝黄土背朝天的生活方式中，对土地过分依恋，加上封建传统文化的根深蒂固使长期生活在闭塞、落后农村的广大农民有着强烈的保守性、狭隘性和懒惰性，难以跟上时代发展的步伐。越是经济欠发达的农村，这种传统文化与习惯思维的影响越深远，表现也越突出。

（二）农村文化受到多种文化冲击亟待加以引导

改革开放以后西方国家的文化迅速涌入我国，进一步加速了我国文化和世界文化的融合。从各种超前消费到各种文化快餐，都逐渐在我国农民身上体现出来。然而，对农村文化而言是艰难的，该朝着什么方向发展是农村文化发展的重要课题。一方面，农村文化自始至终受儒家思想的束缚，改革开放后现代城市文化的影响，西方文化的入侵，使长期封闭落后的中国农民缺乏对精华和糟粕的判断和选择能力，缺乏吸收、利用有益于自身发展的要素进行融合创新提升的能力，从而感到无所适从，只能被动地接受以致逐渐迷失了方向。在各种文化的侵蚀下，我国农村拥有的传统文化和价值观念面临着被消融和改造的命运。由于西方文化和我国传统文化理念的完全不同，西方文化无法被我国农村文化完完全全的吸收。于是，在多种文化共同作用下的中国农村文化，逐渐陷入了古今结合、中洋结合的境地。

（三）农村文化物质支撑亟待加强

就辽宁省来说，经济落后的农村地区农村文化设施严重落后，一些乡镇的文化设施大多建于 20 世纪 80 年代，不仅设施陈旧简陋，而且多年没有得到维修改善，多数早已人去楼空。现有的少数乡镇文化站，工作基本上处于瘫痪状态，有些工作站早已"名存实亡"。村一级的文化设施数量更少，甚至没有，农民难以正常地开展文化活动。不仅农村的群众性体育、文艺活动少得可怜，在有些地区就连农村传统春节喜闻乐见的"扭秧歌"等活动也日渐衰落。部分农民看书难，看戏难，看电影难，收听收看广播电视难等问题普遍存在。"早上听鸡叫、白天听鸟叫、晚上听狗叫"成了经济落后地区农民文化生活的真实写照。这些地方成了被文化遗忘的角落，近年来的文化下乡活动，虽然对活跃农村文化市场、丰富农村文化生活，繁荣农村文化起到了一定作用，但毕竟只是"蜻蜓点水"，根本满足不了农民对文化生活的强烈需求，也没有从根本上改变农村文化设施和文化活动严重缺失的现状。

三、辽宁农村文化建设中取得的成就

在国家提出建设社会主义新农村等重大方针政策后，全国各级党委、政府加大落实政策方针的力度，积极繁荣农村经济，辽宁省省委、省政府从农村实际出发，在农村文化建设方面做了大量卓有成效的工作，使我省农村文化建设取得了骄人成绩。

（一）挖掘和发展优秀文化资源

民间文化是人民群众长期生产劳动和生活实践中共同创造、积累并绵延传承的，这是客观历史所形成的文化形态，是祖先留给我们的弥足珍贵的文化遗产，是文化发展和延续的根基，是不可再生的文化资源。多年来，作为非物质文化遗产的民间文化大量流传于农村，这些民间文化的保护主要靠传承人的口头传授，如果传承人消失，就意味着文化的消亡。因此，传承民族文化，推动非物质文化遗产保护，就必须高度重视民族民间艺术资源保护工作。做好民族民间艺术资源普查工作，既是满足农村群众文化的需要，也是扩大地方让具有重要历史文化价值的民族民间文化得到展现，通过整合文化资源，提升传统文化魅力，让饱含着中国人独特智慧的民间文化艺术找到流传后世的归宿。例如，由中国文联和中国民间文艺家协会认定和命名，全国首批"中国民间文化杰出传承人"评选共有156项民间艺术项目其中166位民间艺术家获得"中国民间文化杰出传承人"称号，颁奖命名仪式在北京人民大会堂举行。辽宁省有六位民间艺人入选，他们是沈阳市古建筑彩绘艺人李松柏、沈阳新民市民间故事家谭振山、盘锦市民间故事家刘则亭、海城市高跷秧歌艺人杨敏和王连成和锦州市满族剪纸艺人汪秀霞。这样，使民间文化在社会当中得到了重视，受到了更好的保护。

（二）非物质文化遗产得到保护

2004年，我国加入联合国教科文组织《保护非物质文化遗产公约》，2005

年国务院办公厅颁发了《关于加强我国非物质文化遗产保护工作的意见》。我省认真贯彻落实国务院办公厅《关于加强我国非物质文化遗产保护工作的意见》精神，于2005年7月1日由省政府办公厅、省委宣传部、省文化厅、省财政厅共同制定下发《关于加强我省非物质文化遗产保护的通知》，进一步确立了我省非物质文化遗产保护工作的总体目标、指导方针和工作原则。辽宁省非物质文化遗产保护工程领导小组随即成立，全面负责全省民族民间文化保护工程的领导工作。2005年7月1日，辽宁省建立非物质文化遗产保护工作厅际联席会议制度。2005年7月4日，召开了全省非物质文化遗产保护工作会议，这次会议标志着我省非物质文化遗产保护工作开始全面启动。9月7日，省非物质文化遗产保护工作厅际联席会议召开第一次会议，与会人员经过认真的讨论、审议，一致同意专家委员会评选通过的38个项目作为辽宁省申报第一批国家级非物质文化遗产代表作的项目。到目前为止，全省14个市均召开了非物质文化遗产保护工作会议，制定了非物质文化遗产保护实施方案。

2005年开始，我省每年安排200万元专项资金，重点支持列入非物质文化遗产保护名录的项目，2008年专项资金增为300万元。到目前为止，省财政已经投入专项资金900万元；各市县几年来共投入保护经费968万元，总计1868万元。我省于2005年11月初下发了《关于推荐申报第一批省级非物质文化遗产代表作的通知》，各市共推荐了83个非物质文化遗产项目，经组织专家论证、评审、公示、报批，省政府于2006年6月3日正式批准公布了60个非物质文化遗产名录项目为省级项目。2007年第二个"文化遗产日"前夕，省政府公布了第二批省级非物质文化遗产名录，共54个项目。2009年4月省政府公布了第三批省级非物质文化遗产名录，共41项。2011年8月省政府公布了第四批省级非物质文化遗产名录，共35项。至此，省级非物质文化遗产名录项目已达190项。2010年建立了全省非物质文化遗产重点项目保护管理制度；加强了对全省非物质文化遗产代表性传承人的管理；命名大连市西岗区为辽宁省非物质文化遗产辽南展示基地；圆满完成了上海世界博览会辽宁活动周非物质文化遗产展示、展演和巡游活动的承办工作；组织参加了首届中国非物质文化遗产博览会，省文化厅获优秀组织奖。

四、农民自办文化发展状况

农民文化建设不仅是建设社会主义新农村的重要内容，也是传播先进文化、加强农村精神文明阵地建设的需要，更是提高农民素质，提高农民生活质量，满足农民精神需求，全面建设小康社会的本质要求。可以说，广大农民对文化生活的热爱和渴求一直十分强烈。如何丰富广大农民的文化生活，满足农民的文化渴求，在加快建设社会主义新农村的今天，更显得尤为重要。农民自办文化是指不依靠公共财政投资，由农民个体或群体投资，自己主办、自我参与、自我享受的文化活动。

近年来，我省农民自办文化在各地农村发展起来，已经成为新时期农村文化生活的重要形式和国办文化的重要补充。形式多样的农民自办文化，能充分满足各年龄段农民多层次的文化需求。农民自办文化的形式有腰鼓队、舞龙、舞剑、扭秧歌和小型民间乐队、民间演出队、个体放映队、文化大院等。农民自办文化实体机制灵活，筹资方式多样。它的组织模式是"自我投资、自愿组合、自负盈亏、自我发展"的方式，按照市场规律运作，不断发展壮大，因而具有框框少、包袱轻、成本低、渠道广的特点，面对现实能够充分发挥自身优势，市场适应能力很强。我省近年来农民自办文化开始盛行，农民自娱自乐，农民自办文化户，利用重大节日配合党的中心工作，组织一些文体活动，如组织文娱演出、棋赛、球赛和联欢会等。长年不断地开展农村文化娱乐活动，弥补了公办文化的不足，极大地活跃了农村文化生活，受到当地农民的热烈欢迎，为辽宁农村文化建设做出了很大贡献。例如，"朝阳县大庙镇的文化广场每天欢声笑语、热闹非凡。文艺演出、农村小戏、秧歌表演一个接着一个。丰富的文化活动让这里的农民感觉天天像过年一样热闹"。

五、农村特色文化蒸蒸日上

随着我省农民生活水平的提高，农村特色文化也折射出农民对于精神生活的更高追求。比如贴特色春联、特色手工艺术、踊跃参加村文艺演出队等都是文化新亮点。新宾县永陵在 2004 年 7 月被列为世界文化遗产之后，"满族秧歌"又被列入世界非物质文化遗产名录，成为农村特色文化靓丽的风景线。"满族秧歌"是满族民间艺术中最具代表性的艺术形式，是满族动态传统文化的代表。目前，新宾县的"满族秧歌"队多达几十个，这些秧歌队努力挖掘满族民间乡土文化，将许多流传于民间的文化习俗通过艺术形式表现出来，如改编的"满族婚礼"、"萨满舞"、"腰铃舞"等具有满族特色的优秀文艺节目，不仅丰富了农村文化生活，而且重塑了抚顺形象，提高了抚顺作为清朝发祥地的知名品牌。

新宾满族秧歌队的秧歌文化走出家门，传向全国，先后到北京、深圳、上海、苏州等地表演。

近年来，乡村旅游在我省各地广泛兴起，受到人们喜爱，乡村旅游既是人们旅游度假的一种空间选择，也是人们的一种审美活动和文化体验，其目的地主要是蕴藏着丰富历史文化遗产和文化资源，拥有秀丽的自然景色、独特的环境特征的乡村。乡村孕育了独特的民风民俗、地方文化，有富有特色的乡村劳作和生活方式、婚俗习惯、传统节日活动，有高跷、二人转、秧歌、剪纸等民间文化，有独具特色的饮食文化，也有新农村的文化景象和文化风貌等。只有将乡村文化的内涵充分挖掘出来，深层次、多方位地展示乡村文化的特色，才能增强乡村旅游的吸引力，在旅游业竞争中占据一席之地。

深入挖掘我省的乡村文化资源，发挥乡村文化对乡村旅游的促进作用，对于提升我省乡村文化建设水平具有重要的现实意义。例如，宽甸青山沟满家寨的民族风俗村，就是展示满风满景满文满情的著名旅游景点，已成为承载满乡文化的一个旅游品牌。丹东单鼓说唱结合，载歌载舞，承载了丹东地域满、汉民族世代传承的艺术、民俗、文学等文化因素，被列入了非物质文化遗产名录，满家寨建成了丹东单鼓传承、表演基地，不仅保护了民间文化瑰宝，而且增加了当地乡村旅游的吸引力。而全国文明树——大梨树村建设了"干"字文化广场，中央竖立起高达9米的"干"字碑，并有"鸡鸣而作"、"头顶烈日"、"披星戴月"三座纪念碑，充分展示了大梨树人的艰苦创业精神和新农村的文化风貌，游人至此，大都深受教育，赞叹不已。

第二节　辽宁农村文化建设中存在的问题

改革开放以来，从整体上看我省新农村文化建设成绩斐然，农民综合素质得到明显提高。但是由于我省各地农村经济发展的不平衡，农村文化建设发展水平也很不平衡。我省有国家级贫困县9个：康平县、建昌县、建平县、朝阳县、喀喇沁左翼蒙古族自治县、新宾满族自治县、桓仁满族自治县、岫岩满族自治县、义县。省级贫困县6个：西丰县、凌源市、北票市、彰武县、清源满族自治县、阜新蒙古族自治县。这些地区文化资源严重不足，农民文化生活十分贫乏，文化建设相对滞后，特别是乡镇以下的农村基层文化基础设施、文化活动、文化教育更为贫乏，与广大农民群众日益增长的文化需求不相适应。

一、部分领导对农村文化建设认识不足

目前，我省农村一部分领导甚至基层干部思想文化意识不高，"经济是根本，文化可放慢"的问题在一些地方相当突出，没有把农村文化建设摆到重要的议事日程，往往"说起重要，做起次要，忙时不要"。在这种思想指导下，忽视了文化对农村经济和社会发展的推动和促进作用，在工作中将文化建设排在各项工作的后面，往往是经济当主角，文化作配角，结果导致对文化建设工作领导不力，农村文化建设落后于农村经济发展的状况。调查中发现有相当部分乡镇、农村领导干部，对农村文化建设的重要性缺乏足够认识。在情况通报、座谈交流、个案访谈以及各地所提交的材料中，文化建设部分往往没有受到太多重视，甚至只字不提。对于农村文化建设的具体规划，也存在着"上热下冷"现象。有一部分村民直言农村文化建设最主要的困难和障碍是"领导重视不够"。有的领导干部对农村社会事业与文化建设缺乏责任感和紧迫感，"等、靠、要"思想较为严重。有的村镇干部还有较为明显的"四重四轻"现象：即重物质利益轻精神文明，重执行结果轻建设过程，重乡镇市集轻自然树落，重经济硬件轻文化软件。而有的乡镇干部或因工作繁杂、经费紧张或人手缺乏而无法采取相应措施满足农民群众文化生活需要，这在很大程度上限制了农村社会事业与文化建设的发展。

二、休闲娱乐文化形式单一化

物质民生问题有所改善，精神文化民生缺位。经过几年的新农村建设，农民的增收有了明显的效果，经济状况和生活水平有了极大的改善。但是，目前农村精神文化生活极为贫乏，形式十分单调。农忙时节，村民结束一天的劳作后，其主要的文化休闲娱乐形式是串门聊天和看电视；农闲的时候，一些村民忙于打工赚钱，而另一些人找不到致富门路，无事可做，便以打麻将、玩扑克来消磨时光，且多数带有赌博的性质。目前农村的其他文化生活形式，如扭秧歌、赶庙会、赶集、"文化下乡"，其活动的次数和范围都十分有限，一些偏远村落甚至没有，因此，无论从内容上还是形式上，目前我国农村文化生活都很贫乏和单调，这种状况根本不能满足农民群众对精神文化生活的需要。正如辽宁省新民市张家屯乡柴家窝棚农民贺宝奇所说的："农民已经不是传统意义上的

农民，现在的农民还是网民呢，你们城里人知道的，我们也都知道。"如今的农民不是往日的农民，他们不单单只是在把所有的时间用在田间地头，同样渴望丰富多彩的生活。

三、农村文化阵地建设薄弱，基础文化设施较匮乏

按国家规定，县乡要有两馆一站，县城要有图书馆、文化馆，乡镇要有文化站，这属于公益文化事业，是国家的规定动作。但多年来，由于我们只重视经济建设，不重视文化发展，特别是农村文化的发展，导致农村文化基础设施落后，经费不足，经营困难等情况。到目前为止，全国农村文化站几乎是普及了，但最大的问题是没有发挥其应有的作用。目前，农民对农村文化活动广场的需求十分强烈，绝大多数省份农村尚未拥有村级文化广场，其他文化娱乐设施等更是凤毛麟角和形同虚设。很多农民群众不得不自发组织文娱活动，如晚上自发组织扭秧歌、唱歌、跳舞等等，就是这种自发的农民娱乐活动，也经常因为活动场所和活动设施以及使用村委会电费等问题，不得不经常中断。很多村子即使有群众文化活动场所，但因为缺少专人负责组织开展农民文化生活，不能按时按需投放使用，许多文化设施发挥不了应有的作用。这些均严重制约了农民精神文化生活的发展。

四、技能文化教育缺位，无法满足农民自身生存和发展的需求

随着知识经济时代的飞速发展，农村经济社会不断进步，农民的思想文化意识不断增强，农民在逐步走向富裕的同时，精神文化需求也在不断扩展。

我国农民的受教育程度普遍较低，整体文化素质较低下。根据2006年《中国农村统计年鉴》，中国总计乡村从业人员50387.3万人，高中（中专）及以上劳动力受教育程度只占到农村劳动力总数的13.38%。而目前，现代农业已经替代传统农业，农业科学知识的普及和农业新成果、新技术的转化与推广速度很快，这样就出现了一个问题：农民原有的文化知识和能力已经不能完全满足新农村建设的需要，许多农民明显感觉现有的知识不够用，迫切希望能有机会继续学习，掌握实用的农业技术。很多农民有强烈的求知欲望，希望通过各种渠道了解国家大事、国家惠农政策，增强法律知识、学习农业科学技术，甚至身体健康保健知识等。他们强烈希望乡和村里能成立农民夜校或举办农业培训班，传授现代农业科技知识和生产生活知识。可是当前我国农村针对农民的专业文

化需要的培训学习活动很少，技能文化教育处于缺位状态，目前农民的这种需要普遍得不到满足。

五、基层政府对农民民生文化管理不到位，资金投入有限

这主要表现在基层行政管理体制不顺、机制不活，文化队伍比较薄弱。目前很多地区文化系统机构建设滞后，县城两馆建设基础薄弱，农村文化发展不平衡，基层文化队伍建设薄弱，文化专业人才缺乏，文化干部管理缺乏有效机制，制约了农村文化的建设和发展。调查结果表明，一些乡镇、村领导对农村文化建设的重要性缺乏必要的认识，存在着重经济建设，轻文化建设的现象。这些都严重影响农民群众开展文化活动的积极性。很多地区不乏优秀的农民艺术家，但由于得不到村领导的重视，开展文化活动、组织文化团体等均受到诸多限制。此外，文化站干部业务不专、人员老化、青黄不接现象十分严重，而且大部分乡镇文化站干部都是半路出家，无一受过专门学校的培训。同时，由于基层文化部门条件差、待遇低，以及编制的制约，长期以来也无法吸收年富力强的人员充实到文化站当中，特别是在社会主义市场经济的冲击下，不少乡镇文化站的工作人员因事业经费紧、经济待遇相对较差，总是不安心本职工作，"身在曹营心在汉"的现象普遍存在，势必影响到整个农村文化建设工作。

六、辽宁农村文化建设体制相对落后

我国农村文化相对落后在很大程度上是根源于城乡二元经济结构。城乡二元经济结构一般是指以社会化生产为主要特点的城市经济和以小生产为主要特点的农村经济并存的经济结构。我国城乡二元经济结构主要表现为：城市经济以现代化的大工业生产为主，而农村经济以典型的小农经济为主；城市的道路、通信、卫生和教育等基础设施发达，而农村的基础设施落后；城市的人均消费水平远远高于农村等。

二元的资源配置制度影响了农村文化的发展。改革前中国社会中的资源是由行政性的再分配而不是由市场来进行配置的，在实行这种再分配的时候，在城乡之间实行的是两种截然不同的制度。虽然中央规定"各级政府的文化投入不低于财政支出1%"，但是很多省、市、县都难以落实，致使农村文化事业严重"贫血"，贫困地区的农民几乎与文化生活无缘，处于文化饥渴状态。

第三节 推进农村文化建设的对策建议

随着我省经济建设的不断加快，全方位加强农村文化阵地建设，努力改变农民群众的精神风貌已成为当务之急。针对当前广大农村精神文化生活现状和存在的问题，提出以下几点对策建议。

一、提高对农村文化建设工作重要性的认识

农村的文化建设问题，因素有很多，但是根子在城乡分割的二元经济社会结构。乡镇以上的各级政府及其财政事实上是围绕城市来运转的，谈发展、讲改革、定政策有意无意地几乎都是以城市为出发点和落脚点。在改善农村文化生活现状的工作中，政府应担当起在农村现代文化建设中的责任，积极帮助农民开展丰富多彩的农村文化生活，为农村文化建设提供坚实的保障。各级政府尤其是村政府，要充分认识加强农村文化建设对于新农村建设的重要性，切实做好宣传、教育和引导工作，把加强农村文化建设列入重要议事日程，不要不理不睬，或仅流于口头和表面，应真正从思想上重视、行动上落实、财力上支持。政府出面组织会极大地鼓舞农民参与精神文化活动的积极性，这也是保持农村社会稳定，增强村民凝聚力的有效途径。2010 年继续组织了省文化厅"同心乐"文艺轻骑小分队下乡演出活动，全年下乡演出 4 次；组织了全省艺术院团送戏下乡、进校园、进军营、进社区等演出活动。

二、加大资金投入，促进农村精神文化事业的良性发展

党的十七大报告明确提出"今后每年新增教育、卫生、文化等事业经费，主要用于农村"。农村文化建设是当代社会主义文化事业的一部分，必须有一定的资金作支撑。政府应该有专项投入，帮助各个村建立文化广场和配备文化设施，同时，要通过转移支付给各个村子提供专项经费开展文化活动。政府把农村文化建设列入财政预算，加大投入的同时，可以拓宽投资渠道，建立具有特色的农村文化产业融资体制，加快农村文化设施建设步伐。要充分利用国家重视加强新农村建设和农村文化建设的大好机遇，逐步建立起多渠道的农村文化

建设投资体制，积极开发农村文化市场，吸纳非文化企业向文化产业投资，建立一个包括政府拨款、融资、集资、社会捐助、赞助、基金等完善的可靠的资金保障体系，吸引社会各界特别是企业界的各种捐资，有组织地引导农村文艺团体和文艺人才开展健康有益的文化娱乐活动，实现农村文化事业的良性循环。

三、加强农村基础文化设施建设，改善农村精神文化活动条件

有关部门应该制定农村文化生活投入的资金保障制度。乡镇、村一级的基层领导，强调经济建设的同时，要提高对文化建设的重视，按比例逐年加大对农村文化事业的投入，不断加强农村文化阵地建设，建立健全集图书阅览、科技培训、宣传教育、影视播放、文艺演出、文体活动于一体的农村文化活动中心，让农民闲暇时间有所去；同时多组织农业技术、文化生活培训，购置文体器材，丰富农民文化生活。农村文化教育经费有专人负责管理，专款专用，每年有计划地办一些农民真正得实惠的文化项目。

目前，辽宁省640个纳入国家"十一五"规划的乡镇综合文化站建设项目已完成302个（2010年建设项目145个），其余338个项目，由于国家资金2010年10月下达，因此，目前进行项目开工的前期准备工作，2011年全部建完。在推进乡镇综合文化站设施建设的同时，积极开展了乡镇综合文化站设备和图书扶持工作，加强综合乡镇文化站业务建设。全省两年共扶持了261个乡镇综合文化站的业务建设，投入扶持资金1200万元，集中配送了活动设备及图书。各市、县也投入了很多资金，为文化站添置了必要的活动设备、图书等。

2011年5月10日，中共中央政治局委员、中宣部部长刘云山在省委、省政府主要领导陪同下到辽宁省图书馆视察了共享工程进村入户工作，观看了《进村入户成果展》，听取了工作汇报，浏览了点播式机顶盒共享工程栏目及内容，观赏了省图书馆的珍贵善本及镇馆之宝。刘云山同志对辽宁的模式及做法给予了高度评价，他说："辽宁利用'广电模式'大力推广文化信息资源共享工程的做法，具有很强的示范意义，应大力推广。我们建设公共文化服务体系，要把更多的资源投向基层，深入推进重点文化惠民工程，让文化发展的成果更多的普及人民群众。"

四、加强农村文化队伍建设，开创农村文化建设新格局

重视农村文化从业人员的培养，发挥农村文化能人、文艺骨干的积极作用，

提高他们的政治、生活待遇。积极挖掘本地文化艺术资源，扶持民间文艺团体，发展农民业余文艺演出队，培育优秀民间文艺人才，鼓励和支持他们繁荣农村文化事业。抓农民素质提升，开创农村包括社会伦理思想、道德风尚、文化艺术、教育，医疗、卫生、体育等各方面的"大文化"建设的新格局，注意面向全体农民，实行全面发展。让农民在致富奔小康的进程中真正尝到文化的甜头，真切体会到文化的价值。

五、政府责成大学或者研究机构，定期组织农民文化素质培训班

调研中发现，有些省的农委和科技厅等单位在一些农业大学开展的农民科技骨干培训班非常受农民欢迎。农民建议，各个省有关部门也应该参照这样的做法，挑选农村的文化骨干进行培训，每年可以举行 4 期，每期 3 个月，通过他们回乡后带动农村文化发展。同时，很多农民也建议，政府应该充分利用农村小学和中学校舍，举办农民文化夜校，提高农民文化素质和扩大农民的知识面，为农村文化现代化和文化统筹工作奠定基础，也可以有效地避免农民利用晚上业余时间进行赌博等不健康的活动。

辽宁省自 2009 年起，紧密结合基层文化工作的实际，利用三至四年的时间，陆续对全省基层文化馆、站长进行一次有针对性的培（轮）训。本次活动于 11 月 10 日在本溪启动，并分别于 11 月 10 至 12 日在本溪、11 月 17 至 19 日在铁岭、11 月 24 至 26 日在抚顺、12 月 9 至 11 日在丹东开展了针对当地文化馆馆长、文化站站长的培训，其中本溪参加培训的馆（站）长 91 人、铁岭 117 人、抚顺 98 人、丹东 143 人。目前该工程第一期业已结束，普遍反响良好。

启动该工程的目的在于：一方面，国家在"扩内需、保增长"的形势下，比以前任何时候更加重视文化工作，进一步加大投入，进一步健全文化基础设施，在硬件层面上促进了基层文化事业的发展。对文化馆、站长进行系统培训，就是旨在加强软件建设，使基层文化队伍的素质与能力有所提高，达到与硬件建设的和谐统一。另一方面，对基层群众文化队伍进行辅导培训，也是省文化厅工作职能所在，是"工作有创新、有发展，延伸服务手臂"，"工作重心下移"要求的具体体现。

六、发扬传统文化优势，加强特色文化建设

在新的历史条件下，农村文化建设与传统文化发扬存在一个矛盾问题，很

多地区开展农村文化建设没有同传统文化保护结合起来，问题的关键是必须树立辩证、科学而又务实的态度，将农村文化建设与保护传统文化结合起来，积极开发民间文化，通过对传统文化形式和载体的创新，赋予其新的动力。为此，国家和各省市应该通过文化产业政策引导各地区突出地方文化特色，开展丰富多彩的群众文化活动。各地区镇村充分利用传统文化优势，因势利导，推陈出新，充分利用节假日、农闲等时间和庙会、集市等场所，举办歌咏会、文艺演出、戏曲表演等活动，将群众喜爱的传统文化、民俗文化融入到精神文化生活建设之中。实施进一步特色品牌战略，因地制宜，科学规划，建成了一批文化产业型、文化旅游型、生态文化型、节庆文化型、农家乐休闲型的具有浓郁特色文化的社会主义新农村。

农村文化建设是一项长期而艰巨的任务，常抓不懈才能出成果，持之以恒才能见成效。只有农村文化资源得到了充分开发和利用，才有利于维护改革、发展、稳定的大局，有利于加强农村精神文明建设，有利于增强农村的综合实力。加快辽宁新农村建设的步伐，才能确保坚持科学发展观构建社会主义和谐社会的目标顺利实现。

（作者：齐心，辽宁社会科学院哲学所）

第七章　辽宁艺术教育发展报告

近年来，艺术教育越来越受到省委、省政府和各级教育主管部门的高度重视，通过深化艺术教育教学改革、组织开展艺术教育课程改革、开展有声有色的课外艺术活动和举办各级各类相关教师、行政管理人员培训等举措，全面提高艺术教育教学质量，促进了青少年学生德、智、体、美全面发展，素质教育得以很好的开展，使我省艺术教育取得极大的进步与发展。

第一节　辽宁艺术教育发展概述

2010 年以来，辽宁省艺术教育事业在省委、省政府的正确领导下，经过各级教育主管部门、教育工作者和全社会的共同努力，艺术教育得到了快速发展，艺术教育改革与发展所取得的成就和积累的宝贵经验，将为今后辽宁省艺术教育业的继续改革和发展打下坚实的基础。

一、高雅艺术进校园活动继续开展

高雅艺术是人类文明的精髓，它表现为代表先进文化前进方向的一部部经典之作，它凝聚着人类不同历史阶段和不同社会环境中对真、善、美不懈追求而积蓄的淳厚的情感，闪烁着人类生生不息的灵魂之光，记载并诠释着隐含在人们内心深处的高尚的精神法则，并开启着一种深邃、超然的人生境界。组织开展高雅艺术进校园活动对促进高雅艺术的传播和普及，丰富大学生的人文素质和文化艺术修养具有十分重要的意义。

2010 年 11 月 6 日，2010 年辽宁省"高雅艺术"专场音乐会进校园活动走进大连工业大学举行专场演出。来自沈阳音乐学院大连校区交响乐团的师生们为大连工业大学师生倾情演奏了《轻骑兵进行曲》、《二泉映月》、《天鹅湖》组曲和《雷电波尔卡》等世界著名曲目，一曲曲优美动听的旋律让现场的同学深深地陶醉其中；指挥老师的才华与幽默更是赢得了观众们的阵阵掌声。乐团的两位歌唱家还分别演唱了《乡音乡情》、《一杯美酒》等歌曲，她们饱含深情的演唱，仿佛把在座的同学们带入了过去的时光。当结束曲目《拉德斯基进行曲》奏响时，全场的同学们情不自禁地随着节奏击掌，音乐与掌声交相辉映，将音乐会推向了高潮。

2011年5月14日晚，为庆祝大连理工大学软件学院建院十周年，提升软件学院校园文化品位，在第二届大连理工大学校园文化节开幕之际，"高雅艺术进校园"活动——辽宁芭蕾舞团软件学院专场演出在软件学院体育馆隆重上演。演出在《芭蕾风采》中拉开了序幕。欢快的音乐，优美的舞姿，壮观的开场博得观众的阵阵喝彩。双人舞《堂·吉诃德》讲述了在堂·吉诃德的帮助下吉莉特和巴桑结合在一起的故事。动人的旋律下，二人的舞姿令所有在场观众如痴如醉。女子群舞《茉莉花》在幻境般的灯光下缓缓绽放，舞蹈演员优雅精细的肢体语言展示着阴柔之美。现代男子群舞《男人》则伴着激昂的音乐，刚劲有力的动作，神采飞扬的眼神，以阳刚之气感染着在场的观众。古典芭蕾舞剧《天鹅湖》第二幕舞者修长的四肢，美妙舒展的动作，充分地展示了芭蕾流动的美感，完美地体现出贵族的气派，给人无限的愉悦感。现代舞《有一种爱叫放手》讲述了一段凄美的爱情故事，动人的舞姿诠释着爱的力量。现代芭蕾《梦红楼》展现名著《红楼梦》中金陵十二钗的故事，舞者身着美丽古代服饰，用肢体语言讲述她们的故事。古典芭蕾舞剧《艾斯米拉达》舞蹈演员以优雅精准的肢体语言将故事的内涵诠释得淋漓尽致。最后古典芭蕾舞剧《拿波里》第三幕将整场演出推向了高潮，舞蹈演员们用他们的动作诠释着艺术之美，芭蕾之美。所有剧目旋律或舒缓或急促或欢快或沉重，演员舞姿或轻柔或有力或内敛或夸张，情节跌宕起伏，观众们也随着演出的进行心潮起伏。

2011年5月9日至24日，辽宁民族乐团接连应邀走进大学校园，为大学生们带去一场场别开生面的民族音乐演出。辽宁民族乐团分别于5月9日在东北大学、5月19日在沈阳农业大学、5月24日在沈阳建筑大学进行了三场公益演出。辽宁民族乐团的演员们为喜爱民族音乐的大学生演奏了《龙的传人》、《归去来兮》、《十面埋伏》、《老歌谣》、《筝语》、《打枣》、《春江花月夜》、《动感厨房》、《青春舞曲》等经典和流行民乐，向大学生们展示了民乐演奏的新样式，使观看演出的大学生们受到了一次高雅艺术的熏陶。高雅艺术进校园活动自开展以来在广大青年学生中反响强烈，对于推进高校艺术教育工作，普及高雅艺术，全面提高学生艺术素养，实现学生德智体美全面发展发挥了积极而重要的作用。

二、高校影视艺术教育发展迅速

影视艺术教育在全国高校蓬勃发展，辽宁省对高校影视艺术教育的发展也很重视，许多高校开设了影视艺术专业。据统计，辽宁省共有约133所各类院校，其中包括专科、高职院校及电大等；有普通本科院校45所，在普通本科院校中共有17所高校开设了影视艺术专业课程。而在这17所高校中，有影视艺术学院或系的高校有辽宁大学开设了本山艺术学院和广播影视学院，沈阳师范大学开设了影视艺术系和戏剧艺术学院，沈阳大学开设了文化传媒学院，辽宁师范大学开设了影视艺术学院，渤海大学开设了新闻与传播学院，东北财经大学开设了新闻传播学院，大连东软信息学院开设了数字艺术系，辽宁工学院开设了文化传播系；有影视艺术专业或培养方向的学校有大连理工大学、大连大学、辽宁工程技术大学、沈阳体育学院、大连工业大学、大连民族学院、沈阳航空工业学院、鲁迅美术学院、大连医科大学。通过这些我们能看到，辽宁省的影视艺术教育已经发展到一定程度，但是，我们也应看到，辽宁省所有具有影视艺术教育的学校都是综合性学校，相对还缺少影视艺术的专业院校。但是，在多年的发展与不断进步中，辽宁省影视艺术教育也呈现出应有的特色。

首先，从办学层次上来看，辽宁省高校影视艺术教育呈现出多层次的办学格局，既有研究生教育，又有本科教育，同时还有专科或高职教育。研究生教育，主要是培养从事影视制作等方面的专业人才，或从事影视艺术研究、新闻传播的科研和教学人员。有影视艺术研究生的学校主要在相关教育起步较早的高校中，如大连理工大学新闻与传播学系的传播学硕士点，辽宁大学的广播电视艺术学、新闻学与传播学硕士点，渤海大学新闻与传播学院的新闻学硕士点等。本科生教育，主要培养当下社会需要的影视艺术人才，同时通过本科阶段的学习，为学生继续深造打下基础，这也是辽宁省高校培养影视艺术人才的中坚力量。专科（高职）技术教育，主要培养学生掌握影视艺术的基本理论和影视制作的基本技能，能通过与他人的合作熟练地进行影视节目制作，实现基本专业技能的掌握，从而提高影视制作的技术能力。如辽宁广告职业技术学院、大连艺术职业学院等一些专业院校，主要就是为社会培养工程实用技术的人才。

其次，从培养方向上看，辽宁省影视艺术教育呈现出文理交叉、技术与艺术相融合，既有影视理论研究的培养，又有实践教育的创作培养的办学特点。影视理论方面的培养，包括了文化、传播、美学和历史等方面的研究，如影视艺术方面的研究生教育，以及各本科专业中的新闻学、传播学、广告学等学科教育。影视理论的研究培养为社会的影视事业提供着源源不断的生力军，也为影视艺术这一学科的持久发展奠定了基础。辽宁省影视艺术教育的创作培养包含了编剧、导演、摄像、美工、编辑等专业方面，如影视戏剧文学专业、广播电视编导专业、导演专业、影视摄像专业、影视美术专业、数码影视制作、动画专业等。随着科学技术的发展和大众文化生活的普及与提高，社会对影视艺术人才的需求也越来越多，这既需要研究型人才，也需要技术型人才。现阶段，尤其是对影视制作技术人才的需求量比较多。辽宁省影视艺术的教育符合现代社会的需求，多数是培养技术型人才。

三、艺术教育希望工程反响及效果良好

2006 年 9 月 16 日，沈阳音乐学院南校区开始实施"艺术教育希望工程"，为农村、乡镇免费培养艺术人才。"艺术教育希望工程"计划 10 年间在辽宁省内招收农村乡镇学生 200 名，免除学费并配备资深教师执教。这些学生毕业后到农村任教两年，而南校区将负担他们回农村执教前两年的工资。首批只有 22 名学生进入了沈阳音乐学院南校区的希望工程班。2010 年，这 22 名学生毕业后，除一人参与了国家的"三支一扶"，其余 21 人到了辽宁省内 9 个城市的农村中小学支教，绝大多数人所在的学校位置偏远、条件艰苦。第一批毕业生正在践行着他们的承诺，在辽西北多所农村中小学已经支教一年。

沈阳音乐学院南校区"艺术教育希望工程"自实施以来，现已招收两届学员 41 人，学生分别来自辽宁省内的各个偏远地区，而且都是特困生。在学校课程设置上不单单是采用艺术教育的手段，而是将艺术教育与文化教育紧密地结合，分别设置了针对音乐、舞蹈、美术、体育和文化的相应课程，真正意义的达到培养学生德、智、体全名发展的目的。对此，教育部艺术教育委员会副秘书长彭吉象说："这些做法有利于缩小城乡艺术教育差距，但要让农村艺术教育面貌得到彻底改观，还得有稳定的专业教师队伍和完善的配套设施。"我们期待此类艺术教育希望工程可以得以推广，可以在相关部门的支持下得以规范化、普遍化，使得农村中小学有稳定的专业师资队伍提供高水平的教育课程。

四、继续实施校园环境艺术化工程

校园环境艺术化是以育人为目的，以校园环境建设为手段，以校园美化为主要表现形式，通过对学校硬环境（教学楼、教室、场地、设施等）和软环境（师生关系、教学活动、课外活动、校风建设等）的充分开发和利用，使"寓教于美"、"教育立美"体现在学校全部活动过程之中的一种审美化、规模化的教育要求。校园环境艺术化是学校美育大环境建设的重要组成部分，是全面推进素质教育的必然要求，也是社会主义精神文明建设的重要组成部分。

校园环境艺术化工程是一个最富于空间意义的发展平台，同时也是创新校园文化的一个载体。近年来，辽宁省已经针对校园环境艺术化工程进行了工作部署，校园环境艺术化工程正在有条不紊地进行，并且已经表彰了一大批实施中小学校园环境艺化工程先进学校。有的市、县区在推进此项工程的过程中，设星级评估本地区的学校，分层次推进。同时各类学校还积极开发艺术教育资源和适合本校实际的校本课程。以大连24中学和东北育才中学为代表，很多学校都提出了整合社会艺术资源为学校艺术教育工作服务的想法和做法。今后，省里会在评选先进学校的基础上，提升层次，研究制定评估表彰实施校园环境艺术化工程首批特色学校的标准。按照教育部在加强中小学校园文化建设的意见中所指出的："要对校园人文环境进行精心设计，充分发挥学生的主体性，鼓励学生积极参与校园环境的设计、维护和创造。学校的校训、校歌、校徽、校标等设计要体现学校特点和教育理念，有条件的中小学要建好校史陈列室和共青团、少先队室。要充分利用板报、橱窗、走廊、墙壁、雕塑、地面、建筑物等一切可以利用的媒介体现教育理念，特别是鼓励、展示学生自己创作的作品。有条件的中小学要发挥校园广播站、电视台和网络的作用，不断拓展校园文化建设的渠道和空间。"所以，辽宁省也特别注重校园文化艺术环境建设，使优美的校园环境设施与校风校训、学校办学理念、办学目标结合起来，形成了文明、和谐的校园文化氛围，潜移默化地陶冶着学生的情操，使学生们时刻感受着文化艺术环境的教育，艺术教育工作队伍得到充实和提高。

第二节 辽宁艺术教育发展中存在的问题

美育是国家教育方针的有机组成部分，艺术教育是学校实施美育的基本途径，是素质教育不可或缺的重要内容。随着我省艺术教育水平的不断提高和素质教育的全面推进，学校艺术教育也有了较快的发展，艺术教育教师队伍严重不足的状况有所缓解，艺术教育教学质量逐步提高，课外艺术教育活动普遍开展，中小学生的审美素质得到提升。但是从我省教育发展的整体水平来看，艺术教育仍然是学校教育中的薄弱环节。一些地方和学校仍没有把艺术教育摆上应有的位置，艺术课程开课率不足、活动形式单一、教师短缺、资源匮乏等情况不同程度存在着。艺术教育的存在的这些问题严重地制约着教育的均衡发展和素质教育的全面推进。

一、农村中小学艺术教育师资不足问题仍未有效改观

近年来，农村中小学的硬件建设突飞猛进，但师资缺乏的问题仍未有效改观，尤其是农村中小学音乐、美术等专业艺术类教师更为匮乏，很多上千人的学校居然没有一名艺术教师。近日，一些辽宁农村中小学校长反映艺术教师匮乏的状况。他们呼吁，加大农村师资力量，尤其是艺术人才的培养，别让农村孩子输在"起跑线"上。其实，农村孩子和城里孩子一样，很渴望艺术，他们喜欢唱歌、跳舞。音乐美术教育，一来可以调剂学生情绪，使其放松，更好地学习；二来可以促进学生的身心健康和人格培养；第三，很多农村孩子非常喜欢音乐、美术，有不少很有天赋，但由于没有专业教师指导，只能荒废、放弃了。现在城市家长特别重视孩子钢琴、舞蹈、声乐等方面的培养。在这方面，由于师资的匮乏，农村孩子已经输在了起跑线上。

辽宁近年来重点在相对比较落后的辽西北实施了"县以下农村中小学一校一名师范类本科生计划"，但一校一名师范类本科生，主要是针对主学科，还轮不着音乐、美术这些学科。然而，一方面是农村基层中小学师资，尤其是艺术类教师缺口巨大，一方面却是艺术类大学生就业难。为改变农村艺术教育师资困局，同时促进艺术类大学生就业，针对农村艺术教育人才匮乏的实际，沈阳

音乐学院南校区在 2006 年开展了"艺术教育希望工程"，为农村免费培养艺术人才，计划 10 年间在省内招收农村乡镇学生 200 名，免除学费，学生毕业后将到农村任教两年，南校区将负担他们毕业回农村执教两年的工资，2010 年首批 22 人已经毕业，并已经到农村中小学支教，但这些还远远无法缓解农村学校对艺术教育人才的渴求。

二、艺术教育课程开课率相对不足

由于长期受应试教育的影响，大部分学校尤其是农村中小学仍然把音乐、美术课看成是"杂课"，将艺术课变成自由活动课，变成随意唱歌、涂画课，甚至被语、数等课占用，音乐课、美术课形同虚设。艺术教育课程开课率相对不足，再加上农村学生家长大都见识少、文化低、思想封闭、观念陈旧，加上长期受到升学考试负面影响，因此只是关心升学率，关心语文、数学等主要科目的成绩，更为严重的是认为自己子女根本不是"艺术家"的料，音乐、美术课开不开、上不上、学不学无关紧要。学校也是长期的不重视艺术教育课程，打击了艺术教师的积极性、主动性。

三、艺术教育经费投入不足，教学设备相对缺乏

而且，虽然目前学校的艺术教育设备虽然得到一定改善，但还达不到真正实施新的课程改革艺术教育教科书所需要的完整教学设备。尤其是农村中小学校艺术教学设备的配置，还远远达不到配备要求。农村中小学由于受经济条件的限制，对艺术课使用的各项设备、器材无力购置，在一定程度上影响了正常的课堂教学和学校文化活动的开展；另外，由于教育经费不足，致使学校师资严重匮缺，一名教师往往要担任两到三门以上的课程，没有更多的时间对自己所从事的学科做深入的研究。对此，学校领导在制订教学方案和实施教学的过程中，也是心有余而力不足，严重地影响了学校艺术课的教学质量和学生的全面发展。

四、艺术教育课外活动形式相对单一

课外艺术教育活动是课堂艺术教学的延伸和必要的补充。它对于扩大学生艺术视野，丰富学生的精神生活，激发学生的艺术兴趣，培养学生的艺术特长，具有课堂艺术教学不可替代的作用。近几年来，我省各中小学的课外艺术教育

活动有了较大的发展，涌现出不少课外艺术教育活动搞得好的学校。但从总体上看，课外艺术教育仍是学校教育中比较薄弱的环节，艺术教育课外活动形式相对单一，轻视课外艺术活动的思想和现象还在一定程度上存在，校际间发展不平衡，有些学校课外艺术活动还得不到切实的保证，影响了学生素质的全面培养与提高。因此，统一对学校课外艺术教育活动的认识，加强对课外艺术教育的领导和管理，促进学校课外艺术教育活动的广泛深入开展，已成为当前学校教育工作中一项亟待完成的重要任务。

第三节　辽宁艺术教育发展展望及对策建议

当前社会背景下艺术教育的实施对创新型人才培养发挥着积极的作用。一方面，艺术教育有利于艺术感知力、艺术情感力、艺术想象力的提升从而有利于促进创新型人才能力的培养；另一方面，艺术教育有助于形象思维能力的养成，有助于直觉和灵感思维能力的发展并且可以为个性的发展提供最佳环境从而有利于促进创新型人才能力的发展。强化素质教育的认识已经使人们对艺术教育的价值有了远比以往更为全面和更具深度的认知。新世纪的艺术教育价值越来越被认可，那么，适应新形势的艺术教育体系就需要重新研究并予以完善。这将是当前社会形势下各级艺术教育主管部门需要面临的重要任务。今后，辽宁省艺术教育事业将以科学发展观为指导，继续深化艺术教育课程改革，全面实施素质教育，全面提高各类学校艺术教育教学质量，促进青少年学生德智体美的全面发展。

一、提高认识，把艺术教育摆在应有的位置

艺术教育对于提高学生审美修养，丰富精神世界，发展形象思维，激发创新意识，促进青少年健康成长具有重要的作用。加强中小学校艺术教育是全面贯彻教育方针、全面实施素质教育的必然要求。地方各级教育行政部门和中小学校要进一步提高对学校艺术教育的重要性认识，切实把艺术教育摆在学校教育应有的位置上。

中小学校艺术教育要以全面提高教育教学质量为中心，以农村学校为重点，

实现区域内的均衡发展。要坚持教育公平的原则，让每个学生都成为艺术教育的受益者。要坚持正确的育人导向，把社会主义核心价值体系融入到生动丰富的艺术教育活动之中，使之内化为学生的自觉精神追求，帮助学生形成正确的价值观和审美观；要通过艺术教育让学生接受中华民族和世界各民族优秀文化艺术的滋养，培养深厚的民族情感，为建设中华民族共有精神家园奠定基础。加强中小学校艺术教育是深化教育改革，全面推进素质教育的必然要求，也是党和国家赋予教育工作者的神圣职责。近年来，我省中小学校艺术教育虽然有了较快发展，但是，仍有一些教育部门和学校的领导对艺术教育的重要性缺乏必要的认识，"艺术教育说起来重要，干起来次要，忙起来不要"的现象仍在一些地区和学校普遍存在。实践表明，制约学校艺术教育发展的因素很多，但根本原因是认识问题。因此，各级教育部门和中小学校要进一步提高对学校艺术教育的重要性认识，切实把艺术教育摆在学校教育应有的位置上。

二、严格执行课程安排，提高艺术教育教学质量

课堂教学是艺术教育的主渠道，开齐开足艺术课，进一步深化教学改革，提高教学质量，是中小学校艺术教育工作的核心。各级教育部门和学校要坚持"两手抓"，一手抓艺术教育课程安排，一手抓艺术教育课程改革。

一方面，开齐开足艺术课程，是保证艺术教育质量的前提。根据《义务教育课程设置实验方案》，九年义务教育阶段艺术类课程占总课时的 9%—11%（总课时数为 857—1047 课时），省级教育行政部门在制订本地区课程实施计划时，应按照上述规定设置艺术类课程，课时总量不得低于国家课程方案规定的下限。条件较好的学校按九年义务教育阶段艺术类课程占总课时的 11% 开设艺术类课程，其他学校开设艺术类课程不低于总课时的 9%；其中，初中阶段艺术类课程开课不低于艺术课程总课时数的 20%。普通高中按《普通高中课程方案（实验）》的规定，保证艺术类必修课程的 6 个学分，相当于 108 课时。非艺术类中等职业学校艺术类必修课程不少于 72 课时。有条件的地区和学校要开设丰富的艺术类选修课供学生选择性学习。中小学校艺术类课程应执行国家发布的课程标准，选用国家审定通过的有关教材，并加强教学质量检测。要积极探索艺术课程评价改革，并将评价结果记录在学生成长档案中，作为综合评价学生发展状况的重要内容以及学生毕业和升学的参考依据。要加强艺术教育教研、科研工作。省、市和县区要充分依靠本地区教研、科研机构，多渠道配备音乐、

美术学科专（兼）职教研员。以条件较好的学校为依托，建立艺术教研基地，定期组织艺术教研活动。

另一方面，要进一步深化艺术课程教学改革，积极探索不同阶段艺术课教学中素质教育的内容、形式、特点、要求、规律和实施途径，勇于改革不适应或偏离素质教育要求的教学内容和教学方法。中小学校应根据艺术教育的规律和学生生理心理发展的特点，结合本校的实际情况创造性地组织教学；要充分利用和开发本地区、本民族的文化艺术教育资源，重视现代教育技术和手段的学习和应用，逐步实现教学形式的现代化、多样化，拓展艺术教育的空间，提高艺术教学的质量。同时，积极探索艺术课程评价的改革，不仅要评价学生，也要对教师的教学行为和学校的教学决策进行评价；不仅要评价学生对艺术技能的掌握和认知的水平，更重要的是评价学生在情感态度、审美能力和创新精神等领域的发展水平，要把静态的评价教学结果与动态的对课程实施过程进行分析评价结合起来，通过改革逐步建立起能够促进学生素质全面发展的艺术课程评价体系。要将评价结果记录在学生成长档案中，作为综合评价学生发展状况的重要内容以及学生毕业和升学的参考依据。

三、开展课外艺术活动，营造良好的校园文化艺术环境

课外、校外艺术活动是学校艺术教育的重要组成部分。它既与艺术课教学相互联系，又具有与学科教学相区别的独特的教育价值。课外、校外艺术活动必须要面向全体学生，遵循学生的主体性和自主选择性原则，鼓励学生积极参与，大胆表现和创造，并在普及的基础上，尽可能满足学生提高的愿望。在内容上，要贴近校园生活，符合学生的认知水平和心理特点；在形式上，要具有时代特征、校园特色和学生特点。要注意把课外、校外艺术活动和校园文化建设、社区文化建设结合起来，发动和组织学生积极参与美化学校与社区文化环境的活动。学校应积极推动校园文化艺术环境建设，为学生营造良好的校园文化艺术氛围。校园的广播、演出、展览、展示以及校园的整体设计，应当有利于营造健康、高雅的学校文化艺术氛围，有利于对学生进行审美教育，校园内不得出现有悖于素质教育，不利于青少年儿童健康成长的文化现象。

开展课外艺术活动要因地制宜，讲究实效。要大力开展小型、灵活、多样的艺术活动，民族地区的学校要积极开展具有少数民族特色的课外艺术活动。省、市、县各级教育行政部门要积极创造条件，定期举办中小学生艺术节，学

校应每年举办一届形式多样的校园艺术节。同时，要加强对艺术活动的管理。任何部门和学校不得组织学生参与商业性艺术活动或商业性庆典活动，不得组织学生参加企业、媒体或其他社会团体举办的有收费营利行为的艺术竞赛等活动。学校不得组织学生参加社会艺术水平考级活动，社会艺术水平考级的等级不得作为学生奖励或升学的依据。组织群体性艺术活动，要明确安全管理工作的职能部门和责任人，建立安全责任制度，制订应对突发事件的处置预案，切实加强安全管理，确保中小学生人身安全。

四、加强队伍建设，提高艺术教育师资水平

好的教学效果需要有好的教师，辽宁省若大力发展艺术教育，就必须要培养高素质的艺术教师队伍。而培养高素质的艺术教师队伍，就需要有几种比较特殊而又有效的方法。一是引进艺术教育专业人才。辽宁省教育厅根据辽宁省艺术教育发展规划，列出辽宁省想要发展的专业，各学校根据自己的情况选择引进艺术教育专业人才，省教育厅给予引进艺术教育专业人才的学校一定的经费及相应的引进人才政策，以鼓励发展艺术教育专业。二是对现有的艺术教育教师进行培养。由省教育厅联系国内外艺术教育专业学校，接收辽宁省各高校艺术教育专业教师进修，同时在政策和经济上鼓励各学校艺术教育专业教师进修、学习。三是鼓励教师从事艺术教育的科研工作，在科研项目上用增加艺术教育科研课题的数量，增加艺术教育科研项目的资金等方法来增强辽宁艺术教育方面的科研水平，鼓励教师进行艺术教育作品的创作，同时促进艺术教育教学的质量、教学和科研同步发展。

建设一支以专职教师为主，数量和质量都能够满足学校艺术教育需要的艺术教师队伍，是提高艺术教育教学质量的关键，各级教育部门和中小学校要切实采取有效措施，加强艺术教师队伍建设。首先，要根据国家课程方案规定，配备好专职或兼职艺术教师。针对农村学校艺术教师短缺、教学质量不高的问题，可采取"走教"、"支教"、"巡回教学"、"流动授课"、"定点联系"、"对口辅导"等多种形式，支持、鼓励城镇学校艺术教师、中青年艺术教师和骨干艺术教师到农村学校任教。其次，要把中小学艺术教师培训纳入本地教育事业发展规划和教师培训工作计划，有计划、有步骤地开展艺术教师全员培训，不断提高师资素质。第三，进一步提高教师待遇，充分调动和发挥艺术教师教学、教研的积极性。比如，在职称评聘、工资、住房、奖励等方面，艺术教师应该

享有与其他学科教师的同等待遇；艺术教师组织、辅导课外活动也应合理计入工作量。

五、优化资源，改善艺术教育教学条件

首先，要加大对学校艺术教育的经费投入，配齐艺术课教育器材，加强学校艺术教育专用教室和场馆的建设，不断改善艺术教育的设备条件，确保学校艺术教育工作的开展。要在办学经费中保障用于改善艺术教育设备设施、添置和更新消耗性器材、举办校园艺术活动等经费。要按照相关规定，检查本地本校的艺术教育设施、设备、器材的达标情况，及时查漏补缺，添补有关器材设备，并结合校舍改造、扩建工程等项目，积极创造条件配置音乐、美术专用教室。学校要管好、用好艺术专用教室和有关器材，提高使用效益。县级教育行政部门要在当地政府的规划、协调下，把艺术教育纳入推进义务教育均衡发展的有关项目之中，切实改善艺术教育教学条件。

其次，要充分利用现代信息技术手段缓解中小学校，特别是农村学校艺术教育资源的不足。中小学校应根据课堂教学和课外活动的需要，提供便利条件，支持、鼓励、辅导艺术教师用好教学光盘等多媒体设备，用好农村远程教育网资源，并根据本地实际，不断丰富网络艺术教育资源。

最后，要积极整合社会艺术教育资源，依托社会文化场所免费或优惠开放的相关政策，充分开发利用地方和社区的艺术教育资源，丰富学校艺术教育的内容和形式。鼓励、支持开发具有本地特色的艺术教育资源，充分利用博物馆、剧院、音乐厅、园林、图书馆等文化艺术活动场所，开展学生艺术活动，丰富学校艺术教育的内容和形式。

六、加强管理，完善艺术教育保障机制

建立健全学校艺术教育管理机构，不断提高学校艺术教育的管理水平，确保学校艺术教育政策法规的落实，是保证中小学校艺术教育快速健康发展的重要条件。因此，要进一步加强中小学校艺术教育的管理，完善艺术教育保障机制；加强对学校艺术教育的管理，完善艺术教育保障机制。各级教育行政管理部门要有管理艺术教育的相关职能部门和人员。教育行政部门和教研部门之间要相互协调、配合，建立科学、有序、高效的管理机制。要充分发挥各级艺术教育委员会、教育学会所属艺术学科专业委员会等社团机构的人才资源优势，

提高艺术教育水平；要进一步加强学校艺术教育法规建设，加强艺术教育的督导工作。各级教育督导机构要把艺术教育列为教育督导评估工作的重要内容，通过各种形式的督导，督促地方政府、教育行政部门和学校全面贯彻教育方针，自觉推进美育和艺术教育，全面实施素质教育。

附：辽宁省艺术教育发展大事记

2010年7月7日，沈阳音乐学院南校区首届"艺术教育希望工程"的22名毕业生离开学校，他们返回建昌、凌源、法库的家乡，去帮更多的农村孩子圆艺术梦。2006年，沈阳音乐学院南校区启动了"艺术教育希望工程"，以偏远山区特困农民和乡镇贫困职工子女为招生对象，每年招收20人，学制四年，免收学费及住宿费。学生毕业后到指定的农村、乡镇小学义务教学两年。

2010年11月6日，2010年辽宁省"高雅艺术"专场音乐会进校园活动走进大连工业大学举行专场演出。来自沈阳音乐学院大连校区交响乐团的师生们为大连工业大学师生倾情演奏了《轻骑兵进行曲》、《二泉映月》、《天鹅湖》组曲和《雷电波尔卡》等世界著名曲目。

2010年12月17日，人民美术出版社与鲁迅美术学院共同邀请辽宁省从事艺术教育专业的专家、学者，在鲁迅美术学院召开人民美术出版社辽宁省艺术教育专家委员会成立大会。

2011年3月30日，"2011年辽宁省高校艺术教育艺术展演活动和高雅艺术进校园"工作会议在辽宁工会大厦召开。

2011年5月14日，"高雅艺术进校园"系列活动——辽宁芭蕾舞团大连理工大学软件学院专场演出在软件学院体育馆隆重上演。

2011年5月，高雅艺术进校园系列活动——辽宁民族乐团应邀走进大学校园，分别于5月9日在东北大学、5月19在沈阳农业大学、5月24日在沈阳建筑大学进行了三场公益演出。

2011年6月13日，沈阳音乐学院南校区开始对首批"艺术教育希望工程"毕业学生进行回访。此次回访源于从2006年9月16日第一批艺术教育希望工程班的22名学生走进沈阳音乐学院南校区。这22名学生毕业后，除一人参与了国家的"三支一扶"，其余21人到了辽宁省内9个城市的农村中小学支教，第一批毕业生正在实践着他们对学校的承诺，在省内多所农村中小学已经支教一年，无一人掉队，绝大多数人所在的学校位置偏远、条件艰苦。

（作者：元文礼，辽宁社会科学院社会学所）

第三编

辽宁文化产业发展报告

第八章　辽宁新闻出版业发展报告

"十一五"期间，新闻出版业呈现出大改革、大发展、大变化、大跨越态势，初步探索出了一条中国特色新闻出版业科学发展之路。2010 年，辽宁新闻出版业深入贯彻落实科学发展观，紧紧围绕省委、省政府的中心工作，积极推进体制改革、促进产业发展、构建公共服务体系、实施科学监管，全面推进新闻出版工作，在各方面都取得了新的成效。总体而言，新闻出版业的重点工作和重大改革事项有了新的突破。

第一节　辽宁新闻出版行业概述

2010 年是全面落实《新闻出版业"十一五"发展规划》的收官之年，在省委、省政府的领导下，辽宁新闻出版业深入贯彻落实科学发展观，不断深化新闻出版体制改革，相继出台一系列扶持新闻出版产业发展的政策措施，辽宁新闻出版产业呈现了"企业活力迸发、产业结构优化、经济效益提升"的良好发展态势：全年实现总产值 988 亿元，比上年增长 16.95%；全年实现增加值 266 亿元，比上年增长 18.22%，占全市生产总值比重 1.58%。

一、把握行业导向，营造新闻出版业繁荣发展的舆论环境

2010 年，辽宁新闻出版业从维护国家利益的高度出发，时刻把坚持正确导向放在首位，进一步增强坚持正确导向的自觉性、坚定性，确保舆论安全，为经济社会发展提供良好舆论环境；时刻分析掌握舆论传播特点，处理好舆论开放与舆论管理之间的关系；着力加强和改进出版物市场监管，用主流出版物、主流舆论占领市场、引导读者；推动新闻出版行业发展，通过发展来壮大主流媒体实力，扩大主流渠道影响，放大主流舆论声音；重视并鼓励网络出版、手

机报等新型出版业态发展，使网络等新型媒体成为拓展舆论引导空间的有效平台；紧紧围绕中央和省委、省政府中心工作开展舆论宣传，重点为贯彻落实中央和省委、省政府关于扩大内需，促进增长的决策部署做好服务，积极提供思想舆论支持。

二、新闻出版业体制改革深入，行业竞争力提升

2010 年，辽宁新闻出版业继续实行集团化发展战略，着力培育大型出版企业，重点支持辽宁出版集团、辽宁日报传媒集团、辽宁党刊集团等大型企业做大做强。2010 年，辽宁出版集团参与出版发行单位的股份制改造和资产整合。以北方联合出版传媒（集团）股份有限公司为例，全年出版重点图书 336 种，占全年出版新书的 20%，42 种图书申报了国家出版基金，39 种图书申报国家"十二五"重点图书规划；辽宁美术出版社的《中国建筑史家十书》、《中国全景画全集》，辽海出版社的《中国古代曲谱大全》、《中国历代碑志文话》，辽宁科技出版社的《中国建筑地图》、《中国好设计》，辽宁少儿出版社的《儿童启蒙必读丛书》，春风文艺出版社的《小猪唏哩呼噜》，万卷出版公司的《国情备忘录》等一批重点图书和重点选题进入运营阶段，全年销售 1 万册以上图书 693 种，占出版图书的 17%，5 万册以上图书 48 种，10 万册以上图书 48，全年有 20 余种图书分别进入各种畅销书榜，图书再版率较 2009 年显著提升。

此外，经国家出版基金评审专家组评审并报国家出版基金管理委员会批准，辽宁有 6 部图书被列入 2011 年度国家出版基金拟资助项目，创造了辽宁新闻出版业的最好成绩。它们是辽宁人民出版社的《为了理想——党史文物中的风云岁月（修订版）》、北方联合出版传媒（集团）股份有限公司辽海出版社分公司的《中国共产党奋斗进取的九十年》、大连海事大学出版社的《中国海上维权法典——国际海事公约篇》、东北财经大学出版社的《当代财经管理名著译库》、辽宁科学技术出版社有限责任公司的《林木有害生物识别与防治图鉴》、大连理工大学出版社有限公司的《高性能计算技术及自主 CAE 软件出版工程》。

三、建立健全新闻出版业公共服务体系

2010 年辽宁高标准、高质量地完成农家书屋工程建设。农家书屋工程是"十一五"期间在全国实施的五项重大公共文化服务工程之一，辽宁省委省政府将农家书屋工程作为一项重点民生工程落实。自 2008 年以来，辽宁积极开展农

村书屋建设工程，积极协调落实工程资金，先后投资 2.3 亿元于 2011 年初完成了覆盖全省 11762 个行政村、惠及 3000 余万农村人口的农家书屋工程，比原计划提前了 5 年，成为全国 4 个提前全面完成农家书屋工程建设任务，率先实现"农家书屋村村有"的省份之一，农村书屋藏书量达到每村 1500 册以上，让农民群众从农家书屋建设中得到更多的实惠。此外，以"农家书屋"工程为契机，"三农"图书出版工作稳步提升。

近几年，我国"三农"图书年出版品种数在 3000 多种。其中，沈阳出版社策划出版了"构建和谐新农村"系列丛书，旨在提高农民群众科学技术素质，丰富农民文化生活，推动和谐新农村全面发展。全书共 132 册，目前已出版 80 余册，极大地丰富了广大农民群众的文化生活。此外，辽宁深入组织开展全民阅读活动，推动全民阅读活动与农家书屋工程建设结合起来，积极开展"辽版图书进校园"活动，向广大青少年推荐适合青少年阅读的优秀书目，通过开展全民阅读活动，带动文化消费，拉动产业发展。

四、新闻出版业监管机制不断完善

2010 年，在新闻出版改革不断深化、新闻出版业发展步伐不断加快的新形势下，辽宁新闻出版业在各级党委、政府的正确领导下，大力加强新闻出版行业监管工作，取得了很好的成效。

辽宁新闻出版业努力构建科学有效、封闭完善的新闻出版监管体系，为新闻出版业健康有序发展提供保障。在省委、省政府的统一部署下，"扫黄打非"工作取得新的进展，各地纷纷加强监管力度，严厉打击新闻出版违法活动，为新闻出版业的健康发展创造了良好的环境。沈阳市开展打击侵犯知识产权和制售假冒伪劣商品专项行动，清理检查各类文化市场经营场所及印刷、复制企业9824 余家次，取缔清理无证店档摊点和游商走贩 320 个（次），收缴各种非法出版物 37 万余件，涉案价值 130 余万元。大连市开展打击侵犯知识产权和制售假冒伪劣商品专项行动，对音像制品、书报刊、电子出版物经营单位、出版物集中经营场所和印刷复制企业进行了全面检查，捣毁违法音像制品窝点 1 个，地摊游商 85 处，收缴非法出版物 123254 盘（张），图书等非法出版物 600 余本。营口市打击侵犯知识产权和制售假冒伪劣商品专项行动，收缴各类侵权盗版出版物 1.6 万多件，其中，盗版音像制品 8500 多盘（张），非法盗版书刊 7000 多册，盗版软件 620 盘（张），查处违法案件 3 起，取缔无证音像店 2 家，取缔流动经销盗版图书摊点 6 个，吊销《音像制品许可证》1 家。铁岭市开展打击侵犯知识产权和制售假冒伪劣商品专项行动，累计共检查书刊经营单位 220 家次，音像制品经营单位 98 家次，收缴盗版书刊 1378 册，盗版教辅 570 册，盗版音像制品 4450 盘，取缔无证经营单位 1 家，处罚违规经营单位 3 家。抚顺市开展打击侵权盗版"亮剑"专项行动，累计缴盗版光碟 7000 余张、淫秽光碟 300 余张。

五、新闻出版业人才队伍建设成绩突出

2010 年，辽宁新闻出版业出版专业人才队伍的建设成绩突出。辽宁新闻出版局在全省范围内组织新闻出版从业人员继续培训工作，通过组织各级各类新闻出版专业人员培训班提高新闻出版从业人员的整体素质，并取得了良好效果。2010 年，省新闻出版局除主持新闻出版人员职称评定工作外，还举办各级、各类行业培训，先后举办新闻全省新闻采编人员资格培训班、期刊社社长及主（总）编培训班，对新闻出版从业人员进行专业培训，提高从业人员素质，为建设一直高水平、高素质的新闻出版业人才队伍奠定了基础。此外，出版专业技术人员登记注册工作有条不紊地开展，辽宁出台了相应的规章制度及操作规程，登记工作措施得力，稳步推进，登记注册结果底细清楚数据翔实，档案完整，在全国范围内起了良好的模范作用，受到新闻出版总署的好评。

第二节　辽宁新闻出版行业政策分析

2010 年，辽宁新闻出版行业深化体制改革，继续实施"走出去"战略，产业实力不断提升。加强新闻出版监管体系的建设，加大监管力度，规范市场管理。推进新闻出版行业道德建设，构建出版发行行业诚信体系，为辽宁新闻出版业的健康发展创造了有利条件。

一、新闻出版"走出去"战略

2010 年，国务院新闻办公室、新闻出版总署为贯彻落实党中央、国务院关于中国文化"走出去"战略共同实施一个重要项目——"中国图书对外推广计

划"，该计划是国家"十一五"时期文化发展规划纲要的重要工程之一，也是"十二五"时期中国文化"走出去"的重要工作。版权输出数量快速增长，贸易逆差不断缩小，2010 年全国版权输出数量在 5000 种左右，版权引进与版权输出之比为 3：1 左右。新闻出版业进入欧美主流市场的中国图书逐渐增多，《于丹〈论语〉心得》、《狼图腾》等畅销书均以多种文字发行，中国图书开始进入国际畅销书市场；新闻出版业开始绝版高端国际书展，中国主宾国活动亮点纷呈；新闻出版物实物出口稳步增长，汉语教材出口快速增长。2010 年，全国出版物进出口经营单位累计出口图书、报纸、期刊、音像制品、电子出版物1079.1 万册（份、盒、张）合计 3690.5 万美元，出版物已进入世界 190 多个国家和地区。

数字出版产品出口势头强劲，发展前景十分广阔，2010 年我国网络游戏出口突破 2 亿美元，期刊数据库的海外付费下载收入近千万美元，电子书海外销售收入达 5000 万元人民币；印刷服务出口产值逐年增加，出口顺差明显，成为我国出版"走出去"的一大亮点。新闻出版企业在"走出去"中担当重任，市场主体地位日益巩固。"十一五"期间，随着出版体制改革的深化，新闻出版企业逐渐成为"走出去"的市场主体；新闻出版"走出去"战略的形式不断创新，新闻出版企业以开拓创新的精神，不断探索适合自身的"走出去"的方式和途径，新闻出版资本"走出去"开始布局；新闻出版"走出去"的地域不断拓展，国际营销网络逐渐建立，台港澳地区和韩国、日本、新加坡等亚洲地区以及欧美国家我国大陆版权输出稳步增长，开始迅速增长；新闻出版"走出去"战略的人员素质逐步提高，人才队伍日渐壮大，新闻出版总署通过"请进来"、"走出去"等各种方式，开展了"走出去"专门人才培训，举办国际高层出版论坛，取得了较好成效。

二、强调新闻出版监管体制建设

新闻出版业的健康发展，离不开完善的监管体制建设。建立健全新闻出版监管体制是将辽宁新闻出版业做大做强的当务之急，这一监管体制的建设需要政府、企业、市场的多方参与，新闻出版政府部门要积极转变政府职能，因地制宜地制定规章制度，企业要强化自身建设，培育健康的市场体系，才能使辽宁新闻出版业蓬勃发展。

第一，积极转变政府职能。各级新闻出版主管部门要加快转变政府职能，实行政企分开，履行经济调节、市场监管、社会管理、公共服务职能，建立以资产政策、财税政策、人力资源政策、新闻出版资源分配政策和投融资政策等为主要内容的新闻出版宏观调控政策体系，简化行政审批制度，推行政府信息公开，加大"扫黄打非"和版权保护工作力度，为新闻出版业的发展营造良好环境。

第二，加强新闻出版法律法规体系建设。辽宁应根据省情，根据《出版管理条例》、《网络出版管理办法》、《进口出版物备案管理办法》等相关规章制，因地制宜地制定适合本地区的新闻出版规章制度，为新闻出版业的发展奠定坚实的法制基础。在全省范围内开展新闻出版法律法规宣传工作，普及新闻出版法律常识，为新闻出版业的发展奠定良好的群众基础。

第三，强化新闻出版企业内部监管。新闻出版企业是新闻出版业健康发展的主体，要积极引导和支持新闻出版企业按照国家新闻出版的法律法规制定企业的内部规章制度，规范企业和企业员工的行为。既要积极引导，又要严格监管，通过宣传教育不断强化企业建设，增强管理和服务能力。政府部门要加强动态监管，对新闻出版企业扰乱市场秩序的非法经营活动予以严厉查处。

第四，积极培育健康发展的新闻出版市场体系。辽宁要培育统一的新闻出版市场，建立以大城市书城为中心，中小城市实体书店为基础，农村服务网点为依托，网上书店为补充，贯通城乡的新闻出版发行服务体系和便民网络。在政策允许的范围内引导新闻出版企业整合资源、融资上市，实现资本市场与新闻出版资源的有效对接，逐步建立新闻出版人才、信息、技术、版权等要素交易平台，建立健全资产评估体系、产权交易体系，积极引导新闻出版市场健康、有序地发展。

第三节　辽宁新闻出版行业的产品与服务

2010年，辽宁新闻出版行业不断完善公共文化服务体系，推出农家书屋工程、纪念建党90周年图书出版工程、"三农"图书出版工程，多出好书，多出精品，丰富文化市场，提升新闻出版行业的服务能力，扎实推进产业建设。

一、农家书屋建设工程

辽宁省把农家书屋建设当成加强农村文化阵地建设的大事来抓，省委、省政府先后投资 2.3 亿元进行农家书屋建设。截止 2010 年底，全省 14 个市所属 11762 个建制村都建成农家书屋，每村 1500 册以上，惠及 3000 余万农村人口。辽宁省成为全国四个提前全面完成农家书屋工程建设任务、率先实现"农家书屋村村有"的省份之一，让农民群众从农家书屋建设中得到更多的实惠。

值得一提的是，辽宁省大连市在农家书屋工程建设中把少数民族村作为重点，优先考虑，加大投入。截至 2010 年年底，全市 134 个少数民族行政村（含涉农社区）已全部建成农家书屋。大连市各级财政、文化等部门共为少数民族行政村农家书屋配套资金 268 万元，采购各种图书、音像制品等出版物近 26 万册，为每个少数民族村农家书屋配送图书 1200 种、1500 册以上，基本上解决了大连市 25.6 万农村少数民族群众"买书难、借书难、看书难"的问题。根据实际需求，大连市每年按 1500 元标准为每个少数民族村农家书屋订阅报刊和更新图书。

为保证农家书屋真正让农民满意，辽宁请农业专家和农民代表开展农家书屋推荐书目的编制工作，参与农家书屋所需出版物供应商资格和备选目录的采购招标工作。经有关部门审核，辽宁各市为农家书屋采购的图书品种、数量、总价值，均达到或超过了国家新闻出版总署规定的农家书屋出版物配置标准和要求。今后还将继续保持对农家书屋的投入，每年每个农家书屋图书更新将在 20% 以上。

在实际工作中，对农家书屋进行制度化、科学化、规范化的管理尤为重要。目前，辽宁大部分农家书屋大多已经配备了专职或兼职管理人员，负责农家书屋的日常管理和维护工作。辽宁非常重视农村书屋的基础设施建设和制度建设，逐步加大对基础设施的资金投入力度，尚未安置室内固定取暖设施的农家书屋，要根据季节变化及时增设符合消防安全要求的临时性取暖设施，以保障书屋在冬季农闲时间能够正常开放。辽宁的农家书屋建设非常重视资源整合。调研发现，辽宁省鞍山市、营口市，结合实际、因地制宜、以点带面、稳妥有序地推动农家书屋与公共图书馆之间的"馆"、"屋"对接，并逐步实现藏书共享、流转和通借通还，进一步强化农家书屋藏书和设施的国有资产属性，建立资源丰富、管理规范、城乡共享的公共文化服务体系和公益性借阅服务网络，进一步整合了文化公共设施资源，在更广的层面上满足农村人口的文化休闲需求，更好地服务于新农村的文化建设。

2010年，辽宁贯彻落实新闻出版总署、国家邮政局《关于推动农家书屋和村邮站建设的通知》，正式启动了农村村邮站建设试点工作。首批村邮站示范点共有9个，其中5个示范点选在沈阳、大连两市已建有农家书屋且具备试点条件的行政村，采取村邮站与农家书屋共建的方式设立。12月7日，首家农家书屋和村邮站共建示范点在沈阳市铁西区彰驿站镇彰驿站村挂牌启用。农家书屋工程建设与村邮站建设的实施重点都在行政村，有利于发挥各自优势，进一步强化农家书屋的服务功能，实现两项工程的资源整合和优势互补，以实际行动支持和参与社会主义新农村建设。

二、专题出版工程

2009年是中华人民共和国60华诞，2011年是中国共产党建党90周年和辛亥革命100周年纪念，新闻出版总署组织策划了百种庆祝中华人民共和国建国60周年，庆祝中国共产党成立90周年和纪念辛亥革命100周年重点出版物，辽宁有多部图书入围改性重点出版物名录。

2009年是中华人民共和国60华诞，为展示60年来中国翻天覆地的变化，展示中国共产党领导国人民在革命、建设、改革中取得的伟大成就，辽宁开展了纪念新中国成立60周年图书出版工作，精品力作层出不穷。中宣部、新闻出版总署确定的庆祝新中国成立60周年百种重点图书目录中，辽宁人民出版社的《中国农村建设60年》、《东方红——开国大典的历史瞬间》选题入围，在地方出版社中入选数量最多。在庆祝新中国成立60周年百种重点图书中，辽宁人民出版社的《中国执政党建设史》、辽宁民族出版社的《中国少数民族文物图典》、辽宁科学技术出版社的《共和国颂——献给中华人民共和国成立六十周年》、春风文艺出版社的《航天之父——钱学森》4种入选。辽宁新闻出版业还组织了《辉煌60年——我爱家乡辽宁》等20多种图书选题，从不同方面、不同角度反映新中国成立60周年以来辽宁发展建设的光辉历程。

2011年是中国共产党建党90周年、辛亥革命100周年，为了使广大干部重温中国共产党不懈奋斗、艰辛探索和奋勇前进的光荣历史与伟大成就，辽宁新闻出版业向全社会推介一批反映中国共产党90年光辉历程，具有较高思想水平和艺术水平的优秀出版物，在图书市场上形成了一股红色冲击波，为广大读者提供了一次庆祝建党 90 周年和纪念辛亥革命 100 周年的阅读"盛宴"。值得一提的是，中央宣传部、新闻出版总署根据全国图书出版情况制定了《庆祝中国共产党成立 90 周年 200 种优秀书目》，我省共有 2 种图书入选，分别是辽宁人民出版社出版的《中国改革开放 30 年》和辽海出版社出版的《中国共产党奋斗进取的九十年》。

三、"三农"图书出版工程

农家书屋的建设带动了"三农"图书出版工作的蓬勃发展，自 2008 年起，辽宁省新闻出版局立项的"金色乡村"出版工程已全面启动，根据辽宁省 14 个市的不同地域、不同特点，每市将出版一本面向当地农民的生产、生活实用宝典，为广大农民提供科学知识和致富信息。2008 年，"金色乡村"出版工程首部图书《辽宁农民致富宝典》出版后，受到各级组织、部门和农民朋友的欢迎。2010 年，省新闻出版局进一步丰富和完善了"金色乡村"出版工程的各项目标和任务，并面向省内出版单位征集选题承接单位。经过初步论证，确定了"金色乡村"出版工程选题 4 种，分别为：辽宁人民出版社出版《辽宁农民致富速算宝典》、万卷出版公司出版《辽宁农民医疗宝典》、辽宁教育电子音像出版社《辽宁农民务工宝典》、辽宁音像出版社《辽宁农民创业宝典》。上述四个选题确定后，出版单位将本着突出地域性、实用性、科学性的原则，借鉴《辽宁农民致富宝典》的编写经验，集中力量组织出版适合辽宁农民需要的图书。该系列图书计划 2010 年内出版。

此外，为了进一步推进农家书屋的而建设与管理，辽宁新闻出版局开展了"书香新农村"系列宣传活动，深入基层进行历时四个月的宣传报道，促进和推动了社会主义新农村建设和新农村文化建设的发展。

第四节　辽宁新闻出版行业竞争格局

"十一五"期间，辽宁新闻出版行业竞争格局呈现出新的特点。一方面，面对激烈的市场竞争，新闻出版企业积极探索提升自身竞争力的新路径，大型新闻出版企业跨地区、跨行业重组逐渐成为新的趋势；另一方面，信息化时代数字出版产业链运营机制初见端倪。

一、新闻出版业跨区域、跨行业重组成为趋势

长期以来，由于我国各省（区、市）新闻出版部门均衡设置、同构布局，造成了实际上的区域封锁和市场分割，严重制约了文化产业和大型新闻出版企业的跨区域发展。"十一五"期间，随着文化体制改革的不断深入推进，新闻出版企业转变经营机制，进行组建集团、转企改制、股份制改造等一系列改革，一大批实力雄厚的新闻出版企业涌现出来。新闻出版业竞争格局悄然形成，强强联合、优势互补成为国际新闻出版界的大趋势，新闻出版企业只有联合重组，发挥优势，才能在激烈的市场竞争中立于不败之地。近年来，新闻出版企业跨地区经营逐渐成为新的发展趋势。新闻出版企业顺应时代潮流积极谋求上市，跨地区、跨行业发展，一批实力雄厚、竞争力强的新闻出版企业逐渐做大做强，在行业内起到领军作用。可以预见，大型新闻出版企业进行跨地区、跨行业重组后，地域垄断的坚冰将逐步被打破、消融，全新的出版业竞争格局正在形成。

2010 年 11 月 5 日，北方联合出版传媒（集团）股份有限公司分别与天津出版传媒集团有限公司、内蒙古新华发行集团股份有限公司签署股权合作协议，这是我国出台《关于进一步推进新闻出版体制改革的指导意见》后，中国出版业国有独资、国有控股出版发行企业与出版上市公司之间的首次跨地区合作。据悉，三方合作后，将重点打造出版、发行一体化产业链，提高整体抗风险能力、竞争能力和赢利能力；通过强化主业创新战略、体制机制创新战略、科技创新战略、人才发展战略，建构新的产权结构、资本结构和治理结构，实施规模化、集约化、专业化、效益化发展。此举充分发挥了市场在资源配置中的基础性作用，打破了地区封锁障碍，实现了跨地区合作，为进一步整合优化新闻出版资源，打下了坚实的基础，具有十分重要的示范意义。三方通力合作，共同努力，为新闻出版业跨地区、跨行业战略重组创造经验，为推动文化体制改革和文化产业发展作出贡献。

2010 年 5 月，《辽沈晚报》整体转企改制暨辽宁北方报业传媒股份有限公司成立仪式在沈阳举行。这标志着辽宁省晚报都市类报纸在采编、经营整体转企改制方面迈出实质步伐。在转企改制过程中，辽宁报业传媒集团将《辽沈晚报》编辑部、沈阳辽晚传媒广告有限公司经营资产、沈阳红马甲报刊发行物流配送有限公司发行资产、辽宁北国数字传媒有限公司股权及北国网资产从集团

剥离，并按照现代企业制度的要求，组建股份公司。整体改制后，《辽沈晚报》将进一步完善法人治理结构，建立健全适应现代报业发展的现代企业制度，以资本为纽带，进一步整合辽宁中部城市群晚报都市报资源，并以此次改制为契机，积极推动辽宁北方报业传媒有限公司在国内资本市场上市，以文化产业战略投资者的身份，适时地在新兴文化产业等方面开展股权投资；同时，充分发挥新的体制机制优势，着力实施"两合、五化、一集群"的发展战略，打造具有强大内容创新能力与资源整合能力，跨地区、跨媒体、跨行业发展的综合性传媒集群，推动集团成为国内领先的大型综合性报业传媒集团。

二、数字出版产业链运营机制初见端倪

数字出版是指利用数字技术进行内容编辑加工，并通过网络传播数字内容产品的一种新型出版方式，其主要特征为内容生产数字化、管理过程数字化、产品形态数字化和传播渠道网络化。目前数字出版产品形态主要包括电子图书、数字报纸、数字期刊、网络原创文学、网络教育出版物、网络地图、数字音乐、网络动漫、网络游戏、数据库出版物、手机出版物（彩信、彩铃、手机报纸、手机期刊、手机小说、手机游戏）等，数字出版产品的传播途径主要包括有线互联网、无线通讯网和卫星网络等，由于其海量存储、搜索便捷、传输快速、成本低廉、互动性强、环保低碳等特点，已经成为新闻出版业的战略性新兴产业和出版业发展的主要方向。[①]

随着数字技术、网络技术的普及和应用，以数字出版为代表的新业态成为新闻出版业新的业态和趋势。数字出版产业将逐步成为新闻出版业的支柱产业。据统计，2010年我国数字出版产业总收入突破千亿元大关，成为新闻出版业新的经济增长点。新闻出版"十二五"规划对数字出版亦做出明确规定，明确了未来五年数字出版的发展目标，力争到"十二五"期末，我国数字出版总产值达到新闻出版总产值的25%，在全国形成10家年产值超百亿元的国家产业数字基地和产业园区，建成5—8家书报刊和音像电子出版物的海量平台，形成20家年主营业务收入超过10亿元的数字出版骨干企业。

数字出版是新闻出版业发展方式转变的重要方向，也是新闻出版业产业升

---

① 《关于加快我国数字出版的若干意见》，http://data.chinaxwcb.com/zgcb/bktg/201011/7205.html

级的必由之路，代表着新闻出版业发展的未来。数字出版产业将在"十二五"期间实现新的跨越式发展。

第五节　辽宁新闻出版行业发展趋势

2011 年是"十二五"规划的开局之年，辽宁新闻出版业将继续以高昂的姿态向前迈进。辽宁新闻出版业将以建立健全监管机制、深入推进体制改革、促进产业发展、建设公共服务体系、加强人才队伍建设为目标，采取切实可行的措施，促进新闻出版业快速发展，为振兴辽宁老工业基地贡献力量。

一、健全机制，提高监管水平

"十二五"期间，辽宁新闻出版业要进一步健全"内容、单位、队伍、市场"四位一体的新闻出版监管机制，强化出版物内容和导向管理，加强对新闻出版单位的管理，全面规范新闻记者队伍管理，做好版权执法和社会监管工作，加大"扫黄打非"工作力度，切实加强出版物市场管理，严肃整治文化市场和新闻出版行业秩序。

一方面，进一步完善新闻出版管理规章制度，构建科学有效的监管体系和出版市场监管长效机制，加强出版物市场监管，加大版权保护和"扫黄打非"各工作力度，净化新闻出版产业环境。另一方面，强化行业道德建设，构建出版发行行业诚信体系。在全行业开展诚信宣传教育，提高业内法律意识和诚信意识提高出版企业的信用风险防范和自我保护能力；建设完善的信用服务体系和失信惩戒机制，建立出版发行企业诚信档案和数据库；加强市场监管力度，培育出版物市场长效监管的各项工作，严厉打击各类违法违规行为；加强企业文化建设和品牌建设，树立良好的市场形象；鼓励有实力、讲信誉的企业跨地区兼并重组，尽快改变发行资源分散、竞争水平低下的状况，为诚信体系建设提供良好的产业环境。

二、深入推进新闻出版业体制机制改革

"十二五"期间我国将进一步深化新闻出版体制改革，深入推进新闻出版企

业体制机制改革工作。

"十二五"期间，辽宁将积极推进新闻出版业体制机制改革向纵深拓展。第一，积极推进非时政类报刊出版单位体制改革，力争开创新局面，这是"十二五"期间新闻出版业体制改革的重点。深入基层，研究制定更加有利于非时政类报刊出版单位体制改革的具体政策和实施细则。第二，深化出版单位体制改革，进一步完善法人治理结构，建立现代企业制度。第三，加大力度培育新闻出版行业重点企业。政府给予相应的政策倾斜，支持着力培育大型出版企业，重点支持辽宁出版集团、辽宁日报传媒集团、辽宁党刊集团、北方传媒集团等大型新闻出版企业做大做强。第四，加快出版物发行体制改革。打造省内新闻出版物的物流网络，建立以大城市书城为中心、中小城市中小书店相配套、农村连锁网点为依托、贯通城乡的发行服务体系和产业物流网络。第五，积极引导非公有制新闻出版企业参与行业建设，加强监管。第六，推进报刊出版单位分类改革，加快印刷事业单位转企，推动完成转制后的经营性新闻出版单位继续深化改革。

三、大力推进新闻出版产业发展

"十二五"期间，新闻出版业推进新闻出版产业集团化、基地化、园区化建设，提高产业聚集度。

第一，实施重大项目带动战略。通过实施中华字库、新闻传输平台、数字复合出版系统、数字版权保护、大型物流中心建设、"经典中国"国际出版、绿色和数字印刷等一批具有战略性、引导性和带动性重大项目，加速推进产业和产品升级。加大对重大项目建设的投入、监督和指导，形成重大项目带动产业发展新格局。第二，调整产业结构。要加快新闻出版产品结构、企业结构、所有制结构、区域布局结构、消费结构等结构调整，健全新闻出版产业体系；要进一步推动传统新闻出版业数字化转型；发展快捷高效的数字印刷技术；要进一步培育大型企业，鼓励跨区域跨行业跨媒体跨所有制经营和重组，支持和推动有条件的企业上市融资，实现新闻出版资源向优势企业集中。第三，积极开拓新兴业态。积极发展数字出版、网络出版、手机出版、数字印刷等以数字化内容、数字化生产和数字化传输为主要特征的战略性新兴新闻出版业态；推动数字出版、数字印刷等新技术新产品新装备研发，提高新闻出版产品的科技含量；要以原创创意为重点，加快发展民族动漫游戏产业，大力扶持以互联网和手机等为主要传播渠道的动漫游戏产品的研发。第四,加强产业基地建设。要加快建设一批以传统出版、数字出版、版权创意、印刷复制、物流体系等为重点的国家新闻出版产业基地。

四、全面加强新闻出版公共服务体系建设

"十二五"期间,辽宁立足民生,加快建设新闻出版公共服务体系建设,努力完善新闻出版业的公共服务功能,建成覆盖城乡、纵深发展新闻出版公共服务体系。

新闻出版业公共服务体系建设应从供给体系、网络体系、重点工程、资源平台和保障体系等方面进行。第一,构建新闻出版公共服务供给体系。要从满足人民群众的基本文化需求出发,加大新闻出版产品和服务供给总量,支持民文出版、"三农"出版、盲文出版以及面向未成年人、进城务工人员等特殊群体的出版活动。第二,构建新闻出版公共服务网络体系。要坚持面向全社会,重点照顾农民、城市低收入居民、残疾人、老年人、进城务工人员、农村留守儿童等特殊群体,加强和完善读书看报的基层服务网点建设,实现公共服务网络体系覆盖全省。第三,建设新闻出版公共服务重点工程。积极推进农家书屋工程、全民阅读工程、少数民族新闻出版"东风工程"、重大出版工程、盲文出版工程等重点工程,从根本上保障人民群众基本文化权益。第四,建设新闻出版公共服务资源平台。建立数字出版公共资源集成服务平台,推进新闻出版资源数字化;要利用互联网、手机、各种移动阅读器等新渠道新载体,实现数字内容资源共享。第五,建设新闻出版公共服务的保障体系。系政府部门根据省情梳理和完善经济政策,切实使公共服务体系建设得到长期保障,培养专业服务人才,保证公共服务项目的有序开展。

五、加强新闻出版队伍建设

"十二五"期间,新闻出版业人才队伍建设尤为重要。要认真贯彻落实《深化干部人事制度改革规划纲要》,抓好新闻出版业"十二五"时期人才发展专项规划的组织实施。要进一步深化干部人事制度改革,统筹推进新闻出版系统领导班子和干部队伍建设,加强和改进干部教育管理培训工作。要紧密结合创先争优活动,大力推进学习型领导班子和学习型党组织建设,加强理论武装,健全考评督导机制、组织功能强化机制、党群共创联动机制,提高新闻出版系统

党建科学化水平；按照《新闻出版总署精神文明建设纲要》要求，以行业诚信体系建设为重点，切实推进新闻出版业精神文明建设，加强党的政治纪律教育，严明新闻出版纪律；要加强新闻出版项目监督检查，健全长效监督检查机制；要加强新闻出版行风建设，切实解决群众反映强烈的突出问题；要加强新闻出版改革中反腐倡廉建设，确保新闻出版业改革发展健康有序进行。要加强廉政文化建设，推动廉政文化产品的创作生产。①。

（作者：江楠，辽宁社会科学院科研处）

---

① 《认真学习贯彻"七一"重要讲话精神 继续全面深化新闻出版体制》，http://data. chinaxwcb. com/zgcb/bktg/201108/13599. html

第九章　辽宁广播电视业发展报告

广播电视产业是传媒产业群的一个重要产业部门，它是以生产、传输、销售信息为主要活动内容的信息产业群的子产业。目前，广播电视事业仍在飞速发展。通信和广播卫星、电缆电视、图文电视等新型传播媒介，在发达国家逐步普及。立体声和多伴音电视、卫星直播高清晰度电视初露端倪。广播电视正在从传播一般性新闻报道和娱乐节目，向社会生活的各个领域深入，向更多的品种和专门化的方向发展。这给辽宁广播电视事业的发展带来了新的挑战。

第一节　辽宁广播电视业行业概述

2010 年，全省广播电视圆满完成七届五中全会精神宣传的重大任务。全面准确地宣传十七届五中全会精神，"两会"报道视角独特，"世博辽宁活动周"、"生态辽宁"、"信用辽宁"宣传贯穿全年，郭明义宣传影响深远；"红诗辽宁"活动振奋人心，《红诗唱响辽宁》大型文艺晚会广受好评，辽视春晚、新年音乐会叫响全国，"文化下乡"活跃基层；外宣工作增光添彩，累计在央视《新闻联播》发片 500 余条，全国排名第三。

一、重大宣传成效显著

2010 年是"十一五"的收官之年，也是全省广播影视工作取得显著成绩的一年。在省委、省政府的正确领导下，全省广播电视战线紧紧围绕全省工作中心，全面贯彻落实科学发展观，按照"高举旗帜、围绕大局、服务人民、改革创新"的总要求，把握正确导向，提高节目质量，繁荣影视文艺，确保安全播出，依法强化管理，锐意推进改革，加快事业发展，增加经营创收，切实加强干部队伍建设，推动广播影视又好又快发展，为老工业基地全面振兴、构建和谐辽宁营造了良好的舆论氛围和文化环境。

全面宣传党的十七届五中全会精神，精心组织省和全国"两会"、全省经济平稳较快发展、辽宁沿海经济带及沈阳经济区建设、上海世博会辽宁周等重要会议、重要工作、重点活动的报道，确保了重大宣传任务圆满完成。辽宁省新年音乐会、春节晚会质量明显提高、影响力不断提升。"红诗辽宁"群众性诗歌咏诵活动，广播电视发挥了重要作用。不断加大对外宣传力度，扩大辽宁在全国的影响力。

二、广播影视产业快速发展

2010年，全省广播影视系统经营创收49.38亿元。全省广播电视有线网络收入达到16.28亿元。辽宁广播电视台经营收入18.09亿元。北方联合影视集团的银都大厦实现收入618.5万元，银泰影城全年完成收入近700万元，北方院线今年签约加盟影院共计完成票房3.2亿元，在全国院线中排名第十位，继续保持前列。

北方联合影视集团拍摄的电影《潘作良》荣获2010年中美电影节特别大奖"杰出社会贡献电影金天使奖"，拍摄的电影《钢的琴》获日本东京国际电影节最佳男主角奖并入围加拿大多伦多国际电影节竞赛单元，中国首部二人转故事片《贵妃还乡》被国家广电总局列为2010年第一批重点推荐影片片目并被央视8套收购。辽宁广播电视台制作的电视剧《永不回头》和抚顺电视台制作的贺岁片《相亲相爱》在央视8套黄金时段播出。2010年，辽宁省审查动画片29部2063集2.57万分钟，总产量排名进入全国前4名。辽宁省有4部国产原创动画片获"2010年全国优秀国产动画片"称号。

以广联视通为代表，进行跨行业合作的市场化行为走向成熟。移动多媒体广播电视（CMMB）覆盖辽宁省全部地级城市和部分县区。三网融合在大连试点进展顺利。辽宁广播电视台网络电视、广联视通、北斗星空数字电视传媒形成相辅相成、相互促进的广电新媒体发展模式。

三、公益性文化事业建设迅猛发展

继续推进广播电视"村村通"工程，实现20户以上已通电自然村村村通广播电视。完善巩固100万农户覆盖的广播电视信息资源共享工程成果。大力实施农村电影放映工程，2010年，全省放映农村公益电影14万场，观众达2000

万人（次）。积极推动全省城镇影院建设，全省 14 个地级市全部建成数字影院，全省城市院线已发展到 12 条、影院 59 家、银幕 277 块，全省影院票房收入突破 3.74 亿元，同比增长 60.5％。

加强基层党组织建设，开展了党建示范点创建活动和"讲党性、重品行、作表率"活动。加强廉政建设和行风建设，开展廉政示范教育、警示教育，强化行风评议。深入开展"杜绝虚假报道，增强社会责任，加强新闻职业道德建设"专项教育活动，切实增强做好广播电视新闻报道的责任感和使命感。

四、广播影视管理不断强化

强化宣传管理，加强播出审查和收听收看工作。2010 年共查处全省违规节目（栏目）50 余个。继续加强播出机构管理，努力实现由总量控制向结构优化转变。以互联网视听节目为重点，切实加强新媒体、新业态管理。继续开展境外卫星接收秩序整治活动，全省共出动执法检查人员 2000 余人（次），检查各类公共场所 400 余家，拆除、没收非法卫星地面接收设施 8000 余台（套），查处非法经销点 15 个。

紧紧围绕十七届五中全会、"两会"、春节等重要会议、节假日，全面启动总值班、宣传值班和安保值班三套值班体系，确保了安全播出万无一失。完善了广电安全播出应急预案、应急措施和全省广播电视信息预警平台。开展公共安全隐患大排查，及时整改安全播出隐患。2010 年，省传输发射中心安全播出 577.8 万小时、网络传输 130 万小时，广播电视安全播出、安全保障能力和公共服务水平得以显著提高。

第二节　辽宁广播电视业行业政策与目标

在进一步的发展中，辽宁广播电视业要把握正确导向，提高引导水平，确保安全播出，繁荣影视创作生产，加快事业产业发展，依法强化管理，锐意推进改革，加强队伍建设和人才培养，推动广播影视又好又快发展，着力营造推动科学发展、促进社会和谐的浓厚氛围，为辽宁省"十二五"时期发展开好局、起好步提供强大的思想保证、精神动力和舆论支持。

一、加快发展，大力推进宣传创新

2011 年有建党 90 周年、辛亥革命 100 周年、西藏和平解放 60 周年等重大宣传任务，广播影视系统要充分发挥广电宣传的主阵地作用，牢牢把握正确的舆论导向，全力以赴，统筹安排，唱响主旋律，着力提高引导能力和引导水平。要积极推进宣传创新，切实增强广播电视宣传的吸引力和感染力。要围绕重大宣传报道活动，加强和改进主题宣传、典型宣传、成就宣传。要结合深入宣传科学发展观，宣传好省委十届十一次全会和全省经济工作会议精神，为辽宁省保持经济平稳较快发展营造良好的舆论氛围。要坚持团结稳定鼓劲、正面宣传为主的方针，不断巩固壮大积极健康向上的主流舆论，引导全省把思想统一到党的十七届五中全会精神上来，把力量凝聚到实现"十二五"规划确定的目标任务上来。

二、把握正确导向，进一步提高舆论引导水平

2011 年，全省广播电视业精心组织好纪念建党 90 周年、辛亥革命 100 周年、西藏和平解放 60 周年以及汶川特大地震抗震救灾和恢复重建 3 周年、"两会"等重大活动宣传报道工作。二要创新宣传手段，增强新闻宣传的针对性、实效性和吸引力、感染力。三要坚持正确舆论导向，确保宣传基调上不出偏差，越是任务重任务多任务繁杂，越要头脑清醒，万无一失。

要提高舆论引到水平，一要精心编制好广播影视"十二五"规划，全面强化广播影视公共服务。二要加大投入，继续推进广播电视"村村通"工程向"户户通"发展，巩固完善文化信息资源共享工程。采取卫星、数字、无线、有线等形式扩大广播电视"村村通"覆盖，争取覆盖率达到 99%。通过数字化发展大力推进文化信息进村入户。三要提高质量，大力推进电影公益事业，全面实现全省农村公益电影放映和监管的数字化。四要启动十二届全运会广播电视采编播、传输发射等基础设施建设。五要尽快实施省广播电视塔周边改造工程。

三、积极实施精品工程，力求实现质的飞跃

内容生产是广播影视的核心竞争力。2010 年辽宁省的影视剧屡获大奖，国产电视动画片创作生产历史性进入了全国前四名。要在此基础上再接再厉，取得更好的成绩。要充分发挥辽宁地域文化优势，加强对全省广播影视剧立意、

题材的研究和引导，挖掘重点题材、好素材、好作者、好本子，集中精力抓好重点剧目的生产创作。要精办广播电视栏目，努力推出思想性、艺术性、欣赏性俱佳的品牌节目栏目，打造品牌频率频道。要深入开展节目创优经验交流和培训工作，提高全省广播电视节目整体水平，增强辽宁广电节目的竞争力。

四、大力发展产业，壮大广播影视实力

一要精心谋划好广播影视发展项目，做强做大北方广电传媒集团，建好广播电视媒体文化产业园。二要继续加快广播电视资源整合，完成全省县（市）、区及企业广播电视有线网络整合工作。三要加快生活娱乐报业发展。《城市生活信报》年内要分期分批整合全省资源，尽快占领东北三省生活娱乐报市场主体地位。四要做强做大影视产业。辽宁北方联合影视集团要实现电影制作、发行、放映一体化，抓出一批有影响的电影、电视剧，抢占影视市场。选择试点，建设一批县（区）数字影院，逐步发展电影院线，力争早日上市。

要加快文化信息资源共享工程进村入户工作的推进力度，大力推进广播电视数字化进程，加快设备更新改造步伐，积极推进重点城市有线电视数字化整体转换，积极开展移动多媒体广电产业运营工作，为全省高清电视发展奠定基础。要抓住有线网、通信网、互联网"三网融合"的机遇，积极拓宽广播影视新媒体业务，加快产业发展，创新产业形态，推动移动多媒体广播电视、手机电视、数字电视宽带上网等业务的应用。

五、确保广播电视安全播出安全传输，实现全年播出零差错

一要建立完善和严格执行广播电视播出三级审查制度、广播电视播出发射传输值班值守制度和广播电视安全保卫制度。二要进一步加强广播电视基础设施建设和保障维护，提高预警监测、指挥调度等技术保障能力，做好重要保障期安全播出和保卫工作。三要加强广播电视播出、发射、传输、保卫队伍纪律建设和作风建设，加强岗位管理，定期抽查、检查安全播出工作，定期进行全省范围内的安全播出大检查。

强化宣传管理，提高管理水平，要着力加强节目监听监看工作，全面推行节目监管，还要强化社会管理，巩固境外卫星电视传播秩序专项整治工作成果，加强广播电视广告播放管理、播出机构管理、新媒体新业务管理和社会影视制作经营机构管理。同时，还需强化行业管理，着力推进市县管理体制改革，完

善广电财税管理。要加强法制建设，推进党务、政务公开，提高全省广电管理部门的依法行政水平。

六、加强队伍建设，切实加强人才培养

一要从抓队伍建设入手，提高干部队伍素质和广电从业人员素质。要积极开展"创先争优"和"党建示范点"创建活动，深入开展"杜绝虚假报道，增强社会责任，加强新闻职业道德建设"专项教育活动。二要加强党风廉政建设，大力开展反腐败斗争。要总结党风廉政建设经验和教训，搞好教育，建好制度，管好干部，办好案件。三要创新人才体制机制。要建立完善广播影视人才培训、选拔使用、流动配置、激励保障机制，广招人才，造好人才，留住人才。①

第三节　辽宁广播电视业产品与服务

2010 年辽宁省在电影、电视剧、影视动画、纪录片创作生产方面取得很大成绩，今后几年要有新的繁荣和发展。广播影视剧创作生产的总体要求是：把握正确导向、推动创作生产，打造精品力作、促进全面繁荣。

一、大力促进广播影视剧产业繁荣发展

2010 年辽宁省电影生产有了很大的进展，全省共生产 7 部电影，辽宁电影制片厂制作生产的《潘作良》获中美电影节"杰出社会贡献电影金天使奖"，《贵妃还乡》在院线公映。全省电视剧产量稳中有升，质量稳步提高。全年立项电视剧 24 部，728 集，生产完成电视剧 13 部 414 集，其中《永不回头》在央视 8 套播出，《相亲相爱》填补辽宁省电视贺岁短剧空白并在央视连播 2 次，《女人当官》、《七侠五义》等在省级卫视播出并取得良好收视成绩。辽宁省的影视剧生产还有很大潜力和空间，也面临一些新的发展机遇，特别是电影创作生产的审批放低了门槛，立项和初审均可在省内完成。

---

① 李厚朴：《辽宁省广电局党组书记、局长李厚朴同志在全省广播影视工作会议上的讲话》（2011 年 2 月 23 日）

今后几年，要继续采取一些优惠政策，鼓励电影、电视剧创作生产机构的建立和发展，鼓励多种方式投资影视剧生产，强化对创作生产的引导，优化影视剧题材结构，做好管理与服务，促进影视产业繁荣发展。要把全力打造精品剧目作为重要任务，确保在省及全国"五个一"工程奖、飞天奖、华表奖评选中取得较好成绩。电视剧要重点抓好《中国地》、《工人大院》、《郭明义》等重点作品创作生产；电影要重点抓好《郭明义》、《二泉映月》的拍摄。要把握好影视创作生产的导向。要在打造社会效益与经济效益相统一、文化价值与市场价值相统一、传统文化与现代文明相协调的精品佳作上下工夫，克服那种只讲大众化不讲化大众，只讲视觉冲击不讲思想启迪，只讲有意思不讲有意义的创作倾向。要大力推动主旋律剧目走进大众、产生效益。要戮力创新，在不突破思想政治底线、道德价值底线、重大历史真实底线的前提下创新内容、风格和表现形式，提升辽宁省剧目的社会影响力和市场占有率。要规范审批程序、扶持优秀剧目，营造有利于广播影视剧产业繁荣发展的良好环境。

二、继续推进影视动画产业繁荣发展

2010 年全省动画片完成创作生产并获发行许可 29 部 2063 集 25707 分钟，约占全国总量的 1/9，同比增长 129%，全国各省排名第四。沈阳动漫基地创作生产动画片 27 部，在全国国家级动画基地中排名第三。沈阳非凡公司、沈阳哈派公司年产动画片各 5 部，分获全国动画企业排名第 4 名、第 7 名。影视动画要继续以提高原创能力为核心，不断推动国产动画产业化发展，为把辽宁影视动画发展成支柱文化产业而努力。一是要加强对沈阳、大连动画基地的指导和引导，推动动画基地产业集群化发展。二是要积极争取政策和资金，大力培植龙头骨干企业，继续提高原创生产能力；三是要以提高质量为重点，大力推进动画片精品工程，努力打造 3—5 部动画精品，争取设立"辽宁省广播电视大奖——优秀动画片奖"。四是要加强少儿节目播出管理，精办少儿频道频率和少儿节目、栏目。加快健全国产动画播出体系，为国产优秀动画片提供更有利的播出渠道。五是积极探索国产动画内容产品与新媒体的融合发展，扩大国产动画的受众面和影响力。

三、大力推动国产纪录片产业的繁荣发展

纪录片工作是国家广电总局关于文化产业发展推出的又一项重大举措。

2010 年 10 月，国家广电总局下发《关于印发加快纪录片产业发展的若干意见的通知》全面部署纪录片工作，明确要求加快纪录片产业发展，必须坚持正确导向，必须大力繁荣创作生产，必须坚持面向市场，必须坚持改革创新，必须坚持一手抓发展、一手抓管理。一是要力争推出 3 至 5 部纪录片精品。二是要规范对重大革命题材、重大历史题材、重大理论文献纪录片的剧本立项管理，实行纪录片发行许可制度和优秀纪录片推荐制度。三是扩大国产纪录片播映，各级电视台每天播出国产纪录片与引进纪录片比例不低于 7：3。四是支持电视台创造条件开设纪录片栏目。五是组织纪录片生产机构和专家参加全国纪录片交易节展等活动。

此外，在 2011 年度全国春节文艺晚会及春节特别节目评选中，辽宁广播电视台卫星频道选送的辽视春晚《民富国强欢乐年》获得 2011 年度全国春节文艺晚会最佳作品奖，辽宁都市频道选送的《百姓春节喜乐会》获得 2011 年度全国春节特别节目最佳作品奖，同时《2011 辽宁达人迎春会》获得 2011 年度全国春节特别节目好作品奖。

第四节　辽宁广播电视业行业创新情况

2009 年 10 月国家广电总局批复了关于整合辽宁省广电媒体资源并变更相关节目设置的方案，原辽宁人民广播电台、辽宁电视台和辽宁教育电视台合并为辽宁广播电视台。2009 年 12 月 18 日辽宁广播电视台成立。成立后的辽宁广播电视台共计开办有 8 套模拟广播节目、8 套模拟电视节目、6 套向全国传送的付费电视节目、18 套省内数字视频点播节目、10 套数字音乐节目。这些创新举措在全国是处于领先地位的。除此之外，辽宁广播电视业也进行了其他一些探索。

一、积极推进全省广播电视有线网络整合，打造数字辽宁

一是广播电视网络数字化改造。与中国联通合作，以营口为试点对营口市的有线电视网络进行了整合和双向数字化改造工作，创建了具有辽宁特点的新模式。二是实施全省有线电视网络整合。按照行政推动、市场运作、存量保值、增量分成的原则，整合全省广播电视网络，加快广播影视事业发展步伐，实现

"由小网向大网、由模拟向数字、由单向向双向、由看电视向用电视转变"，建立"一省一网"和"三级贯通、统一管理、统一经营、统一标准"的网络新体制。

二、全国文化信息资源共享工程辽宁平台正式开播

依托广电网络推动文化信息资源共享，为广电网络由单一走向面向全社会的融合服务创造了全新的应用模式。按照省委、省政府要求，辽宁文化信息资源共享一期工程使已通有线电视的 115 万农户通过模拟信号收看到文化信息资源节目。二期工程在 2009 年末覆盖近 100 万农户。

三、移动多媒体广播电视业务在辽宁全面启动

2010 年 4 月 22 日，中广卫星移动广播有限公司与辽宁省 16 家广播电视部门就中国移动多媒体广播电视（CMMB）在辽宁地区商业运营正式签订合约，辽宁中广移动传播有限公司正式成立。至此，辽宁省将全面启动 CMMB 的试用服务，标志着辽宁省已经成为继上海、山东、四川后进入 CMMB 商用运营的省份。12 月 30 日，中国移动多媒体广播（CMMB）在全省 14 个市完成频率规划审批工作，并已全面开通。

四、加大内容监管，推进栏目创优

宣传管理是广播电视行政管理部门的重要职责，要通过加强和改进宣传管理方式，牢牢把握宣传导向，对在广播电视中出现的低俗问题、违规问题要理直气壮加强管理，做到守土有责、守土尽责、守土负责，确保广播电视宣传的正确导向。2010 年辽宁省全面开展抵制低俗之风集中整治行动，"一手抓内容监管，一手抓栏目创优"，获得国家广电总局的充分肯定和表奖。历时一年多的优质栏目创建活动创新了管理模式，重点针对低俗之风高发的六大类栏目，组织专职队伍对 82 个栏目进行动态跟踪评议，在监听监看 984 期节目的基础上，评出了一批优质栏目。辽宁省广播电视局健全了"一报一刊一提示"的监管手段，针对个别台的违规问题，分别做出电话提示、约请谈话、限期整改等 20 余次，较好解决了一些节目的严重违规问题，使低俗之风得到有效遏制，宣传创优工作取得明显成果。

第五节 辽宁广播电视行业的发展经验

2010 年，辽宁省广播影视各项工作取得了突出的成绩，主要有以下经验：

一是把握导向、服务大局是广播电视工作的根本任务。2010 年，辽宁省广播影视战线充分发挥主流媒体作用，为加快辽宁振兴营造了良好舆论氛围。实践证明，把握正确舆论导向，提高舆论引导水平，围绕省委、省政府的中心工作、服务全省工作大局是广电宣传的根本任务，是有为、有位的根本途径。

加强宣传管理的依据是国家广电总局下发的《广播电视节目监管细则》，重点是综艺娱乐类、情感故事类、婚恋交友类、法制类、选秀类、谈话类节目以及广播视听节目的监管与整治。2011 年年初，国家广电总局下发了《广电总局关于开展抵制低俗之风专项行动的通知》，我们要以此为契机，深入开展抵制低俗之风整治行动，重点对 6 大类节目的违规问题排查处理。

二是依法行政、加强管理是广电工作的基本职责。2010 年，我们切实增强对管理的认识，构建了高效的管理模式，强化管理执行力，依法管理，管理工作有了新的突破。实践证明，管理是保导向、上水平、增效益、促发展的有力手段，是广播影视沿着正确方向健康发展的切实保障。

按照《关于转发组织开展专项保密检查的通知》（辽保委发 [2011] 4 号）文件要求，为进一步做好省广电局保密工作，迎接近期国家保密局和省保密局开展的专项保密抽查，省广播电影电视局在全局开展保密工作自查。要求省广电局直属各单位、机关各处室要高度重视、加强领导，负责人要亲自抓落实，按照"谁主管、谁负责"、"谁使用、谁负责"和查管结合、查改结合的原则，对本单位密码电报管理、涉密文件信息资料管理、保密电话管理和计算机及网络设备管理等情况，组织人员认真自查，要做到不漏环节、不留死角、不走过场，确保不出现问题，秉承以查促防、以查促改、以查促管的思路，对自查中发现的问题，找出薄弱环节，采取有力措施，进一步完善相关制度，落实责任，加强防护，建立保密工作长效机制，认真整改，切实推动省广电局保密工作水平不断提高。

监听监看是加强宣传管理的重要手段。辽宁广电行政管理部门健全监管机构，完善队伍，加强监管平台建设，提高监管水平，履行好监管的责任。各广播电视台要完善选题申报、播出管理、监督审查、责任追究和奖励惩罚等制度。监管的重点仍然是抵制低俗之风，防止泛娱乐化倾向。

三是社会效益、经济效益双赢，公共服务、产业发展并举是广电工作的正确发展方向。实践证明，坚持双重效益，正确处理社会效益和经济效益的关系，始终把社会效益放在首位，统筹发展公益性事业与经营性产业，是促进广播影视发展繁荣的基本规律，是转变增长方式、做强做大的切入点和着力点。

在加强对广播电视节目宣传管理的同时，辽宁省下大力气继续深化广播电视优质栏目创建活动，把创建评比纳入到辽宁广播电视大奖政府奖评奖体系，全力打造能在全国"叫得响"的优质栏目。按照省委宣传部《〈关于辽宁省新闻战线深入开展"杜绝虚假报道，增强社会责任，加强新闻职业道德建设"专项教育活动的实施方案〉的通知》要求，辽宁省广播电视行业进一步加强思想建设、队伍建设和制度建设，确保专项教育活动取得实效。

四是改革体制、创新机制是广电发展的不竭动力。2010 年，广播影视改革创新任务重、力度大、步伐快，是前所未有的。全省广播影视系统提高认识、强力推进，确保改革在关键环节取得了实质性突破。改革的推进，大大促进了全省广电事业的繁荣和发展。实践证明，改革是动力，要坚定不移地推进改革，用改革的思路和创新的办法解决发展中的问题。

五是建好队伍、选好人才是辽宁省广播电视业长远发展繁荣的重要保证。2010 年，各项工作成绩的取得和事业产业的大发展，关键是人的作用，是广电队伍整体作用发挥的结果。实践证明，党的建设和队伍建设是改革发展的坚实基础，是做强做大广播影视业的根本保证。

第六节　辽宁广播电视行业的发展趋势

2010 年广播影视工作在取得成绩的同时，也存在一些问题和差距：一是广播影视公益服务需要进一步加强。二是增强广播影视实力需要加倍努力。三是广播影视体制改革、机制创新需要加大力度。面对上述问题，辽宁省广播电视业要做好以下几个方面：

一、围绕中心大局，完成重大宣传报道任务

要按照省委宣传部的部署，紧紧围绕科学发展这一主题和加快转变经济发展方式这一主线，大力宣传十七届五中全会精神、"做好两会"宣传，全面开展辽宁"十一五"成就、"十二五"规划的主题宣传，组织好"迎全运、爱家乡、建辽宁"活动宣传，深化郭明义先进事迹宣传。精心组织建党90周年、辛亥革命100周年、西藏和平解放60周年等重大节日纪念日宣传。认真做好"红诗辽宁"群众性歌咏活动，深入开展"三下乡"基层文艺演出，继续办好新年音乐会、电视春节晚会等文艺宣传。要继续加大外宣报道力度，营造良好外部舆论环境。

二、强化新闻立台，坚持把新闻宣传放在首位

新闻立台是广播电视巩固党和人民喉舌性质的内在要求，是广播电视围绕中心、服务大局、宣传群众、教育群众、组织群众的内在要求，也是广播电视增强公信力、影响力的迫切需要。把新闻宣传放在首位，不仅要体现在办台理念上，而且要落实到工作实践中。各级广播电视台要确保拿出最好的频率、频道和最好时段，办好新闻类节目。要从发展规划、资源配置、人才保证等方面采取保障措施，着力提高新闻采、编、播能力。广播电视台要讲收听收视率，但决不能把收听收视率作为第一标准，更不能作为唯一标准。要研究制定社会效益和经济效益有机统一的节目评估标准，以及正确运用视听率的科学体系。

三、推进宣传创新，努力提高舆论引导能力

要创新宣传理念、内容形式、方法手段、体制机制，努力把"三贴近"原则落到宣传工作实处。要党和政府的中心工作，围绕重大宣传报道活动，加强和改进主题宣传、典型宣传、成就宣传，加强对热点问题、敏感问题的引导。围绕建立健全新闻应急报道网络，完善应急报道机制，认真做好重大突发事件报道。要切实加强和改进舆论监督，特别是要配合省市各项专项治理，纠正行业不正之风等行动，针对群众反映强烈的突出问题，特别是关系群众切身利益的民生问题，开展科学监督，依法监督，建设性监督。要不断提高传统媒体的舆论引导能力，打造品牌栏目、节目。同时也要围绕推动传统媒体与新媒体融合发展，重点提升网络广播电视、移动多媒体广播电视发展水平，不断巩固壮

大舆论阵地。

四、深化体制改革，积极推进制播分离

按照中央和省委有关"加快推进制播分离进程"的要求，将政策允许的影视剧、综艺、体育等类节目的制作业务从辽宁广播电视台分离出去，与经营性资产合并组建辽宁北方广电传媒（集团）有限公司。辽宁北方广电传媒（集团）有限公司定位于节目内容生产商和发行商市场主体，是一个跨媒体、跨业态、跨地域的现代文化传媒企业。

五、依法行政，加强广播影视行业管理

一是节目监管工作日趋规范。频率频道管理由控制总量向优化结构的转变，广告监管手段不断完备，网络传播视听节目秩序得到有效整顿。二是整治非法销售卫星接收设施。辽宁省工商局、辽宁省公安厅、辽宁省广播影视局联合签署了《关于加强卫星电视广播地面接收设施销售监管工作的通知》，并在辽宁省范围内开展整治非法销售卫星接收设施的集中行动，连破大案要案。三是安全播出工作全面强化。各级技术和安保部门围绕重大活动、重要节目和敏感时段完善应急预案、健全值班值守制度，全省广播电视播出无差错、无事故。

附：辽宁广播电视行业大事记

2010 年，辽宁省继续加大农村电影放映工程的实施力度，加强农村电影放映基础设施建设，大力培育全省农村电影发行放映市场主体，大力推广全省农村电影数字化放映，大力开拓全省农村电影市场。

2010 年 3 月 9 日，辽宁省广播影视党风廉政建设工作会议于在辽宁电视大厦召开。

2010 年 3 月 15 日，辽宁省广播影视工作会议在沈阳召开。

2010 年 6 月 19 日，由中国广播电视协会、中国传媒大学、南开大学和中央民族大学四家权威机构联合主办的第三届中国影视网络影响力（电影电视篇）颁布盛典在北京梅地亚中心举行。

2010 年 12 月 30 日 19 点 30 分，装扮华丽的辽宁大剧院灯光璀璨，由辽宁广播电视台主办、沈阳鲁艺文化传播有限公司承办，文艺节目中心广播文艺部（FM95.9）统筹策划的"宜家购物"——声之韵 2011 辽宁省新年（三高）音乐

会在法国作曲家比才的《卡门序曲》坚定有力的乐曲声中拉开了序幕。

2011 年 1 月 9 日，辽宁卫视周日黄金档重磅推出由明星领衔，百名选手同台对抗，五轮关卡扣人心弦、跌宕起伏的视觉盛宴，精彩绝伦的团队比拼的大型娱乐游戏栏目《你好达尔文》。

2011 年 1 月 19 日，为做好春节期间的各项工作，盘锦市文广局就春节期间的广播电视工作进行了全面部署和安排。

2011 年 2 月 23 日，为深入贯彻落实全国和全省宣传部长会议、全国广播影视工作会议精神，总结 2010 年全省广播影视工作，研究部署 2011 年全省广播影视工作，辽宁省广播影视工作会议在沈阳召开。

2011 年 3 月 11 日，在 2011 年度全国春节文艺晚会及春节特别节目评选中，辽宁广播电视台卫星频道选送的辽视春晚《民富国强欢乐年》获得 2011 年度全国春节文艺晚会最佳作品奖，都市频道选送的《百姓春节喜乐会》获得 2011 年度全国春节特别节目最佳作品奖，同时《2011 辽宁达人迎春会》获得 2011 年度全国春节特别节目好作品奖。

2011 年 5 月 4 日至 5 日，为了解试点地区三网融合试点工作进展情况，推动三网融合试点工作顺利展开，国务院办公厅、国家广播电影电视总局和工业和信息化部共同组成的国务院三网融合试点工作联合调研组在辽宁省大连市进行调研。

2011 年 6 月 14 日，国家广播电视总局召开了贯彻落实《最高人民法院关于审理破坏广播电视设施等刑事案件具体应用法律若干问题的解释》（即《刑法》第 124 条司法解释）的电视电话会议。

（作者：郎元智，辽宁社会科学院科研处）

第十章　辽宁电影产业发展报告

2010 年是"十一五"收官之年，也是辽宁乃至全国电影产业取得骄人成绩的一年。2010 年辽宁电影产业也迎来发展新机遇，通过整合制作、发行、放映电影产业等各环节资源、创新管理体制、培育精品电影、增强营销推广、拓宽潜在市场、创立品牌形象等手段，全力打造辽宁电影产业，促进辽宁电影产业迈上崭新历史台阶，助推辽宁文化产业全面振兴。

第一节　"十一五"时期辽宁电影产业发展思路

"十一五"期间，辽宁电影在创作、生产、发行、放映、理论研究等诸多方面均取得喜人成绩。辽宁电影制片厂以及省内其他影视摄制机构独立或与省外合作拍摄出三十余部银幕新作。其中，《磨剪子抢菜刀》被国家选送参加中外电影交流活动，以及中国电影文化周、中国电影展等；《耳朵大有福》参展上海国际电影节并获亚洲新人奖评委会特别奖，《钢的琴》荣获日本东京国际电影节最佳男主角奖并入围加拿大多伦多国际电影节竞赛单元；辽宁电影制片厂拍摄的故事片《潘作良》荣获中美电影节"杰出社会贡献电影金天使奖"、中国电影"飞天奖"、中国电影华表奖提名奖和全国精神文明建设"五个一工程"优秀故事片奖，填补了我省故事片"五个一工程"奖的空白；在戏曲片拍摄上，《贵妃还乡》开二人转戏曲片之先河，被国家广电总局列为 2010 年第一批重点推荐影片片目并被央视 8 套收购；大连恒光文化传媒拍摄的《疯狂的玫瑰》和《前妻》在数字电影百合奖的评选中，分别获得优秀影片一、二等奖。

"十一五"时期，在省委、省政府领导下，全省电影工作通过深化改革、促进发展，保持了年均30%以上的票房增长率，从创作生产、发行放映到产业发展，多方面取得了突破性进展。省政府办公厅下发《关于繁荣发展辽宁电影产业的通知》，为全省电影业又好又快发展创造了积极有利的政策环境；全省电影产量稳步增长、质量大幅提升，产业快速增加。全省农村公益电影放映进展显著，仅2010年，全省放映农村公益电影达14万场，观众达2000万人（次）。

据相关部门不完全统计，"十一五"期间，全省共有电影制片单位三家，电影故事片产量8部，其中数字电影6部，在辽宁省开展电影活动的主流电影院线公司7家。截止2010年，全省14个地级市全部建成数字影院，全省城市院线已发展到12条、影院59家、银幕277块，全省影院票房收入突破3.74亿元，同比增长60.5%。

较之上一个五年，我省的电影生产已然迈上了一个新的台阶，剧本创作自2006年起，会同电视家协会联合举办电视电影剧本征集活动，并向全国夏衍杯电影剧本征集推荐作品。首届2006夏衍杯电影剧本征集，我省推荐的《战友无声》荣获"政府扶持电影剧本"荣誉。此后每年均有多部作品参加征集评选。2007年的《虚惊之喜》荣获该奖项一等奖；2008年的《葫芦岛大遣返》、《东北厨子牛大雷》双双荣获该奖项一等奖；2009年的《蓝领》、哈晓光的《斑嘴鸭夏天》双获该奖项"创意电影剧本奖"；2010年的《深山的号声》、《玻璃球》荣获"首届大地杯农村题材剧本"三等奖，连续五年取得的成绩初步显示出我省编剧的创作实力。

此外，我省电影体制改革取得最新成果：跨省运作的辽宁北方电影院线公司2010年签约加盟影院共计完成票房3.2亿元，在全国院线中排名第十位，继续保持前列；沈阳电影公司旗下的光陆、兴隆、新东北中兴店、百联店等电影院票房年年刷新，目前已发展到拥有三家子公司，以沈阳为中心，辐射哈尔滨、齐齐哈尔、葫芦岛等市7家现代影城的电影文化企业。大连电影公司成立大连华臣影业院线，又先后在哈尔滨、青岛和丹东连开三家外埠影城。2008年，沈阳华臣影城启幕，屡创票房第一的佳绩。2010年5月，北方联合影视集团挂牌成立，这是由电影公司、电影制片厂和电视剧制作中心三家单位通过转企改制整合成立的，是集影视制作、发行、放映、电影院线经营于一体的国有独资公司，它的成立标志着我省电影业走向"制发放"一体化的设想已初步变成现实。

第二节　辽宁电影产业发展的政策与目标

电影是深受人民群众喜爱的文化娱乐形式之一，电影产业属于科技含量高、附加值高、资源消耗少、环境污染小的文化产业，大力繁荣发展电影产业，对于加强社会主义文化建设，满足人民群众精神文化需求，促进经济社会协调发展，对于扩大中华文化国际竞争力和影响力，增强国家文化软实力具有重要意义。近年来，电影业深化改革、锐意创新，产品日益丰富、市场日益活跃，取得了良好的社会效益和经济效益。为深入贯彻党的十七大关于推进社会主义文化大发展大繁荣的重大部署，认真落实中央应对国际金融危机、保持经济平稳较快发展、加快文化产业发展的决策部署，促进电影产业的繁荣发展，国务院在 2010 年陆续发布一系列针对电影及文化行业的指导意见，对中国电影产业发展在宏观政策上给予大力支持。同年底，又明确提出将文化产业发展成为国民经济支柱产业的政策导向，中国电影产业在良好的大环境下得到了快速发展。

2010 年 1 月，国务院办公厅下发了《关于促进电影产业繁荣发展的指导意见》（国办发〔2010〕9 号），这是首次以国务院办公厅的名义对电影产业提出具体规划，中国电影产业迎来了"黄金机遇期"，正在进入快速发展期。辽宁省为认真贯彻落实《关于促进电影产业繁荣发展的指导意见》，促进我省电影产业的繁荣发展，提出了符合辽宁实际情况，适合辽宁具体操作落实的工作目标及相关政策。

一、促进辽宁电影产业繁荣发展的指导思想和工作目标

（一）指导思想

按照高举旗帜、围绕大局、服务人民、改革创新的总要求，紧密结合辽宁电影发展实际，以推出电影精品和壮大电影产业为主体，以改革创新为动力，以现代化基础设施为依托，以科学化管理为保障，大力推动我省电影产业跨越式发展，把辽宁打造成为电影生产大省和电影产业强省。

（二）工作目标

通过改革创新、加大投入和政策推进，到 2015 年，建立覆盖全省城乡的市场公平竞争、企业自主经营的电影产业运营体系，市场运作、企业经营、政府购买、群众受惠的电影公共服务体系，依法行政、科学调控、保障有力、管理有效的电影行政管理体系和覆盖全省、布局合理、技术先进、运行高效的电影数字化发行放映网络，推出精品、培育人才、壮大产业，不断满足城乡群众日益增长的精神文化需求。

1. 电影产品产量提升、质量提高。大力提升电影产量，推出弘扬主旋律、

独具辽宁特色、市场效益好的精品力作。

2. 基础设施建设明显改善。2010 年底前，所有地级市至少建设 1 家数字影院；2012 年底前，每个市所辖县（市、区）至少建设改造 1 家数字影院；2015 年底前，所有县（市、区）都要完成建设改造数字影院任务。

3. 创作经营能力和品牌影响力显著提高。培育、打造主业突出、品牌名优、实力雄厚、竞争力强的制作发行放映一体化的大型国有骨干企业。

4. 电影产业综合效益明显增长。观众人次、放映场次倍增，投入产出良性循环，电影经济总量年均增速达到 20% 以上，票房收入进入全国先进省份行列，同时带动相关产业发展，衍生产业链条明显加长，电影产业成为我省服务业的重要组成部分。

5. 公共服务能力显著加强。加强农村和学校数字电影院线建设，改善放映条件，提供公益服务，确保每个行政村每月放映一场电影，确保每个学期为中小学生放映两场爱国主义教育影片。

二、辽宁将加大政策和资金扶持力度，促进电影产业繁荣发展

（一）设立电影精品专项资金，大力繁荣创作生产

落实《国务院办公厅转发财政部 中宣部关于进一步支持文化事业发展若干经济政策的通知》（国办发〔2006〕43 号）要求，从 2010 年起设立省电影精品专项资金，作为省本级文化产业发展专项资金支持的子项目，用于全面扶持全省重点影片拍摄项目，积极扶持现实、工业、农村、少数民族以及少儿题材的电影故事片创作，积极促进动画片、纪录片、科教片以及适合网络、手机等新媒体新形式传播的影片生产，加强影视、动漫产业基地建设。充分运用文化产业发展资金，支持电影创作。

（二）组建北方联合影视集团，积极培育新型企业

贯彻落实《国务院办公厅关于印发文化体制改革中经营性文化事业单位转制为企业和支持文化企业发展两个规定的通知》（国办发〔2008〕114 号）等文件精神，加强政策和资金支持，加快推进全省各级国有电影事业单位转企改制和公司制、股份制改造。组建北方联合影视集团，整合制片发行放映资源，延伸产业链条，推进跨区域、跨行业、跨所有制发展，着力培育发展国有或国有控股骨干企业。鼓励社会资本投资，积极发展多种所有制形式的电影生产企业，在法律法规许可范围内减少审批环节，简化审批手续，优化审批服务。对非公

178

有制电影企业在投资核准、土地使用、财税政策、融资服务、对外贸易等方面给予国有电影企业同等待遇。

（三）认真落实各项扶持政策，加快城市和涉农城镇数字影院建设改造

将城镇数字影院建设和改造任务纳入国民经济和社会发展规划，纳入文化产业发展规划和精神文明建设总体部署，纳入城乡建设和土地利用总体规划，予以重点推进。各级政府给予必要资金支持中小城市及县城的影院建设。落实中宣部等9部委《关于金融支持文化产业振兴和发展繁荣的指导意见》（银发〔2010〕94号）和国家广电总局《关于进一步推进电影院线公司机制改革的意见》（广影字〔2003〕576号），对全省影院建设改造项目可给予相应贷款，经批准后可给予贴息。落实风险投资、税收优惠和影院建设改造协议供地等优惠政策。鼓励各类资本投资建设商业影院和社区影院。

（四）加大投入，强化监管，全面加强公共服务

大力实施农村电影数字化放映工程。2010年底前全面实现辽宁农村公益电影放映数字化。搭建卫星定位、网络监控的农村电影数字化放映监管平台，确保全省农村公益电影放映的有效场次达到每年14万场。建立健全各级财政拨付并监督、广播影视行政管理部门组织并监管的公共财政保障机制，落实农村电影放映场次补贴，确保补贴资金全额、及时到位。积极培育发展多种所有制形式的农村电影院线公司和农村电影放映队，普及数字化流动放映，有条件的地方可利用乡镇综合文化站、村文化室、社区（村、屯）广场建立固定放映点。将观看爱国主义教育影片纳入中小学、中等职业学校教育教学计划，农村义务教育阶段学生的爱国主义影视教育所需费用从公用经费中开支，城市义务教育阶段学生的爱国主义影视教育经费纳入公用经费开支范围。

（五）深化电影行政管理体制改革，不断完善监管体系。

切实强化电影行政管理职能，在文化广播影视新闻出版行政管理体制改革中，建立权责一致、分工合理、执行顺畅、监督有力的电影行政管理体制，不断提高依法行政水平。严格执行各项电影管理制度，完成省级电影审查场所建设，切实履行电影剧本（梗概）备案、电影片审查等政府职能。改进和完善电影政府评奖，开展积极健康的文艺批评。

第三节 辽宁电影产业发展现状

2010 年中国全年故事影片产量达到 526 部。国家广电总局表示，全年累计有 17 部国产影片超亿元票房，有力地验证了国产影片具有较强的市场竞争力和抗衡能力。

526 部的故事影片产量，使得中国电影产量已居世界前三甲。除故事片外，2010 年中国还生产动画影片 16 部，纪录影片 16 部，科教影片 54 部，特种影片 9 部，电影频道出品数字电影 100 部。这些优异成绩标志着经过 8 年的艰辛探索和努力，中国电影已经基本走上了良性循环、持续发展的健康道路。2010 年度中国电影票房突破百亿元大关，较 2009 年 62.06 亿元增长 63.9%。同时国产电影的海外销售收入 35.17 亿元，全国各电影频道播放电影的收入为 20.32 亿元，全年电影综合效益 157.21 亿元，均比 2009 年有较大增幅。

"十一五"期间，辽宁省共有电影制片单位 3 家，电影故事片产量 8 部，其中数字电影 6 部，在辽宁省开展电影活动的主流电影院线公司 7 家。截止 2010 年，全省 14 个地级市全部建成数字影院，全省城市院线已发展到 12 条、影院 59 家、银幕 277 块，全省影院票房收入突破 3.74 亿元，同比增长 60.5%。据统计，沈阳的电影票房，2007 年不到 4000 万元，2008 年超过 7000 万元，2009 年是 1.1 亿元，2010 年增长到 1.68 亿元（见下图），观影人次突破 600 万。2010 年大连本地区电影院线票房收入达到 1.5 亿元，比上年提高 39.5%。

（单位：万元）

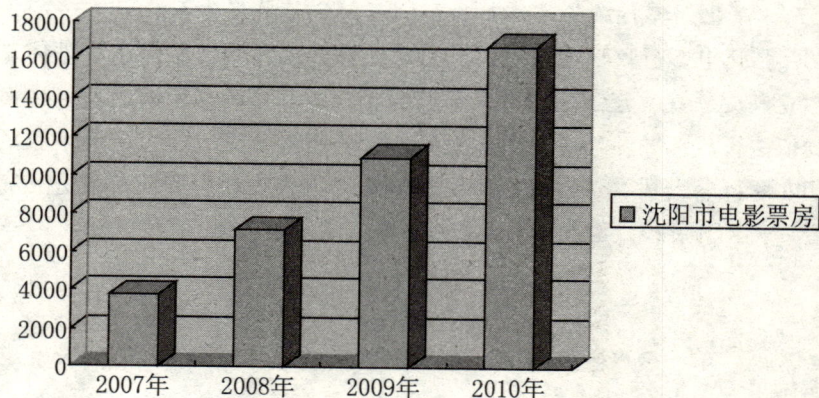

2010 年 5 月，北方联合影视集团有限公司挂牌成立，这是由辽宁省政府批准成立的以国有资本为纽带，符合现代企业制度要求的大型国有企业法人联合体。北方联合影视集团的成立是整合辽宁影视资源，实现国有资产的保值增值，做大做强辽宁文化产业的重要举措。

　　北方联合影视集团有限公司在不断满足人民群众日益增长的影视文化需求的基础上，以电影、电视剧的创作、生产、发行、放映、制片经营为主业，同时还向广告、网络视听、电影器材、演艺经纪、影视文化交流、物业管理等多种领域发展，开发影视物流、服务、信息咨询、培训等相关业态，打造完整影视产业链条，力争实现跨越式的增长，最终发展成为多元化、多功能影视文化支柱企业，致力成为我省乃至北方地区的影视文化产业旗舰。

　　北方联合影视集团其下属子公司和经营实体有多家单位，涉及经营项目内容广泛。集团旗下的"银都大厦"（22 层）位于沈阳市最繁华的黄金地段太原街，是拥有 A、B、C 三座楼宇，建筑面积 2.7 万平方米的专业化写字楼，涉足星级写字间租赁业务；在沈阳市一级地段和平区南十马路另有办公大楼 2400 平米，显示了集团雄厚的资本实力。

　　北方联合影视集团所属的实业公司拥有多种行业资质，其中辽宁电影制片厂是中国电影制片协会的会员单位，辽宁省电影发行放映公司是中国电影发行放映协会副会长单位，辽宁电视剧制作中心具有国家甲级拍摄资质，辽宁电影器材公司是中国电影发行放映协会器材协会的会员单位，这些都为集团未来发展奠定了坚实的基础。

第四节　辽宁电影产业发展规划及未来发展趋势

　　电影集文学、艺术、科技于一体，是广大人民群众喜闻乐见的文化娱乐形式之一。电影产业代表一个国家和地区综合性的文化实力，是文化大发展、大繁荣的显著标志。大力繁荣发展全省电影业，对于加强社会主义核心价值体系建设、满足人民群众精神文化需求、引导青少年健康成长，对于促进辽宁经济社会协调发展、增强文化软实力，具有极为重要的意义。

　　未来十年是辽宁电影产业发展的重要战略机遇期，为了切实促进辽宁电影产业发展，尽快把辽宁打造成为全国电影创作生产、电影产业发展和电影公益服务的大省、强省，应及早制定辽宁电影产业发展规划。

一、大力实施电影精品工程，繁荣电影创作

强化引导、加大扶持，推出精品、繁荣创作，到 2015 年，全省电影年产量进入全国先进行列，创作生产出一批贴近辽宁生活、体现辽宁特色、植根辽宁文化，主题突出、艺术精湛、群众欢迎、市场认可的"辽宁影片"。

（一）加强创作引导

积极探索和建立多出优秀剧本的机制，激励剧作家强化精品意识，不断挖掘深刻主题，不断丰富表现力，不断提升艺术境界。引导电影创作者自觉践行社会主义核心价值体系，坚持社会主义先进文化的前进方向，牢固树立正确的价值观、历史观、艺术观，努力创作思想性、艺术性和观赏性相统一的精品佳作。坚持弘扬主旋律、提倡多样化、贴近实际、贴近生活、贴近群众，鼓励电影反映现实生活和人民主体地位，弘扬民族精神和时代精神。积极借鉴中外电影创作的有益经验，鼓励艺术创新，提高艺术质量和审美品位，提高技术水平和感染力。坚决抵制在电影创作中传播不正确的思想观念和价值观，抵制低俗之风，把好产品准入关，完善审查机制，推进电影创作生产健康繁荣发展。

（二）加强重点扶持

积极配合重大活动、重要庆典，精心组织重点影片的创作生产。积极扶持重大革命、历史题材和现实题材故事影片和科普影片创作，扶持工业、农村、少数民族、少儿题材电影故事片创作，进一步繁荣电影纪录片和电影动画片创作。充分发挥国有和国有控股电影企业的领军作用，支持有计划地拍摄更多弘扬时代精神的精品力作。对重点扶持影片加强跟踪管理，提升影片的思想内涵和艺术质量。鼓励支持各种市场主体创作生产适合新媒体传播的新型电影作品。建立"辽宁省电影精品工程专项资金"，切实加大文化产业发展资金对电影创作生产的激励、引导、扶持作用，制定管理办法和评估机制，资助优秀国产影片的创作、生产、宣传、发行，资助优秀电影人才、青年骨干，并逐步提高资助额度。政府采取以奖代补的方式支持电影企业多出精品力作，确保政府资金在引导创作、繁荣创作方面发挥更大的效益。

（三）加强宣传评介和文艺批评

各级各类媒体要加强优秀国产电影的正面宣传，开展积极健康的文艺评论并形成评论品牌，引导群众审美鉴赏，推动创作不断进步。抑制过度炒作等不

良倾向，营造有利于优秀电影作品脱颖而出的良好环境。加强我省影片的海外营销和宣传推广。

二、全面推进县级数字影院建设改造工程，壮大电影产业

以辽宁省县级数字影院建设改造为突破口，以中小城镇数字影院建设改造为重点，使电影产业成为全省文化产业的重要组成部分和重要增长点。到2020年，全省城市电影银幕数、观影人次和电影票房力争在2010年基础上翻两番，电影综合收入年增长率力争超过20%，产业实力进入全国前列，打造出具有全国性品牌影响力和市场竞争力的"辽宁院线"。

（一）实施县城数字影院建设改造工程

按照新型现代化多厅数字影院的要求，大力推进县级数字影院建设改造，至少新建或改建50座县级数字影院。2012年前基本完成全省县城数字影院建设改造任务，2013—2015年基本完成全省涉农区数字影院建设改造任务，鼓励有条件的乡（镇）率先建设改造数字影院。将城镇影院建设改造纳入当地国民经济和社会发展规划、城乡建设和土地利用总体规划，予以重点推进。县级数字影院建设改造坚持企业建设、市场运作与政府引导相结合，组建辽宁省北方影院集团公司作为主发起人并控股，各县（市、区）以土地等不动产作为股份，融入部分社会资金，按照股份制方式实施市场化运作、连锁式经营。

（二）加快全省电影院线发展

按照"统一品牌、统一排片、统一经营、统一管理"的要求，进一步深化院线制改革，加强资源整合，推进全省院线规模化、集约化发展，着力构建以国有为主体、多种所有制共存的资产链接型跨区域规模院线。鼓励和扶持国有或国有控股院线企业先进入县城和中小城市电影市场，大力发展中小城市院线和社区、农村数字院线，构建"立足县城、连接集镇、辐射乡村"的新一代城镇电影放映连锁服务网络。积极引导和鼓励本省院线开展特色经营和差异化竞争。加强全省院线自身建设，提升经营管理和服务能力。鼓励全省院线公司联通产业链上下游，向综合性文化企业集团发展。

（三）加快多层次电影市场开发

巩固发展电影的电视播出、家庭音像消费等播映市场；积极培育发展以有线或无线网络为传播途径、以电脑和手机等电子设备为接收终端的新媒体电影传播市场；大力开发电影音乐、游戏、出版物市场，外景地等旅游市场，形象产品和其他授权商品市场；鼓励电影企业到经济发达的乡（镇）建立固定放映点，鼓励电影企业深入城乡社区、厂矿和广场等开展放映活动。

三、深化电影体制机制改革创新，培育电影企业

创新体制、转换机制、面向市场、增强活力，大力培育发展各类电影企业，使之成为真正的市场主体。到 2020 年，培育出北方联合影视集团、七星影业公司等主业突出、市场主导作用明显的大型电影骨干企业和企业集团，发展一批专业化经营、充满生机和活力的中小电影企业，建设若干特色鲜明、综合效益显著的电影产业集群，打造出具有较强核心竞争力和品牌影响力的"辽宁影企"。

（一）加快国有电影单位改革发展

认真贯彻中央关于深化文化体制改革的部署，抓紧完成国有电影制作、发行、放映单位转企改制。已经转企的电影单位，要按照现代企业制度和现代产权制度要求，积极推进公司制、股份制改造，建立完善法人治理结构。

（二）支持非公有制电影企业发展

贯彻国务院《关于非公有资本进入文化产业的若干决定》，积极吸引非公有资本依法投资电影产业。将非公有制电影企业发展纳入电影发展总体规划，在投资核准、土地使用、财税政策、融资服务、对外贸易等方面给予国有电影企业同等待遇。在国有控股前提下，积极支持非公有资本参与国有电影企业的股份制改造。

（三）加强资源整合和规模化发展

鼓励已批准的电影集团加快发展，支持电影企业之间、电影企业与相关文化、传媒、信息等企业的联合重组。加强电影制作基地、影视产业实验区和影视动画基地建设。促进金融资本与电影资源的对接，吸引电影产业领域的战略投资者，推动辽宁电影企业上市融资、做大做强。

四、持续推进农村电影放映工程，完善电影服务

履行公共文化服务职能，保障人民群众基本文化权益，完善电影公益放映服务。到 2020 年，全省电影公益服务进一步规范化、制度化、长效化，农村电影放映工程实现固定和流动数字化放映全覆盖，城镇社区、校园、厂矿等电影公益放映更加活跃。

（一）持续推进农村电影公益放映

坚持"市场运作、企业经营、政府购买、群众受惠"的农村电影放映工程发展方针。着力建设农村电影公益放映财政保障机制，加强政府购买公益放映场次的监督管理；形成以国有或国有控股农村数字院线公司为主体、以民营农村数字院线公司为补充的农村电影发行新格局，培育发展多种所有制形式的农村电影放映主体；普及农村电影放映数字化设施设备，改善农村电影流动放映条件。重视并采取积极措施满足进城农民工的观影需求。

（二）扩大爱国主义、少数民族影片的传播渠道

强化学校爱国主义教育影片放映工作，确保每个中小学生每学期至少观看两部国家推荐的爱国主义教育影片。城乡义务教育阶段学校学生的相关观影经费从公用经费中开支，支持电影企业开展校园公益放映活动。重视并采取积极措施满足城市低收入居民的观影需求。鼓励电影企业通过电视和互联网，开展电影公益放映活动。重视并采取积极措施满足少数民族群众的观影需求。

五、进一步转变政府职能，强化电影管理

强化法治观念，坚持以人为本，提高行政效能，实现政府对电影市场的有效监管，切实维护电影市场正常秩序，更好地服务电影产业发展需求。

（一）强化宏观调控

理顺政府与电影企业的关系，建立权责一致、分工合理、执行顺畅、监督有力的电影行政管理体制，全面履行导向把握、政策调节、社会管理、市场监管、公共服务等各项职能。按照公平、公正、公开、透明的原则依法强化市场监管，加强法人市场准入和产品市场准入管理，严把立项、备案、审查、发行放映和播出等关口，保护电影知识产权。全面接入国家数字电影发行放映服务监管系统，落实影院数字拷贝网络传输工作，加强电影票房信息系统建设，增强电影管理的科学性、权威性和有效性。充分发挥国有电影企业和电影社团组织的引领作用，强化行业服务、行业自律、行业管理。

（二）坚持德才兼备、以德为先的用人标准

按照"服务发展、人才优先、以用为本、创新机制、高端引领、整体开发"的方针，统筹各级各类电影人才队伍建设。深化人才工作机制改革，探索建立电影人才培养、吸引、使用和激励的有效机制。深化国有电影单位劳动人事制度改革，加强在职人员的学习培训和实践锻炼，积极吸引财经、金融、科技等

领域的优秀人才进入电影产业领域。努力造就一批德艺双馨、深受观众热爱、具有广泛社会影响力的名导演、名演员、名编剧，培育一大批拥有科技和艺术创新能力、既了解艺术规律又熟悉市场规律的技能型电影经营管理人才。

（三）进一步规范和改进辽宁地区电影评奖

要建立健全科学的评价标准和评价机制。把人民群众喜欢、满意、接受和认可作为评奖的根本标准，获奖电影作品要经得过市场检验。切实增强电影评奖的权威性、示范性和指导性，充分发挥电影评奖对全省电影工作者的激励作用和对全省电影创作生产的促进作用。

第五节　辽宁电影产业发展面临的问题与对策

辽宁电影产业作为典型的文化创意行业，已成为引领我省文化产业发展的先导产业。近几年来电影体制改革极大地释放了电影产业发展的潜力和活力，而电影产业发挥潜能的大幅度释放又恰好与我省经济高速发展和城市化进程加速的机遇叠加在一起，从而"十一五"时期成为我省电影产业从恢复性增长到持续、快速发展的一个极为重要的阶段，电影产业规模和经济总量得到大幅度提高，技术装备水平明显提高，电影市场持续繁荣发展。随着产业政策逐步完善，辽宁电影产业在文化产业乃至经济社会发展中发挥着先导行业的重要作用。在辽宁电影产业蓬勃发展的同时，也存在着以下问题亟待解决。

一、辽宁电影产业发展存在的突出问题

（一）电影体制和电影市场存在矛盾

辽宁电影产业起步晚，家底薄，发展之初利用低成本艰难在计划经济条件下建立起电影体制，主要是考虑电影的政治宣传和教育效果而不是商业利润。改革开放后，电影界选择了面向市场的行业机制改革，打破了中影公司的垄断发行，但由于辽宁电影的方方面面都准备不足，一时间造成了电影市场的无序和混乱。在这种背景下，制片厂更是把压低成本作为控制风险的唯一选择。在这种低成本的情况下，从人物到故事，尤其是场面都受到极大的限制，不可能拍出有强烈的视听冲击力和感染力的电影。

电影体制和机制以及电影市场本身存在的结构性矛盾在造成了制作上的两极分化的同时，尤其是投资、融资体制也造成了发行和放映方面的两极分化，辽宁省内发达大城市、大影院、大影片占据越来越大的市场份额，这些大城市主要是沈阳、大连。而中小城市例如抚顺等城市前些年，市民想看电影都纷纷选择到沈阳来看，因为在抚顺连个够规模、够档次的现代化电影院都没有，长此以往，这绝对会导致省内地区间电影产业发展越来越失衡，阻碍辽宁电影产业化发展进程。

（二）制片、发行、放映业的矛盾冲突

辽宁电影产业的体制改革也已经进入到了攻关阶段，进入到了要影响到原有的利益分配和权力格局的关键时期，近年来，电影制片、发行、放映业之间的矛盾也越来越突出，凸显为电影体制不顺、机制待立、中介梗阻、节目短缺、资金困难、捐税过重、不平等竞争等问题。而这些矛盾的集中体现之一，就是电影市场的无序和杂乱。电影行业虽然一直以影片发行为纽带贯穿全行业，但由于各级发行公司是按照行政区域设置的，各级发行、放映单位分别属于各级政府管辖，形成了不同的隶属关系和利益机制。企业和区域的自我保护阻碍了电影市场机制的建立。市、县电影行业的条块分割、各自为政的现状已经严重制约了电影事业的发展和电影经济的增长。改革现行经营格局和经济体制迫在眉睫。

（三）创作思想和人才培养机制滞后

辽宁电影产业在创作思想上，价值观、格调、审美情趣以及艺术质量还有待提高，在赢得市场的运作上，许多影片功力不够，措施不力，投产盲目，缺乏策略和预测性，部分电影没有在市场上形成竞争力；还有就是创作思想不能够深入生活，没有能够从人民生活中吸收营养。

辽宁近年虽涌现出一批优秀的电影艺术家，但对于巨大的电影产业来说，优秀的编剧、导演、演员、摄影师人数显然远远不够，培养、引进一大批到辽宁创作、生活的电影业优秀人才任务还十分艰巨。

（四）经济社会环境影响电影产业发展

电影产业是个智力密集、资本密集的产业，需要大量的资金和优秀电影人才，当前电影工作还存在着诸多的困难和问题，电影产业总体上还处在一个弱势的地位，电影的生产力发展水平、电影创作的力量、电影的基础设施建设和电影产业结构的调整、电影队伍的素质等多方面还有相当的不适应，电影产品的数量和质量还远远不能满足广大人民群众的需要。

在后金融危机时期，经济发展的不确定因素明显增加，将对电影产业的投资和市场都有所影响，辽宁省乃至全国经济社会转型期面临诸多风险问题，这一发展阶段的基本特点既对电影产业的发展导向提出了新的要求，同时也在一定程度上制约着电影产业的增长速度和发展规模，电影产业自身发展还存在着市场主体规模小、集中度低，专业化和复合性的核心人才缺乏，影院和银幕少、布局不合理，以及与相关行业融合度低、电影衍生产品发展缓慢等问题。

（五）娱乐形式的多样化，减少了电影市场的份额

改革开放以来，文化娱乐事业"百花齐放"，广播、电视遍布全省城乡，作为电影的替代品日益增多，分割了原本极为单一的市场。例如，有线电视以每月仅收几十元左右的价格，使人们可以不必出门，甚至躺在床上，就能欣赏到数十个频道的电视节目，现在的数字电视进入人们生活，电视的节目更是丰富多彩。电视剧拍摄投入少，周期短，产量高。现在，电视剧年产量多达百万集，这些电视剧一部分在电视台播出，一部分流入音像市场。而其他样式的电视艺术节目年产量则超过一万小时。

目前另外一个严重的现状是全国各级电视台大量播放电影，这就抢夺了电影的部分市场，另外库存影片的拷贝消耗十分惊人。全国电视机的普及率已经非常高，电视节目也越来越丰富多彩，大量的电影的潜在观众被电视夺走了，而电影在电视台每播放一次，只支付很低的片租，有时还在电视台之间交换播放，根本就无从谈片租。这些不按市场经济价值规律实行等价交换，甚至侵犯影片版权的行为，使电影企业蒙受巨大损失。再则，青年人社交娱乐的场所已经由电影院转向了歌厅、舞厅，学生们也不顾学校禁令，进入了电子游戏房和网吧。早期录像机，后来影碟机的普及，直到家庭影院的出现，使部分观众转向了在家中欣赏中外影视片。其他如大型演唱会、体育赛事和旅游体闲也分流了不少电影观众。

（六）电影盗版光盘与走私对电影市场损害严重

电影盗版的问题由来已久，一方面，电影是属于国家严格控制的文化娱乐商品，可谓"层层把关、级级审查"，具体的经营者没有多少选择的余地，在文化市场竞争中处于不平等的地位。另一方面，电影盗版光盘如同海洋赤潮，全面侵蚀电影市场。每年新的"进口大片"盗版光盘全国销量可达500万张左右，有影响的国产影片，也在100万至200万张。也就是说，电影一半以上的收入被盗版光盘"体外分流"了。盗版光盘不仅数量多，而且速度快，这些盗版电影极大的危害和影响了电影市场的正常有序发展。

盗版和走私几乎如影随形，走私影片与盗版光盘同样对电影市场造成严重危害。随着对外开放力度的加大，香烟、汽车走私司空见惯。近几年，走私的音像制品乃至影片拷贝也不断涌入，这些影视走私品不光冲击了国内的电影市场，给国内的电影业不小的打击，还因其内容不健康而毒害了国内的青少年。

（七）电影的制作成本过高

电影是一种以艺术为载体的商品，既具有一般商品的属性，又具有商品的特殊性特点。一种商品的价格是根据生产成本、技术附加值、使用价值，以及与同类产品的比较、市场消费需求来核算的，企业在生存竞争中必须控制成本。电影的成本包括前期创作、中期拍摄和后期制作的费用，其中演员片酬和场景的选择或制作费用占了很大比例。有的片酬不是根据市场的变化而变化，而是只能升不能降，片酬从 20 世纪 80 年代到现在提高了上百倍。有的制片人盲目追求大场面，大制作，胶片消耗量过大，造成制片成本过高，市场操作难度增大，由于单片成本过高，加上质量又差，不少影片血本无归，发行放映企业也深受其害，导致恶性循环。

二、促进辽宁电影产业发展的主要措施

（一）大力繁荣创作生产

在数量稳定增长的同时，更加突出提高质量，面向群众、面向市场，大力实施精品战略，努力多出优秀作品。弘扬主旋律，提倡多样化，精心组织生产好弘扬民族精神和时代精神，讴歌真善美、鞭挞假丑恶，反映现实生活和人民主体地位的重点影片，着力强化思想性、艺术性和观赏性的有机统一，充分发挥电影在振奋精神、增强信心、凝聚力量、促进和谐方面的积极作用。积极扶持现实、农村、少数民族以及少儿题材的电影故事片创作，积极促进动画片、纪录片、科教片以及适合网络、手机等新媒体新形式传播的产品的生产，努力形成多类型、多品种、多样化的电影创作生产格局。切实加强影视制作、动漫等产业基地建设，努力推进电影创作生产的集约化、规模化发展。加强特种电影的研发。进一步改进政府评奖，开展积极健康的文艺批评，努力营造良好创作环境。建立健全政府资金投入机制，继续执行电影精品专项资金等制度，使政府资金在引导创作、繁荣创作方面发挥更大的效益。进一步落实《国务院办公厅转发财政部中宣部关于进一步支持文化事业发展若干经济政策的通知》（国办发〔2006〕43 号）要求，继续设立电影精品专项资金，用于扶持本区域重点

影片拍摄项目。充分运用文化产业发展资金，加大对电影创作生产的扶持力度。

（二）积极培育新型企业

加快推进国有电影事业单位转企改制和公司制、股份制改造。贯彻落实《国务院办公厅关于印发文化体制改革中经营性文化事业单位转制为企业和支持文化企业发展两个规定的通知》（国办发〔2008〕114号）等有关文件精神，加强政策和资金支持。以创新企业品牌为核心，以提高影片质量和市场营销能力为龙头，整合制片发行放映资源，延伸产业链条，推进跨区域、跨行业、跨所有制发展，着力培育发展一批国有或国有控股龙头骨干企业，增强国有经济控制力和活力。加快发展一大批"专、精、特、新"的中小企业。鼓励社会资本投资，积极发展多种所有制形式的电影生产企业，在法律法规许可范围内，减少审批环节，简化审批手续，优化审批服务。对非公有制电影企业在投资核准、土地使用、财税政策、融资服务、对外贸易等方面给予国有电影企业同等待遇。

（三）继续扩大院线经营规模

进一步深化院线制改革，大力发展跨区域规模院线、特色院线和数字院线。积极探索院线经营规律、营销方式和管理经验，加强全国电影放映票务系统建设和管理，不断提高影院经营服务水平。着力发展主流院线市场，大力开发二级市场和社区电影市场、农村放映市场，积极开发电影的电视点播、家庭影院放映、互联网点播、手机等移动多媒体播映等市场，加快形成传输快捷、覆盖广泛、层次多样的现代电影市场体系。进一步扩大国产影片发行放映，认真落实年放映国产电影时间不低于年放映时间总和三分之二的有关规定，切实加强国产影片发行放映考核奖励。继续执行国家电影事业发展专项资金制度，用于加强电影行业宏观调控和促进国产电影发行放映。

（四）大力支持城镇数字影院建设

将城镇数字影院建设和改造任务纳入国民经济和社会发展规划，纳入文化产业发展规划和精神文明建设总体部署，纳入城乡建设和土地利用总体规划重点推进。坚持政府推动和市场运作相结合，采取信贷、税收优惠、补贴奖励等多种手段和措施，加强城镇数字影院建设，鼓励各类资本投资建设商业影院和社区影院。国家给予必要资金支持中西部地区中小城市及县城的影院建设，各地对建设项目选址、立项、征地、投入、办证等给予大力支持。对城镇数字影院建设使用国有土地符合土地利用总体规划和城市规划的，给予土地供应支持，其中只有一个意向用地者的，可按法律法规规定以协议方式供地。投资者要专地专用，不准改变用向。

（五）鼓励加大投融资政策支持

鼓励金融机构加大对电影企业的金融支持力度，积极引导和鼓励金融机构拓展适合电影产业发展的融资方式和配套金融服务；对符合信贷条件的电影企业，金融机构应合理确定贷款期限和利率，提高服务质量和效率。支持具备条件的电影企业通过发行企业债券、短期融资券、中期票据和利用银行贷款等多种融资手段，多方面拓宽融资渠道，扩大规模，壮大实力。积极推动符合条件的国有和国有控股电影企业重组上市。积极探索建立电影风险投资机制，各地可以利用中小企业创业、发展等投资基金支持电影风险投资，鼓励大型企业通过参股、控股等方式投资电影，鼓励有实力的企业、团体依法发起组建各类电影投资公司，努力培育电影领域战略投资者。

（六）积极推动科技创新

鼓励开展电影产业领域基础性、战略性和前瞻性的新技术研发和应用，努力构建以企业为主体、市场为导向、产学研相结合的电影技术创新体系，鼓励电影技术企业开展电影技术研发和基础设施设备改造。实施电影数字化发展规划，大力推广数字技术在电影制作、发行、放映、存储、监管等环节的应用。引进消化吸收国际先进技术，加强自主创新，加快完善符合我省电影产业发展要求的数字电影标准体系，提高电影数字设备国产化水平。研究开发数字电影技术服务体系，加快建设省级电影数字化服务监管平台，完善0.8K数字电影流动放映，1.3K、2K数字电影放映的市场服务和技术监管系统。加快研发网络实时监控系统技术，完善数字化分发和接收系统。抓紧实施资料影片数字化修护工程，加快数字影片节目库的建设和利用。

（七）全面加强公共服务

大力实施农村电影数字化放映工程。积极培育发展多种所有制形式的农村电影院线公司和农村电影放映队，普及数字化流动放映，有条件的地方可充分利用乡镇综合文化站、村文化室建立固定放映点；建立健全公共财政保障机制和公益版权片源保障机制，加大投入、改善服务、创新机制、加强管理，积极推动农村电影放映规范化、制度化、长效化；鼓励电影企业深入城乡社区、厂矿、校园、军营和广场等开展公益放映活动。大力提倡电影发行放映企业采取优惠票价等多种方式满足农民工、城市低收入居民等群体的观影需求；继续加大对少数民族语言电影译制工作的扶持力度，保障少数民族群众看懂看好电影。将观看爱国主义教育影片纳入中小学、中等职业学校教育教学计划。农村义务教育阶段学校为学生放映的爱国主义电影所需经费从公用经费中开支，城市义务教育阶段学生的影视教育经费纳入公用经费开支范围。

（八）不断完善监管体系

抓紧推动建立完善促进电影产业发展的法律法规和政策体系，重点推进电影产业促进法的制定和公布实施，制定和完善深化电影改革的相关配套政策。加快地方电影行政管理职能归口划转工作，着力推进各级广电部门进一步转变职能、理顺关系、优化结构、提高效能，建立权责一致、分工合理、执行顺畅、监督有力的电影行政管理体制，不断提高依法行政水平。严格执行各项管理制度，强化市场准入管理，严把立项、备案、审查、发行放映和播出等关口，规范互联网电影传播秩序。切实加大执法力度，综合运用法律、行政、经济、技术等手段强化监管，防控各种形式的非法电影，坚决打击电影走私、盗版等违法犯罪活动，保护与电影有关的知识产权，规范放映行为，维护市场秩序。统一规范电影产业数据统计工作，保证电影市场信息全面、准确、公开、透明。

（作者：马琳，辽宁社会科学院档案室）

第十一章　辽宁动漫产业发展报告

2010 年辽宁动漫产业发展势头迅猛，依托沈阳、大连两大动漫产业基地，原创动画片数量节节攀升，共制作完成 20 余部动画片，其中有 6 部入选广电总局向全国电视播出机构推荐的优秀国产动画片名单，总片长近 3 万分钟，占全国总量的 14% 左右，排在全国各省动画片创作生产数量的第 4 位。按照国产动画片生产数量，我国原创动画片制作生产 10 大机构中，辽宁省共有两家机构入选，分别是沈阳非凡创意动画制作有限公司和沈阳哈派动漫有限公司。

第一节　辽宁动漫行业发展概述

辽宁省共有两个国家级动漫产业基地，分别位于沈阳浑南新区和大连高新产业园区。沈阳动漫产业基地于 2004 年 5 月开始建设，2007 年 6 月被国家新闻出版总署批准为"家动漫产业发展基地"；2008 年 12 月被国家广电总局批准为"国家动画产业基地"；2009 年 9 月，被国家文化部批准为"国家文化艺术科技创新基地"，这标志着沈阳动漫产业基地已经发展成为国家重要的动漫产业基地。沈阳市委、市政府提出打造中国"动漫之都"的发展目标。

大连高新技术产业园区动漫走廊于 2003 年全国率先规划建设，先后经国家广电总局批准为"国家动画产业基地"，文化部批准为"国家动漫游产业振兴基地"，共青团中央批准为"中国青少年数字娱乐产业教育基地"，发展成效受全国瞩目。基地充分发挥毗邻动漫强国日本与韩国的区位优势，依托大连市软件及信息服务业和文化产业发展的产业优势，利用大连高新园区良好的政策及环境条件，实现了快速发展。

另外阜新作为动漫建设初级人才培养基地和初级产品加工基地，成效显著；丹东、本溪、朝阳、鞍山等市的动漫制作公司也能承担很多动画片的制作和后期，部分公司还能做一些原创的动画片。中国文化促进会动漫游戏委员会于

2010 年 9 月将"全国动漫游戏人才丹东实训测评基地"授予丹东，该基地在全国仅有十家，东北三省仅丹东一家。该基地的落成标志着丹东市从此有了动漫人才进入动漫行业的国家级资格认证机构，为丹东市多所高校和动漫企业的专业人才提供了培训实习场所，也为丹东市和朝鲜、韩国、日本等国的动漫人才、产品的交流提供了舞台。丹东檀苑公司在环保产业园区正在筹备建设 7000 平方米集"产、学、创"于一体的综合楼，同时建设针对青少年的国防教育园。

在全国各省电视动画片生产数量较 2009 年增幅排名中，辽宁排在第 5 位。2010 年度，我省的国产动画片创作已经获准立项的共计 63 部，比 2009 年增长 28.6%，占全国总部数的 10.5%，总片长 101436 分钟，比 2009 年增长 78.5%，占全国总片长的 17%；两大基地已入驻相关动漫企业近 300 家，比 2009 年增长近 50%，就业人数超过 1 万人。

值得一提的是，在 2010 年，沈阳高新技术产业区动漫产业园国产动画片创作生产数量晋升到全国动画产业基地的第 3 名，沈阳市也排在国产动画片创作生产数量位居前列的 10 大城市的第 3 名，而在 2009 年辽宁还没有有一个城市进入到前 10 名，这是一个大幅度的提升和跨越。沈阳的动漫产业经过这一年的时间驶入国产动画片创作的快车道，成为全国动漫产业的第一集团，也给整个辽宁的动漫产业发展带来了活力和动力。

截至 2011 年 8 月，辽宁省的电视动画片制作在国家广电总局备案公式的共有 23 部，共计 39002 分钟，与 2010 年同期相比略有下滑。9 月和 10 月是动画片立项的高峰期，希望到时辽宁的动画片立项数量会迎来一个小高峰。

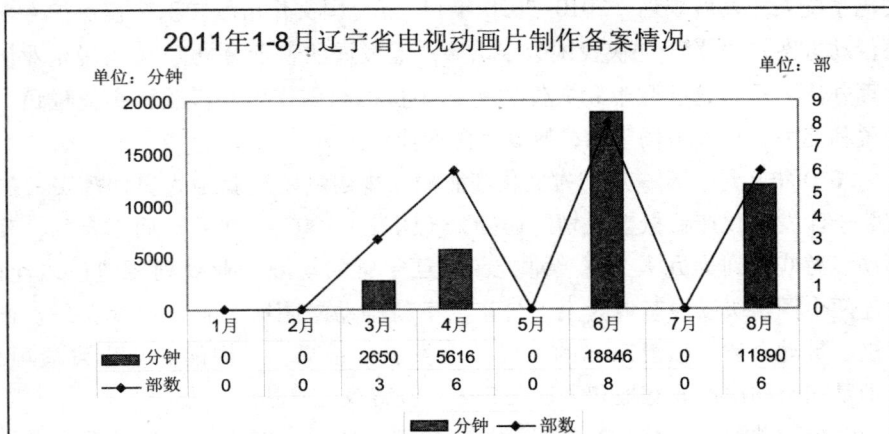

2011年1-8月辽宁省电视动画片制作备案情况

单位：分钟

单位：部

	1月	2月	3月	4月	5月	6月	7月	8月
■ 分钟	0	0	2650	5616	0	18846	0	11890
◆ 部数	0	0	3	6	0	8	0	6

■ 分钟 ◆ 部数

（数据来源：http://www.sarft.gov.cn）

第二节　辽宁动漫行业的政策与目标

继国务院办公厅转发了《关于推动我国动漫产业发展的若干意见》（国办发〔2006〕32号）这一意义重大的政策之后，"十一五"期间，政府共发布30余项文化产业政策，各级政府也出台了一系列文件，从政策上明确了动漫的产业属性。动漫产业的发展目标、发展思路、管理职能、扶持机制和优惠政策得以完善，为力争在5—10年内使我国动漫产业创作开发和生产能力跻身世界动漫大国和强国行列扫清了体制机制障碍。

一、辽宁省动漫行业政策

2009年《文化产业振兴规划》通过并实施，标志着文化产业已经上升为国家的战略性产业。2010年，中宣部、新闻出版总署、文化部等部委共出台了十余项文化产业政策，具体包括《关于进一步推动新闻出版产业发展指导意见》、《关于动漫企业认定工作有关事项的通知》、《关于金融支持文化产业振兴和发展繁荣的指导意见》、《互联网视听节目服务业务分类目录（试行）》、《关于加强动漫游戏会展交易节庆等活动管理的通知》、《网络游戏管理暂行办法》、《全国文化系统人才发展规划（2010—2020 年）》、《全国文化市场知识产权保护专项执法行动方案》、《关于加快我国数字出版产业发展的若干意见》、《动漫企业认定管理办法》等，这些政策和文件的实施必将提高创作水平，减轻企业税负，增强盈利能力，扩大市场影响，推动动漫产业的发展。

2010 年 9 月 2 日《辽宁省文化产业振兴规划纲要》就是为贯彻落实《国务院关于印发文化产业振兴规划的通知》（国发〔2009〕30 号）而出台的，其中将动漫游戏业列为九大主导产业之一。辽宁省的动漫产业规划要建设以沈阳、大连两个国家级动漫基地为主，丹东、阜新等动漫园区为辅，适度竞争、相互促进、带动全省、辐射东北的动漫产业发展新格局。其中两大重点发展项目，分别是沈阳动漫产业基地和大连高新区动漫游戏产业基地。

沈阳的动漫产业基地主要支持其加快引进国内有实力的原创动漫企业；支持其搭建动漫产品播出和宣传平台、产品发行平台、衍生品开发平台和企业融资平台；努力建设全国一流的动漫产业基地，打造"中国动漫之都"。大连高新区动漫产业基地主要支持其健全和完善动漫展厅、全身三维扫描建模系统、非线性编辑系统、特技摄影棚等平台功能，提升基地内企业自主原创水平，拓展产品外包业务，打造国内知名的外向型动漫游戏产业基地。

并且从区域布局角度，辽宁中部城市群和大连、丹东沿海沿江区域都分布了动漫产业的基地和产业园区。其中沈阳浑南动漫产业基地和沈阳华强科技文化产业有限公司成为中部城市群中的核心动力，阜新的大圣动漫游戏发展有限公司的成功经验也会拉动其他城市对于动漫产业的重视和发展。在沿海沿江区域，要以辽宁沿海经济带开发开放上升为国家发展战略为重要契机，依托大连、丹东的区位和科技等优势，充分发挥大连国家动漫基地的产业集聚效应，培育和打造一批以动漫游戏、文化旅游等为主的全国知名品牌，建设具有自主知识产权、技术领先、国内著名的外向型文化创意产业区。

具体到各动漫产业基地，都有很多的优惠政策扶植动漫企业的发展，如沈阳市政府和浑南新区管委会共同出资设立了动漫产业发展基金，市政府每年列支 2000 万元，浑南新区管委会制定出台了更加优惠的扶持政策，每年新区财政列支 2000—3000 万元，对进驻基地的企业在房租补贴、动画片播出奖励、贷款贴息以及产业基金等方面给予扶持。大连高新园区管委会财政每年拿出 1000 万元，设立动漫产业发展专项资金，专门用于扶持园区内动漫游企业；同时，还配套出台了多项优惠政策，为动漫游产业的健康快速发展提供了资金和政策保障。

二、辽宁省动漫产业发展目标

1. 2011—2012 年度，辽宁省动画片创作生产数量保持在全国前 3 名，生产动画片数量力争达到 45 部，总片长达到 5.5 万分钟。到 2012 年底，在国家广电总局立项动画片总数力争达到 140 部，总片长达到 22 万分钟，占到全国动画片生产总量 25% 以上的份额。

2. 到 2012 年底，沈阳和大连动漫产业基地入驻企业总数预计达到 400 家，产业用房面积达到 25 万平方米，其中至少 2 家企业进入全国前 3 强，4 家企业进入全国前 10 强，境内外上市企业 3—5 家，继续大力支持龙头骨干企业做大做强。到 2012 年底，全省从事动漫就业人员达到 1.5 万人，实现产值达到 190 亿元。

3. 沈阳和大连动漫产业基地的动漫公共技术服务平台满负荷运转，筹备公共技术平台三期建设，全面完成综合服务平台的建设工作。同时充分发挥综合服务平台的作用，将动漫作品加快转化为动漫产品和商品，带动动漫衍生品产业链条。

4. 在 2011—2012 年间，沈阳动漫产业基地将依托龙头企业、利用社会投资，建设三大特色产业园区。全面完成数字立体产业园区、动漫及衍生品制作产业园区、沈阳动漫生态城暨动漫研发、设计及游乐园区的建设。大连动漫游产业基地将规划建设总面积 1.5 平方公里的产业区，主要用于动漫游产业制作及展览展示中心，技术服务支持等产业。还将筹建动漫产业制作及展示展览中心和动漫科技馆。

5. 阜新的初级人才培养基地和初级产品加工基地的定位有望在 2011—2012 年间扩大规模，阜新市依托大圣动漫动漫游戏发展有限公司和阿凡提卡通影视有限公司，将全力推进动漫产业加快发展，向国家级动漫产业基地迈进。

第三节　辽宁动漫行业产品生产

辽宁动漫产业基地的主要产品有原创动画片、动画电影、动漫衍生品开发、手机动漫等种类，预计到 2012 年底，原创动画片保持全国前 3 名，手机动漫等新媒体动漫的比重将大大增加。

一、原创动画片

沈阳动漫产业基地制作的原创动画片影响较大的有沈阳非凡创意动画制作有限公司的《快乐猪宝贝之番茄妹的美厨旅行》、《顽皮部落之超人训练营》、《顽皮部落之悠悠无双》、《超级特工队》、《馒头武侠（一）》、《乐天一族》，沈阳东方龙动画制作有限公司的《珍想闯世界》，沈阳易品动漫有限公司和烟台影动动漫有限公司联合制作的《逗一逗》、《儿童性个童话》、《范范儿》、《范范儿生活百事通》、《守卫蚂蚁树》，还有该公司独立制作的《范范儿花卉百事通》、《范范儿名人百事通》、《范范儿健康百事通》、《范范儿地理百事通》，沈阳深海动画数字媒体有限公司的《酷乐小子》、《奇趣妙星之重返妙星》、《快乐是能量》，沈阳诺娃动画制作有限公司的《小小发明家》，沈阳斯科司动漫有限公司的《蛋蛋传奇（第一季）》、《蛋蛋传奇（第二季）》，沈阳麒麟影视动画有限公司的《欢乐达人》、《海洋小伙伴》、《草原小猎手》，沈阳哈派动漫有限公司的《蕾比宝贝讲京剧》、《阿诺狗与凯瑞猫》，沈阳博士兔动漫制作有限公司的《呱呱的世界——生命教育动漫系列片》，沈阳市基石数码动画设计有限公司的《部落故事之太阳部落》、《部落故事之月亮部落》，沈阳阿拉丁数字科技有限公司的《画里话外》，沈阳兄弟影视传媒有限公司的《梦幻小木偶（一）》、《笨笨狼与皮皮兔》等。

大连动漫产业基地制作的原创动画片影响较大的有大连金象文化传媒发展有限公司的《星舰 250 号迷航记》、《生肖战将》，大连翰星传媒有限公司制作的《中国历史故事——孙子兵法》、《中国历史故事——三十六计》、《中国历史故事——东周列国》，大连卡秀数字科技有限公司制作中的《相声集锦》、《武侠列传》、《曲苑荟萃》、《超级大乐透》等。

阜新动漫的领军者大圣动漫游戏发展有限公司制作的《三字经外传》、《巴拉根仓外传》、《大圣取水》、科普动画片《明明白白看病》、《城堡少女》、《神秘东藏》、《聪明宝贝》等动画片受到好评。《三字经外传》是由大圣动漫与央视动画公司联合出品的，目前正在制作中，计划制作 1000 集，现已完成剧本 120 集，就播映平台方面，大圣公司已与中央电视台签订合同，初步定于 2011 年底播出。《三字经外传》讲述了现代的 8 岁一年级双胞胎兄妹阜阜和新新巧遇

《三字经》的守护者小精灵布啾，一起大战要破坏《三字经》的来自未来世界2250 年的科学怪博士史克朗的故事。《巴拉根仓外传》则是一部描写蒙古族人民生产斗争、风俗信仰以及社会制度等各个侧面的生活教科书。以上两部动画片本着中国传统文化的精髓，展现了我们民族自己的原创动漫不俗的实力。阜新市的另一家动漫公司阿凡提卡通影视有限公司也制作了大型系列动画片《阿凡提外传》，全长 104 集，预计 2011 年底完成 26 集。丹东檀苑多媒体制作有限公司制作的原创动画片《蓝鲨—217》是一部对青少年进行爱国主义教育的动画片，实现了中国海军题材动画片上零的突破，分上下部共 52 集，目前已完成前8 集的前期制作，并已外发到朝鲜团队进行中期制作。

可喜的是很多原创动画片已经形成品牌效应，如"范范儿"系列、"中国历史故事"系列等等产品已经向系列片、连续片迈进，这种制作模式不仅能够拥有稳定的消费市场，也非常有利于相关衍生品的开发。在题材上，也囊括了历史、童话、教育、科幻、现实、神话、其他等题材，发展全面。

二、动漫相关产品

除了原创动画片，辽宁省的动漫产业在多个层面也取得了很好的成绩。沈阳四维数码科技有限公司与上海美术电影制片厂合作的第一部立体电影《天书奇谭》将进入院线。大连动漫产业基地的水晶石数字科技有限公司，不仅作为北京奥运会指定图像设计服务供应商参与了开幕式"卷轴"的做作，同时在上海世博会中国馆内完成了《清明上河图》展项，扩大了辽宁动漫产业的影响。

在动漫衍生品开发上，沈阳治图文化发展有限公司成功打造的"招财童子"动漫形象入选全国年度十大动漫形象，排名第六。沈阳非凡创意有限公司依靠动画片《兜兜的世界》的影响，已与一家营销公司及一家服装企业共同推出以《兜兜的世界》中卡通形象为主题的服装，并发展专卖店。阜新大圣动漫有限公司制作的大型可动精品玩具"齐天大圣"、"关公"获得国家专利，并在奥运期间摆上北京柜台，受到国内外人士好评。正在制作的《三字经外传》相关的各类衍生品已经设计完成，正在寻求合作商家。

动漫产业中的纸媒出版作为一项重要市场收入也越来越受到重视，在这方面阜新大圣动漫有限公司成绩突出。该公司出品的漫画作品有《中小学生卡通版交通安全手册》，发行量达 10 万册；《预防非典》系列宣传漫画达 3 万份；创意制作的漫画书籍《少年忍》荣获首届金龙杯优秀奖；编写出版了我国首部小学生动漫教材并进入部分地区小学课程，同时还编辑出版了《动画手册》、《动漫技法》、《漫画图例》、《动漫画入门》、《卡通入门》等我国最早的高校动漫教材。

第四节　辽宁动漫行业产品营销

辽宁的动漫产业要想在营销环节上占有一席之地，无论从产业基地的宣传还是动漫产品的营销上都要下大力气。要建立动漫产品国际营销渠道和展示平台，举办动漫交易会、参加国外著名展览、与国际有关组织和企业开展合作交流活动、组织和支持企业举办其他有关市场拓展活动、扶持省内的营销企业、建立网上交易平台等。还可以通过各种活动促进动漫服务外包和衍生品设计生产的快速发展。如举办针对动漫服务外包、衍生品设计生产的交易和交流等系列活动，展示辽宁在这些方面的优势和潜力，加快吸引国际动漫服务外包和衍生品设计生产向辽宁转移。

沈阳动漫产业基地通过举办一系列的重大活动，以及参加国内外重大展会，沈阳浑南（国家）动漫产业基地的影响力不断扩大，先后举办了"东北亚动漫产业国际论坛"、"中国动漫产业高峰论坛"、"中韩动漫产业合作论坛"，连续举办了几届"动漫设计大赛"等一系列重大活动；积极参加了中国杭州动漫节、深圳文博会、东北地区文化产业博览会、中国沈阳动漫电玩节、东北亚高新技术产业博览会等一系列重大展会，全面地推介了基地和企业，进一步扩大了基地的影响力。

大连高新区软件和服务外包产业为数字内容产业的国际合作打下了坚实的基础，相对国内其他主要城市，大连数字内容产业更容易打入日本、韩、欧美市场。大连动漫游产业基地大力加强与日本数字内容协会、韩国动漫协会以及美国好莱坞的联系与合作，深入促进大连动漫游公司对日、韩及欧美的项目国际合作业务合作。目前，如博涛多媒体、坐标数码、水晶石、新锐天地、泰康科技等公司普遍在 3D 开发方面见长，且技术能力在国内处于领先地位，都有相当规模的对日、韩、美等国的外包业务量。相对国内其他主要城市，大连数字内容产业更容易打入日本、欧美市场，多家公司都有相当规模的对日、美等国的外包业务量。

除了基地的宣传和国际合作之外，发展多种动漫形式，拓展新媒体动漫产品也是扩大动漫产品营销的不错选择。2010年，随着智能手机的广泛应用，手机动漫成为动漫产业一个新的增长点。手机动漫强调创意性、时效性、实用性、概括性。手机动漫市场的快速发展得益于以通讯运营商为主导的服务模式和营销体系，以及个人付费模式的成熟。据预测，2011年底我国3G用户数将达到1.5亿户，这对方兴未艾的手机动漫来说无疑具有广阔的市场前景。据艺恩发布的《2010中国动漫产业投资研究报告》，2012年中国手机动漫市场规模有望达到12亿元。

　　因此，相关动漫公司可以投入一部分资金和人力开发手机动漫，相对于电视播映平台的稀少，手机动漫在营销上省去了很多中间环节。

　　原创动画片的营销可以借鉴《兜兜的世界》的成功经验。沈阳非凡创意动画制作有限公司完成的365集3000分钟三维动画片《兜兜的世界》在央视热播，取得了较好的反响，后来，走出国门，出口20多个国家和地区，并获2008年东北地区唯一一部全国优秀动画片大奖及中国动漫制作十大竞争力品牌。负责动画电影《喜羊羊与灰太狼之牛气冲天》宣传发行的上海文广集团（SMG）营运中心总监刘咏也反复强调动漫营销的重要性。因此，辽宁的动漫作品不能仅仅以能够播映为目的，还要花大力气进行营销，这样才能使动漫衍生品的开发成为可能，获得更大的经济效益。

　　辽宁动漫产业基地作为东北动漫产业发展带上的重要一隅，已取得长足的进展，与此同时，包括沈阳、大连在内的全国50余个国家级动漫基地也在快速发展，这既是辽宁动漫发展的良好机遇，也遇到了挑战。面对以北京、天津、河北为中心的华北动漫产业发展带，上海周边以杭州、南京、苏州、无锡为中心的动漫产业带，以广州、深圳为中心的珠三角动漫产业带，以成都、重庆、昆明为中心的西南动漫产业带，以长沙、武汉为中心的中部动漫产业带都在投入大量的人力、物力发展动漫产业。辽宁只有保持住自身的动漫产业发展特点，坚持原创与国际合作外包为主的发展战略，一定能够打造出属于我们辽宁自己的消费市场。

第五节　辽宁动漫产业发展中的问题与对策

动漫产业对于辽宁省乃至全国来说还属于新兴产业，产业基础还很薄弱，因此在发展过程中结构性矛盾比较突出。电视动画片投资较多，生产数量也集中在此，而漫画发行、新媒体动漫、应用动画等方面较为薄弱。在整个产业结构中，生产环节较强，而前期调研，后期营销方面都相对滞后，呈现出粗放式的发展特征，不利于产业结构的成熟发展。除此之外，辽宁动漫产业发展还存在以下问题。

一、辽宁动漫产业发展中存在的问题

如今动漫教育培训机构发展迅猛，但教育体系尚不完备，大量学生面临就业难题，同时高级动漫创意人才和专业营销人才还属于紧缺状态，一是缺少急需的原创性人才和经营管理人才，二是有相当部分动漫专业毕业生很难马上进入工作角色，三是由于动漫产业发展时间短，动漫中高端人才短缺。以上三方面都不同程度地限制了企业的快速发展。

（一）动漫产品的创意局限在儿童题材，对其他潜在市场挖掘力度不够

当下，人们已经进入读图时代，手机微博不离手，广泛利用多媒体是这个时代的鲜明特征。因此，动漫产品应以其强大的亲和力和渗透力，不仅将少儿作为目标群体，还应该争取大部分成年人的消费。很多动画电影上映时，都是家长带孩子一起看的，因此，争取成年人的关注很有必要。我省多数动画片目标群体还是属于比较低幼化的，主要是少年儿童，只有网络游戏和手机动漫消费群体年龄稍大些，这与国际动漫发达国家有很大差距。美国《猫和老鼠》、日本《灌篮高手》都有很多成人观众。辽宁电视台全国付费频道《新动漫》定位是成人动画，面向16—35岁都市年轻人，但我省乃至全国都比较缺少成人动画作品，而国外经验告诉我们，动画只有开始向青少年和成人群体延伸，才能获得丰厚回报。

（二）动漫市场环境还不够完善，没有形成完整的动漫产业链

我省动漫产业缺乏公众足够认识与支持，很多人认为动漫产业就是动画片

和漫画，是给小孩子看的，都是孩子才喜欢 cosplay。其实很多电视节目的宣传片都是用动漫形式展现的，中央电视台还一度将历年春节晚会的相声、小品用动画的形式再现，《武林外传》都有原版的动画片了，还有明星形象漫画等等，都取得了意想不到效果。由于动漫市场还不够完善，动漫企业还缺少较明确的盈利模式。有的企业为追求成本降低质量，有的企业单纯强调电视播出而忽视衍生产品，诸多做法都不能成为企业可推广的盈利模式，而寻求一种或几种成功的企业盈利模式也是动漫企业今后面临的主要工作。

（三）动漫产品推广模式单一与资金缺乏

辽宁动漫产业的相关产品尤其是原创动画片的推广主要以电视媒体为主，能够播映几乎成了很多动漫公司追求的唯一目标。其实在营销过程中，网络媒体、手机 3G 网络都是可以利用的平台。此外，由于动漫制作前期投入较大，绝大多数企业不具备银行贷款条件，动漫产品资金回收周期较长，这些方面都限制了动漫企业规模化发展。

二、发展辽宁动漫产业的对策

（一）进一步完善动漫产业市场环境

文化创意产业，创意很重要，但文化氛围是需要长期积累的，我省目前很多城市都有动漫协会，应该充分发挥动漫协会的组织、宣传能力，文联、文化厅的相关部门给予更多的配合，充分利用沈阳科学宫、工业展览馆和大连会展中心等规模适合又具有国内外影响力的场所，开展全国性、国际性"动漫展览"、"动漫论坛"、"动漫产品交易会"和"卡通形象品牌授权洽谈会"，宣传推介辽宁产业基地动画产品；举办原创作品竞赛等活动，培养动漫产业在我省的文化氛围；还可组织中小学生参观动漫产业基地，了解动漫制作过程，为促进动漫文化大发展奠定广泛的群众基础。

（二）鼓励作家参与动漫创作，提高动漫作品竞争力

我省儿童文学创作在全国影响很大，应充分利用这一文化品牌，根据现有市场反映好的辽宁儿童文学作品改编成漫画或动画片，我省很多儿童文学作家的小说和童话都可做这种尝试。可以建议省作协的辽宁省儿童文学学会来成立"动漫原创委员会"，与省内的沈阳、大连动漫基地建立合作关系，儿童文学学会强大的作家资源必定会对我省动漫原创作品的品质起到保障作用。黑龙江省作协就成立了动漫文学专业委员会。这样既能提高原创动漫编剧、策划水平，又

有助于提升我省动漫产品文化内涵，形成核心竞争力，拥有自主知识产权。更可尝试发掘利用我省文物遗存、民间传说等文化资源优势，将红山文化这一古老文明起源作为脚本进行创作，对于辽宁青少年来说，既能反映中华民族传统文化，又能表现东北地域民俗风情，加深对自己家乡的了解。阜新大圣动漫游戏有限公司制作的《三字经外传》的主人公阜阜与新新就是城市名称的很好体现，又如《巴拉根仓外传》是描写蒙古族人民的历史题材动画片。

（三）做大做强动漫产业链条

我省动漫产业已经进入快速发展期，尤其是动画片生产数量已相当可观，因此完整动漫产业链条、优化产业结构就显得尤为重要。漫画是动漫产业链条前端，动画是运动的漫画，如根据市场反映好的漫画改编为动画片，就可以避免营销过程中收不回成本的状况。产业链后端就是衍生产品开发。根据国际动漫产业发展一般规律，其利润70%来自于衍生产品，包括图书、玩具、办公用品、音像制品、服装等等。据《2009—2012年中国动漫产业投资分析及前景预测报告》显示，中国儿童食品每年销售额为人民币350亿元左右，玩具每年销售额为人民币200亿元左右，儿童服装每年销售额达900亿元以上，儿童音像制品和各类儿童出版物每年销售额达人民币100亿元。因此，衍生产品不仅可以为动漫企业带来丰厚利润，还可以带动就业，促进相关产业更好更快发展。动漫公司利用衍生产品产生利润进行下一个动漫形象开发，这是一个完整良性循环的产业链，而不是多数靠政府扶持，不经过市场优胜劣汰，这些公司从长远来看是没有竞争力的。迪斯尼米老鼠、唐老鸭经久不衰，就是因为他们把这一形象的衍生产品做到了极致。目前沈阳动漫基地已经建立动漫衍生品开发平台，动漫企业应有效利用这一平台，积极和其他行业建立合作关系，致力于衍生品的开发营销，拉长动漫产业链，取得更多的经济效益和社会效益。

（四）注重人才培养和人才结构

动漫基地有意识地打造动漫策划团队，或者成立动漫策划工作室，将是今后市场的需求，一个动漫公司往往就是由一个或多个策划团队组成的，团队中有负责创意的，有制作的，更有音乐制作、后期配音等人员，这才是动漫人才的优良结构。阜新张郁工作室的网游外包项目就已拓展到国外，是工作室机制的很好体现。据预测，我国动漫人才缺口高达80万。这对于我省各大高校、高职院校招收动漫专业学生和培训动漫人才是个好机遇。建议教育厅、各市的教育局把增加动漫专业、逐步扩大动漫专业招生作为高职院校、高校一项长远规划。动漫教学更应注重对动漫专业学生多方面动漫素质培养，不能只停留在计算机软件操作上，更应加强对学生们想象力、创造力的培养和训练，这样有助于填补动漫高端人才缺口。

中国文化促进会动漫游戏委员会将"全国动漫游戏人才丹东实训测评基地"授予丹东，这对丹东的动漫人才培养将是一个很好的推动。目前丹东檀苑公司与辽宁工程地质学院走校企结合的道路，采用互补的方法，共同努力在丹东培训出高水准的动漫人才，充分发挥各自资源优势，实现深层次校企合作。

（五）多方推广动漫产品，多条融资渠道吸引资金

我国动画片的单集制作成本平均是 1 万元，而电视台播出费最多只占制作成本的 1/10。因此单靠电视媒体的播映平台很难回收制作成本，因此要展开动漫产品推广的新模式，如手机动漫等模式，进而达到盈利。动漫产品的制作需要大量的资金支持，因此，除了依靠政府的投资之外，各企业还应吸引风险投资等多种融资渠道。

附：辽宁动漫行业发展大事记

2010 年 1 月 20 日，大连高新区在 2009 年度中国游戏产业年会上赢得中国游戏产业"金凤凰"的最高奖。

2010 年 8 月 13–17 日，以"缤纷动漫、欢乐沈阳"为主题的 2010 中国沈阳（第二届）动漫电玩博览会暨中国青年动漫艺术大展在辽宁工业展览馆召开。

2010 年 9 月 2 日，《辽宁省文化产业振兴规划纲要》出台。

2010 年 9 月 17 日，"全国动漫游戏人才丹东实训测评基地"在丹东的辽宁地质工程职业学院揭匾。中国文化产业促进会动漫游戏委员会常务副秘书长金国强到会授匾并发表了讲话，丹东市副市长于梅参加揭匾仪式并发表重要讲话。

2010 年 12 月 1 日，由中央电视台动画公司与阜新市委宣传部、阜新市发改委主办的"中央电视台与大圣动漫联合制作大型动画片《三字经外传》启动仪式"在阜新市迎宾馆举行。

2011 年 8 月 25 日–29 日，第二届中国沈阳动漫节开幕。

（作者：冯静，辽宁社会科学院文学所）

第十二章　辽宁网络游戏产业发展报告

网络游戏产业，是一种新兴的信息文化产业，是指提供与网络游戏服务相关的产业，包括网络游戏开发商、电信运营商、互联网提供商及计算机软硬件生产商等部门。在我国，网络游戏产业是一个新兴的朝阳产业，经历了20世纪末的初期形成期阶段，现在已进入蓬勃发展时期。我省的网络游戏产业经历了承接游戏外包业务的初期阶段发展到目前有自主产权的游戏产品运营，逐步走向成熟。

第一节　辽宁网络游戏产业发展概述

目前，辽宁省网络游戏企业主要有12家，主要集中在大连和沈阳。包括大连金山互动娱乐有限公司、大连乾元九五网络科技有限公司、大连经典网络发展有限公司、辽宁巨全网络发展有限公司、沈阳嘉威网络科技有限公司、大连雷欧科技发展有限公司、沈阳蓝火炬软件有限公司、沈阳芝麻开门科技有限公司、沈阳兴超科技发展有限公司、辽宁巨合网络发展有限公司、沈阳冰峰网络游戏有限公司和沈阳三鼎科技有限公司。

一、大连网络游戏发展现状

大连动漫游戏产业已形成原创动画、3D技术及外包产业为核心的企业集群。目前，在国内六大动漫产业基地中，大连高新园区多家动漫企业擅长3D开发，且技术能力在国内处于领先地位并保持了良好的发展态势。相对国内其他主要城市，大连数字内容产业更容易打入日本、欧美市场，多家公司都有相当规模的对日、美等国的外包业务量。

高新区近年来投入巨资建设的集群渲染、动作捕捉、非线性编辑、三维立体扫描、音频采集和特技摄影等技术服务平台，在国内享有盛誉，也为数字内容产业的发展奠定了重要的基础。在大连高新区的推动下，动漫游戏人才培训体制日渐完善，大连理工大学、大连交通大学、大连工业大学、辽宁师大等院校均设立了动漫游戏专业，每年可为企业输送大量的技术管理人才。

延续成功的"大连模式"的经验，大连积极争取吸引国内外有名的网游领军企业来大连落户。目前，大连金山公司和韩国 NHN 公司已入驻大连高新区，盛大也已投资大连本地网游企业——经典网络有限公司。2010 年，大连市政府与完美时空有了实质性的深入探讨，蓝港在线也表现出合作的意向。这些都归功于大连辐射东北区域强大的影响力。作为数字内容产业中重要部分，大连动漫游戏发展十分迅猛，特别是游戏的开发，已成为大连高新区可持续发展的亮点。目前运营的十几款游戏全是本地游戏企业自主研发运营的产品。

2010 大连金山娱乐互动有限公司网络游戏的每位付费用户的月平均收益为人民币 41 元，较上年同期增长 8%。大连金山互动娱乐有限公司目前旗下共有 13 款自主研发及代理的游戏产品同时在线运营，其中 13 款为 MMORPG（大型多人在线游戏），一款为 FPS（射击类游戏）。2010 年金山公司加速了海外市场的拓展，已经在越南、泰国、马来西亚、中国香港、中国台湾、新加坡等东南亚市场推广运营多款游戏。目前，金山正在评估在台湾设立子公司的可能。另外 2011 见金山将首度在欧洲和北美市场推出《上古神殿》和《剑侠情缘网络版叁》两款网络游戏，预计未来两年来自海外市场的收入占金山总营收的比例将提升至 20%。近几年金山游戏在海外的员工数量一直在持续增加，海外运营团队的快速组建也让金山游戏在东南亚一些国家的运营取得了较好进展。金山内部人士称，FPS 网游《反恐行动》同样也一直在进行海外版本的开发，该产品也会在较短时间内向英文市场进军。

二、沈阳网络游戏产业发展现状

沈阳动漫产业基地的蓝火炬软件有限公司数年来专注于 3D 网络游戏的研发。秉承"研发专业品质游戏"的理念，建立了完整的 3D 网络游戏开发平台，贯彻和执行国际化自主研发战略及企业管理体系，并拥有国内领先高新技术、高效的管理团队、卓越的研发人员和最有实力的合作伙伴。

蓝火炬上线运营的音乐舞蹈网络游戏《炫舞吧》艳惊全国，人气不断攀升，正在研发的网游产品包括《黄金卡牌》和《蜀山剑侠传》等大型项目。目前，蓝火炬正在进行和运筹开展之新项目，并将目标瞄准为世界尖端水平的 3D 动作角色扮演类大型网络游戏，倾力打造经典巨作。

第二节　辽宁网络游戏产业发展政策与目标

2010 年 9 月，辽宁省出台了《辽宁省文化产业振兴规划纲要》，在纲要中提出，要建设以沈阳、大连两个国家级动漫基地为主，丹东、阜新等动漫园区为辅，适度竞争、相互促进、带动全省、辐射东北的动漫产业发展新格局。对于沈阳动漫产业基地，要支持其加快引进国内有实力的原创动漫企业；支持其搭建动漫产品播出和宣传平台、产品发行平台、衍生品开发平台和企业融资平台；努力建设全国一流的动漫产业基地，打造"中国动漫之都"。对于大连高新区动漫游戏产业基地，要持其健全和完善动漫展厅、全身三维扫描建模系统、非线性编辑系统、特技摄影棚等平台功能，提升基地内企业自主原创水平，拓展产品外包业务，打造国内知名的外向型动漫游戏产业基地。

一、大连网络游戏产业政策与目标

大连高新区针对国外动漫产业向国内转移、国家鼓励动漫产业发展的有利时机，依托大连软件产业、人才和毗邻日韩等动漫强国的区位优势，大力发展动漫产业。创建仅五年的大连动漫走廊已成为东北最大、在国内具有一定地位和影响力的新兴产业基地。

大连高新区动漫走廊先后被广电总局、文化部批准为国家动画产业基地和国家动漫游戏产业振兴基地，是全国唯一获得双授牌的基地。近年来，大连高新区制定了详细的动漫人才培养和产业发展规划，并完善了相关政策法规，出台了多项财政税收优惠措施，每年财政投入 1000 万元设立动漫产业发展扶持资金，为动漫产业实现跨越式的健康发展提供保障。

目前，动漫基地从业人员达 4300 多人，其中引进高端人才 143 人。动漫基地现有动漫培训机构 7 家，年培训人才 1500 多人。下一步，大连动漫产业基地将继续整合各院校人才资源，鼓励园区动漫企业建立动漫人才实训基地，加大各类动漫人才的培养力度，以满足动漫企业日益增长的人才需求。

大连市高新区为国内知名网游企业提供优秀的平台——亚洲一流的动漫游戏技术平台；大连的人才储备充足，大连12所高校都开办了动漫专业，国内及国际培训机构也成为为大连提供优秀人才的基地，大连的软件优势为游戏创作的后台提供了坚实的基础；此外，大连市政府还对游戏企业提供了普惠政策，其中包括对房屋的补贴，对税收的优惠，专门设立的1000万元的扶持基金，以及帮助游戏企业融资等等。

2010年，对于能够提升大连经济和影响力的游戏企业，大连市高新区采取了"点对点"的支持，提供一系列的优惠政策。对于有游戏产品出口的企业，大连市将采取出口返税政策，鼓励游戏企业走出去，并在资金方面给予支持。

在国家大力发展动漫产业的全局中，动漫办将围绕国际数字内容产业这一核心，力争将数字内容产业打造成拥有企业200家、境内外上市企业3—5家、从业人员1万人、总产值120亿元的特色产业基地。大连动漫游产业基地将沿凌水湾发展，筹建国际化动漫游产业集群发展基地，将成为产业链完整的动漫游产业中心。

未来3—5年，大连动漫游产业基地将规划建设总面积1.5平方公里的产业区，主要用于动漫游产业制作及展览展示中心，技术服务支持等产业；还将筹建动漫产业制作及展示展览中心和动漫科技馆等，吸引国内外影视业、文化业、出版业入驻，扶持动漫衍生品企业发展，鼓励文化娱乐产业参与，构建动漫运营，交易市场环境。要全力扩大以动漫游为主的国际数字内容产业的规模，支撑大连高新区高端信息服务业的快速发展，建设国内最具特色、资源最优的数字内容产业基地，实现东北亚国际数字内容产业中心区的目标。大连，在追赶软件、服务外包世界第一的道路上，同时演绎着动漫游戏产业勇夺国内第一的传奇。

二、沈阳动漫产业基地扶持政策

（一）制定并出台扶持政策，推动动漫产业基地快速发展

为吸引更多的国内外优秀企业来基地创业，沈阳市政府和浑南新区管委会共同出资设立了动漫产业发展基金，市政府每年列支2000万元，浑南新区管委会制定出台了更加优惠的扶持政策，每年新区财政列支2000万—3000万元，对进驻基地的企业在房租补贴、动画片播出奖励、贷款贴息以及产业基金等方面给予扶持，进一步推动了动漫产业的发展。主要政策包括：一是对有自主开发

原创作品的动漫企业，给予免房租三年的支持；培训企业和代工企业给予免房租一年，减半房租二年的支持；中介企业和运营商，给予免房租一年的支持；二是对从事动漫产业开发、研制，形成一定规模并获得银行贷款扶持的企业，每年可给予30万—100万元的贷款贴息用于企业发展动漫游戏产业；三是对经国家有关部门批准正式上线运营的原创游戏，每款给予30万元以下的奖励；四是对获得重大国际奖项和国家、省市级奖励的原创动漫游戏作品，一次性分别奖励50万元、30万元、10万元；获得中国驰名商标的产品，最高可得奖励50万元；五是基地内企业获得国家和省资金无偿支持的，国家级项目按1：1比例匹配；省级项目按50%匹配；六是自带大型动漫游戏原创题材来基地创业的"领军型"人才，一次性给予100万元以下创业资金的资助；七是对大专院校与沈阳市企业、境外培训机构联合创办动漫学院、动漫培训机构的，给予相应的扶持。向沈阳浑南动漫基地动漫企业输送人才的，给予适当的补贴。

（二）创新招商方式，引进国内外优秀动漫企业

为做好基地招商工作，沈阳高新园区主要领导亲自带队多次去深圳、上海、北京等地区进行招商活动，针对国内外动漫重点企业进行定点招商。浑南动漫办还通过举办动漫产业国际论坛、大型展会以及连续两届沈阳动漫之星设计大赛等大型活动，进一步加大了沈阳浑南（国家）动漫产业基地的宣传力度，使沈阳浑南（国家）动漫产业基地在国内动漫界的影响不断扩大，出现了企业涌入的良好态势。2009年进驻企业30家，绝大部分都是来自深圳、北京、武汉、重庆、苏州等动漫产业发达城市，有些以联盟的形式几家一起进驻。

（三）创新管理体制，实行全新的管理模式

为加快沈阳浑南（国家）动漫产业基地的发展，浑南新区成立了动漫产业办公室，作为沈阳浑南（国家）动漫产业基地的具体管理机构，负责沈阳浑南（国家）动漫产业基地发展规划的制定及组织落实、招商引资、公共技术平台建设、基地企业管理及服务等。

为切实实现市委、市政府发展动漫产业的战略目标，打造国内一流的动漫产业基地，浑南新区制定了《沈阳动漫产业基地管理办法》，管理办法在企业入驻标准、企业入驻审核、企业入驻流程、企业退出流程、企业日常管理、专家委员会组成等方面做了明确的规定，使基地的各项管理工作更加完善。为了快速营造动漫产业发展环境，浑南新区采取与企业合作，利用企业的工业地产资源和专业的物业服务管理资源，结合政府的行业管理经验和政策导向，建立了一套新的管理模式。以沈阳昂立信息技术有限公司为主体成立了沈阳动漫基地

经营管理有限公司，专门为动漫企业提供全方位服务，政府的扶持政策部分通过服务公司落实给基地内企业，既减轻了政府的负担，又保障了政策能更好地执行。

（四）进一步明确发展目标，打造中国"动漫之都"

"十一五"期间，沈阳浑南（国家）动漫产业基地以"建动漫之都，创文化名城"为宗旨，在产业用房、公共技术平台建设、政策扶持等方面努力为企业创造最佳的发展环境；通过政府扶持，市场化运作，形成投资主体多元化、体系完整、布局合理、设施完善的动漫产业发展格局。

2010年，沈阳浑南（国家）动漫产业基地产业用房将达到20万平方米，动漫企业总数达到160家，其中动漫原创企业80家，产业链企业20家。原创动画片制作计划完成1.5万分钟，实现动漫产品产值25亿元，拉动相关产业产值200亿元，争取进入全国前三名，建设成为全国一流的动漫产业基地。计划到2015年，动漫企业总数达到250家，其中在全国有影响的、产业规模超亿元企业达到10家以上；动漫产业产值达到50亿元，拉动相关产业产值超过300亿元。

2010年7月，沈阳市工商局出台了一系列政策，为动漫产业发展提供更加实际的优惠政策。一是允许外商以债权增资方式注册动漫企业等优惠政策，吸引出国留学、定居海外的优秀动漫人才归国打造创业平台。二是自主知识产权这种无形资产可以作为无形资本。沈阳市将试行货币资金零支付，对注册资本在50万元以下且已购置相应设备从事动漫设计和动漫劳务的，允许股东以自主知识产权的技术作价及非货币形式出资占注册资本的100%。三是动漫企业可以设在民宅。沈阳市放宽企业住所登记，经企业所在地业主委员会或社区委员会同意，允许从事动漫设计和动漫劳务的企业将住所设在居民住宅。四是放宽企业名称限制。对具有原创作品能力的动漫企业，允许其名称中使用汉字数字；对注册资本在300万元以上的动漫企业，允许其名称中的行政区划后置；对为动漫产品提供劳务的企业，允许其名称中使用"动漫"的字样。五是放宽企业经营范围。跨行业从事其原创作品衍生品生产的经营范围可核定为"动漫制作及其衍生品设计、开发、制作"；对从事动漫衍生品经营且具有5个以上分支机构的，可核定为连锁企业总部。六是降低企业集团登记条件。对注册资本达到500万元以上、有两个以上子公司、注册资本总和1000万元以上的动漫企业，即可登记为企业集团，实现动漫企业集团化经营。

第三节　辽宁网络游戏产业产品与营销

一、辽宁网络游戏产业产品

大连金山互动娱乐有限公司目前旗下共有 13 款自主研发及代理的游戏产品同时在线运营，其中 13 款为 MMORPG（大型多人在线游戏），一款为 FPS（射击类游戏）。金山旗下目前拥有包括西山居、亚丁、鲸彩、上水轩、砺剑等在内的多个游戏工作室和游戏运营中心，主要从事 MMORPG 产品的自主研发和运营，主要开发以中华文化为蓝本的游戏，近几年也积极探索多元游戏领域，推出射击竞技类的《反恐行动》和拥有罗马文化背景的《上古神殿》。2010 年金山推出了多款游戏，其中包括原《月影传说（剑侠情缘外传）》同名网络版游戏《月影传说》、《封神榜叁》、《独孤九剑》、《飞天风云》、《上古神殿》、《神道星 8 客》等。其中《飞天风云》和《上古神殿》为 3D 游戏，《独孤九剑》和《月影传说》为 2.5D 游戏，《神道星 8 客》则是金山首款网页游戏。这些游戏，为金山游戏出口海外做前期储存准备。2010 年金山一共有四款新游公测，另外还有四款产品处于内测期间，包括由西山居开发、将在 2011 年重点推出的《月影传说 OL》。

大连高新园区的北京乾元九五科技公司 2010 年 1 月推出的网页游戏《明1644》获得 2010 年"金翎奖"最受玩家喜欢的十大网页游戏。《明 1644》是北京乾元九五网络科技有限公司开发的一款大型多人在线的即时策略类网页游戏，游戏具备厚重的历史背景，丰腴的东方文化底蕴，并拥有着与同类产品相比截然不同的画面风格、系统与玩法。而且其类似帝国时代一样的资源即时采集系统与在同类历史题材网页游戏中是前所未有的。

2010 年 8 月，乾元九五科技公司推出了仙侠题材 ARPG 网页游戏——《六界传说》，其浓郁的中国风更受国内玩家喜欢。《六界传说》可以说是目前上市的产品中在性能上最接近于客户端的一款网页游戏，其游戏的性能首先体现在游戏的流畅性上，特别是游戏玩家在游戏中度过最初的 20 分钟后，游戏玩家切换场景或者重新登陆几乎在瞬间完成，和客户端游戏完全没有区别，可以推断该游戏使用了先进的预读和缓存技术。游戏玩家在游戏中跑动流畅而自然，动作完全没有通常的网页游戏那种僵硬的感觉。《六界传说》在技术上有诸多创新之处，比如支持鼠标右键，使游戏玩家很好的继承客户端游戏的操作体验和操作习惯；游戏窗口玩家可以任意改变大小，在 24 寸显示器上 1920×1200 的分辨率下全屏场景显得非常壮观；该游戏使用数字签名技术，有效地防止外挂的使用，为玩家创建一个公平良好的游戏环境。目前已在国内上线运营，市场反应良好。值得一提的是，《六界传说》的开发商乾元九五在去年的网博会上荣获中国网络游戏新锐奖。

二、辽宁网络游戏行业产品营销

在激烈竞争的中国网络游戏市场上，一款产品的成功越来越难以维持，更加难以复制。传统推出的资料片不能解决底层构架问题，而单纯的复制产品只是小作坊式的发展，只有从自身更新换代着手，满足用户需求才能获得更大的成功，金山的《剑侠情缘》系列游戏正是依靠不断满足用户需求的营销理念，从而取得了成功。金山的《剑侠情缘网络版》到《剑侠情缘网络版3》，首先由单机版升级到网游版，从封闭 PVE 到开放社区互动，是产品的重要延伸，随后又历时 5 年研发，将 2D 视角升级到 3D 视角，使得中国游戏史上的永恒经典焕发出崭新的生机。这是满足用户需求，进行准确市场定位和细分目标市场的成功营销案例。

《反恐行动》是金山网游旗下首款3D 射击类电子竞技游戏产品，由金山大连鲸彩工作室投入近百名资深研发人员开发制作，是该工作室的开篇之作。相比于同类产品，《反恐行动》不仅实现了技术上的超越，还给传统射击类游戏带来一股"时尚之风"和诸多理念创新，用户得到全新的体验。

《反恐行动》在近一年的发展中不断摸索实践，开辟出了一条新颖独特的推广之路，金牌联赛因此孕育而生。2010 金牌联赛是金山网游举办的首次电子竞技运动比赛。作为国产电竞项目，广泛的群众基础不可或缺。本次金牌联赛立足杭州、放眼全国，就是本着做实群众基础、做好品牌营销的原则，将电子竞技运动、《反恐行动》金牌联赛品牌深入人心，希望通过《反恐行动》金牌联赛的开展，将国内电子竞技运动推上更好的一个台阶。

作为中国原创的首次电子竞技比赛，金牌联赛不仅为 FPS 爱好者提供电子竞技的平台，更是对品牌营销的发展大有裨益。一直以来，电子竞技市场被国外游戏所垄断，后来者若想争夺这部分市场先天处于弱势，真正属于国产原创的电子竞技比赛还未大面积推广开。另一方面，传统网游地推手段的诟病已显现出来，很多玩家已经不胜其烦。激烈竞争迫使网游企业不断自我更新，传统行业的品牌营销案例成为网游企业学习的素材，金牌联赛的推出正是网游企业将"游戏渗透，捆绑营销"的一大尝试。

中国网游业在经历长期高速增长后，近两年逐渐呈现增速放缓局面。国内网游企业自身来看，目前在很多方面仍有待改进和提升。首先，民族原创网络游戏的创新能力仍然不强，作品同质化、技术平庸化现象仍然比较突出，这已成为制约民族原创网络游戏进一步提升竞争力的瓶颈；其次，部分网络游戏企业过于依赖单一产品、单一品种，缺乏可持续发展能力；第三是企业自律意识不足，部分企业片面追求经济利益，无视法律法规和社会责任。此外，网络游戏人才储备明显不足，人才培养和流动机制也不够健全。

第四节 辽宁网络游戏行业发展中的问题与对策

一、辽宁网络游戏发展中存在的问题

（一）政府对于网游产业重视程度不够，网游产业集群尚未形成。

近几年来，我省动漫产业发展取得了快速发展，但是与动漫产业关联度很高的网游产业却发展缓慢，知名企业和知名产品很少，一方面是由于网游产业涉及了资金、人才、互联网技术、运营等多方面的要素，我省在这些资源方面不足，另一方面，政府对于网游产业的发展重视程度不够，更多的资源投入到了动漫产业发展中，使得我省网游企业发展壮大速度缓慢，大多数企业停留在做游戏服务外包业务上。此外，集群发展是文化产业发展的有效途径，我省虽然有大连动漫产业基地、沈阳浑南动漫产业基地和沈北动漫产业基地，但是我省网络游戏企业在这三个基地落户的较少，企业分布分散，大多处于各自为营的状态。

（二）本省自主研发的精品少

近两年来，尽管有乾元九五这样的公司，推出了《明1644》和《六界传说》较为成功的网页游戏产品。但是辽宁本区域的企业的精品数量很少，自主研发的产品少，大部分企业主要承接游戏外包业务，大部分优秀的网游产品集

中在北京、上海、深圳等城市。

（三）专业研发人才资源匮乏

在目前全球游戏通用软件平台发展尚不成熟的情况下，网络游戏开发仍属于艺术创意与应用软件开发并重的知识密集型行业。符合行业发展需求的各类人才是其最关键的生产要素。在网络游戏开发行业中精通相关专业技能，还需要具备一定的管理协调能力，是国内项目组织结构中最为稀缺的核心成员。游戏产品实现从构想到最终的"物质化"所需要的设计、开发人才，也需要长时间的系统培训和实战磨炼才能胜任其工作岗位，对于发展历程较短的中国网络游戏开发行业来说，需求缺口仍然十分巨大。

（四）文化经营管理人才缺乏

人才的缺乏一直是困扰我省网络游戏产业发展的重要因素。尽管我省多所高校成立了动漫游戏专业，但对于我省的网络游戏企业来说。文化经营管理人才的紧缺是目前急需解决的问题。文化经营管理人才短缺主要表现在以下几个方面：一是文化经营管理人才开拓能力、创新精神和创新能力不够强，缺乏经营管理经验；二是熟悉国际惯例和规则、擅长媒介市场运作、具有战略思维的外向型经营人才尤其短缺。目前吉林省一些高校开设艺术管理专业时间还不长，人才培养才刚刚起步，人才引进工作也不能完全满足需要，适应信息时代文化产业高技术化的人才缺乏，文化产业经营管理人才更为短缺，尤其缺乏整合产业资本、金融资本和文化资源的企业家。

（五）缺乏领军企业

虽然我省现在拥有一定数量的网络游戏公司，但一直缺乏有品牌影响力的领军型企业。虽然大连有金山这样在国内比较知名的网游企业，但是与腾讯、盛大、完美世界等大型网游企业相比，在规模、人员和产品方面都存在差距。因此，需要政府加大政策扶持力度，加快我省中小网游企业成长为产业内知名的网游企业，推出更多优秀产品。

（六）中小网游企业境况堪忧

众所周知，动漫企业相比网游企业能更多的获得政策的支持，比如在厂商的办公场地减免入住、按照相关政策获得优惠的税收等方面。2009年12月16日，文化部、财政部、税务总局公布了首批通过认定的动漫企业名单，这些企业将享受《财政部国家税务总局关于扶持动漫产业发展有关税收政策问题的通知》的各项税收优惠政策。而同属于文化创业产业的游戏领域，目前中小网游厂商同样普遍面临的资金缺乏，办公场地不足，缺少政府相关政策扶持等问题。

就此情况，文化部游戏内容审查委员会在游戏动漫 2010 年度产业政策解读会上表示，游戏与动漫联系紧密，且国家对动漫企业扶植的具体政策已经出炉，而网游厂商需要通过获得政府认定的动漫企业认定资质来获得相关的优惠政策。与此同时，动漫衍生产品是认定动漫企业的重要标准，网游厂商如果只有从事游戏研发和运用，将不能申报动漫企业，只有出了相关产品的周边或者动画剧集等才会增加申报通过的记录。

（七）政府职能部门重复监管

由于网络游戏的产业属性仍未明确，文化厅、广电、出版等部门对于网络游戏产业都有一定的管理范畴，从而造成目前多头管理的局面。多头管理不仅容易出现责任真空，引发相关问题特别是前面三家管理部门，各自没有隶属关系，行政权力上相互独立，管理职责交叉，又都希望通过其专门领域的管辖权，获得主导网络游戏这个朝阳产业的话语权。这样难于形成统一有效的管理口径，严重影响行业效率，影响网络游戏产业的发展。

二、发展辽宁网络游戏产业的对策

1. 政府要加大对于网游产业的投入力度，形成网游产业集群。

各文化产业相关部门和产业基地要把网络文化产业发展纳入重要议事日程，像抓动漫产业一样谋划网络文化产业项目，应该。省文化产业发展工作领导小组，要加强对全省网络文化产业发展的宏观指导，加大对网游企业的扶持力度，特别是中小企业。协调解决网络文化产业发展遇到的难题，加快推动网络文化产业发展。此外，通过政府出台一些优惠政策，把目前省内的网络游戏企业集中起来，进行集中发展和管理，既可以集中在目前省内现有的几个动漫产业基地，也可以集中在一个或两个产业园区。通过采取这样的措施，规范我省网络企业的发展，提高整个网络产业发展速度。

2. 自主研发与运营并重，走结合创新之路。

自主研发运营，除了能够让企业对产品具备 100% 的可控性，更能在从产品研发导向市场运营的过程中，为企业节省大量的行政资源与资金。并且，自主研发运营的产品往往都能与时俱进，产品更新升级速率高于海外代理产品，产品的市场竞争力随着运营模式的成熟而不断增强。另外，自主研发运营的产品还可以在反外挂、反作弊、反盗号以及反私服等领域大有所为，甚至能彻底杜绝这些严重阻碍网络游戏产业发展的恶性毒瘤。

3．完善人才培养体系，增强自主研发能力。

我省省内游戏自主研发力量薄弱表现在缺乏游戏产品策划、开发等方面的高端人才。由于网络游戏是一项社会系统工程，对于高素质的网络游戏工程师的培养是一个长期的过程，因此除了建立专业性的职业学院以外，通过高效的专业设置调整，培养训练有素的游戏工程师是很有必要的。

4．政府应强化人才保障。

应为本土企业发展营造一个良好的市场运营环境，在日益激烈的行业竞争中向本土企业输送合格运营人才。要建立和完善适合文化人才特点的柔性引进机制和人才流动新机制，探索文化企业核心团队股权期权激励机制。鼓励社会力量建设创意人才培训基地，鼓励文化创意企业开展人才培训，为人才的培养提供一定额度的补贴。

5．按照市场与加强扶持相结合的原则，着重抓骨干企业，并按照上市公司的要求，进一步深化改革、加快整合，努力使之成为全省乃至全国网游市场的骨干企业。按照市场化、国际化、品牌化方向，进一步加大对骨干企业及其重点项目的扶持力度，支持拓宽经营范围，调整经营结构，拓展发展空间，运用联合、重组、兼并、上市等方式，整合优势资源，逐步发展成为拥有自主知识产权和文化创新能力、主业突出、核心竞争力强的大型网游企业。

6．政府要加大对于中小网游企业的扶持力度。

一方面，政府应出台金融机构支持文化产业发展政策，以奖励、贴息、资助等方式扶持中小网游企业。创新文化无形资产质押担保制度，加快文化产业进军资本市场，畅通"绿色贷款通道"，完善文化投融资服务平台。设立政府创业引导基金及文化产业投融资基金，采用阶段参股、跟进投资等方式，吸引国内外风险资本投向文化创意企业。出台文化领域高新技术企业认定办法，鼓励运用现代科技手段改造传统文化产业。另一方面，为促进中小网游企业自主创新，要建立多层次的融资渠道，包括创新基金、银行贷款、信用担保、天使投资、创业投资基金。使中小网游企业能找到合适的融资渠道，从而解决其融资难题。中小网游企业的多层次融资渠道的建立和拓展，必须坚持"政府引导、市场化运作"的原则，构建融银行、保险、担保、证券公司、创业投资公司、法律会计等中介结构于一体的金融生态圈，优化科技型中小企业的发展环境。

7．设立专门的政府职能部门，避免重复监管。

长期以来，职责不清、多头管理是阻碍我省一些产业发展的主要问题。政府应明确网络游戏行业的主管部门，从而建立起科学的行业监管体系，统筹行业发展。各相关部门积极的推进部门职责的"划入"和"划出",避免多头监管,只有这样才能迅速提高对网络游戏行业的监管效率,促进行业繁荣、持续发展。

第五节　辽宁网络游戏产业发展趋势分析

市场优势根据调研数据显示,网游用户集中在 10 至 29 岁之间,预计中国网游市场的最终活跃用户约在 2 亿左右。统计报告显示截至 2010 年我国已达到7598.3 万人,离其上限还有很大的上升空间,市场潜力巨大。

一、打造本土自主文化品牌是网游产业持续发展的核心要素

目前,中国网游还没有能够在世界市场形成产品优势和品牌影响力,要想进入世界网游产业顶尖行列,最根本还是在于文化的输出。利用"中国特色"的网络游戏产品出击国际市场,将成为未来网游行业发展的重点。海外运营将带着中国文化的烙印走向全球,并锻造出世界一流的中国网游文化娱乐企业。

此外,最近三年以来,除了中国本土区域,更多的游戏将走向各类国际市场,一批中国网游企业相继走上了海外拓展的道路,海外出口与全球拓展已经成为了业内炙手可热的话题。统计数据显示,2010 年,共有 29 家中国企业自主研发的 108 款网络游戏进入海外 40 多个国家和地区,实现销售收入 2.3 亿美元,较 2009 年增长高达 116%。大连金山互动娱乐有限公司是国内最早开发网游的公司之一,成功开发了《剑侠情缘》系列游戏,在市场获得了很好的口碑。金山公司所取得的成绩,就是源于金山公司一直以来秉承着对中华文化的传承,从《剑侠情缘》系列到《封神榜》系列,到其他网游系列也好,企业一直都是以坚持做民族的品牌为理念,在《剑侠情缘3》里,可以看到中华的书画、弹琴等传统元素,这都是从中华文化当中传播和继承过来的。

二、网页游戏未来发展空间巨大

2010 年客户端的游戏的发展目前进入了一个相对迟缓的平台期,而网页游戏却保持一个迅猛的发展势头,相比 2009 年增速达到了 200%,收入超过了 30

亿。从游戏类型上看也越来越丰富，策略，角色扮演，模拟经营，射击，舞蹈，体育竞技，休闲，动漫等可以说是丰富多彩。网页游戏不仅于客户端游戏越来越接近，甚至有些厂商已经在尝试把街机和 console game 也移植成网游。技术上也是百花齐放，flash，java，silverlight，插件甚至 html5 都有成功案例。网页版游戏发展空间巨大，预计明年的网游的收入将会超过 50 亿。

三、网络游戏行业的发展趋势——多元化

网络游戏作为互联网产业的一支明星产业，不仅推动了互联网行业的发展，更是为互联网创新发展铺垫了坚实的基础。从盛大到完美、腾讯等领军企业从游戏涉足影视、音乐直至文学，可以看出网络文化娱乐朝着多元化发展的趋势已经形成。通过这种趋势不难看出网络多元化娱乐趋势即将带动整个产业的新方向，影视推动网游、网游促进文学、文学形成电影的新的生产力。当前，传统大型网游的市场空间正在不断受到挤压，游戏玩家对大型 MMORPG 游戏的新鲜感日益下降。数据显示，以前一款普通的 MMORPG，生命周期一般在 3—5 年，这几年随着 MMORPG 市场竞争的日趋成熟，每款 MMORPG 游戏的生命周期正在逐步地减少，对用户的争夺近乎残酷。整个市场的新用户增长速度已经消化不了网游厂商的产品增长速度，单一网游产品的市场空间一直在缩小。

未来的网游市场将打破以 MMORPG 为主导的局面，转向百花齐放、百家争鸣，多种网游类型共同发展的局面，这将是网络游戏市场发展的必然。未来发展较好的游戏有三类型网游：动作网游、FPS 网游和社交网游。在游戏种类方面，除了占据主导地位的 MMORPG 和休闲游戏两大类别之外，又从中逐渐衍生出动作、FPS、历史武侠、音乐舞蹈、竞速赛车、即时战略、体育类题材、SNS社区类游戏等等多品类游戏。

四、互联网技术的快速发展，三网融合为网游产业带来跨平台机遇

中国网络游戏行业经过了 12 年的成长，现在正站在新一轮浪潮的起点上，伴随着 SNS 和智能移动终端等新平台的降临和兴起，网游行业正面临一个全新的发展空间。随着三网融合，电信网、互联网及有线电视网三网有机融合，网络游戏运营平台将从 pc 平台向各类移动智能终端方向演变，包括不同制式的手机终端和平板电脑、电子书等等，这将成为网游企业布局的下一步重点。从产业发展趋势来看，未来互联网一定会移动化，设备终端也一定会多元化，所有

的设备都可以满足用户娱乐的需求，跨平台数码娱乐内容的拓展已成为网游业探寻的新方向。未来的游戏平台是无缝融合 SNS 网站、个人电脑和移动平台之间的互动娱乐。

五、研发模式改变，用户参与产品开发成为趋势

为什么互联网行业在高速发展，而网游行业却停滞不前，甚至在退步？其实从模式上讲，网游虽然是属于互联网的，其实大部分公司并没有用互联网的方式方法做网络游戏，过去的网游公司，甚至是现在的，都应该叫做传统的网游公司。这些模式是违背互联网高速高效的特征。过去的甚至是现在的网游模式是慢的，花费巨大，等到产品发布的时候，那已经是多年前的创意，已经不能把当下的近期的互联网关注的、思考的、聚焦的东西及时体现，是很落后的。比如说偷菜，SNS 社区网站的偷菜，很少游戏把这种模式应用过来。新的模式应该是先发布产品，再根据用户需求不断改进完善产品，现在也正根据这个模式在调整，从各个方向探索。把传统的网游研发模式，朝着互联网化的方向改进发展，在短时间内快速专注将功能点完成和用户见面，和用户一起改善，从而达到产品的完善。

六、游戏和动漫两大产业整合发展前景广阔

众所周知，ACG 产业自始至终即是高度统一整合的综合产业，随着游戏产业的蓬勃发展，由漫画衍生的游戏已经突破技术方面的制约缓缓崛起，将漫画游戏化之前已掀起过阵阵热潮。知名漫画改编网络游戏，既略过了故事情节方面的繁文缛节，又省去了单向的推广费用。而近来游戏产业又显现出游戏向漫画衍生的迹象，两大产业的流动性互动，使得双方在发展中得到关联与相辅相成的积极影响，如此彰显出两者一直走在整合进发的道路上。

在日本游戏产业如日中天的 MD 和 SFC 时代，就推出了一大批动漫题材的作品，当时由于技术落后，很多作品无法表达漫画中的境界，其中的《幽游白书》算是比较成功的。迄今，在国内外，不少知名漫画已经被开发或正在被开发成网络游戏。有消息说经典动画片《喜羊羊与灰太狼》将被改编成为网游，而且游戏中将保留众多卡通中的人物和情节，人物造型和场景设计将会直接由动画开发者担任，为的是能够原汁原味地展现出动画的精髓。

日前，以金庸原著为蓝本改编的网络游戏《笑傲江湖》也开始大步迈进漫

画领域，以《笑傲江湖》中著名人物故事改编的笑傲前传漫画《风起》已开始连载，第一话即受到了诸多漫迷的追捧，连载漫画与游戏的联动力量不可忽视，目前笑傲江湖借鉴以往名作的来拓展游戏附属，恰如《勇者斗恶龙》等名作时常制作漫画杂志一样，此种方式增大了游戏周边内容铺放，同时增强了与玩家间的互动。动漫与游戏的受众群在很大程度上呈现重合状态，两大体裁共同进发适应了更多玩家的需求，因此《笔傲江湖》连载漫画的推出得到了众多玩家及漫迷的积极响应。因此，漫画与游戏两大产业由于技术与创意投入方面的改观，加之漫画作品本身固定的受众群，于无形中推动了漫画游戏的并肩前行。两大产业之间的整合并发，势必会在当下游戏市场形成一种新趋势、新潮流。

附：辽宁网络游戏产业发展大事记

2010 年 7 月 15 日，在浑南新区召开了促进动漫产业发展工作会，沈阳出台允许外商以债权增资方式注册动漫企业等优惠政策，吸引出国留学、定居海外的优秀动漫人才归国打造创业平台。

2010 年 10 月 21 日，第八届中国国际网络文化博览会在北京展览馆拉开帷幕。其中，首次参展的乾元九五网络科技有限公司一举夺得中国网络游戏新锐奖，该公司是大连高新区动漫游产业基地的重点扶持企业。

2010 年 11 月 18 日，大连高新园区的北京乾元九五科技公司 2010 年 1 月推出的网页游戏《明 1644》获得 2010 年 "金翎奖"，也就是最受玩家喜欢的十大网页游戏。

2011 年 1 月 1 日，历时 1 个月的第七届腾讯中国网络游戏风云榜线上投票截止。沈阳蓝火炬软件有限公司上线运营的 3D 舞蹈网游《炫舞吧》入围 2010 年腾讯游戏风云榜年度最佳舞蹈类网游，票数位居 10 大舞蹈类网游之首。

2011 年 5 月 28 日，为期三天的 "2011 年中国大连文化休闲娱乐及数字内容产业交易博览会" 在大连世界博览广场开展。

（作者：吴伟，辽宁社会科学院哲学所）

第十三章　辽宁艺术品经营产业发展报告

新近出台的《辽宁省文化产业振兴规划纲要》明确了我省今后一段时期内文化产业发展的方向和重点，其中，阜新玛瑙产业成为九大重点发展项目之一。阜新是全国最大的玛瑙加工基地和交易集散地，玛瑙储量、产量约占全国的一半，因此，将阜新玛瑙产业列入《省文化产业振兴规划纲要》，无疑使阜新这个城市获得了一次巨大的发展机遇，也给辽宁省艺术品经营业带来活力。

第一节　辽宁艺术品资源与园区建设

从我省文化产业的统计资料看，我省的艺术品市场上，岫玉、阜新玛瑙和利用非物质文化遗产资源制作的工艺品例如皮影、木偶、根雕等项目充当我省工艺品市场上的主力军，而且整体价格也呈稳步攀升态势，价格出现了大幅上涨。

一、岫玉

岫岩玉，以盛产于"中国玉乡"辽宁省岫岩满族自治县而得名。岫岩地处辽东半岛北部，山川秀美，资源丰富，地下矿藏有 39 种之多，其中菱镁、玉石的储量和品位均居全国之首。据北京大学地质专家认定，岫玉生成于 18 亿年前，岫岩玉文化形成于 8000 年前，可以说岫岩玉文化的发展是承载着中华 5000 年文明史的奠基石。在辽宁海城小孤山仙人洞古人类遗址曾发掘出距今 1.2 万年的岫岩软玉砍砸器。在距今 5000—8000 年的北方红山文化系统和辽东玉文化区的古遗址中也出土大量岫岩玉制品。从岫岩境内的北沟文化到中原、江浙等古遗址中都曾发现有岫岩玉。及至夏商周三代和战国秦汉以降，岫岩玉的开发利用始终绵延不绝，流布甚广，传承有绪。玉雕包装工艺和档次逐年提高，各种质量、各种档次、各种材质的包装盒应有尽有，达到国内领先水平。

岫岩是我国最大的玉石产地，是世界著名的"玉都"。岫岩玉储量丰富，质地优良，国内玉雕原料70%以上出自岫岩。岫岩玉产业从业人员已达10万人，年创产值25亿元，年创汇500多万美元。岫岩十分重视对玉雕从业人员的培训，投资140万元建成全国最大的玉雕专业学校，与北京珠宝研修学院联办岫岩分院，学校现拥有国家级玉雕大师2人、高级工艺师4人、省级大师36人、中青年技工3000多人，他们创作的作品多次在国家和省级玉雕大赛中获奖。同时，岫岩对玉雕技术人员进行技术等级评定，实行持证上岗，按技术等级供应玉料，以保证优质玉得到精加工。

二、阜新玛瑙

据勘测，阜新玛瑙资源储量占全国总量的50%，而且质地优良，具有颜色全、品种多、质地优、精料奇四大特点。翻开玛瑙产业2010年的成绩单，数据令人振奋：全市玛瑙产业产值实现8亿元，比上一年增长30%；玛瑙生产加工企业5000户，就业人数新增20%，达到6万人；完成雕刻作品2.3万件，精品率达到30%以上；综合加工各类工艺品达到6000吨。

近年来，阜新市深入落实科学发展观，积极实施玛瑙产业发展战略，以一种"快乐奔跑"的姿态，向着一个日益清晰的目标一路疾进，形成了玛瑙工艺品、饰品、旅游纪念品、体育用品、保健品、装修材料和工业用品等具有阜新特色的玛瑙产业体系，实现了玛瑙产业又好又快发展。

今年9月举办的第五届中国·阜新玛瑙博览会，是商务部"引导支持全国重点展会"之一，吸引了全国各地300余家展销商参展，参会人数近40万人次，总交易额达1800万元。玛瑙博览会的成功举办，对推动阜新特色文化和文化产品走向全国起到了积极作用，成为阜新文化产业发展的重要平台。

一直以来，阜新市委、市政府高度关注玛瑙产业发展，充分发挥玛瑙比较优势，着力打造"玛瑙之都"，使阜新玛瑙产业有了长足发展，规模不断扩大，影响越来越广。目前，阜新注册经营的厂家、业户已达6800余户，从业人员达6万余人，阜新的玛瑙从业人员已有5人晋升为国家级玉雕大师和国家级工艺美术大师，35人晋升为省级玉雕大师，达到工艺师水平的有200余人。今年，我市玛瑙产业年产值要实现30%的增长，达到8亿元；新增就业人数增长20%，达到7万人；完成雕刻作品达到2.3万件，精品率达到30%以上；综合加工各类工艺品达到 6000 吨。

三、艺术品经营园区建设

近年来我省艺术品发展主要是在古玩艺术品、民间工艺品发展较快，涌现出一批优秀的文化企业和产品。如沈阳鲁园古玩商城和盛京古玩城，沈阳鲁园花卉古玩城设施完备，环境幽雅，营业大厅建筑面积 5000 平方米，院内地摊万余平方米，并设有 3000 平方米的阳光大棚，能容纳千余个摊位；主要经营古玩字画、玉器、陶瓷、奇石、根雕、鲜花、绿植、草花、水族、木器、文革物品、票证、徽章、钱币及各种杂项民俗收藏品，业户近 700 多户，年营业额超过 6 亿元。

锦州辽西古玩商城建筑面积近 2.7 万平方米，现有固定业户 200 多家，经营种类 3200 种，安置再就业 6000 余人，年实现产值 8 亿元以上，成为东北地区最大，辐射内蒙古、京、津、唐等地的古玩市场；抚顺的文化市场位于新抚区中心商贸区内，营业面积近 7000 多平方米，是目前抚顺最大的集文化产品展示交易、特色文化展示交流、书画工艺品鉴赏和民间收藏品交易于一体的综合性文化市场。这里汇集了具有抚顺地域特色的煤精、琥珀、根雕，还包括古玩、字画、玉器等 10 余种收藏门类。文化市场分为抚顺特色文化产品区、非物质文化遗产展示交易区等六个区域。市场还定期举办丰富多彩的文化展览活动，同时邀请国家、省市知名收藏家、书画家定期进行文化交流。

鞍山岫岩玉工艺品市场，在全国享有盛誉，年销售额近 15 亿。岫岩县委、县政府大力发展岫岩玉特色经济，成立了岫岩管理局，从资源、加工、市场、技术进行规范管理。又组建了行业组织——岫岩宝石协会。还建起了"玉都"、"荷花玉市场"、"东北玉器交易中心"、"玉雕精品园"、"万润玉雕园"、"哈达玉器一条街"六大玉器市场，国内外玉器收藏、经销者云集岫岩，收藏鉴赏和使用玉器已经成为新的时尚，投资现代玉器，特别是精品、珍品、上品玉件的保值、增值已是广大爱玉者的共识；阜新玛瑙工艺品市场已发展成东北最大的生产、经营玛瑙工艺品的重要基地，年销售额超过 5 亿元。

南芬辽砚文化产业园区是南芬区实现文化旅游产业集聚发展的重要载体，也是该区继南芬铸件产业园之后集中建设的又一个市级产业园区。园区规划编制由北京天一合恒景观规划设计院负责，初稿设计已经完成，规划有生产加工区、展示销售区、文化地产区三个功能区。其中展示销售区主要包括砚博物馆、砚文化创意、交易展示厅、艺术家社区等。目前，辽砚文化产业园已全面启动了园区"三通一平"基础工作，今年将在已落位 3 家企业的基础上再引进 10 家企业，力争到"十二五"末期，落位企业突破 100 家，实现产值 3 亿元以上。

大连大青集团经过十多年的发展，从一个加工制作城市雕塑的小企业，一跃成为集艺术创意、艺术雕塑产品设计制造，安装施工为一体的文化企业，年产值近 3 亿元，艺术雕塑产品远销美国、法国、英国等国家。此外，利用非物质文化遗产资源，发展丰富民间工艺品项目，如皮影、木偶、根雕、满族刺绣、剪纸、楹联、古筝、软陶、树叶剪刻、葫芦雕等，已成为我省特色文化产品，在市场中展示了它们特有的活力。

第二节　辽宁艺术品加工行业的发展

辽宁是工艺美术的资源大省，辽宁的特色文化产品主要是利用非物质文化遗产资源，发展丰富民间工艺品项目，如本溪的辽砚，抚顺的煤精、琥珀，朝阳的紫砂、木化石，大连的贝雕、艺术玻璃，沈阳的"辽瓷"、羽毛画、皮影、木偶、根雕、满族刺绣、剪纸、楹联、古筝、软陶、树叶剪刻、葫芦雕、紫砂等，已成为我省的特产，在工艺品市场中展示了它们特有的活力，逐渐彰显出了自己的投资魅力，越来越受到藏家的青睐，均不同程度地体现着我省传统工艺美术的艺术特征，代表着我省工艺美术与时俱进的文化元素。"南有宜兴，北有喀左"。喀左县发展紫砂陶瓷产业具有得天独厚的优势，全县紫砂资源远景储量 10 亿吨以上，耐火黏土、膨润土、高岭土、珍珠岩、硅石等陶瓷资源分布广、储量大、品质优；同时，喀左县紫砂陶瓷业的发展历史悠久，早在 1935 年就有了第一家紫砂厂。近年来，随着喀喇沁左翼蒙古族自治县紫砂陶瓷业的快速发展，其紫砂产品的知名度也不断提高。为进一步做大做强紫砂产业，喀左县提出，力争到 2015 年紫砂陶瓷产业投资额达到 35 亿元，从业人员达到 5 万人。综观我省工艺美术行业发展的形势，人们不能不感受到当前工艺美术行业正迎来大发展的最佳时期。

几年来，我省积极推进工艺美术品产业的发展，打造了以鞍山岫玉、阜新玛瑙、本溪辽砚、大连大青集团青铜工艺品、朝阳紫砂、辽阳女娲石、抚顺煤精、锦州满族刺绣、盘锦和铁岭的工笔画等为主要内容的辽宁工艺美术品牌。

鞍山岫岩玉雕经过几年的发展，已经在国内外享有了较高的知名度，先后被国务院确定为国家级非物质文化遗产保护名录，被国土资源部和中国宝玉石协会评为"中国珠宝玉石特色产业基地"。目前，岫岩玉雕产业从业人员有 4 万多人，销售业户 1839 户，创产值 8 亿元，创利税 1.5 亿元，年出口创汇 1000 万美元，产品远销四十多个国家和地区；阜新玛瑙产业发展迅速，阜新十家子玛瑙文化产业基地和阜新玛瑙交易市场已成为东北最大的玛瑙生产、批发及销售的集散地。2006 年国务院将"阜新玛瑙雕"正式列入了国家首批非物质文化遗产名录，2010 年有 23 件玛瑙作品入围国家级玉雕大赛"天工奖"，2010 年阜新玛瑙还迈出国门，获得了四项吉尼斯世界纪录。

目前，阜新有玛瑙雕生产企业 5 千家，从业人员 5 万余人，产值达到 8 个亿；近年来，本溪辽砚产业也得到了较快发展，现已开发出紫云堂、紫霞堂（松花砚）、俊砚堂、青铜辽砚四个品牌，获得辽宁省名优品牌。2006 年，以辽砚雕艺为代表的本溪桥头石雕入选辽宁省非物质文化遗产名录。目前，本溪现有辽砚企业 13 家，从业人员 500 人，年生产总值近 6000 万元；大连大青集团的青铜制造工艺品近年来有了快速发展，青铜雕塑制品畅销国内外，总资产超过1.4 亿，近三年平均年利润率增长 30%，拥有雕塑艺术创作、制作人员 500 余人。2006 年被国家文化部命名为国家文化产业示范基地，2010 年被文化部、商务部评为 2009—2010 年度国家文化出口重点企业。

随着社会的发展和进步，人民群众物质文化水平的提高，极大地焕发了全社会关注工艺美术行业，珍爱工艺美术作品的兴致。同时，我省工艺美术行业在拉动经济发展、壮大文化产业、丰富社会精神生活诸方面日益显示出独特的作用。在过去的五年中，在省委、省政府领导关心下，我省工艺美术行业工业生产总值以年均 35.3% 的速度增长，2010 年从业人员达 30 余万人，产品种类达31 个。整个行业尤其是我省具有雄厚资源优势的玉石、玛瑙、辽砚、贝雕、工艺玻璃等品种更显示出巨大的活力，其他种类也显现了百花齐放、春色满园的景象。目前，我省正认真勾画下一个五年计划中我省工艺美术行业发展的蓝图。我们相信，整个工艺美术行业更加蓬勃发展的局面即将到来！

第三节　辽宁艺术品经营概述

2010 年，大规模进场的游资，为艺术品市场开启了崭新的"资本时代"。天价拍品不断涌现的现象，被业内人士称为"掐尖"——大量游资的介入，使得资源稀少的高价拍品受到疯狂追捧，由此造成少量拍品的价格大幅上升。市场出现了更成熟、更理性的表现。现在的市场，真正的精品不仅不用担心售出问题，而且都有较好的价钱。在辽宁快速发展的经济环境下，艺术品市场规模扩大的趋势短期内不会改变，尤其是面对通胀预期，艺术品作为一种理想的投资性消费将继续得到追捧。

一、形成了有一定规模的交易市场，但与先进地区仍有差距

通过几年的发展，辽宁省逐步形成了以鞍山岫玉、阜新玛瑙、本溪辽砚、大连大清集团的青铜工艺品为主，以朝阳紫砂、抚顺煤雕、锦州满族刺绣、辽阳女娲石和铁岭美术工笔画为辅的具有辽宁特色的工艺美术品牌；培育和打造了沈阳鲁园古玩市场、盛京古玩市场、锦州古玩城、阜新玛瑙宝石城等民间工艺品市场，一些工艺美术品和工艺品交易市场已经在国内外具有了一定的知名度。但在代表一级市场的画廊和文物艺术品交易市场方面，与北京、上海、广州、杭州等中心城市，以及珠三角、长三角、胶州半岛等区域的差距反而有扩大的趋势，没有形成如北京的 798 艺术区、酒厂艺术区、索家村艺术区、宋庄艺术区、草场地艺术区以及观音堂画廊街区，上海的莫干山艺术区、泰康路艺术区，以及杨浦区五角场等在国内有影响的艺术区。

二、结构日趋合理，但尚处低端水平

近年来，我国艺术品市场日益繁荣，分析其背后的原因，主要有三方面：一是百姓生活水平提高之后，对于艺术品消费需求增加；二是文化产业在国家层面得到关注；三是相关产业的发展，书画市场、拍卖市场日益成熟，艺术品市场各环节的建设加强了，艺术品基本形成了一个产业链。

在这样的大背景下，我们看到了，今年 5 月齐白石一幅《松柏高立图篆书

四言联》拍出 4.2 亿天价，创了中国画拍卖的世界纪录；深圳雅昌艺术网发布的艺术品拍卖市场调查报告显示，2010 年成交总额 573 亿元，比 2009 增幅超过 150%。一串串惊人的数字一次次刺激着我们的神经，但我们辽宁的艺术品市场却始终不温不火。

辽宁艺术品市场上，自 20 世纪 90 年代发端以来，拍卖并没有像北京、上海一样抢了所有市场的风头，其规模和影响力在地区艺术品市场上并没能发挥应有的作用，倒是一级市场发挥了更大的作用。这也从一个角度看出辽宁的艺术品市场尚处在低端水平。这种结构上的不平衡一直是困扰辽宁艺术品市场的痼疾。

辽宁艺术市场一直受到质疑的是发展结构不平衡，市场主体位置本末倒置，作为二级市场的拍卖和三级市场的博览会长期得到不发展，起不到艺术品行业的核心作用。另一方面，国内一线城市艺术博览会风起云涌，展会之间相互竞争，更促进了艺术品市场的兴盛和成熟。画廊业和博览会的成熟是一个国家艺术市场走向现代化、规范化的必由之路。但在辽宁却看不到这种现象。辽宁艺术品市场升级曙光仍然没有出现。

在行业企业的地域格局上，出现了以京沪两地争雄为主轴的竞争格局，无论是在拍卖方面还是在画廊和博览会上，京沪两地都集中艺术品经营业最优势的企业和资源。广东、江浙两地也有强劲的发展。京津、珠三角、长三角和胶州半岛形成艺术品企业较为集中、发展比较充分的几个区域。辽宁省并没有在这种形势下分得与东北区域中心城市相应的一杯羹。

三、艺术品交易的国际化步伐有待加快

全球知名财经杂志《经济学人》指出，得益于中国藏品热和全球当代艺术市场大跃进，以及中国政府关于艺术品交易政策的改变，中国已取代法国，成为继美、英之后世界第三大艺术品市场。北京匡时 2009 秋季艺术品拍卖会上，张大千的《长生殿》和《瑞士雪山》重磅出击，分别以 1000 万元和 4700 万元落槌。2009 中国嘉德秋拍"新中国美术"专题夜场拍卖中，吴冠中的《北国风光》以 3024 万元拔得头筹。此外，12 月初刚刚结束的香港佳士得秋季拍卖的中国近现代书画专场也拍出了 1.83 亿元人民币的成交额，成交率达到 83.3%。该专场中，傅抱石的《杜甫诗意图》更是以 5287.7 万元人民币的高价成交，也创出了傅抱石作品拍卖的成交最高纪录。在香港苏富比拍卖行 2010 年 10 月 8 日举

行的中国瓷器及工艺品秋季拍卖会上，"水波云龙"宝座由第一口价 1300 万港元开始竞投，经过 15 口叫价后，最终由一名现场买家以 7600 万港元成功投得，加上买家佣金，成交价高达 8578 万港元，远超估价。用著名收藏家马未都先生的话说："中国人扬了眉，外国人吐了气。"可是在如此热闹的艺术品交流中，却鲜见辽宁地区藏家的声音和作为。且辽宁在艺术品产业也没能发挥其与韩国、日本、俄罗斯等国相邻相交流方便的地缘优势，这实在是一件十分可惜的事情。因此，辽宁要抓住当前工艺美术行业正迎来大发展的最佳时期。随着社会的发展和进步，人民群众物质文化水平的提高，我省应当迎头赶上唤起人们对关注工艺美术行业、珍爱工艺美术作品的兴致。在拉动我省经济发展、壮大文化产业、丰富社会精神生活诸方面日益显示出独特的作用。

第四节　辽宁艺术品经营中存在的问题

辽宁有鲁园古玩城等艺术市场，也有玉石、玛瑙等艺术品资源，辽宁的艺术品交易非常发达，但也存在着同全国一样的问题。

一、"赝品横行"现象

随着艺术品市场的迅猛发展，中国艺术品的价格也在暴涨，成本几块钱的假画，可以卖出几万、上百万高价，巨额利润，使造假者趋之若鹜。艺术品造假、售假出现集团化、产销一体化、网络化发展的趋势，损害了我国的文化形象和市场信誉。近日，因 5 位"权威鉴定专家"为一假造文物"金缕玉衣"开出 24 亿元天价评估，致使银行损失 5.4 亿元的骗贷案件曝光，将文物造假、虚假鉴定等问题推向风口浪尖，也引发公众质疑。

二、文物艺术品的鉴定缺乏权威的鉴定人

在文物艺术品鉴定圈内，并没有权威的鉴定师，因为鉴定的过程带有很大的主观成分，客观依据比较少。不同的鉴定师甚至同一位鉴定师因年代、阅历、知识储备等因素的影响在不同时期对同一幅作品的鉴定结论也许就不一致。所以至今，中国的文物艺术品拍卖市场上还没有权威的鉴定师。例如，在假"金

缕玉衣"案中，几位鉴定专家的行为已经产生了严重的社会后果，应该追究其相应的社会责任。唯有加大惩处力度，才能让专业鉴定不再成为肆意敛财的工具。

三、监管缺失、法律缺失，暗藏巨大风险

目前国内艺术品鉴定市场处于"三无"状态：无法律管、无机构管、无人管。鉴定者无需对鉴定行为负责，也不承担风险。其实，艺术品收藏自古就有，过去之所以没出现这样大规模造假行为，源于传统社会对诚信道德的尊崇。过去，民间收藏主要通过古董商等中介维系。该古董店只有诚信经营，才能长久地维系下去，因此对声誉极为看重。老百姓也能够把自己的收藏品拿去鉴定，得到权威与中肯的估价。而今，在短期高利益的驱使下，几乎没有真正权威的民间鉴定机构了。由于监管的缺位，诚信道德观的沦丧，不少人以牟取高利润为目的，出具一些不辨真伪的鉴定证书，一些不规范的拍卖公司拿"不能保证拍卖标的的真伪或品质"的国际拍卖惯例做挡箭牌，拍假卖假，实际上助长了造假产业的繁荣，对整个行业带来极大的危害。

第五节　辽宁艺术品经营行业发展对策

一、制定行业的规章制度

制定我省艺术品经营市场的发展战略与规划是我省艺术品经营市场做大、做强的宏观长远规划。明确我省艺术品经营市场发展的战略步骤与不同步骤中的容易出现重点问题，在以艺术品经营的市场规律与趋势为基础，同时进一步明晰我省艺术品经营市场的发展目标、定位、布局及战略措施。

二、建立艺术品鉴定的监督机构

解决评估、鉴定及良好的监管机制是艺术经营市场的保障。例如，我省艺术品拍卖市场交易过程中保险、鉴定、评估定价等环节都没能很好地解决，特别是鉴定与评估问题最为突出。在依照市场发展规律建立起良好的鉴定模式后，重要的是进一步整合与系统化、实用化。定价机制的建立，价值分析与评估是

基础，市场价格是重要的参考，核心是建立一种能整合价值评判标准与推动市场定价资源的市场机制，进一步遏制虚假交易。

三、建立艺术品交易的融资渠道

建立我省良好的资本支持体系是艺术品运营市场的核心。培育并积极发展我省艺术品资本市场是赶上北京、上海等发达地区艺术品市场的核心。我省艺术品资本市场的发展壮大是从长远上保证我省艺术品市场壮大规模的内在动力。

四、加强对拍卖市场的引导和管理

加强与完善中国艺术品拍卖市场管理体制是我省艺术品市场转型及体制建设的关键。艺术品市场管理体制的基本架构，概括地说主要分为三个层面："政府——行业组织——市场"。当前，我省艺术品市场管理体制的发展中，最为核心的问题是行业组织发展缓慢。要想解决这个问题最基本的方法是：加强政府对市场工作的领导，强化对市场的导向，完善行业组织与管理，建设良好的市场运营体系。

五、制度与法律建设是我省艺术品市场发展的助推器

法制建设会使我省艺术品市场在法律的轨道里运行，为艺术品市场配置强有力的助推器，也会为中国艺术品市场的健康成长撑起广阔的发展空间，切实修订那些已经不适应时代发展需求的法律法规，使艺术品市场逐步走上秩序化和行业规范化的道路；投入主要指政府对艺术的投入和包容力，更多地需要政府强有力的支持与体系化市场力量的支撑。

文化部关于艺术品市场管理条例草案已基本形成，拟建立艺术品市场从拍卖交易、画廊经纪、销售、展览展销、进出口，到鉴定评估、产业聚集区等全产业链的管理制度。

条例拟设立以下内容：

——鼓励和促进艺术品市场的发展。将艺术品行业纳入文化产业范围，依法享受国家文化类税收优惠政策。

——建立艺术品鉴定评估人员从业资格制度，实行艺术品鉴定评估单位法人负责制。

——实行艺术品交易活动的明示担保制度。明确艺术品经营企业应当履行

明示担保义务，承担公平交易责任，规范企业经营，最大限度的控制假画流通。

——建立策展人、艺术品经纪人制度，规范展览经营活动。

同时针对艺术品市场现状，今年下半年到明年，文化部门将依法开展全国艺术品经营企业备案登记工作，对行业经营情况进行全面清理和摸底。根据美术品经营管理办法规定，美术品经营单位经工商登记后15日内应当到县级文化部门备案，所经营的作品应当有合法来源，没有尽到上述义务的，文化行政部门可以对其处以2000元以上10000元以下罚款；根据互联网文化管理暂行规定，利用互联网从事艺术品经营活动的，应当取得网络文化经营许可证，无证经营的，由文化部门依法处罚直至关闭网站；推动画廊行业自律和展会规范。

第六节　辽宁艺术品经营行业发展趋势分析

一、警惕泡沫，投资者应关注未来"热点"

随着国内艺术品市场从"普涨"步入"精品称王"的时代，在此背景下，艺术品投资依然会延续"追逐经典"的趋势，古代书画、近现代书画、瓷器、玉器等传统板块仍将是藏家的首选。进入"资本时代"后，艺术品拍卖市场的前景会更加复杂与充满不确定性，随着投资需求的过快增长与资本竞争的加剧，艺术品泡沫也在不断累积。因此，藏家需要有更加理智清醒的判断，不能盲目地追"高"、追"热"。在传统板块的价格区间被游资整体推高的背景下，一般投资者可以发掘并关注一些未来可能出现的"热点"：一是当代存世艺术家的作品，尤其是书画板块；二是古玩杂件板块，特别是目前价位不高，但具有艺术价值、文化内涵及历史背景的艺术品；三是价值尚未被充分挖掘的现当代艺术家作品；四是具有文化内涵与历史价值的当代工艺品及杂项，如文房、玉器、瓷器等。

二、游资炒作、鉴定机制缺失凸显艺术品交易风险

据业内人士表示，通过长期关注，我们可以发现国内艺术品市场许多拍品都是5年内反复出现，而且有的还是短期内不止一次易手。这种现象在某种程度上证明了艺术品拍卖市场的热钱的存在。热钱的投机动机很明显，投资家们

缺乏对艺术品市场清醒的把握，只是简单照搬了股市资本运作手法。热钱会发挥其惯有的资本市场属性，在曲线震荡中获利，于是艺术品市场出现频繁交易、频繁易手的现象，这与股市的坐庄等现象有类似之处。

种种迹象表明，"热钱"正源源不断地进入艺术品拍卖市场，助推了行情上涨，但纯投机型新手的进入，也助长了泡沫的出现。应该说，近年来古代艺术品乃至当代艺术品拍卖频爆天价现象，与热钱的炒作不无关系。

三、艺术品市场将继续稳定增长

2010年中国艺术品拍卖市场火爆，标志着随着全球乃至中国经济的复苏，中国艺术品市场也开始走向整体复苏。艺术品交易与房地产、股票交易不同，除了拍卖，还有通过画廊和古玩市场等一级机构代理、与艺术家或者艺术品持有人私下交易等其他交易渠道，所以整体数字会非常庞大。由此可以判断，随着经济形势的进一步复苏，2011年我省艺术品市场交易也将稳步发展，值得期待。

四、艺术品交易有电子商务相结合的趋势

随着互联网成为社会生活不可或缺的一部分，电子商务也对之出现在各个领域，中国工业报曾经指出：我们相信互联网的未来核心点在于电子商务，而未来电子商务属于行业内外形形色色的各类网商和企业。3D画廊的出现也在很大程度上推进了我们的艺术品在线交易的格局，现在远在瑞士的藏家可以透过线上虚拟画廊展厅欣赏中国艺术家的作品而不必远途奔波；对于偏好雕塑以及装置的藏家来说，透过仪器内置的3D浏览引擎甚至可以观摩在画廊中无法触摸的"禁区"。我省在艺术品交易市场上迎头赶上也应随时关注这些新的市场交易方式变化信息，为将来进军国际市场奠定基础。

附：辽宁艺术品经营行业发展大事记

2011 年 4 月 16 日至 18 日 第六届中国·锦州古玩文化节在辽宁锦州市举行。

2011 年 7 月 28 日上午，第二届中国（鞍山）珠宝、工艺品、书画艺术博览会在胜利宾馆开幕。

2011 年 8 月 25 日 第四届中国东北文博会在举阳举行。

2011 年 3 月 10 日 抚顺煤精雕刻、新宾满族剪纸又成功人选《第二批国家级非物质文化遗产名录》。

2011 年 3 月 2 日 抚顺市首家综合性文化市场投入使用。

2011 年 9 月 6 日上午，第六届中国·阜新玛瑙博览会在阜新市鑫维玛瑙城隆重开幕。

2011 年 8 月 12 日至 14 日，2011 中国·盘锦首届工笔画交易博览会将在盘锦辽河美术馆举行，届时还将举行"2011 辽河画院美术作品年展"。

2011 年 8 月 3 日，南芬辽砚文化产业园区管委会正式成立。

（作者：王妮，辽宁社会科学院哲学所）

第十四章　辽宁文化旅游产业发展报告

"十一五"以来，辽宁旅游业进入了振兴发展阶段，也进入了晋级升位的重要时期。旅游经济、旅游产业的作用、旅游规模等均实现或提前实现"十一五"规划目标，已成为全省国民经济新的增长点和第三产业中最具活力、发展最快的产业之一。在辽宁旅游业的发展中，文化旅游是辽宁最具特色和发展潜力的资源优势之一。旅游经济保持跨越式增长，旅游业正由朝阳产业向支柱产业发展。

第一节　辽宁文化旅游行业发展总论

据统计，2010 年辽宁全省接待旅游 28639.3 万人次，比上年增长 17%。其中，接待国内旅游者 28277.5 万人次，比上年增长 16.8%；接待入境旅游者 361.93 万人次，比上年增长 23.4%。2010 年全省旅游总收入 2686.9 亿元人民币，比上年增长 20.7%。其中，国内旅游收入 2533.4 亿元人民币，比上年增长 20.7%；旅游外汇收入 225932.9 万美元，比上年增长 21.7%。"十一五"期间，全省旅游业总收入突破 8931 亿元，同比"十五"期间增长 256%；接待入境旅游者 1258.33 万人次，同比增长 160.5%；接待国内旅游者达到 10.1979 亿人次，同比增长 186.9%；国内旅游收入 8378.7 亿元，同比增长 268.7%；旅游外汇收入 78.1 亿美元，同比增长 177.9%。

辽宁历史文化悠久，辽河流域是中华民族灿烂文化的发祥地之一。自周王朝到清王朝的建立，历朝各代在这方土地上留下了众多富有传奇色彩的文物古迹。辽宁拥有红山文化、辽金文化、前清文化、工业文化等众多独特文化资源，现有沈阳故宫、昭陵、福陵、永陵、九门口长城和五女山城等六处世界文化遗产，是我国拥有世界文化遗产较多的省份之一。张氏帅府、新乐遗址、兴城古城和虎山长城等，还有中外闻名的玉佛、木佛、石佛、铜佛、歪脖老母等，这些宝贵的历史文化资源，是辽宁发展历史文化旅游产业的基础和灵魂，是辽宁历史文化旅游业发展之根本。因此，历史文化旅游是辽宁文化旅游的主导优势。

辽宁省加快文化与旅游的有机结合，用文化提升旅游业品质，依托我省悠久的历史文化资源，初步形成了以沈阳"一宫二陵"、张氏帅府，抚顺清永陵、元帅林，锦州奉国寺为代表的清文化旅游热线；以朝阳牛河梁遗址，葫芦岛九门口长城、兴城古城，本溪五女山山城等集历史文化、教育观赏于一身的历史文化旅游热线；以沈阳棋盘山风景区、鞍山千山、本溪水洞和丹东凤凰山等集休闲、娱乐为一体的自然人文旅游热线，这几条文化旅游热线带动了辽宁省相关服务业的发展。这些品牌的打造为辽宁文化旅游业的蓬勃发展奠定了坚实的基础，也使得辽宁旅游业的发展在全国的竞争力日益增强。

与此同时，现代文化旅游产业也逐步成为辽宁旅游经济新的增长点。辽宁位于东经 118 度—125 度，北纬 38—43 度，处于地壳运动活跃板块边缘，地热水资源极其丰富，温泉资源遍布全省 14 个城市，已探明储量并具备开发的大约110 处，已利用开发 40 多处。在全省温泉分布中，既有热泉又有冷泉，形成了辽宁百里不同泉的风格。辽宁的温泉资源正逐渐转化为资本，成为驱动旅游经济及县（区）域经济发展的重要引擎。在建设"中国温泉第一大省"的发展目标下，全面推进温泉旅游开发建设工作，"全省温泉旅游项目招商大会"、"辽宁海滨温泉旅游节"和"温泉旅游论坛"等系列温泉旅游节会活动应找了良好的社会氛围。2010 年全省共推出温泉旅游及招商项目近百个，投资规模近 2000 亿元。2010 年，辽宁大力推进"农业旅游丰收计划"。据统计，2010 年，我省温泉旅游收入 107 亿，占旅游总收入的 4.1%；接待国内外旅客 2100 万人次，占旅游总人数的 7.92%。新增加直接就业 4.7 万人。

此外全省已有 82 个旅游特色乡镇、256 个旅游专业村和 1782 个星级"农家乐"，已培育了一批国家及省、市级农业旅游示范区、点，乡村旅游取得新成效。依托滨海大道，以大连为龙头，整合葫芦岛、丹东、营口、锦州、盘锦六城市的旅游资源，长山群岛、大鹿岛、笔架山、觉华岛等重点项目日益完善。邮轮、游艇、垂钓、潜水、滑翔伞等水上运动初见端倪，一个新的"北方国家海岸"不久必将被成功打造完成。

第二节　辽宁发展文化旅游的政策与目标

中国共产党第十七届中央委员会第五次全体会议通过了《中共中央关于制定国民经济和社会发展第十二个五年规划的建议》，对"两大战略基点"和"两大战略重点"做出了系统部署，并明确提出"积极发展旅游业"。2010年12月1日，《国务院关于加快旅游业发展的意见》正式发布。《意见》按照科学发展观的要求，对旅游业提出了全新的定位，指出把旅游业培育成国民经济的战略性支柱产业和人民群众更加满意的现代服务业的宏伟目标，并就新时期旅游业发展进行了全面部署，明确了具体的发展目标。《意见》立足当前，着眼长远，从"大旅游"的战略角度对未来旅游业发展的主要任务进行了阐述，提出了一系列促进旅游业又好又快发展的具体政策措施。明确支持各地开展旅游综合改革和专项改革试点，鼓励有条件的地方探索旅游资源一体化管理。这些政策措施既具原则性和引导性，又具有极强的操作性。

在党的十七届五中全会精神的指引下，贯彻落实《国务院关于加快发展旅游业的意见》，国家旅游局于2010年12月编制了《中国旅游业"十二五"发展规划》（征求意见稿），《规划》指出，"十二五"期间，我国旅游业进入大众化的全面发展阶段，面临更加有利的发展环境和发展条件，同时一些深层次的矛盾也更加凸显。"十二五"是我国建设旅游强国的关键五年，也是实现国务院提出的"国民经济的战略性支柱产业和人民群众更加满意的现代服务业"两大战略目标，把我国从旅游大国建设成为旅游强国的重要时期。在未来的五年中，按照党中央和国务院的统一战略部署，紧紧围绕科学发展主题和转变发展方式主线，我国旅游业要建设好旅游强国的产业基础，结合两大战略，在要素发展产业化、资源配置市场化、发展模式现代化等方面取得明显突破。发展目标是，到"十二五"期末，旅游业初步建设成为国民经济的战略性支柱产业和人民群众更加满意的现代服务业，在扩内需、调结构、保增长、惠民生的战略中发挥更大功能。旅游服务质量明显提高，市场秩序明显好转，可持续发展能力明显增强，力争2020年我国旅游产业规模、质量、效益基本达到世界旅游强国水平。鼓励自驾车旅游、红色旅游、健康旅游、文化旅游等专项旅游市场发展。适应游客出游目的的多样化和个性化，深入进行市场细分，有针对性地进行产品开发和市场营销，加强以文化、体育、探险等为主题的专项旅游市场开发。做好相应的政策法规支持和配套设施建设工作。

在 2010 年 6 月 20 日制定印发的《辽宁省国民经济和社会发展第十二个五年规划纲要》中，加快发展服务业一章专门强调要大力发展旅游、商贸、房地产、家庭等生活性服务业。把温泉旅游作为重点和突破口，重点加快旅游设施建设，推进重点旅游区、旅游线路建设，完善旅游服务体系，建设温泉旅游度假区，大力发展海岛、农家乐等旅游，打造一批精品旅游景区和知名品牌，建设一批各具特色的旅游产业集聚区和休闲度假基地，把旅游业培育成国民经济支柱产业。

为贯彻落实《国务院关于印发文化产业振兴规划的通知》（国发〔2009〕30 号），加快文化产业发展，实现辽宁省文化大发展大繁荣，结合辽宁省实际，中共辽宁省委、辽宁省人民政府于 2010 年 9 月 2 日制定印发《辽宁省文化产业振兴规划纲要》。《纲要》指出文化旅游业是辽宁的文化主导产业之一。文化旅游业的发展目标和思路是整合开发我省文化旅游资源，以培育融温泉、冰雪、海洋以及历史、民俗、工业等为一体的国内特色旅游品牌为重点，大力培育辽宁中部城市群旅游圈，着力打造辽东山水风情、辽南海滨休闲、辽西历史文化等文化旅游精品线，形成"区域联动、资源共享、优势互补"的"一圈三线"文化旅游产业新格局。

辽宁文化旅游的重点开发项目为大力开发温泉旅游。依托我省温泉优势资源，实施精品开发战略，加快引进国内知名温泉经营企业，重点推动鞍山汤岗子温泉、营口熊岳温泉、辽阳弓长岭温泉、葫芦岛兴城温泉、本溪温泉寺和汤沟温泉、丹东五龙背温泉、大连老铁山和安波温泉、朝阳凌源温泉和北票大黑山温泉、盘锦双台子温泉等优质资源，与冰雪、海洋、山地、森林、湿地等资源相结合，打造全国乃至世界具有影响力和吸引力的温泉主题旅游项目，建设"中国温泉旅游第一省"。同时要大力开发长山群岛国际旅游度假区。统筹规划、整体开发长山群岛天然优质旅游资源，加大港口、机场、跨海引水工程等基础设施建设，打造一批定位合理、彰显北方海岛特色的旅游景区和度假区，建设国内一流、世界领先、国际知名的海岛旅游度假胜地。

由此可见，文化旅游业的正处于前所未有的政策环境。中央和地方各级政府都高度重视旅游业的发展，并提供相应的支持政策。重视辽宁文化旅游业的发展，已形成了省、市、县各级政府的共识。政府从资金政策等方面给予重点扶持发展，为辽宁文化资源的保护与开发工作奠定了坚实的基础，迎来了难得的发展机遇，确立了"满韵清风·多彩辽宁"的品牌形象。

在良好的政策环境下，辽宁省旅游局明确提出 2011 年的工作重点是坚持贯彻科学发展观，以推进温泉旅游、乡村旅游、海洋海岛旅游发展为重点，加快旅游聚集区建设，实现全省旅游又快又好发展，推进旅游强省建设的总体要求，实现主要经济发展目标：旅游总收入将达到 3150 亿元，比上年增长 18%；旅游外汇收入 25.8 亿美元，比上年增长 16.2%；国内旅游收入 2977 亿元，比上年增长 18.1%；接待入境旅游者 390 万人次，比上年增长 13.4%；接待国内旅游者 2.94 亿人次，比上年增长 10.1%。实现辽宁文化旅游的又好又快发展。

第三节　辽宁文化旅游行业项目服务

辽宁发展旅游业，开展文化旅游是相当重要的，它不仅可以增强产品吸引力，提高经济效益，还可大力宣传辽宁地域文化，让外界更了解辽宁，同时也可以增强辽宁人对本地文化的认同性和自豪感。"满韵清风"为主题的历史文化旅游已形成辽宁历史文化旅游的主打品牌，且经营状况曾逐年上升趋势。其他历史遗迹历史文化遗迹旅游持续升温，宗教文化旅游蓬勃发展，民俗文化和节庆文化旅游活动影响广泛，现代文化旅游项目众彩纷呈。

一、历史文化旅游产品

（一）古化石文化旅游

辽宁拥有世界罕见的古生物化石，特别是在辽宁西部相继发现了大量鸟类化石，已鉴定出 11 个属 16 个种。其中最具代表性的旅游产品就是朝阳鸟化石国家地质公园。公园位于辽宁西部的朝阳市，总面积 2300 千米，主要地质遗迹面积 207 千米。主要地质遗迹为古生物化石、含化石地层、地质构造。地质公园由上河首古生物化石园区、四合屯古生物化石园区、凌源大杖子园区（均为著名的"热河生物群"化石的主要产地）、AAA 级的凤凰山园区及槐树洞风景区组成。地质公园集人文、历史、风景名胜和地质遗迹于一身，是理想的休闲、旅游及科普教育基地。观赏之余，可购置古生物化石旅游纪念品，朝阳古生物化石，形成于晚侏罗纪——早白垩纪陆相地层，距今有 1 亿 5 千万年。

2011年5月21日，我国目前规模最大的古生物博物馆——辽宁古生物博物馆于开始免费对市民开放。辽宁古生物博物馆坐落于沈北新区道义大街上的沈阳师范大学院内，由辽宁省国土资源厅与沈阳师范大学合作建设。辽宁古生物博物馆共设有8个展厅、16个展区。包括地球与早期生命、30亿年来的辽宁古生物、热河生物群、国际古生物化石、珍品化石、辽宁大型恐龙等主题，以介绍30亿年来辽宁"十大古生物群"为重点，以展示地史时期生命起源与演化为主线；突出"热河生物群"、"燕辽生物群"、"辽南早期生命"及"辽宁古人类化石群"等特色。还专门设有"3D影院"，放映主要来自中国以及英、美、日等国的最新科教片，每场可容纳约50名观众。

（二）古人类遗址旅游

辽宁古人类遗址资源丰富，这些古人类遗址的存在为辽宁历史文化旅游填上了浓墨重彩的一笔，使得辽宁文化旅游的历史底蕴更加丰厚，也为辽宁各地文化旅游的打造奠定了坚实的基础。这些古人类遗址主要有：本溪庙后山遗址，是我国迄今为止最靠东北部的旧石器时代早期的洞穴遗址；营口金牛山遗址，是为东北地区最早的古人类遗址，该处出土的人类遗骨化石较周口店北京猿人化石更加完整；朝阳鸽子洞遗址，代表我国东北地区石器时代中期一个重要文化类型，也是迄今辽西大凌河流域最早的古人类居住址；阜新查海遗址，是目前东北地区发现的时代最早的一处新石器时代遗址，查海文化的典型代表是"玉·龙文化"，是目前我国考古学文化中发现的最早用玉的实例；沈阳新乐遗址，其布局与半坡文化很相似，距今有7200多年的历史；朝阳牛河梁遗址，距今约5000—5500年，从出土的祭坛、积石冢、神庙和女神彩塑头像、玉雕猪龙、彩陶等重要文物得出，这里存在一个初具国家雏形的原始文明社会，标志着辽宁地区是中华民族文明的起源地之一。

（三）辽金文化旅游

辽宁境内现已发掘出大量辽墓群，如朝阳耶律延宁墓、法库叶茂台墓等，都具有鲜明的民族特色。辽代的陶瓷艺术别具一格，在朝阳、锦州、沈阳等地多有发现。辽宁现存四大辽金古建筑：沈阳无垢净光舍利塔、锦州义县奉国寺、辽阳白塔、铁岭调兵山兀术古城遗址。阜新境内发掘的关山辽墓群为辽代中晚期贵族墓葬典型代表，全国仅见。墓葬中出土的壁画，百科全书式的全面反映了辽代的社会生活，考古价值极高。

（四）清文化旅游

辽宁是清朝的龙兴之地，独具特色的清前史迹，为辽宁提供了完整、丰富而悠久的清前满族文化资源景观。其中尤以被列为《世界文化遗产名录》的"一宫三陵"最具代表性,即沈阳清皇宫、沈阳清福陵、沈阳清昭陵、新宾清永陵。清前著名的辽东战史,抚清之役、萨尔浒之役、叶赫之役、战迹遗址等也是辽宁重要的旅游文化资源。世界文化遗产——九门口长城,是我国唯一的水上长城,也是历史上著名的"一片石"大战的发生地。

目前,我省已对"一宫三陵"等清代历史文物古迹进行了大规模整治,做到了历史遗迹设施设备保存完好,修旧如旧,保持原样。满族文化资源已得到整合,凸显"满韵清风"主题,形成辽宁历史文化旅游的一大品牌。沈阳、抚顺、辽阳三地联手打造了清文化旅游的精品线路,并开发了系列清满族文化旅游纪念品,初步形成了辽宁历史文化旅游的品牌优势。2010 年故宫的收益情况为 110 万元,接待游客将近 4200 万人次。

(五)张氏帅府等名人故居游

"张氏帅府"又称"大帅府"、"小帅府",是奉系军阀首领张作霖及其长子、著名爱国将领张学良的官邸和私宅。始建于 1914 年,占地 29146 平方米,总建筑面积 27570 平方米。20 世纪 20—30 年代,张氏帅府中曾发生过多起震惊中外的事件:张作霖在此成为"东北王";皇姑屯事件发生后,"大帅"身负重伤,死在帅府;张学良将军在这里宣布"东北易帜",维护了祖国统一,并处决了杨宇霆和常荫槐。截至 2009 年 11 月底,接待购票参观人数为 41 万余人次,门票收入达到 2000 万元,比上一年增长 10%。同时鞍山台安的张学良故居和少帅陵还成为"张氏帅府"旅游的系列产品,拓展了"张氏帅府"旅游的空间和路线。

铁岭的银冈书院,是东北地区唯一保存下来的古代书院,是一座的"四合院式"建筑。前身名"致知格物之堂",清朝人郝裕于顺治十五年(1658 年)出资建立,后更名为"银冈书院",后辟为学堂。有人将银冈书院与全国著名的嵩山、白鹿、岳麓、石鼓四大书院并称,是清代著名的五大书院之一,被誉为"清代东北第一书院",在东北教育史上具有举足轻重的地位。它"开本邑教育之先",培养出大批英才。1910 年,周恩来在银冈书院入读小学。修复后的银冈书院,基本恢复了讲学、藏书、祭祀等功能,同时增加了馆藏数量,丰富了展馆内容。此外修复后的地理环境、民间风俗、建筑风格、整体色彩更突出了东北第一书院的风格特点,使银冈书院可与众多的南方书院相媲美。此外辽阳的曹雪芹纪念馆、杨宇霆公馆等都是辽宁重要的名人故居旅游景点。

二、工业文化旅游

沈阳铁西工业旅游。为留住城市之魂，铁西复原了中国最大工人聚集区50年前工人生活原貌的"工人村生活馆"；保留了"亚洲第一铸造厂"由翻砂车间建成的1.78万平方米铸造博物馆。工业遗产游景点主要以工厂生产过程、工厂风貌、工业景观及工人工作生活场景为主要吸引物，增强现场感、参与性和科普性，最大限度地满足人们的求知欲。让游人置身其间，亲眼见证一件件产品的生产过程，从而提高人们对工业产品的认知度，增强振兴老工业基地的信心，其旅游前景十分看好。目前，铁西区的工业类博物馆免费参观，不久的将来将实行市场化运作，赚取门票等收入。工人村生活馆和铸造博物馆的门票价格，已经得到物价局批准，并开始收费，其他博物馆也将陆续实行收费。

辽宁阜新海州露天煤矿工业遗产主题公园2006年7月27日正式开园，其中包括正门、矿山文化广场、博物馆、纪念碑和观景台5部分，是集旅游、考察、科普于一体的工业遗产旅游资源，也是全国第一个资源枯竭型城市转型试点的新亮点。在一百多年的开采历程中，海州露天矿创造了无数个中国乃至世界上的"第一"，堪称中国现代工业活化石。置身长4公里、宽2公里、垂深350米、负海拔175米的世界上最大人工废弃矿坑，会令人产生巨大的视觉震撼和心灵震撼。

三、温泉文化旅游

目前，以营口天沐温泉、辽宁弓长岭温泉、大连安波温泉三驾马车为代表的温泉旅游精品景区已经享誉四海。同时形成"温泉加景区旅游"、"温泉加运动游乐"、"温泉加康复疗养休闲"、"温泉加旅游地产"、"温泉加生态庄园"、"温泉加会展"等多种契合市场需求的形态，充分体现出省情特色。如本溪水洞温泉旅游度假区高端产品在建设中就注重保持本土特色与国际风格融合做法。该区是辽宁山水旅游休闲基地的核心区，也是全省重点推进的旅游聚集区。本溪水洞温泉旅游度假区由水洞和温泉寺两个景区组成，占地面积20平方公里，具有温泉、地质、生态、宗教、民俗五大优势。结合有国内外著名的本溪水洞，还有东北地区展出面积最大、馆藏标本最多、藏品等级最高的国家地质博物馆本溪馆和世界上最大的硅化木主题公园，与温泉寺景区峰峦叠嶂、古树参天、卧佛古寺、馨泉共鸣，"人居其中，宛然在蓬莱阆苑"。

丹东4个建设项目和10个招商项目中作出不同定位。"北国之春"温泉度假村分为六大功能区，主要有温泉会所、生态园、四季温泉谷、商业街、缘溪山庄等项目。五龙背金海温泉旅游小镇项目主要功能温泉度假房地产、露天温泉休闲健身项目。金山温泉国际城项目充分利用金山村得天独厚的温泉资源、山林资源，拟建成五星级温泉酒店。正在招商和拟招商的温泉项目中更加突出差异化特征：五龙温泉之都项目中，拟建项目分别为温泉度假村、五龙温泉风情园、温泉健身会馆。五龙背国际温泉度假村项目中，拟建设温泉星级宾馆、温泉会馆、休闲中心及高尔夫球场等。该项目正在做总体规划。东北第一浴都项目中，拟建休闲旅游度假村、会展中心、商业金融中心、健康理疗中心和六个具有不同国家风情的特色小镇。丹东汤池温泉项目中拟建设国际风情区、温泉公寓健康中心、疗养中心。生态健康温泉旅游山庄项目中拟建成集旅游、观光、游乐、会议、度假、疗养、养生、影视、体育、温泉、住宅于一体的国际化、城市自然度假场所。

四、海洋海岛旅游

目前海岛旅游迅速发展，已成为辽宁省旅游的一大特色。现已开发并对外开放的海岛主要有菊花岛、大小长山岛、獐子岛、海洋岛、广鹿岛、石城岛、王家岛和大鹿岛。各海岛旅游人数和旅游收入都呈逐年上升趋势，如大长山岛2006年上岛游客达67万人次，旅游综合收益达2亿元；长海县2004年实现上岛游客47万人次，旅游综合收入1.32亿元，分别比2003年同期增长19.8%和20%。辽宁省海岛旅游发展态势稳中有进，具有一定发展空间和开发规划价值。现有的旅游产品有休闲度假型旅游产品。休闲度假应成为大部分辽宁海岛旅游的主导旅游产品。2009年初大连市政府已正式提出要建设"长山群岛国际旅游度假区"。近几年团体旅游中，会务旅游越来越多，游客对该种旅游产品也提出了更多要求。因此，商务会展型旅游产品的开发和建设成为辽宁海洋海岛旅游的重要形式之一。2007年9月，世界经济论坛首届新领军者年会在大连举行。2009年，夏季达沃斯论坛又重回大连。

五、乡村文化旅游

优越的乡村旅游资源和人文文化资源，为发展农业科技观光、农业采摘、水上垂钓、民俗文化体验等乡村旅游等提供了良好的基础。目前，辽宁省已拥有沈阳马耳村、大连东沟村、丹东大梨树村、辽阳瓦子村等5611个知名农家乐品牌，特色丰富的乡村旅游不仅满足了巨大的旅游市场需求，也逐渐成为全省旅游产业的重要支撑。据介绍，2009年，辽宁省实现乡村旅游收入217.4亿元，比上年增长39.18%，占全省旅游总收入的10%；乡村旅游接待人数5911万人，占全省接待游客总量的24.4%。随着乡村旅游产业的发展，辽宁省的农业与旅游业相互融合，形成了一大批水果、花卉种植及农业采摘等多品种、高附加值的新型农业产业，有效地推动了农村经济转型升级，加速了传统农业向现代农业的转变进程。与此同时，乡村旅游扩大了农民的就业渠道，增加了农民的经济收入。2009年全省乡村旅游吸纳农民直接就业人数达22.86万人，带动农民间接就业96万人，使39万农民脱贫致富。形成了政府与农民互为补充、互为促进的乡村旅游发展新格局，有力推动了城乡一体化发展。

第四节　辽宁文化旅游的竞争与营销

一、辽宁旅游行业日益重视区域合作

2010年，我省大力推进旅游业的资源整合、产品升级，旅游聚集区成为全省旅游产业发展的新战略。大连长山群岛、沈阳棋盘山、鞍山千山、沈抚新城、丹东鸭绿江、阜新海州国家矿山公园、铁岭"中国北方水城"、朝阳凤凰山、盘锦辽河三角洲等旅游产业聚集区建设步伐，培育旅游经济新的增长点。全省已推出十几个旅游产业聚集区及150多个招商项目，项目投资额近2000亿元，旅游聚集营销效果明显，初步形成辽宁省文化旅游的整体营销模式。将一个地区的主导旅游资源进行整合，通过龙头企业的带动作用形成集群效应；同时延长旅游产业链，将其扩展到旅游纪念品乃至旅游装备制造业等方面，把旅游产业的动能最大限度地发挥出来。打造旅游聚集区的战略举措让我省原本就拥有的丰富旅游资源转化为资本。省旅游局负责人表示，旅游产业集群叫响了辽宁的旅游品牌，随发展各界资本的涌入，辽宁旅游产业后劲十足。

辽宁滨海大道六城市旅游联合体，2009年10月24日在丹东成立，是辽宁省沿海地区的六个城市——大连、丹东、锦州、营口、盘锦和葫芦岛，为联合开发辽宁滨海旅游资源所成立的一个旅游合作组织。辽宁滨海大道，贯穿整个

辽宁沿海地区，东起丹东境内虎山长城，西至葫芦岛市的绥中县，全长 1443 公里，连接着 6 个城市的 21 个县区、100 多个乡镇以及 25 个港口和多个旅游景区、沿海开发区，目前已经拥有一批高等级的滨海旅游产品，8 个国家级自然保护区和 5 个省级自然保护区，近 140 个旅游景点，在全省旅游市场中占据很大比重。这条大道不仅是辽宁沿海经济大通道，也是辽宁旅游黄金大通道。全长 1443 公里的辽宁滨海大道也成为我省旅游发力的新平台，借助这条滨海大道，我省开始打造沿海旅游观光带，沿海自驾游线路，沿途各服务区内也将增设旅游服务站，自驾游的游客只要到服务区，便可以了解到沿途所有景区景点的旅游资讯，以及得到相应的住宿、餐饮等周到的服务。

2011 年 7 月 2 日在黑龙江省旅游局、黑龙江省科顾委主办的"黑龙江旅游一卡通"首发活动启动仪式上，黑龙江旅游联盟与吉林旅游联盟、辽宁旅游联盟共同签署旅游战略合作协议，三方决定共同发起、成立东北地区旅游业发展联盟。这是东北三省旅游部门落实区域旅游战略合作的重要举措。根据协议，三省今后将积极推进区域精品旅游产品开发，共同打造"东北旅游联盟"旅游品牌，提高区域旅游品牌的知名度和核心竞争力；整合三省旅游资源，研究开发适合东北地区共同发展的旅游线路和旅游项目，提升区域旅游形象；定期召开联席会议，商讨区域旅游发展大计。东北地区旅游业发展联盟采取由黑、吉、辽三省每年一届、轮值负责的方式运行。第一届联盟秘书处设在黑龙江旅游联盟。今年下半年，东北地区旅游业发展联盟将推出东北旅游一卡通。届时，三省群众持东北旅游一卡通在三省旅游时，在吃、住、行、游、购、娱等消费中能实现三省通用，且都能享受一定的价格优惠，对实现大东北无障碍旅游区具有积极作用。

二、宣传推介手段

2010 年，节庆活动成为辽宁旅游发展的重要助推器。沈阳国际旅游节、中国（营口）国际海滨温泉旅游节、中国盘锦国际湿地旅游周、中国丹东鸭绿江国际旅游节、全省温泉冰雪旅游节，以及辽宁旅游欢乐节春季启动仪式暨发现王国动漫嘉年华庆典开幕式、辽宁滨海大道游暨"鸭绿江之春"旅游季启动仪式、中国（抚顺）满族风情国际旅游节、辽宁（铁岭）生态休闲旅游节等重大旅游节庆活动在全省产生了积极影响。全年活动高潮迭起、异彩纷呈。

2010 年，辽宁全省各城市与省旅游局联合在中央电视台的《朝闻天下》、

《第一时间》等黄金栏目中播出我省系列旅游形象宣传片,同时在沈阳等城市大型街边 LED 大屏幕上播出东亚博览会、辽宁冬季旅游宣传片,直接面向公众展示辽宁的旅游形象;组织和参加中国世博会"辽宁周"、世博辽宁国际旅游高峰论坛、中国国际旅游交易会、海峡两岸联谊会和海峡两岸台北旅展等大型专业展会;在重点客源国、客源城市举办辽宁旅游专业展览会、招商推介会和旅游文化周等系列活动,继续巩固日韩、港澳、俄罗斯及东南亚客源市场,积极推进台湾游客倍增计划,提升了辽宁主题形象,增强了辽宁旅游国际影响力。

2011 年 10 月,辽宁省将首次在北京天安门广场播出展示辽宁形象的形象片,该片于 7 月 15 日正式开拍。本次形象片内容精选辽宁之最和精彩元素,并以郎朗的钢琴乐曲贯穿全片,表现辽宁开放、现代的崭新形象;以强烈的视觉冲击力和形象震撼力,展现辽宁沿海经济带和沈阳经济区,展现辽宁经济发展"健美的肌肉",以实力说明辽宁的竞争力;展现辽宁各地风采、辽河流域风貌、满韵清风风情,展现辽宁文化旅游"婀娜的身姿",以魅力说明辽宁的吸引力;展现郭明义、赵本山、杨利伟、郎朗等能代表辽宁的知名人士,展现辽宁人民"热情的笑脸",以活力说明辽宁的凝聚力,辽宁形象片的片长为 10 分钟。另外辽宁省 14 个城市还将制作风格各异的各市风采片,每市 5 分钟,同时播出。天安门广场两块大屏幕是目前我国自主研制的全世界最大广场 LED 显示屏。两块大屏幕各长 40 米,高 5 米,具有很高的分辨率和高清的播放效果。根据总体安排,辽宁此次宣传的开播仪式将于 9 月 20 日在北京天安门广场举行。此后,辽宁宣传片和各市宣传片将在天安门广场全年分期滚动播出,累计播出 4000 次。

三、竞争格局

逐步探索使历史文化景区能与自然山水相结合,就能够产生很好的结合效应,否则单纯的历史文化旅游则容易在竞争中处于弱势。当然对于外地游客到辽宁旅游而言,辽宁独特的历史文化古迹则更凸显其优势,例如辽宁的世界物质文化遗产是外地游客的必到之处,如果游玩时间有限,他们会更多选择历史文化游而放弃自然风光游。这也正是一个地区历史文化旅游独特的吸引力所在。从而,可以看出我省的历史文化旅游与自然风光生态旅游之间虽可以优势互补,形成一体的旅游线路,但同时二者又不可避免地会形成竞争。因此,设计历史文化旅游路线时,要考虑把历史文化主题与相关或相近自然人文景观融入进去,使历史文化旅游加入休闲和娱乐的元素,则会大大增强历史文化旅游的吸引力。

东北三省人文相亲，整体特色鲜明，历史上就有着天然的亲近感。在外地人看来，东三省是一个地缘地貌、风土人情、自然景观都十分相似的整体。甚至有些人不会把辽宁、吉林和黑龙江区分得特别清楚，同是白山黑水，同是北方文化。从历史文化资源的角度而言，辽宁与吉林和黑龙江两省既有一脉相承的一致性，辽宁又具有自己的独特优势，但就是因为社会、文化、民俗、生活习惯的相似性，竞争又是不可避免的。在东北三省的文化旅游竞争格局中，辽宁具有相对的优势。从世界文化遗产，滨海旅游、温泉旅游和工业旅游等特色看，辽宁具有一定的竞争优势。包括赵本山为首的二人转文化的打造，在民间演艺上，辽宁的竞争力也是较强的。但同时吉林和黑龙江又成为辽宁省外的第一游客来源。而且有些南方旅客又有很多是把黑龙江的长白山五大连池作为第一旅游目的地的，往往是在返回途中到达辽宁，至少会看看沈阳的故宫和昭陵、东陵。从这个角度看，吉林和黑龙江两省又对辽宁历史文化旅游起到拉动作用。

　　从辽宁在全国乃至世界的文化旅游竞争中的地位看，总体而言，东北和辽宁旅游在全国的竞争力不强。虽然近年来全省及各市对文化旅游的重视程度在逐渐加大，投入人力、物力和财力也在逐年增多，但北方旅游受季节性限制仍然很严重。事实上，红山文化也是中华文明起源的重要标志之一的考证，使得辽西红山文化遗址便具有了与中原中华文明起源的竞争格局，尤其是在吸引考古学家、历史学者和中外游人等方面。辽宁阜新可与西藏、青海和甘肃的藏传佛教历史文化旅游形成竞争，但作为东方藏传佛教传播中心，辽宁则更多地吸引省内及邻近省市对藏传佛教感兴趣的游客。朝阳佛教文化底蕴深厚，特色突出，保存完整，是中原文化与东北文化、汉传佛教与藏传佛教交融的重要结点。以丰富的佛教文化资源为依托，朝阳正在全力打造"东方佛都"，完全可与五台山、普陀山、九华山、峨眉山、法门寺媲美，形成与其他佛教圣地的旅游竞争格局。在打造"中国温泉第一大省"的目标引领下，辽宁温泉作为一项特色旅游产业，融入大量的东北和辽宁元素，巧妙地讲温泉与地域文化相结合，必将成为辽宁旅游的一张亮丽名牌。

第五节　辽宁文化旅游发展中的问题与对策

一、辽宁文化旅游发展中的问题

（一）历史文化内涵挖掘不够

挖掘历史文化不是损毁，是保护、是利用和构筑旅游文化。历史文化旅游中，旅游者要通过旅游活动，追求不同于本地、本国的特殊感受和知识，扩大自己的视野，否则旅游就失去了意义和价值。文化内涵是旅游业尤其是历史文化旅游业的灵魂。辽宁大多数历史文化资源的开发仍停留在初级阶段，主要以观光旅游产品为主，普遍呈现"小、弱、散、差"的特点。文化内涵挖掘不够，资源利用率较低，缺乏对历史文化资源的深度开发。例如，清文化旅游开发中并没有很好地把历史景观和非物质文化遗产很好地结合开发；佛寺类历史景区的旅游项目单一，除了观看古建筑，就是烧香拜佛，没有充分挖掘佛教文化内涵。没有历史文化内涵的挖掘和传承，就很难建立起有自己特色和定位准确的旅游文化，旅游文化的缺失又严重制约着旅游产品的升级、产业化和旅游业向纵深发展。

（二）人们对辽宁文化缺乏认同感，文化旅游尚未完全深入人心

辽河，也是中华民族的母亲河，且是中华民族的源头。营口金牛山距今28万年，喀左鸽子洞距今5万年，阜新查海遗址距今1万多年，沈阳新乐遗址距今7200多年，牛河梁距今5500年，辽河文明源远流长，而且从没有断过。可是直到现在，人们都知道黄河是中国的母亲河，可辽河仍然默默无闻。以沈阳的新乐遗址为例。新乐遗址是沈阳人的发源地，早在七千二百多年前，沈阳人的祖先就在这里繁衍生息，沈阳市的城市标志太阳鸟就是根据在这里挖掘出的文物演化而来。同沈阳的"一宫两陵"一样，新乐遗址也是国家级旅游风景区，有着丰富的文化底蕴和很高的知名度，但游客人数比起"一宫两陵"，少得可怜。2007年到这里来参观的仅仅有18000人次，其中近1/3的游客是按照有关规定，持老年证、残疾人证等免费参观的。参观人数少是史前遗址博物馆普遍面临的困境。改造和丰富博物馆招商引资困难，这样就形成了恶性循环。

（三）对文化旅游资源缺乏精心打造和大力宣传

拥有文化资源不等于就拥有了文化旅游。目前我省多数地区对文化旅游品

牌的市场开发意识还比较淡薄，有些创意仅停留在想象的层面上，而真正能把创意变成市场运作的却很少。朝阳和北镇相距不过百余公里，而"红山女神"和"歪脖老母"对人们的旅游吸引力却相距万里。"红山女神"的出土，绝不局限于泥塑艺术，她告诉人们5000年前这里曾经存在一个具有国家雏形的原始文明社会，也为传说中的五帝时代找到了实证。但就是这样罕见的历史遗迹却不及北镇青岩寺的一尊青石女佛像"歪脖老母"。"歪脖老母"在青岩寺坐了1500多年，大部分时间都是青灯黄卷，直到上个世纪末，青岩寺景区大刀阔斧共举债1300多万元，开发"歪脖老母"景区。如今，"歪脖老母"虽然蜗居深山，却声名在外，每天来自省内各市、周边京津唐的游人不断，旅游收入过亿。究其原因完全归结于游客迷信应该并不客观，归结起来恐怕是"酒香也怕巷子深"。宝贵的文化资源需要精心的打造、合理的开发和大力的宣传，才可能真正成为文化旅游的热点。否则，就会出现捧着金饭碗却愁无饭吃的怪现象。

（四）项目特色不够精

由于旅游规划体系不健全，旅游项目的策划与创意不到位，我省旅游项目的精品化、特色化、专业化水平不高，既缺乏大而特的综合性旅游项目，也缺乏小而精的顶级旅游项目。从大项目来看，我省一直以来就是"满天星星，独缺一轮明月"，缺乏世界顶级品牌，缺乏高端休闲度假的拳头产品。从小项目看，一些旅游项目雷同性、模仿性问题突出，缺乏内涵和文化品位，存在低水平、低档次的重复建设。精品项目和拳头产品是一个地区旅游业发展的关键所在，如果这两个问题不能得以解决，辽宁旅游业发展的瓶颈就无法打破。现在"打造温泉第一大省"的目标如果能够顺利实现，是辽宁温泉旅游成为休闲度假的拳头产品，再把我省的世界文化遗产打造成为世界顶级产品，辽宁有了旅游精品项目，就会有很强的带动作用和可持续发展能力。

二、发展辽宁文化旅游行业的对策

（一）抓住重点是推进文化旅游发展的关键

我省重点文化旅游项目应该着重建设两个方面。一是着眼大众化需求，加快建设一批休闲度假类旅游项目。一方面对传统观光旅游进行改造提升，赋予新内涵，形成新的吸引力，另一方面适应旅游业转型升级的要求，大力发展休闲度假旅游产品，不断满足人民群众日益增长的休闲旅游消费需求。乡村体验游的打造就属于新的休闲度假项目，一定要深入吸取，创立品牌，不断融入新的元素。二是着眼个性化需求，加快建设一批新型特色类旅游项目。随着旅游业快速发展，个性化、参与性旅游日益盛行。现代的青年游客都比较倾向于时尚、个性、独特的消费方式，对于感情的表达方式和选择旅游产品方面更是喜欢追求浪漫和标新立异。针对此类旅游消费者，海岛旅游景区可以推出适合夫妻和情侣休闲度假的特别旅游产品，例如可以开发爱之船、温馨小屋、罗曼蒂克度假村、浪漫之旅主题园、彩虹滩私密度假区和生育度假主题区等一系列可以满足此类特殊游客的旅游产品，将海岛旅游产品定位在较高的等级水平上，以此来拓宽旅游消费人群种类。温泉作为休闲养身、健身和愉悦身心的旅游产品日渐受到青睐，作为我省旅游业发展的重点，必须把温泉旅游做到规模最大，品牌最佳，文化卓越，管理领先。要把辽宁的文化特色与温泉旅游良性结合，做到既能引得来、留得住还有使游客流连忘返，再度造访。

（二）搞好创意是推进文化旅游创新发展的重要环节

旅游业尤其是文化旅游的发展，是典型的点子产业、创意产业，完全可以小题大做、无中生有。综观世界，通过创意推动旅游业发展的例子举不胜举。当今世界，文化创意不再只是一个理念，而是一个崭新的产业发展模式。旅游产业因其文化性、体验性和参与性的特征，能够与文化创意产业完美融合。巧抓创意，关键要善于把握好三个要点。一是借智借力。一方面，勇于引入专家智囊团，邀请顶级专家、创意公司主创旅游项目，在策划创意上舍得下工夫，舍得花时间，舍得大投入，只有顶尖的创意，才会有顶尖的产品。另一方面，善于从游客的角度出发，广泛吸引游客参与策划创意。只有最大限度地满足人的需求，才能抓住卖点，才能扩张规模，才能提升素质。二是做精做特。旅游项目开发要注重差异化发展，走精品化、特色化的路子。精品化就是要求把一个旅游项目作为一幅作品来打造，全面考虑产品定位、功能布局、线路安排、要素配置等都要体现专业和精致。特色化就是要求我们注重策划，注重文化内涵的深挖，走本土特产、时代特色、自己特点之路，只有这样才能吸引眼球，才能实现可持续发展。三是善于创新创造。推动创新创造，关键要做到整合、联合、融合的文章。整合，就是要树立 1+1>2 的思想，积极整合资源、盘活资源，推进整合重组，做大做强项目主体。联合，就是要推进景区、项目的联合发展。一个景区、一个景点对游客的吸引力总是有限的。如果将几个景区景点串珠成链，形成一个有机整体，那么它的吸引力就会大大增强。融合，就是要推进旅游与文化、体育、商贸、农业、林业、水利等相关产业行业的融合发展，丰富旅游产品业态，延伸旅游产业链，增强旅游产业竞争力。

（三）保障有力是推进文化旅游发展的基础

一是争取领导重视。领导重视是做好工作的前提和基础。2010 年 12 月，国务院 41 号文件明确提出要把旅游业培育成国民经济战略性支柱产业和人民群众更加满意的现代服务业，这表明发展旅游业已经上升为国家战略。今后，各级领导抓旅游、抓旅游项目完全可以，也更加应该像抓工业项目、抓民生项目一样理直气壮、理所当然。

二是争取部门支持。旅游项目建设投资量大、周期性长，需要各部门的大力支持。无论是审批、核准、备案等前期工作，还是开发、建设、竣工等各个环节，也无论是土地供应、资金供给，还是政策扶持、协调推动等各个方面，都离不开发改、国土、建设、财政、环保、农业、林业、金融等相关部门给予的政策、技术、要素等方方面面支持和帮助。

三是扎实做好服务。首先是指导服务。对旅游项目的立项审批、评估审查、开工建设等全过程进行指导服务，推动项目早立项、早开工、早建设、早营业。其次是协调服务。要积极主动地争取党委政府的重视，积极主动地协调相关部门的支持，为旅游项目建设创造良好的环境。最后是营销服务。做形象推广和市场营销，这是旅游部门强项。各地要将新建成的旅游项目及时纳入市场营销的重要内容，根据旅游项目的特色、类型和功能，实施有针对性的营销策略，扩大影响力，提高知名度，不断提高旅游项目的经济效益。

第六节　辽宁文化旅游行业发展趋势分析

一、发展环境日益优化

各级政府的重视和各部门的配合和支持将为辽宁文化旅游的发展提供政策和财政保障。辽宁交通、通讯条件的改善，金融、商贸电子化步伐的加快，将为文化旅游业加快发展提供更完善的基础条件。旅游业规划、条例和管理办法的日益完善，和对旅游市场的净化将为辽宁文化旅游提供良好的、规范的发展环境。从业人员素质的提高，是辽宁文化旅游业发展的重要条件。旅游投资主体多元化趋势日益凸显，形成了内资、外资，国有、民营竞相投入、多元发展的总体格局，也必将为辽宁文化旅游业飞速发展注入生机和活力。

二、功能类型越来越广

我省文化旅游项目功能类型比较丰富,既涉及历史文化遗产保护与开发,又注重旅游综合开发,符合现代旅游发展趋势。辽宁在现有历史文化资源的基础上,进一步整合文化、文艺、文物资源,深度挖掘历史文化内涵,开发多层次、多元化的历史文化旅游产品。辽西古文明之旅、世界遗产之旅、满韵清风之旅、民俗风情之旅等精品旅游线路的打造将日益充实和完善。温泉旅游必将成为辽宁休闲度假有旅游的顶级品牌和拳头产品。辽宁温泉资源非常丰富,且分布广、所含矿物质丰富、开发时间长,富有历史和文化的内涵。温泉旅游将解决辽宁旅游的半年闲问题。温泉旅游满足了旅游由观光型向休闲度假转变的要求,而温泉又是最典型的休闲度假产品。温泉旅游的打造也将带动辽宁旅游业整体的发展,提升辽宁旅游的整体竞争力。乡村体验游将成为提高农村收入和改变农村生活方式的一种重要途径。海洋海滨度假休闲的产品和项目会日益提升品质,延伸产品会更加丰富。

三、发展前景广阔

在旅游业发展日益受到国家和各级政府重视的大前提下,辽宁文化旅游业的发展前景广阔。辽宁文化旅游对文化产业及其全省经济发展的贡献率也会不断提升,辽宁文化旅游业必将产生良好的经济效益、社会效益和文化宣传作用。经过精心打造和充分准备,在 2013 年全运会在辽宁承办之际,辽宁文化旅游的接待能力和吸引力将全面提升。辽宁文化旅游与很多产业的联动功能将更加突显,旅游将日益成为人们生活中不可或缺的方式之一,辽宁文化旅游业发展的前景广阔,前途无量。

附:辽宁文化旅游行业发展大事记

2010 年 5 月 7 日,在召开的全省加快发展温泉旅游现场会上,陈政高省长作出了"将辽宁打造成为中国温泉旅游第一大省"的重要指示。

2010 年 7 月 21 日,沈阳铁西工业文化观光游暨非物质文化遗产展销会在重型文化广场举行启动仪式。

以"相约营口鲅鱼圈,感受魅力海温泉"为主题的 2010 中国营口国际海滨温泉旅游节，8月20日在营口鲅鱼圈隆重举行。

2010年首届中国五女山文化旅游节于8月18日正式开幕，该活动时间为8月18日至10月10日。

9月10日，2010中国·丹东鸭绿江国际旅游节开幕。

2010年10月18日沈阳铁路陈列馆在苏家屯举行开馆仪式。

2010年10月20—25日，央视二套节目栏目组一行到沈阳，对沈阳两项"非遗"保护项目"面人汤技艺"和"东关四绝菜"进行了现场采访录制。

2010年11月19日沈阳将把故宫方城改造为世界顶级旅游观光胜地。

2011年1月5日，调兵山铁煤蒸汽机车景区正式获得国家旅游局批复，晋升为国家AAAA级景区。

2011年1月9日，经国家旅游局批准，全国旅游景区质量等级评定委员会日前发布2010年第5号公告——金石滩景区通过国家5A级旅游景区验收，进入全国A级景区最高等级行列。

2011年1月13日辽宁省政府下发《关于加快发展温泉旅游的意见》（辽政发〔2011〕2），提出了全省温泉旅游的发展目标、基本原则和主要措施。

2011年5月21日，位于沈阳师范大学的辽宁古生物博物馆正式对外开放。

2011年6月18日，沈北新区首届锡伯族民俗文化节在沈北新区锡伯族餐饮文化风情园开幕，500多名市民现场感受文化节带来的快乐。

2011年7月9日到18日，辽宁省抚顺市将举办满族风情国际旅游节，每年一度的满族风情国际旅游节在清王朝的发祥地抚顺举办。

目前东北最大的温泉城，7月16日上午在沈阳市沈北新区启动，建成后的"东北第一温泉城"预计每年接待客流量可达300万人次。

2011年8月8日，全国最大的薰衣草庄园沈阳紫烟薰衣草庄园隆重开园。

2011年8月12日，2011中国沈阳国际旅游节隆重开幕。

2011年8月16日晚，首届中国（葫芦岛·兴城）国际泳装文化节在葫芦岛隆重开幕。

2011年8月25日，第四届中国东北文化产业博览交易会在沈阳辽宁工业展览馆广场隆重开幕。

（作者：张万杰，辽宁社会科学院地方党史所

孟月明，辽宁社会科学院历史所）

第十五章　辽宁红色旅游业发展报告

　　辽宁是我国抗日战争的发起点，在白山黑水间在中国共产党的领导下涌现出了许多可歌可泣的英雄，进行了不屈不挠的斗争。因此，辽宁红色旅游需要打造红色旅游线路和经典景区，既可以观光赏景，也可以了解革命历史，增长革命斗争知识，学习革命斗争精神，培育新的时代精神，并使之成为一种文化。

第一节　辽宁红色旅游发展状况与政策措施

一、辽宁红色旅游发展状况

　　辽宁"红色旅游"主题特色是"抗联英雄，林海雪原"。全省现有国家级爱国主义教育示范基地 10 个，省级 35 个，市级 179 个。其中，已经开发利用的约 50 多处。这些红色旅游资源涵盖了抗日战争、解放战争、抗美援朝、社会主义建设四个时期的内容。

　　针对红色旅游资源相对丰富，种类多样，贯穿了不同的历史时期，具有不同的时代主题的特点，辽宁省积极推出诸如抗战之旅、缅怀之旅、励志之旅等品牌。

　　抗战之旅：展示"九·一八"事变到抗日战争胜利，日本军国主义阴谋策动侵华战争，血腥涂炭中国人民的罪行，以及中国共产党领导东北各族人民顽强抗击侵略者，赢得抗战胜利的精品景点。包括沈阳的九·一八历史博物馆、中共满洲省委旧址纪念馆、张学良旧居陈列馆、苏军阵亡将士纪念碑、沈阳审判日本战犯特别军事法庭、美英盟军战俘营陈列馆，鞍山的三道沟日伪埋藏死难矿工遗址；抚顺的平顶山惨案遗址纪念馆、抚顺战犯管理所旧址陈列馆，本溪的东北抗日联军一军西征会议旧址、辽宁东北抗联史实陈列馆，丹东的天华山大边沟抗联遗址、青山沟抗联遗址、天桥沟抗联遗址，营口的西炮台遗址。

缅怀之旅：展示解放战争和抗美援朝战争期间，中国共产党领导辽沈人民和解放军、志愿军浴血奋战，打败国民党和美帝国主义侵略者，赢得胜利的精品景点。包括沈阳的东北解放纪念碑、秀水河子战役纪念馆、抗美援朝烈士陵园、小英雄谢荣策烈士陵园，丹东的抗美援朝纪念馆、鸭绿江断桥，锦州的辽沈战役纪念馆、黑山阻击战纪念馆。

励志之旅：展示近代以来老一辈无产阶级革命家、历史名人和社会主义建设先进人物曾生活、学习、工作、视察过的精品景点和奋斗遗迹。包括沈阳的毛泽东视察高坎纪念馆、周恩来少年读书旧址（东关模范小学）、刘少奇旧居陈列馆、陈云旧居陈列馆，鞍山的黄显声将军故居、张学良将军出生地纪念馆，抚顺的雷锋纪念馆，丹东的大鹿岛甲午海战古战场，辽阳的曹雪芹纪念馆，铁岭的周恩来少年读书旧址纪念馆。

辽宁省推出的5条红色旅游路线：（1）丹东—大连—营口—盘锦线，以甲午战争史实系列为主轴，与区域内的旅游资源相结合；（2）铁岭—沈阳—辽阳—鞍山—大联机，以伟人故里、革命烈士应用事迹系列为主轴，与区域内的旅游资源相结合；（3）沈阳—抚顺—本溪线，以东北抗联斗争系列为主轴，与区域内的旅游资源相结合；（4）沈阳—锦州—葫芦岛—秦皇岛线，以反映解放战争时期辽沈战役系列为主轴，与区域内的旅游资源相结合；（5）沈阳—鞍山—丹东—本溪线，以抗美援朝战争系列为主轴，与区域内的旅游资源相结合。

二、辽宁发展红色旅游的措施

国家针对东北地区以松花江、鸭绿江流域和长白山区为重点的"东北红色旅游区"的主题形象做出了规定，即"抗联英雄，林海雪原"。同时将"沈阳—锦州—葫芦岛—秦皇岛线"定位为全国30条红色旅游精品线路之一。主要红色旅游景点有：沈阳市"九·一八"历史博物馆，抗美援朝烈士陵园；抚顺市平顶山惨案遗址纪念馆，战犯管理所旧址；锦州市辽沈战役纪念馆、黑山阻击战纪念馆，葫芦岛市塔山阻击战纪念馆。

辽宁省积极响应国家号召与部署，结合辽宁实际，中共辽宁省委办公厅2005年7月发布了《2005—2010年全省红色旅游发展规划纲要》（辽委办发〔2005〕26号）就发展红色旅游的总体思路、总体布局和主要措施做出了纲领性的指导。2010年达到6000万人次，年均递增26%。培育形成4个红色旅游区，配套5条主要红色旅游线路，重点打造30个左右的精品景区，实现红色旅游产业化。红色旅游收入2010年达到411亿元，约占全省25%。

辽宁省根据中央精神成立了一个"红色旅游领导小组"，省发改委、旅游局已制定"红色旅游发展纲要"及活动方案。根据省发改委的思路，辽宁将围绕抗日战争、解放战争、抗美援朝等主题，打造辽宁中部、辽宁西部、辽宁东部、辽宁南部四大红色旅游区，将开发建设相对成熟的红色旅游区点在本区域或跨区域连点成线，将红色旅游线路与省内绿色生态、金色清文化、蓝色海洋、白色冰雪等资源进行科学组合，使其产生叠加吸引力，实现优势互补。目前，已策划出勿忘国耻、抗日救国主题系列游，辽沈战役主题系列游，抗美援朝、保家卫国主题系列游，伟人风范主题系列游，浩气长存主题系列游和爱国将领张学良专题系列游六大红色旅游系列活动。全省将着力打造"辽沈战役"、"抗美援朝"和"雷锋精神"等具有强烈震撼力的全国一流红色旅游精品，并确定了辽宁红色旅游的发展目标。

辽宁省红色旅游工作的总体思路是：坚持以科学发展观为指导，以推进建设红色旅游强省为目标，以调整红色旅游市场结构为重点，进一步做精旅游产品、做优旅游项目、做强旅游企业、做好旅游服务、做大旅游宣传，全面推进红色旅游产业转型升级，确保全省红旅游经济又好又快发展。辽宁省现已编制完成《全省旅游发展"十二五"规划》，明确了把辽宁建设成为中国旅游经济强省、东北亚重要的旅游目的地、国际上具有影响力和竞争力的旅游区域的目标。红色旅游是国内旅游的重要组成部分，对于扩大内需有着积极意义。辽宁抓住一切有利因素，从热点领域、重点地区、关键方面入手，千方百计推动红色旅游市场。同时，围绕建党90周年大庆、九·一八80周年、辛亥革命100周年等重大纪念活动，加强红色旅游宣传和市场推广工作，办好红色旅游主题活动，着手研究红色旅游后续发展工作，开展相关规划编制，进一步加强调研，认真总结红色旅游发展的优秀经验和存在问题。

第二节　辽宁发展红色旅游的条件分析

一、辽宁省发展红色旅游的优势

（一）区位交通优势

辽宁位于东北的南部，东北与吉林省接壤，西北与内蒙古自治区为邻，西南与河北省毗邻，距离北京、天津较近，南濒浩瀚的渤海与黄海，是东北唯一一个既沿海又沿边的省份，以鸭绿江为界河与朝鲜隔江相望。辽宁是中国东北经济区和环渤海经济区的重要结合部，是东北地区通往关内的交通要道，也是东北地区和内蒙古通向世界、连接欧亚大陆桥的重要门户和前沿地带。

辽宁拥有全国密度最高的铁路、四通八达的公路、通达世界的沿海港口和航空等各种运输网。以省会沈阳为交通枢纽，交通线呈放射状向东西南北延伸，是沟通东北三省和内蒙古及关内的纽带和桥梁。铁路干线有京哈线、沈大线、沈吉线、锦承线、沈丹线等，还有不少铁路支线网络分布全省。公路交通在全国率先实现高速公路覆盖所有地市级城市，高速公路营运里程达1700多公里。高速公路以沈阳为中心建成了京沈、沈大、沈本、沈哈、沈抚等高速公路和沈阳过境高速公路。沈阳市成为我国拥有高速公路最长、环城高速公路标准最高的城市之一，4小时内已能达到省内所有城市。海上交通方面，大连、丹东、营口、锦州等港口与中国沿海主要港口通航。大连港是东北第一大港，有客轮发往天津、秦皇岛、蓬莱、烟台、威海、上海等地，鸭绿江口的丹东和辽河口的营口也是黄海、渤海上的重要港口。航空方面，辽宁省现有沈阳、大连、丹东、锦州、辽阳和朝阳等民用机场6处，开通了连接日本、韩国、俄罗斯、朝鲜、新加坡、德国、美国、澳大利亚、中国香港等国家（地区）和国内80多个城市的定期航线以及到马来西亚吉隆坡、泰国曼谷和中国澳门地区等地的不定期包机航线。

（二）资源优势

红色旅游景观类型多样，特色鲜明，涉及不同的历史时期。辽宁省红色旅游资源十分丰富，且特点鲜明，全省现有国家级爱国主义教育示范基地10个，省级35个，市级179个。其中，已经开发利用的约50多处。这些红色旅游资源涵盖了抗日战争、解放战争、抗美援朝、社会主义建设四个时期的内容。其中"沈阳—锦州—葫芦岛—秦皇岛"线列入国家30条"红色旅游精品线路"之中，抚顺平顶山惨案遗址纪念馆、抚顺战犯管理所旧址陈列、沈阳"九·一八"历史博物馆、大连关向应纪念馆、锦州辽沈战役纪念馆、锦州黑山阻击战景区、葫芦岛塔山阻击战纪念馆、丹东抗美援朝纪念馆、丹东鸭绿江断桥、沈阳抗美援朝烈士陵园等10个景区列入国家100个"红色旅游经典景区"之中，而且这些爱国主义教育基地全部处在旅游功能比较完善的旅游城市中，已构成辽宁省红色旅游骨干体系，年接待游人规模在50万至100万人次之间，发展红色旅游有很大的潜力和优势。

（三）客源优势

从国内市场来看，辽宁距北京、天津近，北京不仅是全国的政治、文化中心，同时也是具有相对较高素质群体的中心城市，北京和天津在全国的人均收入中属于高收入城市，人均消费高于全国平均消费水平，消费群体成熟。从国际市场来看，辽宁与目前中国三大客源国（日本、韩国、俄罗斯）之间的距离非常近，而且由于历史原因，辽宁及部分中小城市与这些国家有着长期的联系，客源地对辽宁的情况更了解，更关注。进入21世纪以来，辽宁省的旅游客源市场日益扩大，接待国内外游客的人次，以及旅游收入均呈现出迅速增长的势头，具备了发展红色旅游的客源市场条件。

二、辽宁发展红色旅游的制约因素

（一）周边旅游区知名度较高，对辽宁红色旅游产生极大地削弱作用

辽宁的红色旅游资源总体上看知名度不高，距离辽宁最近的北京天津都是中国革命历史悠久地区，政治经济文化非常发达，是有中心影响力的城市。尤其与河北省相比，辽宁的红色旅游资源在旅游者中的知名度也显得低。因为河北省所处的华北地区是共产党领导革命的重要地区，是抗战时期和解放战争时期党的主要活动区域之一，拥有先天的"品牌效应"优势。同时新中国成立后，一批在全国有影响力的反映河北军民革命斗争的文学作品相继问世，如《红旗谱》、《平原烈火》、《野火春风斗古城》、《烈火金刚》、《敌后武工队》等，这些作品的广泛传播，在潜移默化中提升了河北红色旅游的知名度。而一些享有较高声誉的影视作品，如《地道战》、《平原游击战》、《狼牙山五壮士》、《小兵张嘎》、《董存瑞》、《解放石家庄》、《大决战》等，对宣传河北"红色旅游资源"

也起到了推动作用。相比之下辽宁在这些方面显然做得不够，致使红色旅游的知名度降低。

（二）红色旅游产品展示手段单一，设施不完善，对游客的吸引力差

辽宁有的红色旅游景点目前提供的产品基本上以简单的图片展示和橱窗式的文物陈列为主，静态观光内容居多，枯燥乏味，缺乏声、光、电等现代化"动态式"、"参与式"的手段，对于现代审美观念和旅游者的消费取向不具有吸引力。

辽宁红色旅游基础设施不尽完善，也影响了旅游接待质量的提高。红色旅游景点尤其是抗战时期景点多处于交通不便、经济不发达地区。这些地区旅游饭店数量不多，卫生化、标准化、特色化不够，满足游客舒适需求的饭店不多，自助餐馆少，鞍山、本溪、抚顺等省辖市之外的其他中等城市，分散的、小规模的餐馆比较多，旅游接待服务基础设施的数量和质量有待于进一步提高。

（三）宣传力度不够，没能打响辽宁的红色旅游品牌

辽宁的红色旅游景区总体上过分依赖旅行社等中介组织，没有在市场细分的基础上实行个性化宣传，缺乏大规模、连续性、轰炸式宣传，与其他红色旅游名胜区联手宣传、打造品牌的活动更是少而又少。中央电视台国际频道CCTV-4就有这样的广告："风吹芦苇荡，心动沙家浜。"优美的画面，配上这样的广告词，使人联想到当年新四军在芦苇荡中的斗争事迹，让人向往，能够吸引人前去参观旅游，从而使沙家浜成为常熟市红色旅游窗口。同样的例子还有"拜水都江堰，问道青城山"，其广告词产生的魅力与吸引则是著名文化学者余秋雨的名人效应。而辽宁则在这方面做得明显不足。

（四）体制不顺，人才缺乏，阻碍了红色旅游资源的深度开发

在体制方面，旅游产业机构还不够合理，计划经济痕迹尚未完全消除，管理上的条块分割现象依然存在，一个景点的主管部门涉及旅游、文化、宗教及文物保护等方面，往往协调性不强，效率不高。高素质红色旅游人才的缺乏，也制约了红色旅游的长远发展。目前，从业人员总体学历水平、文化素质和业务素质都偏低，有些导游在讲解的过程中不了解历史，不了解红色旅游的背景及文化内涵，景点讲解缺乏内涵和生动性，且对不同层次的游客都是同一套讲解词，无法满足游客的不同需求，甚至有时还引起游客的不满。

第三节　辽宁红色旅游行业的竞争格局

　　2010 年辽宁全省红色旅游接待人数达到 2500 万人次，收入达到 200 亿元，约占全省旅游接待总人数和总收入的 20%。红色旅游已进入快速发展的轨道。对沈阳等城市红色旅游游客的抽样调查显示，在接受随机调查的 2500 人中，认为红色旅游景区"很好"和"好"的占 90.7%，有继续参加红色旅游意向的占 90.6%，愿意把红色旅游景区推荐给亲友的占 94.7%，反映出红色旅游的社会认可程度很高。从游客调研情况看，全国游客满意度综合指数为 79.06，总体上看处于较满意水平。在 40 个样本城市中，沈阳的满意度指数较高，超过 80。

　　可以看到的是，红色旅游产业正在也将面临激烈的竞争。由于周边旅游区知名度较高，对辽宁红色旅游产生极大地削弱作用。辽宁的红色旅游资源总体上看知名度不高，距离辽宁最近的北京天津都是中国革命历史悠久地区，政治经济文化非常发达，是有中心影响力的城市。尤其与河北省相比，辽宁的红色旅游资源在旅游者中的知名度也显得低。河北省依托华北地区是共产党领导革命的重要地区，是抗战时期和解放战争时期党的主要活动区域之一，拥有先天的"品牌效应"优势。同时新中国成立后，一批在全国有影响力的反映河北军民革命斗争的文学作品相继问世，如《平原烈火》、《烈火金刚》、《敌后武工队》等，这些作品的广泛传播，在潜移默化中提升了河北红色旅游的知名度。而一些享有较高声誉的影视作品，如《地道战》、《平原游击战》、《狼牙山五壮士》、《小兵张嘎》、《董存瑞》、《解放石家庄》、《大决战》等，对宣传河北"红色旅游资源"也起到了推动作用。相比之下辽宁在这些方面显然做得不够，致使红色旅游的知名度降低。北京、天津由于其国际性大都市的地位，经济、文化发达，能够吸引众多的游客乃至外国游客前往，其红色旅游资源并不比辽宁省少。另外，江西、江苏、湖北、湖南、陕西等红色旅游大省，其拥有的红色旅游资源无论从数量上来讲，还是从质量上来说，都比辽宁要具有优势。同时基础相比辽宁也要雄厚，历史文化的积淀也较多。

　　近年来，红色旅游经过规模和质量快速提升，现在已呈现出加强区域合作，实现"资源互享、优势互补、游客互送"的区域联合发展的新趋势，增强了红色旅游宣传促销力度和作为特色产品的影响力。实行区域合作模式比较成熟、影响比较广泛的有，鄂豫皖6市36县大别山红色旅游区、川黔渝三省四市（重庆、广安、遵义、贵阳）西南红色旅游精品线、湖南韶山—宁乡—湘潭伟人故里"红三角"，以及重庆市推出的由10余个景区景点统一管理形成的"红岩联线"品牌。其中，湖北省红安县作为著名的"将军县"在红色旅游的开发上，一直处于领先地位，其硬件基础设施配备具有相当优势，在当地相关部门的努力下成为全国最为重要的爱国主义教育基地和红色旅游区之一。在这些成功的区域合作品牌影响下，以安阳、长治、石家庄三市为支撑的"太行抗日烽火"红色旅游区，以瑞金、龙岩为中心的赣南、闽西"红色根据地"旅游区，以山东临沂为中心的沂蒙山区红色旅游区，等等，新一轮区域合作趋势正在形成。

在加强区域合作的同时，各地积极推进红色旅游与生态旅游、民俗旅游、乡村旅游等旅游产品的融合发展，进一步提升了红色旅游产品的吸引力和竞争力。像井冈山的"红色摇篮，绿色家园"，延安的"革命圣地，黄帝故里"，遵义的"四渡赤水，茅台文化"，四川冕宁县的"长征路上，彝族风情"等等，形成了复合型旅游产品。江苏省常熟的沙家浜，依托本身的红色资源与阳澄湖水产等资源，积极发展"红色旅游""绿色旅游""金色旅游""影视旅游"等构筑旅游"天堂"，以红色旅游业为基础，发展成了配套的旅游产业，从而使沙家浜成为常熟市红色旅游窗口。

各地在发展红色旅游中，注意深挖红色文化内涵，许多地方以文艺表演形式，将革命历史、英雄事迹、领袖人物搬上舞台，与旅游活动有机结合，搭建"红色舞台"，成为红色旅游的新业态。如延安市的"延安颂"和"梦回延安保卫战"，井冈山市的大型实景演出"井冈山"，临沂市的"蒙山沂水"，遵义市的"红军魂"，重庆市渣滓洞的夜间实景演出等，这些活动深受广大游客的喜爱和好评，有力带动了红色旅游的深入发展。据了解，2007年在延安观看"梦回延安保卫战"的游客达到11.2万人次，门票收入342万元。特别是江西推出的"中国红歌会"，将传统与时尚紧密结合，文化活动与红色旅游融为一体，许多媒体进行了宣传，在全国引起了强烈反响，创新了红色旅游发展的形式。

开行红色专列已经成为红色旅游一道亮丽的风景线。从试运行到企业经营红色旅游的一种运营方式，得到了铁路部门的大力支持，受到了地方政府、景区景点和广大游客的广泛好评。早在2007年共开行红色旅游专列409列，同比增长77.06%；运送游客24.2万人次，同比增长47.56%。江西省还开通了井冈山—南昌—九江的以"红色之旅"命名的全国首列固定主题列车，在列车上，开展"着红军装、吃红军餐、唱红军歌"等活动，吸引游客广泛参与，营造了红色旅游独特的氛围。

　　与这些红色旅游发达省份和城市相比，辽宁省红色旅游还处于劣势。基础薄弱，起点比较低，不具有先天优势，产业发展方面还有很大的差距。同时需要注意的是，由于辽宁地处东北，气候相对寒冷，适宜旅游的时间段短，很多红色景点（尤其是抗联遗址）较为偏僻，所以难以形成对游客的吸引力。如何做大做强红色旅游产业，是我们面临的一个重要问题。

第四节　辽宁红色旅游的发展策略与建议

　　辽宁是红色旅游资源大省，抗日战争、解放战争、抗美援朝、社会主义建设四大历史时期的红色旅游景区景点 50 余处。在 100 个国家级红色旅游经典景区中，我省就占了 1/10。目前，红色旅游方兴未艾。在日趋激烈的市场竞争中，辽宁要占有一席之地，就必须采取有效措施，全力打造"红色旅游"品牌，大有可为。

一、必须深度挖掘红色旅游历史文化内涵，提高产品吸引力

　　红色旅游区别于其他旅游的特点，主要在于蕴含丰富的革命历史文化内涵。革命历史文化内涵越丰富、越有特色，对游客的吸引力就越大，其核心竞争力就越强，知名度就会越高。抓住了这一点，就抓住了打造红色旅游品牌的关键。对辽宁来说，"抗联英雄 林海雪原"是主题形象，具有其他旅游大省无可比拟的先天优势，以"辽沈战役"、"抗美援朝"和"雷锋精神"为主题的红色旅游是全国独一无二的，具有超强的震撼力，完全具备成为红色旅游品牌的内在因素。我们必须深度挖掘其革命历史文化内涵，不断加深对红色旅游经典景区景点的学术研究，不断拓宽研究的范围，力争拿出真正有水平、有价值的成果，挖掘出最能吸引游客、最具代表性的闪光点。在此基础上，组织专业学者撰写高质量的导游词和介绍红色旅游景区景点的通俗读物，使游客感受到丰富的革命历史文化内涵，从而达到用生动鲜活的革命历史吸引人，用感人肺腑的革命事迹感动人，用不朽的革命精神震撼人的效果。随着电视剧《中国地》的热播，辽宁人民英勇抗击日本侵略者的历史再次展现在人们面前，使广大群众受到了

震撼，也激发了他们的红色旅游热情。

首先，可以实行陈列馆解说方式与高科技演示方式相结合，静态展览与动态演示相结合，通过图片、文字材料、实物和声光电等形式和手段，让游客有身临其境之感，提高游客的游览兴趣。在这方面做得比较好的是辽沈战役纪念馆、抗美援朝纪念馆，抗美援朝纪念馆的陈列馆展出历史照片 500 余幅，文物 1000 余件，辅以复原陈列、电动沙盘、电动图表、影视设备等现代化陈列设施，利用全封闭玻璃通柜式展线，以及自然光、灯光结合的采光方式，生动地展示了抗美援朝战争的历史。全景画馆陈列有全景画《清川江畔围歼战》，画面以抗美援朝战争第二次战役为背景，以清川江畔三所里，龙源里、松骨峰等阻击战为重点，形象地反映志愿军在战场上的英雄气概，艺术地再现了壮观的战争场面和恢宏的战争气氛。其次，可以创作特色性强、旋律优美的红色歌曲、编排经典的红色旅游文艺节目，在重点的红色旅游景区景点定时文艺表演，用舞台艺术、肢体语言、现场向游客展现辽宁革命斗争史的经典场景。再次，可以开设一些体验式、参与式的旅游项目，加大体验性的分量。比如说，在展览以后可设置游戏馆，以色彩鲜明的动画、绘画、拼图、计算机游戏等方式，吸引众多的青少年和旅游者动手动脑。正确完成者可获得纪念品，让其在轻松、愉悦的过程中获得军事体验和红色传统教育。

二、必须找准"红色"与"旅游"的结合点

红色旅游是对广大群众进行革命传统教育的新形式，主要通过游览革命历史纪念地、标志物，寓教于乐，寓教于游，将历史事迹和革命精神以旅游的形式传输给社会，使人民群众更加热爱党，更加热爱社会主义。"红色"是内容，"旅游"是形式，"红色"是"旅游"的基调，"旅游"是"红色"的载体。因此，红色旅游必须具有一定的趣味性，必须找准与游客心理、游客需求和游客审美观的最佳结合点，才能最大限度地调动游客的积极性。首先要打破红色旅游单一的表现方式。比如改变单一的图片展览和人工讲解方式，综合运用声、光、电等手段，使参观者如身临其境。其次要多角度开发红色旅游资源。中国共产党波澜壮阔的历史包含政治史、军事史、经济史、文化史等范畴。红色旅游资源是这些历史内容的物质载体，是一座异彩纷呈的历史宝库。从不同角度可以折射出不同的历史光芒，可以满足不同年龄段、不同阶层游客的需求。再次要将红色旅游与金色的民俗旅游、白色的冰雪旅游、绿色的生态旅游、蓝色

的江河湖海旅游相结合，形成立体式的旅游大格局，形成整体合力，产生叠加吸引力，实现优势互补。

三、政府政策扶植，大力整合红色旅游资源

以地方法规的形式将红色旅游或红色教育纳入学生的日常教育之中，纳入到地方领导考核标准中去，用这种方式提升地方领导对红色旅游的重视。资金的投入是政府扶植的重要途径与重要体现，建议设立省红色旅游发展规划专项基金，用以支持红色旅游业的可持续发展，不可挪作他用。

目前，我省红色旅游资源存在条块分割、管理分散的现象，难以形成合力。同时，又应看到我省红色旅游经典景区景点大都处于旅游设施比较完善的城市，易于形成跨域联合。只要找准各地区的合作点，打破行政区域界限，实行省市多方跨域协作，就能连点成线，联机成网，发挥集群优势，避免省内不必要的重复建设与竞争。此外，还要加强与其他省份的联系，相互交流经验，学习其他省份的先进经验，如湖北、江西、北京等。加强与其他省份的合作，将辽宁融入到全国红色旅游大潮中去，在合作与竞争中树立辽宁的品牌。

打造精品，形成品牌效应。组织党史、历史、文化、民俗等相关专业的专家学者，研制具有创意和特色的红色旅游产品，对红色旅游资源的内涵进行深刻挖掘，突出红色旅游景点的主题精神与特色，全力打造一批精品。加强对重点革命遗址的研究，出版一批图文并茂、可读性强的书籍或影视作品，满足参观者的需要，逐步形成自己的特色。

四、红色旅游组织者可以将其与其他旅游形式结合起来

避免单纯红色旅游的单调与枯燥，这就要求红色旅游实行个体模式，将红色旅游景点加入到如名胜古迹的文化之旅和现代城市之旅之中去。可以组织进行单个城市游，用几天的时间了解一个城市。如沈阳，组织者可以用几天的时间组织游客分区或分主题的旅游。

辽宁省是温泉大省，自然风光秀丽。温泉旅游历史悠久，文化内涵丰富，发展潜力和市场空间巨大。辽宁温泉资源非常丰富，大连的安波、鞍山汤岗子、营口鲅鱼圈、丹东五龙背等等温泉资源几乎遍布全省。要充分利用我省温泉优势，大力发展温泉旅游，努力建设全国温泉旅游第一大省。为此2011年辽宁省做出加快发展温泉旅游产业的重大决策。到2015年底，全省要建设10个温泉旅

游聚集区和50个温泉旅游小城镇；建设100家投资10亿元以上的温泉旅游企业；温泉旅游年接待游客达到500万人次，温泉旅游收入占全省旅游业总收入的20%以上。温泉旅游产业将为全省国民经济快速发展和实现全面振兴做出更大贡献。温泉旅游完全可以成为辽宁旅游的品牌。革命老区如辽东的汤沟等抗联遗址等地，都有丰富的温泉资源，可以将红色旅游与温泉旅游有机结合，让游客在温泉旅游的同时开展红色旅游，达到接受教育提升思想境界的目的。2011年辽宁省将大力发展"农家乐"旅游，此举不但可以增加当地农民收入，也可以借此将当地的红色旅游资源开发整合，将红色旅游与"农家乐"结合起来，实现共赢互利。东北气候相对寒冷，辽宁的冰雪旅游资源丰富，可以尝试将冰雪旅游和红色旅游相结合，在红色旅游景点开发的同时建设冰雪旅游项目。

五、加大宣传促销力度，增强竞争力

首先，要搞好媒体宣传。把宣传重点放在主流媒体上，如中央电视台、辽宁电视台、人民日报、辽宁日报等影响大、效果好的宣传媒体。其次，搞好网上宣传。组建辽宁省红色旅游信息专业网络，建好"辽宁省红色旅游网站"，利用网络的宣传效应，宣传辽宁红色旅游的特色产品，推介红色旅游精品线路。再次，搞好旅游宣传品的制作。组织有关力量编制精美的《辽宁红色旅游》画册、光盘、导游词、纪念品等宣传品，并组织旅游企业走出去参加旅游交易会和展览会，逐步拓展客源市场。最后，搞好重大节日、节庆营销活动。例如结合建党、建军、建国及毛泽东题词"向雷锋同志学习"、抗日战争胜利、辽沈战役胜利、抗美援朝胜利等周年纪念日，适时开展丰富多彩的红色旅游系列活动。

六、理顺管理体制，完善基础设施，提升旅游接待水平

辽宁红色旅游资源的开发，首先要清除制度障碍，理顺体制，打破行政区划和行业界限。在这方面政府应发挥其协调职能，加强文化部门和旅游部门的沟通和协调。其次，要制定好红色旅游景点的规划、管理和服务标准，在发挥政府指导作用的同时还要以市场为导向、以产业为纽带，实行景点、企业统一管理，处理好"有形之手"与"无形之手"之间的关系，使红色旅游这项利国利民的工程真正发挥其应有的作用。建议由省委宣传部亲自主持全省的红色旅游指导与宣传工作、文化部门与旅游部门、文物保护等相关部门负责具体实施。

红色旅游作为一项旅游产业，同样需要解决旅游中的吃、住、行、游、购、

娱等方面的问题，需要各行业的密切配合。目前应进一步规范行业标准，加大执行监督力度，使饭店的卫生标准达到要求，各饭店还应明确自己的市场定位，在特色上做文章，以增强其市场竞争力。在餐饮方面，要增加具有辽宁特色的食品菜系，例如锦州的烧烤、沈阳的老边饺子等都应被大力推广，做出特色，与此同时还要加快自助餐馆的建设，以满足不同层次的旅游者的需求。

红色旅游一定要尊重历史，实事求是。红色旅游景点的讲解不能像自然景观和一般的人文景点那样人为地尽情演绎发挥，要尊重历史，尊重事实，否则只会适得其反。导游员和讲解员的讲解至关重要，他们是旅游文化的直接传递者，肩负着传递红色文化的使命，因此，要使他们熟悉革命历史，了解革命人物的生平事迹，必须请专家撰写标准的导游词，规范从业人员的言行举止，做到在不偏离历史的情况下，声情并茂，把游客带入到那段特殊的岁月中去，从而保证红色旅游的教育效果。此外，旅游景区管理者的素质也有待提高。旅游行政主管部门应重视人才的培养，重视人力资源的开发管理，提高人力资源开发的效果，实施导游、景点管理人员、规划、策划、市场开发和管理等人才培养工程，全面提高旅游从业人员的素质。

七、坚持政府投入与市场运作相结合

红色旅游是一项政治工程、文化工程，更是一项经济工程，必须遵循经济规律和市场规律。开发红色旅游项目，要通过政府组织引导、社会积极参与和市场有效运作，坚持创新体制机制，大胆引进民营资本，实现投资主体的多元化，使一切有利于红色旅游发展的社会财富竞相涌入，为打造红色旅游品牌提供充足的资金保障，实现社会效益与经济效益的双丰收。

2011 年辽宁省旅游总收入将达到 3150 亿元，比上年增长 18%；旅游外汇收入 25.8 亿美元，比上年增长 16.2%；国内旅游收入 2977 亿元，比上年增长 18.1%；接待入境旅游者 390 万人次，比上年增长 13.4%；接待国内旅游者 2.94 亿人次，比上年增长 10.1%。面对如此良好形势，红色旅游也一定能够大有作为。

附：辽宁红色旅游发展大事记

2010年2月3日辽宁省政府召开新闻发布会，宣布全省最大规模的烈士陵园保护工程临近收尾。辽宁省将烈士陵园保护改造列为全省社会发展重点工程，一次性确定保护改造项目39个，总投资1，14亿元。

2010年5月9日沈阳确定53处革命遗址。

2010年5月18日中央纪委监察部命名第一批50个全国廉政教育基地，旨在贯彻落实党的十七大关于加强廉政文化建设的精神，进一步推动各级各类廉政教育基地建设，辽宁入选两个即抗美援朝纪念馆、抚顺雷锋纪念馆。

2010年7月13日，农垦荣兴纪念馆在辽宁盘锦正式举行了开馆仪式。作为辽宁第一家农垦主题的纪念馆，它浓缩了盘锦百年成一稻的辉煌历史。

2010年7月30日大连老战士报告团纪念成立20周年，新建的高玉宝青少年教育基地同时启用。大连充分保护老战士报告团宝贵资源，建立了红星村展馆和高玉宝活动室，购置投影、电脑、电子书、LED大屏幕，作为老战士报告团的活动阵地，全国各地近30万人到这里参观学习。

2010年8月2日沈阳军区某师以《英模故事集》为教材深化主题教育。

2010年8月24日沈阳站前苏军烈士纪念碑建成

2010年9月17日辽阳市弓长岭区雷锋纪念馆正式成立。

2011年9月15日为纪念九·一八事变80周年，沈阳建成东北义勇军纪念广场，教育后人勿忘历史。

（作者：于之伟，辽宁社会科学院党史研究所）

第十六章　辽宁体育业发展报告

辽宁是体育大省，体育成绩与体育人才在全国一向名列前茅，是最有资格将体育产业作为本省支柱产业的少数省份之一。过去认为发展体育的障碍是缺钱，而忘了体育本身就是丰富的财富来源，其关键是正确的市场化战略。因此，辽宁应抓住机遇，促进体育产业的又好又快的发展。

第一节　辽宁体育产业发展总论

一、竞技体育取得辉煌成绩

2008 年第 29 届北京奥运会，中国体育代表团共获得 51 枚金牌、100 枚奖牌，位居金牌榜第一，奖牌榜第二，创造了我国参加奥运会以来的最好成绩。辽宁省有 73 名运动员参加这届奥运会，共获得 8 枚金牌，12 枚银牌、5 枚铜牌，这也是我省运动员首次取得奥运会金牌、奖牌全国第一，超额完成省里下达的奥运会任务指标，无论在金牌、奖牌、参赛人数、参赛项数全面超过历届奥运会，谱写了辽宁体育史新的篇章。党中央、国务院授予辽宁省体育局"北京奥运会、残奥会先进集体"荣誉称号；授予我省运动员于洋、王娇、王楠、张宁、张扬扬、杨秀丽、杜婧、唐宾、郭跃，教练员薛保全"北京奥运会、残奥会先进个人"荣誉称号。国家体育总局、中国奥委会及省委、省政府授予辽宁省体育局及其下属单位和个人为北京奥运会重大贡献奖、2008 年奥运会成绩突破奖、北京奥运会突出贡献集体、突出贡献个人等称号。体育界评为"辽老大又回来了"。

2009 年初在长春举行的十一届全运会冰雪项目比赛中我省获得了自由式滑雪空中技巧两枚金牌，包揽了全部奖牌。取得了十一运会的开门红。之后在 10 月末结束的第十一届全运会上，我省体育健儿共获得了 48 枚金牌、127 枚奖牌，金牌数、奖牌数均列全国第三位，参赛人数、项数，获金牌数、奖牌数全面超过上届，获省委、省政府"第十一届全运会重大贡献奖"表彰。

2010年11月第十六届广州亚运会我省共有109名运动员参赛，共获得43枚金牌，65枚奖牌，获得运动成绩和精神文明双丰收，金牌数、奖牌数、参赛人数、参加项目，全面超过历届亚运会，获金牌数、奖牌数名列全国第三位，辽宁省体育局被国家体育总局授予"第十六届亚运会贡献奖"。在2010年年度常规体育比赛中，通过教练员和运动员的努力拼搏，我省共有12人在8个大项获得了13个世界冠军，有33人在12个大项27个小项获得了60个亚洲冠军。为此，辽宁省体育局被国家体育总局授予2010年度贡献奖。①

二、体育场馆建设和人才培养取得飞跃发展

"十一五"时期，省体育局通过土地置换建设了沈阳浑南训练基地、柏叶射击射箭训练基地和大连水上训练基地，目前，由省投资9亿元建设的省柏叶体育训练基地，主体工程已于2010年底竣工。投资近20亿元、历时三年零六个月的浑南体育基地已于2010年12月建成并投入使用。省本级新建体育场馆占地面积1530亩，是原有面积623亩的2.46倍，建筑面积43.5万平方米，是原有建筑面积16.9万平方米的2.57倍。这些标志着辽宁体育场馆处于世界领先、全国一流，彻底改变了辽宁体育场馆落后的局面。十二届全运会需比赛场馆87个，目前我省已有可使用的比赛场馆47个，还有40个场馆需要新建和不同程度的维修改造，预计2012年年底前全部竣工。这为今后我省体育事业发展奠定了基础。

经过努力，目前辽宁省各级业余体校增加到122所，参与培训的青少年由过去的9000人增加到现在的18000人。2010年将原来的向省队输送每名运动员2000元提高到10000元，基层单位为省专业队每输送一人奖励所在市体育局5000元。全年体育局里向各市发放输送奖371.1万元。运动员文化教育和运动员保障工作得到加强，体育科研服务保障工作得到加强。省体育局组织多名医生和科研人员深入到省足球、排球、篮球、重竞技等一线、二线队伍进行随队科研医疗服务保障。

市民业余体育消费正蓬勃兴起。以中青年为主体的羽毛球、以青年少年为

---

① 《辽宁省体育局2010年工作总结及2011年工作计划》。

主体的篮球及室内器械和有氧健身运动为代表的群众体育消费正在迅速增长，带动相关场馆、培训服务及器材、服装等市场的迅速发展。"十一五"期间，辽宁体育工作认真贯彻落实《中华人民共和国体育法》、《全民健身计划纲要》、《全民健身条例》和《奥运争光计划纲要》，结合省情，抓住机遇，加快发展。群众体育蓬勃开展，竞技体育创造辉煌，体育产业发展初具规模，场馆设施建设取得历史性进展，其他各项体育工作也都取得了长足进步，为辽宁经济和社会发展做出了积极的贡献，也为"十二五"时期我省体育事业发展奠定了良好基础。

三、成功申办十二届全运会

十二届全运会在我省举办，对促进经济增长、提高社会文明程度和城乡现代化建设水平、推动我省体育事业快速发展将具有十分重要的意义。2010 年 6 月 3 日，第十二届全运会组委会成立暨动员大会在沈阳隆重召开，建立了组委会工作机构。根据筹备工作需要，组委会先期设置了"一室七部"，制定的《第十二届全运会筹备工作总体方案》、《第十二届全运会筹备工作流程图》、《第十二届全运会场馆布局图》等基础性工作已经完成。通过申办的方式落实，第十二届全运会 31 个大项、60 个分项的项目布局基本确定。全省 14 个市都安排了竞赛项目。认真做好十二届全运会的宣传工作：组织全运会"宣传月"、媒体采访、十二运会徽和口号征集活动、国际足球邀请赛、大型广场活动等，为承办十二届全运会广造声势、营造了氛围。制定政策，为集资赞助工作打下良好基础：一年来，我们先后起草了《十二运会资源市场开发管理办法》、《十二运会市场开发赞助方案》、《十二运会市场开发税收优惠政策》等方案，为做好十二运会广告赞助工作打下了良好的基础。

四、推动了体育教育和体育彩票的发展

人力资源是文化产业最重要的资源，辽宁有极为丰厚的体育人才资源与教育培养传统优势。辽宁为全国甚至于国外输送的体育人才数量不断增加，在国内居前列。虽然通过人才的输出或交流，取得了可观的经济效益。但近年体育人才却在严重流失，这种现象必须扭转。辽宁应利用这些资源优势，实现在体育人才培养方面发挥在全国具有独特的优势，打造以体育产业为核心的特色文化产业群，建设国内有影响的体育产业基地，带动其他文化产业，从体育事业

大省转变成真正能通过市场机制实现良性循环、健康发展的体育产业强省，让文化体育人才与社会资金重新向这里凝聚。辽宁在足球、篮球、乒乓球为代表的运动项目产业发展居全国领先地位。以足球、篮球、乒乓球等为代表的项目产业具有广泛的社会基础，相应的俱乐部主要由社会和民营资本支持，通过市场化运作生存，都取得了优异的成绩，不仅推动竞技体育整体持续发展还带动了教育等相关行业的发展。

　　足球彩票——成为辽宁真正具有体育特色的消费。自2001年10月足球彩票发行以来，期销量稳居全国前三位，与辽宁竞技体育成绩相当，赋予了体育彩票真正的体育特色，足球彩票十足的体育特性，极大地刺激了足球彩票的消费。以体育彩票为龙头的体育产业获得了较快发展，2010年累计销售体育彩票23.4亿元，比2009年销售19.52亿元增加3.88亿元，同比增幅20%，创造年销量历史新高，获得国家体育总局的表彰。① 五年来全省累计销售体育彩票99.5亿元，是"十五"期间的2.5倍，体育彩票公益金为社会公益事业和我省体育事业发展做出了应有的贡献。

第二节　辽宁发展体育产业的思路

　　胡锦涛总书记在党的十七大上的报告指出："广泛开展全民健身运动……大力发展文化产业，实施重大文化产业项目带动战略，加快文化产业基地和区域性特色文化产业群建设。""十二五"时期我省体育事业的指导思想：以科学发展观为统领，以巩固体育强省地位为目标，进一步解放思想，坚持改革创新，全面规划，科学布局，高起点发展；以发展体育运动，提高全省各族人民的身体素质为根本宗旨，坚持普及与提高相结合，广泛开展群众性体育活动；以承办第十二届全运会并取得优异成绩为契机，推动全省群众体育、竞技体育、体育产业、体育设施建设和其他事业全面发展，为辽宁经济、政治、文化和社会发展，为全面振兴辽宁老工业基地做出新贡献。

　　"十二五"时期我省体育事业的**总体目标**：积极发展体育事业，继续巩固体

---

① 《辽宁省体育局2010年工作总结及2011年工作计划》。

育强省地位。坚持群众体育、竞技体育、体育产业协调发展。认真贯彻落实《全民健身条例》，深入开展全民健身活动，不断满足人民群众日益增长的体育需求。认真实施奥运争光计划，努力把我省建设成国家北方训练基地和国家后备人才基地。继续保持在奥运会、全运会上我省运动成绩处于全国领先地位。以体育彩票为龙头，积极发展体育产业。不断加强体育教育、体育科技、体育法制、体育对外交流和体育后备人才培养工作。进一步加大对体育事业经费的投入，保证体育事业经费随着全省国民经济的增长而增长，加强各市"一场三馆一中心"建设，努力完善省、市、区三级训练网建设，确保我省体育事业可持续发展。举全省之力，调动各方面的积极性，认真做好第十二届全国运动会的承办工作，努力把第十二届全运会办成一届有特色、高水平、彰显辽宁风貌的体育盛会。

"十二五"期间我省体育事业发展突出以下**基本原则**：

——努力发挥体育工作在全面振兴辽宁老工业基地中的重要作用。

——坚持以人为本，服务民生。以增强人民体质、提高生活质量和促进人的全面发展为目标。

——坚持解放思想，改革创新。努力实现理论创新、科技创新、制度创新。

——坚持竞技体育、群众体育和体育产业协调发展，相互促进。

——坚持依法治体、科教兴体、人才强体。

——抢抓机遇、借势发展。把第十二届全运会办成一届有特色、高水平、彰显辽宁风貌的体育盛会，推动我省体育事业实现新的跨越。

——坚持可持续发展。加强运动员保障、文化教育工作和思想作风建设，坚持做好打基础、增后劲、利长远的各项工作。

辽宁发展体育产业的具体**目标和任务**是：认真贯彻落实国务院办公厅《关于加快发展体育产业的指导意见》精神，紧紧抓住2013年我省承办第十二届全国运动会有利机遇，全面开创性地振兴辽宁体育产业。逐步建立起以现代体育服务为重点，门类齐全、结构合理，特色鲜明、制度先进、管理规范的体育产业发展体系和运行机制，不断增加体育市场供给，努力向人民群众提供健康丰富的体育产品，充分发挥体育产业在拉动我省体育消费、优化产业结构、扩大就业中的作用，极大地满足辽沈乃至东北地区人们日益增长的体育产业需求，力争使我省人均体育消费进一步增加，体育产业整体实力逐步增强，为培养和实现辽宁新的经济增长点做贡献。

辽宁发展体育产业的**主要措施**：

1. 建立和完善体育产业组织。

全省各级体育行政主管部门切实加强对体育产业工作的领导，要设专门机构，安排专人负责体育产业工作，研究制定体育产业发展规划，加强对体育产业工作的监督、检查和指导；公开招聘、加强培训，加强体育产业管理机构和队伍的建设；建立我省规范的体育产业统计指标体系和统计制度，健全我省体育产业标准化内容体系，为社会投资提供咨询服务；成立辽宁省体育产业研究会及各市分会，加强研究和指导。

2. 建设辽宁省体育产业发展体系。

要在未来五年乃至更长时间，打造辽宁体育产业成为"东北地区体育产业总部经济区和东北亚体育产业发展聚集区战略"；建立以沈阳为中心的东北内陆型体育产业总部经济区、以大连为中心的东北亚沿海型体育产业发展带，打造沈阳、大连两市成为东北乃至东北亚地区体育产业名城或体育产业聚集中心区；建设以职业体育竞赛、体育场馆开发、体育资产融资、体育彩票发行、滨海体育、高校体教结合等政府主导、本体产业为核心的辽宁体育产业支柱性发展体系；建设以体育健身娱乐、体育无形资产开发、体育中介、体育媒体、冬季体育产业、体育用品装备制造、体育康复医疗等市场为主导、相关产业为辅助的体育产业市场性发展体系；建设以盘活体育资产为目标、政府与市场相结合、体办产业为补充的体育产业增量性发展体系。

3. 组建辽宁体育产业集团。

充分发挥我省公共体育设施功能，认真抓好体育竞赛、表演、旅游、会展等市场开发，积极开展各类体育项目有偿健身培训，开办单项体育学校，完善场馆管理体制，转换运营机制，盘活存量资产，完善配套服务，开展多种经营，在适当的条件下，实现"管办分离"运营与管理模式，改变体育场馆低水平开发利用运营模式，通过合并重组，借壳上市，实现更高层次的资本运营，全力打造现代化的辽宁体育产业发展集团，为做强辽宁体育产业强省战略奠定基础。

4. 完善体育产业政策。

研究制定有利于我省体育产业发展的经济政策，制定《辽宁体育产业发展规划》，放宽体育产业的市场准入；鼓励体育组织、体育产业集团在我省投资；鼓励、支持企事业单位和个人依照有关法律、法规兴办面向大众的体育服务经营实体；鼓励社会各界对体育事业、公益性体育机构和公共体育设施的赞助和支持，保障和维护其正当权益；设立辽宁省体育产业引导资金，扶持体育产业健康发展。

5. 做大做强体育彩票市场。

　　充分调动省、市两级体育彩票发行部门的积极性，加强投注站建设与管理，拓宽销售渠道。巩固优势，研究新玩法，推广新投注方式。优化管理队伍。"十二五"期间，全省体育彩票销售总额力争突破166亿元。

　　6. 开发体育人才市场。

　　充分发挥我省体育人力资源优势，努力打造辽宁省国家级体育人才基地，加强人才储备；根据竞技体育人才的训练年限、培养成本、运动水平等研究制定体育人才交流收费标准，推动竞技体育人才和其他领域人才合理、有序、有偿交流。

　　7. 加强体育服务业市场开发，协调推进相关体育产业互动发展。

　　积极承办常规性国家级体育赛事和联赛；加强体育旅游产业资源开发，与旅游部门合作开发我省集旅游、观光、休闲健身于一体的精品旅游线路，推进区域性经济增长；积极培育体育中介市场，加强体育经纪人队伍建设；努力促进体育劳务、信息咨询、技术培训、体育出版、体育媒介、体育广告、体育会展、体育影视等相关业态的发展。

　　8. 加强十二届全运会体育产业市场开发和运作。

　　制定并实施好十二届全运会体育产业相关开发政策，制定出台各项市场开发赞助方案和实施办法，调动全社会力量办全运会的积极性，提倡和鼓励企事业单位和社会力量赞助全运会，力争十二届全运会市场开发资金达到8亿元，为办好全运会提供保障。①

第三节　辽宁体育产业发展中的问题与因素

　　辽宁体育产业尽管取得了较大发展，但仍存在很多问题，主要表现在以下几个方面：

　　1. 体育产业的发展缺乏政策扶持。

　　体育产业和体育消费属第三产业，体育产业和体育消费会加速体育事业的

---

① 《辽宁省体育事业发展十二五规划》。

发展，对优化国民经济结构，有重要的社会意义。我省目前对如何扶持体育产业，增加体育消费，鼓励兴办体育产业，减轻财政负担，引导以及扩大体育消费缺乏政策上的支持和保证。

2. 各级体育部门在体育产业开发管理上没有进入良性运行轨道。

按照市场运行的经济规律，财政对体育拨款增加减缓，各级体育部门已经认识到发展体育产业的重要性，也进行了很多探索，但是总体上效果不是很明显。体育产业发展缺乏整体思路，无形资产开发力度不够，资源浪费严重。体育人力资源开发不规范，体育经营人才短缺。

3. 体育产业市场化运作的规范化探索不深入。

目前全省共出台涉及体育产业、体育市场的法规和规范性文件四部。虽然这些法规在一定程度上指导、规范了全省的体育产业和体育市场的发展，但理论和实践的探索还远远不够，体育部门如何进行市场化运作，参与管理和规范体育市场，如何管理社会体育产业还存在模糊认识。

4. 管理体制滞后。

管理的滞后限制了体育管理部门在体育产业发展中发挥的作用。现行的体育管理体制、运行机制存在计划经济成分，各级体育组织既是裁判员又是运动员，认识问题的程度不够，履行职责的意识还不强。

体育产业作为国民经济中的一个新兴产业，近几年辽宁体育产业呈现出高增长的态势，竞技体育、体育人才培养、足球和体育彩票已经成为明显的四大优势。从未来我省体育发展的大环境看，也有诸多有利的因素。首先，经济基础较雄厚。虽然辽宁体育产业的总规模和发展水平与发达的省市以及发达国家相比，尚有较大差距，但辽宁经济发展的总水平居全国中等偏上，发展体育产业有较强的经济实力经济基础作支撑。其次有较好的群众体育基础和传统，辽宁是全国城镇人口最多的省份之一，参与体育运动的人群比率高。第三，第三产业增长较快，为体育产业奠定了持续发展的基础。第四，第12届全运会的举行和东北老工业基地振兴都为我省体育产业的快速发展提供了千载难逢的良机。

第四节   发展辽宁体育产业的对策建议

一、统一树立观念：明确体育作为文化产业的重要性

在国内，创意产业崛起速度远超其他产业，前景极可观，成为下一轮城市竞争主要目标。而奥运会的巨大社会影响和经济发展带动作用也显示出体育作为创意产业之一的突出地位，体育及其相关的教育培训、设施装备、新闻传播、管理服务具鲜明的创意产业特色，市场前景极为广阔。

包括体育产业在内的文化创意产业是第三产业的最重要组成部分，也是发展前景最广阔的未来支柱性产业。积极推进体育产业改革，加快体育产业发展，对于拉动地区经济增长，优化产业结构，增加就业，提高人民生活水平发挥重要作用。体育产业是国民经济中最具有活力的新增长点之一，有巨大的潜力和良好的发展前景。近年来，随着改革开放的深入和社会经济的不断发展，广大人民群众对体育的需求日益增长，体育消费市场不断扩大，体育产业体系初具规模并逐步健全。①

二、长远政策支持：以体育文化带动第三产业发展

辽沈地区在全国也算是经济文化比较发达的地区，近些年又面临老工业基地改造，而改造的一个重点就是产业的升级：从第二产业为主转变为在第二产业基础上加速发展第三产业。大力发展文化体育事业是增加第三产业比重，实现产业升级的重要举措。建议政府出台政策全力支持以篮球、羽毛球为代表的群众性体育产业的发展，并制定相应法规实现有序化管理，以体育带动经济与文化事业的健康快速发展。

我们要改善体育产业发展环境，提高市场竞争能力，重点发展体育竞赛表演、体育健身休闲市场，扶持体育用品市场，积极带动体育旅游、体育广告等相关产业的发展；逐步建立与社会主义市场经济体制相适应，符合现代体育运

---

① 《辽宁省体育产业发展规划（征求意见稿）》。

动规律，门类齐全结构合理，规范发展的体育产业体系；积极引导体育消费，培育体育市场，引导群众树立"社会要小康，身体要健康"的新观念；鼓励和引导社会各行业参与体育市场开发，投资体育产业；积极探索体育场馆经营管理的新理念，增强社会效益和经济效益；合理开发使用现有体育场馆及土地等资源，完善相关设施和功能，发挥其竞技比赛和健身休闲等方面的综合作用。①

三、鼓励现有资源的改造利用增加体育场馆

对于场馆较少的地区，建议政府鼓励当地有条件的学校体育馆对社会开放，合适的旧厂房仓库等对外承包改造，实现产业升级。合理收费，实现经济社会双重效益。对于教育与生活设施比较集中的沈河区、皇姑区与和平区，由于空地很少，建设全新场馆的条件很有限，主要的政策支持应当是鼓励各级学校内的体育馆对外开放。政府、教育管理部门与学校及场馆承包人代表共同协商制订有关安全保障、承包租赁、利益分配等相关的政策与管理措施，保障这个市场良性发展并实现多赢。对于工业企业较多的大东、铁西、沈北、浑南、苏家屯，则主要的政策应鼓励旧厂房仓库的改造。工业用地转为第三产业使用，是实现了产业升级，是好事，主要是应保证安全，理顺产权关系。

四、将准专业化体育教育引入普通学校

现在应试教育的弊端之一是专业分科太早。这种严重偏科的现象十分不利于人才的长远发展，更不利于体育事业的健康进步，应当把专业体育技能的培养引进普通院校，在通才的基础上培养高水平的专才。普通学校的体育教育可引进俱乐部体制，聘请专业教练，建立高水平的各项运动队，引导学生按照兴趣常年参加准专业化的体育教育与系统技术训练，通过体能、技术与比赛水平的提高强化学习的兴趣，乃至培养终生对体育的爱好。通过组织系统的大、中、小学各级省、市联赛来促进普通学校体育训练的常年坚持。高考是重要的指挥棒，体育必须作为必修课在高考中占相当分数才能引起各学校重视，要通过正式考试和正规的比赛有效测试出学生的综合体能水平与专项技术水平并在高考成绩中得到真实体现。

对于专业体育学校和运动队，则应与普通院校合作，强化文化艺术课程的

---

① 《辽宁省体育产业发展规划（征求意见稿）》。

学习，但不要搞成应试教育，要注重全面素质的培养，最终要将业余体校教育与普通学校教育全面相结合，像发达国家那样，各职业、专业运动队越来越多地从高水平的高中、大学体育队中招收，使我省培养出的体育人才具有高素质、高适应性，能不断学习新东西，具有发展后劲，在赛场上能体现出强的心理素质和理论素养，退役后能作个合格的教练教师或顺利适应其他的工作。

（作者：王春光，辽宁社会科学院哲学所）

第十七章　辽宁文化会展业发展报告

　　文化会展业，即以文化为主题的会展经济，是文化产品得以展示、交流和交易的基本平台，构成文化产业发展不可或缺的重要组成部分，也是能够有效促进文化产业繁荣进步的突破口。近两年来，在辽宁省委省政府的高度重视和领导下，辽宁文化会展业蓬勃发展，各城市相继举行了各种文化会展，并取得了较好的成绩。

第一节　辽宁文化会展业发展概述

　　近年来，辽宁省委省政府一直重视辽宁文化会展业的发展。特别是在 2010 年 9 月 2 日，辽宁省委省政府为贯彻落实《国务院关于印发文化产业振兴规划的通知》，专门制定和印发了《辽宁省文化产业振兴规划纲要》。这是一部联系辽宁省实际来指导辽宁省文化产业发展的纲领性文件，其中明确把"文化会展业"列为九大主导产业中的一项，并提出了基本任务，即重点办好东北文化产业博览交易会等全国性大型文化会展，打造一批以辽宁特色文化为内涵、特色产业为依托的全国知名会展品牌，发挥沈阳、大连的中心城市作用，推动沈阳国际会展中心、辽宁工业展览馆、大连星海会展中心等大型现代化展览场所，实施专业化、品牌化、市场化发展战略，打造国内一流的展会平台。

　　可以说，《辽宁省文化产业振兴规划纲要》为辽宁省文化会展业的发展指明了基本方向，提出了方针策略和工作重点。目前辽宁文化会展业正在以此为依据，沿着其指出的方向蓬勃发，一大批面向全国甚至国际性的地方文化会展如雨后春笋般纷纷涌现，并取得了相当可喜的成绩，多年连续举办的展会影响日益扩大，国际化程度也愈来愈高。

一、第四届东北文博会

第四届东北文化产业博览会，于 2011 年 8 月 25 日至 29 日在沈阳市隆重举行，它是由文化部、国家广电总局、新闻出版总署和辽宁、吉林、黑龙江三省政府共同主办的。东北文博会创办于 2005 年，是国家主管部委规划的全国四个重点文化展会之一，是目前东北地区级别最高、规模最大的会展，构成推动东北地区文化产业发展的重要"引擎"。

这届文博会以"繁荣文化事业，发展文化产业"为宗旨，以"文化、融合、创新、发展"为主题，设立"品牌展示"、"产品交易"、"项目推介"、"文化活动"四大板块。主会场设在辽宁工业展览馆、辽宁美术馆；分会场有 10 个，分别设在浑南动漫产业基地、胡台印包产业基地、沈阳 123 文化创意产业园、棋盘山关东影视城、北方图书城、新华购书中心、皇寺庙会、沈阳市文化宫、盛京红古玩市场、乐天新东北影城。主会场和分会场展示、展览面积共 15 万平方米，为参展商提供展位 6500 个。展位在设计上采用了大量声、光、电等电子技术，体现了新、奇、特、美等特点，增强了展会的表现力、观赏性和互动性，为来自境内外的参展商展现了各自的文化风格和地域特色。

这届展会共 5 天，参展的境内外企业达一千余家。所展示的文化产品和文化服务内容共有 8 大门类 5 万余种，涵盖了 IT 动漫、工艺美术、网络文化、文博旅游、文化用品等方面。

参加这届文博会的各省市文化机构倾囊拿出自己最优秀的品牌项目参会。黑龙江省推出"龙江特色"，彰显"冰雪文化"，重点展示哈尔滨冰雪大世界、冰上杂技、太阳岛雪博会、哈尔滨冰灯游园会等；吉林省以吉林歌舞《长白神韵》、中等集团、中秋剪艺为载体，全面展示吉林省的自然景观、民族风情、地域特色；内蒙古带来了手工艺品、民族乐器、民族服饰、奶茶奶酒、民族食品等 5 类 40 余款产品，展现了草原文化的地方特色。

此外，来自美国、加拿大、日本、俄罗斯、中国台湾、东南亚等 15 个国家和地区的 50 余家文化企业慕名前来参展，国内近 20 个省市和地区借助东北文博会平台组团展示文化产品，进行项目推介。

展会期间还举行了第二届中国沈阳动漫节、东北亚文化产业峰会、中国当代名家书画精品展、东北民族民间艺术和非物质文化遗产展演展示、"和谐之声"社区群众歌咏展示等等十余项系列文化活动。这届文博会获得了良好的文化效益和经济效益。通过汇聚文化产品，整合文化资源，搭建交流平台为手段，这届文博会全面展示了东北地区的历史文化风貌、当代文化发展成就、优秀文化产品、服务和项目。展会期间举办的文化产业项目推介会，作为这届文博会的重要内容和关键环节，共推出东北三省文化产业投资项目280项，其中亿元以上项目51项，10亿元以上项目25项，参观展会和参加活动的总人数超过了220万人，项目推介会签约、协议签约总额突破300亿元人民币，充分展现了东北三省及内蒙古自治区文化产业强劲发展的态势。

这届文博会的项目推介会呈现四大亮点。一是签约额创新高。辽宁省盘锦志高文化科技动漫产业园综合项目、沈阳市沈北新区国御温泉度假小镇、沈北万国红酒文化博览中心、吉林省东北亚文化创意科技园二期工程建设、黑龙江大庆百湖文化广场建设等8个文化产业建设项目，在会议现场成功签约额达到181.8亿元人民币。二是投资商和推介商成为参会嘉宾主体，推介会得到了全国各地区商会的广泛关注和热烈响应。三是推介范围更加广泛。这届文博会不仅仅向与会投资商推介项目，还专门编印了涵盖东北三省及内蒙古自治区的280个产业招商项目的《第四届东北文博会项目招商手册》，并于会前寄往全国各文化产业基地和一些省市文化产业协会，将东北文博会文化产业招商推介范围扩展到全国。四是实地考察更具典型意义。作为这届文博会项目推介会的重要内容，与会嘉宾专门前往沈北新区，实地考察了"方特欢乐世界"这一目前东北最大的文化产业园区，并一致认为该园区设计理念超前、建设规模宏大，对提升沈阳文化产业的水平乃至推动东北文化产业的发展都将产生强大的促进作用。

这届东北文博会还大力推进招商、招展工作，商业招展比重由上届的40%增加到70%，向会展的市场化方向迈进了一大步，为文博会的未来发展和持续举办打下了坚实基础。

二、第二、三届中国（沈阳）动漫电玩博览会

（一）第二届中国（沈阳）动漫电玩博览会

2010中国（沈阳）第二届动漫电玩博览会于8月13日—17日在辽宁工业展览馆举行。它是由中国电子商务协会动漫游戏产业工作委员会、辽宁省文化厅、沈阳市政府等主办。这届博览会的主题为"缤纷动漫，欢乐沈阳"。

博览会主要包括动漫电玩博览会、动漫产业高峰论坛两个主体活动，设动漫图书杂志区、衍生品区、动漫电玩特装区、动漫创意设计区、个人原创展示

区、电玩互动体验区、影视视觉体验区、舞台区等 8 个展区。

博览会艺术氛围浓厚，展品种类丰富多彩。主体活动由去年的 4 项增加到今年的 12 项，还增设了动漫游戏专区，使博览会更具趣味性和参与性。

博览会上，最吸引人眼球的是 Cosplay 的真人秀表演。Cosplay 迷们穿着他们喜欢的服装在博览会中穿梭，参观者们也争相与他们合影留念。这些 Cosplay 迷们有高中生、大学生，还有进入社会工作的职员，他们平时都有自己的 Cosplay 社团，所穿的服装都是自己制作的，他们还要争取参加最后的盛装 Cosplay 大赛。

这届展会新增了手机、游戏、玩具等各类电子产品，汇集了新邮通、爱国者、德信、晨讯等手机企业以及腾讯、盛大、网易、巨人等 IT 企业最新的技术、产品和软件。此外，博览会上名家名品争奇斗艳，展出了以国际顶级动画设计者臼井仪人等为代表的国际高水平动漫作品，同时，日本当红动漫歌星饭冢雅弓以及国际知名的动漫名家本杰明、王小洋、童亦明等莅临博览会，使这届博览会成为一届国际动漫名家、名品荟萃的高质量的动漫电玩盛会。

这届博览会约有 150 家企业参展。其中国内企业有华强集团、中影集团、中南集团、大连软件园等 132 家；国际企业有日本的马多浩斯、讲谈社及韩国影像振兴院等 18 家。这届博览会参展人数超过 11 万，实现签约额 6.3 亿元。

（二）第三届中国（沈阳）动漫电玩博览会

第三届中国（沈阳）动漫电玩博览会于 2011 年 8 月 5 日至 9 日在沈阳市辽宁工业展览馆举行。这届博览会由中国美术家协会动漫艺术委员会、中国世界民族文化交流促进会、世界民族文化促进会、辽宁省文化厅、沈阳市人民政府主办，沈阳市沈北新区人民政府、沈阳市经济和信息化委员会、沈阳市文体广电新闻出版局、沈阳市对外贸易经济合作局共同承办。

这届动漫电玩博览会的主题是"国际化、原创性、参与性、娱乐感"。活动及展示内容主要包括行业高端论坛、动漫产业展区、游戏区、漫画原稿展区、漫画名家签名区、舞台节目表演区、动漫媒体区等板块。中国内陆、中国香港、中国台湾以及日本动漫游戏展商近 50 家参展，纷纷推出游戏试玩、赠送等活动，吸引了众多漫迷的热烈关注。

现场举办了 CPL 电子竞技超级明星国际邀请赛，邀请了 Sky、TH000、Fly100% 等高手以及来自韩国、法国、瑞典、俄罗斯等国的优秀战队一较高下；香港原创动漫作品展汇集了港漫大师黄玉郎、马荣成、李志清、刘云杰等精选漫画作品，充分展示了港风动漫艺术的精髓。《喜羊羊与灰太狼》的作者黄伟明、中国原创漫画第一人颜开、"桂宝"系列幽默漫画作者阿桂等与漫画迷们零距离接触，让现场观众感受到漫画家们的创意激情和个性魅力。这届动漫展同时举办了动漫美少女大赛，受到动漫迷们的欢迎。动漫、游戏、玩具、数字娱乐等行业的知名企业鼎力支持，漫画大师亲临现场，打造了动漫企业和漫迷的欢乐盛会。

"招财童子"作为展会推荐的本土原创动漫品牌，全程参加了这届动漫盛会，并于展会上首次公开520集大型电视动画片项目。还在现场派发了大量招财童子的可爱周边产品，让沈阳漫迷与招财童子进行了亲密的接触。在成功举办前二届动漫展的基础上，这届动漫电玩博览会以其高质量的展品、高水平的布展、高标准的组织、精彩纷呈的活动内容，赢得社会各界的广泛好评，展览期间有12万余名观众到现场参观，并积极参与了互动，在酷暑的沈阳市掀起了一股动漫热潮。

三、第五、六届中国·锦州古玩文化节

（一）第五届"中国·锦州古玩文化节"

第五届"中国·锦州古玩文化节"于2010年4月17日—19日在锦州古玩城举行，它是由锦州市人民政府、中华全国工商联古玩业商会主办，凌河区委区政府、锦州古玩商会、锦州古玩城共同承办的。这届古玩文化节活动展厅总占地面积约为1.2万平方米，共设古玩大集地摊位1万个，"回流文物"精品展位60个，不仅有北京、江浙、内蒙古、山西、河北、哈尔滨等10多个外省市展位，也有沈阳、营口、大连、鞍山等本省展位，比利时、英国、瑞典、法国和日本等多国参展商也参展，推出了其古玩文化收藏品，主要经营玉器、瓷器、青铜器、佛像、杂项等文物，可谓品种齐全，丰富多彩。

作为会展举办场所的锦州古玩城，有6000平方米展销大厅、248个标准国际展位、300多间精品屋，目前是东北地区最大、在全国有相当影响的古玩文化艺术品交流中心和集散地。现代化的室内古玩市场，经营着古玩、化石、图书、艺术品四大类3200多品种。2004年，锦州古玩城被中国政府列为"第一批国家文化产业示范基地"，2009年被辽宁省政府命名为"辽宁十大文化产业"之一，同年被选入由《中国收藏》杂志、中国收藏新闻网联合推出的2009年度风云榜，被评为年度最佳古玩市场。

古玩节期间，锦州市还安排了海外回流文物精品展销、古玩艺术品交易、

公益性"大众书画"专项拍卖、专题古玩藏品展（朱继祥陶瓷彩绘艺术作品展、"文革"瓷器展、宫廷锡雕第五代传人作品展、吴国桢国画展、民俗文物展、雷锋专题收藏展、锦州"66—68 文革"资料展、黑山玛瑙作品展、古生物化石展）、经贸项目推介及洽谈等相关内容。

这届古玩文化节旨在进一步扩大锦州市与国内外的经贸与文化交流，提升锦州地域知名度，使古玩文化节成为外界人士认识锦州的窗口，为繁荣和促进锦州古玩市场发展，打造中国关外古玩第一城起到至关重要的作用；并进一步弘扬中华民族传统文化，提升地域文化品位，加快锦州文化名城建设；同时，还通过项目洽谈来促进对外经贸合作，推动辽西沿海经济区中心城市滨海新锦州建设。

这届古玩文化节招商工作进展相当顺利，提前三个月就已圆满结束，这是这几届古玩文化节招商最快的一次。锦州市工商联古玩业商会会长石庆华认为，今年之所以招商这么快，主要是紧紧抓住了两条：一是锦州古玩文化节这么多年来满足了买卖双方需要，形成了最佳交易平台；二是承办方长期坚持亲情式服务，增加亲和力，使每个客商和游客也都成了古玩文化节的义务宣传员，从而使人气越来越旺。

（二）第六届中国·锦州古玩文化节

第六届中国·锦州古玩文化节于 2011 年 4 月 16 日至 18 日在辽宁锦州市举行，仍是由辽宁省锦州市政府和中华全国工商业联合会古玩业商会主办的。

这届古玩节展厅总占地面积约 1.2 万平方米，共设古玩大集地摊展位 1 万个，国外回流古玩展位 90 个。来自国内外的万余家参展商齐聚锦州，近 10 万名各地收藏爱好者参与。

古玩节期间，举办了海外回流文物精品展销、古玩艺术品交易、公益性"现代书画大众竞拍"、国歌与锦州抗日义勇军关系研究成果报告会等。专题展推出了清代明信片展、义勇军与抗日资料实物展、锦州历史和当代名人画展、民俗文物展、彩票收藏专题展、民国电影海报展、古生物化石展等。古玩节期间还举行了古玩文化产业研讨会、古玩艺术品拍卖及交易等活动。

四、中国·阜新玛瑙博览会

（一）第五届中国·阜新玛瑙博览会

第五届中国·阜新玛瑙博览会于 2010 年 9 月 7 日至 13 日在阜新举办。这届玛瑙博览会是由中国珠宝玉石首饰行业协会、辽宁省服务业委员会、辽宁省经济和信息化委员会、辽宁省国土资源厅、辽宁省文化厅、辽宁省地质矿产勘察局和阜新市委、市政府共同主办的，历时7天。

阜新素有"玛瑙之都"的美称。近年来，该市的玛瑙产业发展迅猛，全市现有玛瑙生产厂家5000多个，从业人员达5万人。阜新玛瑙产业已被列入辽宁省"十二五"重点发展的8个文化产业之一。为扩大"阜新玛瑙雕"这一国家级非物质文化遗产的影响，从2006年开始，阜新市成功举办了四届玛瑙博览会和两届玛瑙节，特别是2011年5月份，阜新"水草玛瑙王"落户杭州连横纪念馆，开启了阜新与台湾合作交流的新篇章，阜新玛瑙影响力迅速扩大。与往届玛瑙博览会相比，这次博览会得到了商务部和中国珠宝玉石首饰行业协会的大力支持。商务部将第五届中国·阜新玛瑙博览会列为2010年内贸领域重点支持的专业展会，辽宁仅此一家。

这届玛瑙博览会，展区面积达到3500平方米，设260个展位，共有来自全国10个省的200多家珠宝玉石厂商参展，除省内鞍山、抚顺、大连等各市外，还有来自北京、吉林、福建、贵州、内蒙古以及台湾等省市地区的客商参展，展品包括玛瑙、寿山石、根雕、奇石、七彩玉、和田玉、水晶等近20个品种。第三届"红玛瑙杯"全国玉石雕刻大赛获奖的273件玛瑙精品集体亮相。作品花样繁多、雕刻精美，让所有参观者大开眼界。会展期间还举办了玛瑙展销会、"红玛瑙杯"全国玉雕大赛等活动。在体育场同时举行了名优食品洽谈会和美食节。

这次博览会分会场活动也异彩纷呈。阜蒙县十家子镇作为这次博览会分会场，以招商引资为主题举办经贸洽谈会，树立产业形象，吸引客商投资产业园。以传统的集日为契机，举办赶玛瑙大集活动，邀请客商深入玛瑙加工厂家浏览参观，亲身感受玛瑙制作工艺，与加工厂商进一步接洽。另一分会场——市玛瑙宝石城，加大招商宣传力度，52家玛瑙经销店纷纷亮出自家的玛瑙珍品，交易额大幅增加。

这届玛瑙博览会盛况空前，反响热烈，观展人数突破35万人次，总交易额达到1500万元以上。

（二）第六届中国·阜新玛瑙博览会

第六届中国·阜新玛瑙博览会于2011年6日至12日在阜新市鑫维玛瑙城举行。首日就接待参观者1万人，实现交易额100万元。这届中国阜新玛瑙博览会是由中国珠宝玉石首饰行业协会、省服务业委员会、国土资源厅、经济和信息化委员会、文化厅、地质勘探局和阜新市委、市政府联合主办。会展期间，还同时举办了辽宁（阜新）名优食品展销洽谈会、阜新精品图书博览会两大会展。还举行了"辽宁省玉玦杯玉石雕刻大赛"获奖作品、天工奖全国玉雕大赛入选作品展、玉雕专家讲座等丰富多彩的活动。

在主会场——鑫维玛瑙城内，两个一人多高，泛着青绿色光泽的玉石雕刻作品，吸引了众多观众驻足欣赏。这个像花瓶一样的雕刻作品叫花熏，全高 2.68 米，由 12 节组成，整体以花头、龙为设计主体，18 条龙隐喻作品的吉祥。其原材料是在辽宁北票刚发现的新玉种。单个花熏重达 2 吨，由 8 名工匠历时三个月雕刻而成，整体制作完毕大约消耗了 25 吨的玉石原料。虽然花熏物件大，但是在细节处丝毫没有含糊，采用素活制作，体现了镂空、链环、浮雕等工艺。雕刻工人在保证花熏巨型完整的同时，仍然体现出花熏作为皇家玉器的庄重和审美气息。

五、中国岫岩第一、二届玉文化艺术节

（一）中国岫岩首届玉文化艺术节

首届全国"玉星奖"评选活动暨中国岫岩首届玉文化艺术节，于 2010 年 7 月 3 日至 6 日在辽宁岫岩满族自治县中国玉雕会展中心广场举行。它是由中国珠宝玉石首饰行业协会，辽宁省人民政府镁资源保护办公室主办，辽宁省岫岩县委、县政府承办的。

岫岩玉是中国四大名玉之一，岫岩玉储量和质量居全国之首，享有"中国国石第一候选石"美誉。因此，2006 年岫岩被中国矿业产业联合会命名为"中国玉都"。近年来，岫岩玉产业已经成为当地经济发展的支柱产业之一。目前岫岩共有 8 座玉石矿山，其中岫岩所产的蛇纹石质岫玉是目前世界储量最大、玉质最好的蛇纹质玉；岫岩所产的闪石玉、老玉与新疆和田玉同质，是世界目前最大的闪石玉产地。岫岩现有玉雕加工企业 3000 多户，8 大玉器市场。目前，岫岩从事玉石开采、玉器加工和玉器销售人员达 4 万人，玉雕产品经济总量占全县经济总量已经达到 15%。玉雕工艺品已经发展到 7 大系列、100 多个品种，远销亚、欧、美三大洲 100 多个国家和地区。

中国首届岫岩玉文化节的一个重要内容是评选"玉星奖"。"玉星奖"源自岫岩玉星。1996 年 12 月，国家天文台兴隆观测站发现一颗小行星，编号为 21313 号，2006 年 9 月 30 日，国际天文学联合会正式将这颗小行星命名为"岫

岩玉星"。2010年2月4日，为挖掘和培养年轻玉雕人才，中国珠宝玉石首饰行业协会推出"玉星奖"评比活动，这是继"天工奖"之后中宝协再次推出的全国性权威玉雕评选。"玉星奖"是中国宝石行业继"天工奖"之后的又一全国性奖项，这次评比共收到全国宝玉石作品300余件，经过国家宝玉石协会相关专家的严格评选，最终评出金奖17名，银奖21名、铜奖25名、最佳工艺将8名、最佳创意奖15名。岫岩玉雕作品在这次评比中大放异彩，获5名金奖、4名银奖、4名铜奖、8名最佳创意奖。获奖作品当日在中国玉雕精品馆进行了展出，精品展上还展出了13位国家级玉雕大师、中国工艺美术大师以岫岩玉为原料制作的玉雕精品。

（二）中国岫岩第二届玉文化艺术节

中国岫岩第二届玉文化艺术节于2011年7月4日至8日在辽宁省岫岩县玉雕会展中心隆重举行。它由中国珠宝玉石首饰行业协会主办，辽宁鞍山岫岩宝玉石协会承办。在历时5天的时间里，来自全国各地的上百名宝玉石产销、收藏、鉴赏界人士齐聚岫岩，共商宝玉石文化产业发展大计。

这次艺术节的重头戏是第二届"玉星奖"宝石雕刻大赛的评选。此次"玉星奖"评选面向全国共征集作品1000余件，其中岫岩玉雕占了大多数。这些作品由资深评委进行评比，最终评出玉雕作品金奖17件，银奖23件，铜奖27件，最佳工艺奖9件，最佳创意奖9件。另外还有191件作品获得优秀作品奖。

六、第八、九届东北印展会

（一）第八届东北印展会

第八届东北（沈阳）印刷包装技术设备器材展览会（简称东北印展会）暨第三十届沈阳书市，于2010年5月12日至14日在沈阳辽宁工业展览馆举行。展会自2002年开始举办，每年一届，展会规模逐年扩大，展品质量日渐提升，自2007年起升为国家级，成为具有极高知名度的行业盛会。这届东北印展会由国家新闻出版总署作为支持单位，由沈阳市政府、中国印刷协会和东北三省新闻出版局联合主办，由沈阳市文化广电新闻出版局承办。

这届展会以"交流、合作、创新、发展"为主题，以"品牌展示、技术交流、理论研讨、产品交易、项目推介"为手段，立足东北，面向全国，全面展示国内外包装印刷技术的最新成果，以促进包装印刷技术交流、设备引进和产业升级，活跃出版物市场，推动东北乃至全国印刷产业的繁荣发展。

这届东北印刷展展览面积达 2 万平方米、展位数 1500 个，主要分为品牌宣传、产品展示、技术交流、出版物展销、项目投资等五大板块。展会展出了印刷、包装机械设备，印前、印后设备，广告制作设备，印刷包装产品设计，印刷包装产业等 10 大类 1000 余种，全面展示了国内外包装印刷技术的最新成果。这届展会有 350 余家国内外著名企业参展。

展会期间，还举办了品牌展示会、技术交流会、产品推广会、人才交流会等多项专业活动，为企业发展搭建平台。同时，还举办了东北有史以来规模最大的"东北包装印刷产业项目投资推介会"，推出沈阳胡台新城印刷包装产业园等产业项目 200 项，邀请国内外企业和投资商 1000 人参会，安排企业家和投资商实地考察产业项目。

展会期间，组委会邀请和组织了东北三省和其他省区的专业人士 2 万人前来展会考察、洽购和交流，形成供需、合作、交流的全面互动。

（二）第九届东北印展会

2011 年 5 月 6 日至 8 日第九届东北（沈阳）印刷包装广告技术设备器材展览会暨第三届辽宁印刷产业发展大会在沈阳辽宁工业展览馆隆重举行。它是由沈阳市政府、中国印协和东北三省新闻出版局联合主办，沈阳市文广局承办的。

这届展会以"交流、合作、创新、发展"为主题，以"品牌展示、技术交流、理论研讨、产品交易、项目推介"为形式，展会展位增至 320 个，展览面积达 7000 平方米，参展企业达两百多家，在规模、规格、内容上均创历届展会之最。二百多家国内外知名印刷企业云集沈阳，带来国际最前沿的数码、绿色环保印刷技术。美国、欧盟、日本以及国内的大族冠华、上海电气、北人集团等顶级印刷设备供应商均以大面积倾力参展。

展厅中汇集了从包装印刷机械、商标制作设备、纸张切割机器到数码印刷技术，十大类一千多种印刷技术产品。北京一家科技有限公司带来了最新研发的数字制版机。展厅中央展板上的彩色喷绘"推动绿色印刷进程"道出了当今印刷业发展的环保风。在国内数一数二的印刷机械制造企业辽宁大族冠华印刷科技公司，带来了新研发的低碳、环保印刷机械产品，吸引了众多客户的目光。

展会同期还举办了第三届辽宁印刷产业发展大会，东北有史以来规模最大的"东北包装印刷产业项目投资推介会"，2011 东北（沈阳）国际瓦楞纸箱及软包装工业展览会，2011 东北（沈阳）国际广告技术设备展览会等活动。

展会的举办顺应了世界经济全球化、区域经济一体化的国际经济发展浪潮，反映了东三省印刷包装产业蓬勃发展的市场需求。主办方表示，展会将继续秉持"立足东北、覆盖全国、面向世界"的展会定位，依托中国印刷技术协会、中国印刷工业协会、三省的新闻出版局及印刷协会的庞大网络系统，广邀四海宾客，共襄东北印刷产业升级与崛起的盛举！

七、第十四届中国（大连）古玩艺术品博览会

第九届全国工艺品、旅游品、礼品博览会暨第十四届中国（大连）古玩艺术品博览会（简称"春季两艺博览会"），于 2011 年 3 月 17 日至 21 日在大连星海会展中心举行。作为"全国十大品牌艺术展"及"大连市文化展览例会"，"春季两艺博览会"由大连市人民政府、中国工艺美术学会、中华全国工商业联合会古玩业商会主办，大连华艺国际展览有限公司、大连市旅游局、大连市文化局、大连市工艺美术行业协会承办。

此次展会规模、档次、可观赏性均为历届之最，吸引了来自全国 60 多个市、地区近 700 个展位，规模 15000 平方米；分东西两厅，东厅为古玩、书画、红木家具、收藏品展区，西厅为名家大师作品、工艺品、旅游品、礼品展区。博览会期间，还将举办大连春季古玩艺术品拍卖会。

这届古玩艺术品博览会共接待专业买家及顾客 6 万人次。展会期间共有 20% 的展商签订了订单，70% 以上的展商达成了合作意向和现场交易，实现成交额和意向协议额高达 3.84 亿元。

八、第二届中国（鞍山）珠宝、工艺品、书画艺术博览会

第二届中国（鞍山）珠宝、工艺品、书画艺术博览会，于 2011 年 7 月 28 日至 8 月 1 日在鞍山举行。这是近年来鞍山市规模最大、涵盖艺术品种最多的一次艺术博览会。这届艺博会吸引了一万五千余位观众前往参观，首日成交量就高达 500 万元。

这届艺博会展览范围包括珠宝玉石、宝石钻戒、新疆白玉、缅甸翡翠、水晶玛瑙、陶瓷石雕、宜兴紫砂、木雕端砚、越南红木、苏绣屏风、名家书画、文房四宝、福建木雕、红木家具、吉林浪木、辽宁岫玉、福建寿山石、中国台湾红瓷、中国台湾七彩石及钧瓷等。人气最旺的当属书画展区。来自全国各地的 50 余位书画家现场挥毫泼墨，他们精湛的技艺和现场的即兴发挥，让观众大饱眼福，连连发出赞叹声。在赠品发放展柜前，观众排起了长龙，很多市民都领到了心仪的赠品。

九、其他文化会展情况

除上述大型会展外，辽宁一些城市还举办了带有鲜明地方特色的文化会展，诸如中国盘锦首届全国奇石工艺品博览会（2010年4月30日—5月9日），2010中国盘锦艺术品博览会，第十六届中国·营口望儿山母亲节（2010年5月9日），"情系东北城" 2010中国铁岭工笔画展（2010年10月21日—10月30日），等等。

辽宁各地还继续举办了各种旅游文化会展，包括2010中国沈阳国际旅游节（2010年7月15日—8月5日），第七届东亚国际旅游博览会（大连，2010年10月15日—10月17日），第四届辽宁省冰雪温泉旅游节，2010中国（营口）国际海滨温泉旅游节，2010中国·丹东鸭绿江国际旅游节，2010中国抚顺满族风情国际旅游节，2011中国营口第三届国际海滨温泉旅游节，2010中国·辽宁（铁岭）生态休闲旅游节，第二届辽宁旅游·摄影节（沈阳），2011蒙古贞敖包文化节（阜新），等等。

还有将文化交流与经济贸易交流紧密结合在一起的综合性国际会展，如2010中国沈阳韩国周暨全球韩商大会等。这些展会对于扩大辽宁省各城市的对外开放、推动文化产业发展、拉动地方经济也起到了积极有益的作用。

第二节　辽宁文化会展业发展中存在的问题

近年来辽宁的文化会展业取得了长足的进步和成绩，在国内及国际性的影响日益扩大，办展的经验和专业化程度也不断提高，然后，它仍有一些不容忽视的重要问题和不足，值得我们认识对待和研究。近两年来辽宁文化会展业存在的较突出的问题和不足，主要有以下几方面。

一、会展市场化程度亟待提高

展会机制市场化是会展业发展的一个基本方向，在这方面，辽宁省个别会展已经取得了相当的进步，如第四届东北文博会的商业招展比重已由上届的40%增加到70%。但要看到，许多文化会展，特别是这两年新举办的会展，还基本上是由当地政府为主体主办的，缺乏会展公司的介入，市场化经营水平也较低，会展场馆空间的相对闲置、工作效率低下等问题仍然存在，从会展长期发展角度看，文化会展还要向以商业性展览公司承担和参与的方向发展，那样，政府可由具体的会展事项中解脱出来，将具体事项交由商业会展公司负责，政府将其职责局限在宏观方面的引导和管理上。如此可通过市场化充分利用社会各方资源，提高效率，确保会展向着专业化、品牌化、市场化方向可持续发展。

二、专业性会展人才仍然紧缺

随着辽宁省文化会展及其他会展的迅速兴起，专业性会展管理人才的市场需求愈来愈大，而辽宁省现有的会展人才明显不足以应付需求，特别是高水平的会展策划师更是奇缺。有关会展管理人才的培训活动也显缺乏。

三、低碳绿色办会展的导向不突出

随着绿色低碳时代的来临，西方发达国家已率先提倡绿色会展，我国上海世博会也把绿色世博、低碳世博作为其会展的一个主旋律，贯穿于世博会的整个过程和各个展示环节中，相比之下，辽宁省的许多会展在绿色低碳、环保节约方面的办会导向并不突出，不仅在会展内容上缺乏绿色文化主题的内容，在整个会展运作上也缺乏有关绿色办公、低碳环保的理念指导，以致一些展会出现了装修有味、空气不畅、环境嘈杂、传单乱扔、交通拥挤等不低碳不环保的现象。

四、缺乏会展业务的网上交易平台

互联网时代的一个重要特点，就是许多商业活动内容都上了网。这可作为实体会展的虚拟扩展和补充，有助于在会展外加强这地企业与国内外企业的商业交流和合作，有着成这低、效率高等多方面的优点。但目前省内的文化会展基本没有设立会展业务的网上交易平台，与国内外会展设立网上交易平台的先进典型还有着较大的差距。

第三节　发展辽宁文化会展业的对策建议

一、进一步促进文化会展的市场化

《辽宁省文化产业振兴规划纲要》明确提出了发展文化产业的五大基本原则，其中明确规定了市场化和政府引导的两大原则。

——坚持市场机制牵动。发挥市场配置资源的基础性作用，采取市场方式加快产业发展。

——坚持政府引导。在确保国家文化安全的基础上，通过政策引导，大力推动资源整合，促进产业发展。

这两大原则当然也是文化会展业的基本原则。目前辽宁省许多会展还需要以政府为主体来举办，这在会展初期仍然是必不可少的，但为会展业的可持续发展着眼，政府应逐渐淡出会展主体的角色，让专业会展公司来充当会展的主角，政府只发挥宏观引导和服务的作用。因此，辽宁省会展部门应重视提高文化会展的市场化运作水平，鼓励展览公司或文化企业积极参与办展，并按市场化方法组织和整合会展资源，以提高效率，减少浪费。

二、加强会展专业人才资源的开发

重视在高校或职业学校开设会展专业课程，加强会展专业人才的培养。重视开展对现有会展从业者的专业培训，并重视联系会展实践提高其会展管理的水平。重视从国内外引进高级会展管理人才，并为其发挥才能提供积极的支持。

三、重视会展业务的网上信息化建构

应组织有关专业人员，根据辽宁各种文化会展的内容和特点，专门开发出相应的网上交易系统，将实体会展搬到网上，为辽宁省文化企业参与全国乃至全球的文化产品的展示和交易活动提供高效、快捷、便利的网络平台。这种信息化运作，不仅是辽宁省文化产业发展的一个重要方向，而且也属于辽宁省信息化产业发展的一项重要内容。

四、确立和贯彻文化会展的绿色指南

在当今建设生态文明的时代，绿色环保、低碳节能业已成为会展业发展的一个重要价值导向。如我国 2010 上海世博会主委会，就在 2009 年 6 月初发布了《中国 2010 年上海世博会绿色指南》，从弘扬生态文明的宗旨出发，从意识形态、行为准则与管理监督等方面为参观者、参展方和运营商提出了绿色环保的相关建议和指导。在设计框架上，对参展方在生态设计、污染控制、绿色施工、绿色交通、绿色管理等五个方面提出了要求，对运营商则在绿色宾馆、绿色饭店、绿色营销、活动服务、物流服务、绿色办公等六个方面做了要求，对参观者则在绿色交通、绿色观展、绿色消费、绿色生活等四个方面提出了要求。如此全面、具体的要求，使得 2010 年上海世博会在相当程度上办成了一个环境友好、资源节约的"绿色世博会"。

同样，辽宁省的文化会展也应高高举起绿色环保的大旗，借鉴和学习上海世博会的绿色指南，不仅要在会展的内容上重视设立以环保节约、绿色生态为主题的项目，在会展管理的各个方面和环节上也要贯彻和落实绿色理念和绿色原则，要求参展方绿色设计、绿色施工、绿色管理，要求运营商实行绿色办公、绿色营销、绿色服务，鼓励参展观众绿色观展、绿色消费、绿色出行，努力使辽宁文化会展实现文化、经济与生态诸方面的价值共赢。

（作者：毛世英，辽宁社会科学院哲学所）

第十八章　辽宁广告产业发展报告

广告既涉及品牌消费，也是文化建设的重要组成部分。《产业结构调整指导目录（2011年本）》已把"广告创意、广告策划、广告设计、广告制作"列为鼓励类，这是广告业第一次享受国家鼓励类政策，为广告业发展提供了强有力的政策支持依据和空间。"十二五"规划纲要首次提出"促进广告业健康发展"。广告业作为现代服务业的组成部分和文化产业中的重要构成，迎来了难得的发展机遇期。

第一节　辽宁广告业发展述要

沈阳市原市长慕绥新的长女慕洋于1996年创办了沈阳市明阳广告公司，自其父1997年当上沈阳市市长后，便开始利用其父的关系走上发迹道路，她的广告公司基本上垄断了整个沈阳市的广告业。目前，沈阳拥有1000多家广告公司，其中乏一些取得优秀成绩的有实习的公司企业。但辽宁省仅有的两家一级广告企业、中国广告协会副会长级单位即沈阳推动广告有限公司、沈阳龙邦国际广告有限公司。下面，对其中的龙邦公司和北方传媒公司进行介绍。

龙邦公司属于综合全案服务类，是一家品牌化、个性化、规范化、专业化的综合性广告公司，也是较早运用整合传播思想服务客户的国际化与本土化相结合的广告公司。该公司专注于产品品牌与企业品牌的整合行销传播，运用广告、公共关系、影视推广、互动营销以及与之相关的调研与咨询等服务。目前主要服务客户：联想、中华轿车、阁瑞斯汽车、沈阳中兴商业大厦、沈阳家具城等。公司在业界引起强烈反响的事件：中华轿车的全国巡展活动的策划执行、阁瑞斯汽车全国巡展活动的策划执行。公司目前除拥有五档独家代理的制播分离的电视栏目外，还在沈阳成立了第一家公共关系公司——沈阳拓力合天公共关系有限公司。

在这 200 多家公司中，出了龙邦和推动公司外，北方传媒公司也较为突出。北方传媒总公司成立于 1993 年，他的发展见证了中国广告业的兴盛与繁荣。北方传媒从广告代理、电视专题片制作起步，15 年的历程，北方传媒企业规模不断壮大，如今在全国已有十几家分支机构，业务领域涉足广告经营、影视制作、杂志出版发行、餐饮娱乐、旅游及房地产等行业，形成了以北京为龙头、沈阳为基地，辐射全国走向世界的经营格局，成为国内一流的传媒企业集团。北方传媒与国内八家著名企业共同组建了中汇国际联合集团，在造船业、机械制造业、农业、房地产业、传媒业等多个涉及国计民生领域发挥着举足轻重的作用。

通过对龙邦国际和北方传媒的介绍，我们大概了解了整个沈阳地区广告业的发展概况。可以说，沈阳广告业所取得的成绩是值得肯定的，但同时，我们更应该清醒的认识到，沈阳地区乃至整个中国的广告业仍是个年轻的行业，与发达国家的广告业，仍然存在着一定巨大的差距，发展过程中的不均衡，导致了一些比较明显的缺陷和许多有待填补的空白，广告业的发展前景不容乐观。

单就沈阳的广告业来说，地区经济的发展还不够，先进创新的文化氛围还没有完全形成，人们对于广告的认识和观念还有待改善。在沈阳，广告传媒业还没有可以充分发展的土壤，除去少数几家较有实力的大型企业之外，大部分中小企业生存空间狭小，举步维艰。很多都只是一个工作室的规模，正规的纯广告公司已很难找到。广告业的竞争压力也很大，相对的行业利润却越来越小、企业员工的待遇薪水都不是很高。

在广告业比较发达的广东省，其广告公司不断通过合资、圈地来扩大市场，相比之下，辽宁省内没有配套措施，引进品牌广告公司也缺少政策上的扶持。当前辽宁广告公司的发展模式表现为代理买断媒体，以及通过合资扩大品牌影响，没有本土的品牌广告公司。广告以城市为根据地，沈阳、大连两地发展较好，因为大连发展较早，沈阳包括省级广告资源。整体上，主要存在以下三点的不足和缺陷：首先是，广告行业结构和区域布局不合理，广告业发展不平衡，地区差距较大；现在辽宁，广告业以沈阳、大连为核心，其他城市广告业发展水平处于起步阶段。其次是，广告业总体规模有待扩展，具有国际竞争实力的广告主、媒介集团，特别是龙头广告公司不多。最后，广告运作水平有待提高。创意水平与技术支持发展不平衡。高标准的广告公司具有制作技术和艺术精良、产业链完善、营销网络健全、资金融合渠道便利，人才储备充足等特征。

而辽宁和沈阳发展广告产业应在以下方面作出努力：

首先，要把广告业的发展看做是优化产业结构的重要途径。

国家已经明确提出要充分发挥信息技术的重要作用，通过信息化改造传统产业。但只强调信息化是不够的，更应该强调知识化，要不断推进广告业与其他产业紧密结合。以高新技术改造传统产业，实现产业的升级，在实现产业升级的基础上，集中有限资源优先发展具有战略性的广告业，以此来调整和优化辽沈地区的产业结构，尤其是服务业的产业结构，培育新的经济增长点。

其次，要加大对人才基础的建设。

广告业的发展和壮大离不开高素质的人力资本。一方面依托在沈阳、大连的高等学校和科研机构，通过适当调整教学内容和培养方式来培养适应中国广告业发展需要的专门人才；另一方面，建立相应的激励制度，积极吸引海外相关人才回流和人才的合理流动。目前，沈阳、大连乃至全省广告业发展最缺乏的正是这种高级竞争要素，要改变这种状况，在引进发达国家先进技术和管理经验的基础上，要进一步加大对科研和教育的投入，把人才培养作为一个基础性工程来抓。

最后，制定适当的政策导向，加快广告业的发展。

辽宁应制定有利于广告业发展的政策，从转变观念、规范行为和适当扶持等多个方面加以引导；要尽快制定和完善有关法律和法规，使辽宁的广告业发展牢固地建立在法律基础上；要建立政策性的投融资体制，通过一定的政策倾斜促进广告业发展；鼓励广告业之间、广告业与其他类型的产业之间的合作，鼓励企业间的相互学习和有序竞争；在广告业的起步阶段，政府应承担起主体性作用，强化政府的制度供给职能，以保证广告业的快速健康发展。

第二节　辽宁户外广告发展

户外广告是城市文化建设的一部分，特别是现代城市的标志之一，例如宜家大连首家店的开张以一系列体验为主的户外广告，让消费者眼球大开。这个户外广告做得很惊艳：远方的津巴布韦报纸，将数以亿计的纸币贴到墙上，通货膨胀以最锐利的表现方式呈现在户外媒体之上。因此，在户外这一最古老的媒介上，媒介本身成为了主题信息，广告公司的创意力量更得到彰显。

户外新媒体行业由于其对资本的高度依赖性，是资本寒流过境时最先遭遇霜降的行业之一。随着一线市场饱和且竞争激烈，广告主营销地界不断下沉，二三线市场则面临发展机遇，为户外广告公司带来很大空间。在品牌开发区域市场时，户外媒体更具有地域的贴近性优势，能够有针对性的配合区域市场的促销活动，还可以呼应全国性的媒体投放。另外，比起投放电视和报纸媒体，户外媒体的 ROI（投资回报）更为广告主所认可。辽宁省户外行业广告以内资企业为主（见下表），说明辽宁省户外广告行业还有待进一步发展。

户外广告经营单位类别	户外广告经营单位户数
内资企业	1597 户（其中含 1099 户私营企业）
外商投资企业	10 户

辽宁户外广告商品服务类别很广泛，其中食品的户外广告个数 3322 个，家用电器为 2389 个，房地产为 2075 个，服装服饰为 1459 个。但经营额总量和国内其他发达地区相比，还有差距。内资企业和外资企业相比，单个企业的资本差距很大，内资企业，特别是私营企业需要进一步壮大。见下表。

户外广告经营单位类别	户外广告经营额
内资企业	31009.33 万元（其中私营企业 22799.27 万元）
外商投资企业	157.00 万元

辽宁省内，户外广告以大连最发达。大连是东北地区改革开放的窗口，是东北地区的进出口门户，是东北地区经济发展的龙头。因此在吸引外资和城市各项经济指标的发展方面，已经走在前列。在这样大好的经济发展背景下，大连市的户外广告也得到了迅猛发展，同时也取得了骄人的成绩。大连市户外广告的发展从整体来看，布局相对比较合理，主要集中在机场、火车站、港口码头、天津街、黄河路等商业繁华地带以及中山路、人民路、西南路等主要街道的两侧。形式也是多种多样的，主要有路牌广告、看板广告、各类商店的牌匾广告、灯箱和霓虹灯广告、电柱杆广告、各种悬挂垂幕广告、楼顶和楼体广告、候车亭和车体广告、气球飞艇及充气拱形广告等等。如何使大连能够尽快地成为著名的国际化都市，不仅要大力发展经济，还要不断地加强软硬环境的建设。这其中也包括市容市貌，而随着经济的发展，户外广告正在承担起美化市容市貌、点缀人们周围环境的这一特殊使命。

大连市的户外广告经历了多年的发展，虽然已经取得了可喜的成绩，但由于受经济发展规模的限制和人们传统观念的束缚，以及我国对户外广告的认知和研究的不足等等诸多因素的影响，大连市的户外广告还存在着很多不尽如人意的地方，如表现形式多以简洁直诉型为主。缺乏创意，色彩单一，难以使人从户外广告中体会到美感。户外广告的管理和维护相对比较滞后，一些户外广告载体的空缺等。既影响了户外广告的整体效果，又破坏了周围的环境和景观。因此，如何规范户外广告的规格与内容，以缩小与国际大都市的差距，加速大连的国际化进程，已成为一个刻不容缓的课题。

1. 大连必须立足于本土，发展独具特色的城市广告文化文化。

从大连市的实际情况出发，积极地借鉴国内外大都市的先进经验，发挥地理优势，以海为主旋律做足滨海城市浪漫之都的文章。为了加速大连户外广告的研究与发展，为大连市户外广告的发展提供一个良性的发展空间与平台，大连市必须制定出一部由政府监控审批，由单一部门协调管理的户外广告管理条例。这样才能改正过去的多部门管理互相牵制互相扯皮的不良局面。因此，也要尽快修改制定出具有中国特色，适合大连实际发展状况的户外广告管理条例。户外广告管理条例要对设置户外广告的大小、高度进行明确的规定，具体的研究大连的街道布局与实际情况，规范各类广告物的规格使设置的户外广告物与街道的布局和景观相协调，从而美化大连的市容市貌，加速大连的国际化进程。

2. 大连户外广告的制作水平要不断提高。

大连市的户外广告制作应该更注重创意，不能只单纯地追求广告的传播作用，而忽视了其点缀功能和文化功效。在户外广告的制作上，不应该只用文字或只用图像，应该是两者相互协调使用。随着经济的发展和改革开放的不断深入，国外的企业和个人也都纷纷来到大连或投资办厂或投资开店，他们的进驻为大连市的户外广告业注入了新鲜的血液，他们不仅把先进的技术和管理经验带来了，同时也带来了其先进的文化。这种先进的文化同时也体现在户外广告的制作上，这就为大连的户外广告从业者们提供了绝好的学习机会。

3. 大连市的户外广告物的构图和颜色应丰富。

大连户外广告的构图组成主要以人物为主。这种广告构图初看会给人一种亲切地感觉，但是时间一长，会给人带来一种压抑、奇怪的感觉，尤其是在繁华的商业闹市区。大连户外广告物的构图颜色也是以红、黄、绿为主。这几种颜色恰好是中国人比较喜欢的颜色，但是大连要走向国际化，应该以浪漫的大海颜色蓝色为主色调，同时加入各种各样的颜色，把大连装扮得五光十色，靓丽动人。

4. 要对现有不合适的户外广告进行清理。

大连的一些户外广告缺乏日常护理和维护，造成了户外广告的破烂不堪，既影响了形象，也降低了户外广告的作用。大连市现在还存在着很多超标违规的户外广告，需要执法部门加大执法力度，彻底拆除那些不合规格的户外广告建筑物或广告物，对违规者应给予严惩。还有一些"遮羞布"户外广告也应该拆除，一些围在建筑工地外的户外广告牌，却只遮住一些脏、乱、差的卫生死角，这与大连日益走向国际化的形象还不协调，减缓大连城市的国际化进程。因此，需要城管部门加强户外广告的管理工作。

第三节　辽宁广告行业监管

工商行政管理局对广告的监管一方面是为了维护消费者利益，另一方面也是为了广告行业的产业发展。但实践中，工商局把握广告主情况有一定难度，只能把握媒体和广告公司情况，而且监管到何种程度才能既维护好消费者利益，还能促进产业发展和精神文化建设，则是一个值得探索的问题。辽宁广告违法情况虽然在各级工商管理部门的监督下，情况逐年好转，但仍不容乐观。2010年，人发生了很多起违法案例，其中广告主的违法情况最为严重，主流媒体，如报纸、电视也是媒介违法的主体。见下表。

按违法主体划分的广告违法情况统计

	查处案件总数	虚假广告	非法经营广告	其他
广告主	802	278	39	485
广告经营者	218	100	5	113
广告发布者	204	79	5	120

按违法媒介划分的广告违法情况统计

	查处案件总数	虚假广告	非法经营广告	其他
电视	312	149	10	153

	查处案件总数	虚假广告	非法经营广告	其他
广播	104	49	1	54
报纸	225	87	4	134
期刊	21	14	3	4
户外	244	56	16	172
印刷品	198	78	9	111
网络	2		2	
其他	185	70	4	111

根据辽宁省工商行政管理局提供的资料，在 2010 年的违法案件中，按违法类别划分，药品非法广告 153 件，没收罚款 386.91 万元，最多。医疗服务查处案件总数 135 件，没收罚款 139.10 万元。食品查处案件 153 件，没收罚款 104.23 万元。

对于严重的关高违法情况，辽宁省工商总局党组"三深入两服务"促振兴为载体，继续加强对关系人民群众身心健康的药品、医疗、食品等广告监督力度，巩固广告市场整顿和规范的成果，努力净化广告市场环境。层层明确方案，完善工作措施在深入学习和重点调研的基础上，制订了《全省虚假广告专项整治活动方案》，确定任务措施和工作要求。省局还走访了《半岛晨报》社广告部，了解广告经营情况，解答广告审查遇到的具体问题，征求对广告监管工作的意见。沈阳、大连市局主动承担为当地主流媒体整合资源、公平有序公平有序经营提供法律咨询服务的职责。抚顺、本溪、辽阳、葫芦岛市局采取现场指导审查广告样片、样带和文稿，上门开展广告年检，举办媒体广告审查人员培训班等多种形式，加强对广告发布的行政指导。

以查处社会反映强烈的药品、医疗、保健食品、化妆品等虚假广告为重点，辽宁省工商局共组织对其广告发布场所集中检查 47 次，对各级各类媒体进行广告监测检查 30 次，查处违法广告案件 812 件，没收罚款 1056 万元。着力解决消费者举报投诉，维护消费者合法权益。沈阳市局共接到广告类举报投诉 1150 件，均得到圆满解决。丹东市共解决 5 起因虚假违法广告引起的消费者投诉，使消费者挽回 7000 余元经济损失。

结合贯彻国家 12 部门整治虚假违法广告的实施方案，省局下发贯彻意见并召开了有省委宣传部、广电局、新闻出版等部门，沈阳地区 8 家主流媒体的广告部参加的联席会议。沈阳、阜新、朝阳市局确定了为其3—6个月的行动方案，全力整治广告市场；大连市局则将净化节日广告市场作为执法行动整治重点。丹东市局制订了"三排查三审查"的措施，深入开展专项行动；铁岭市局与药监、卫生、广电等部门开展了联合执法调查。辽阳、葫芦岛市局还组织了基层人员法律法规培训班，为深入开展专项执法行动夯实基础。

省工商局除了针对传统的药品、食品、医疗等违法广告类别，进行重点监管之外，还扩展工作范围，认真整治广告违法行为，在文化建设层面承担了自己的责任。主要体现在以下几个方面：

1. 对汉字使用不当的广告进行了整治。

按照国家工商总局统一部署，重点对单独使用汉语拼音、单独使用外国语言文字、使用错别字、违规使用繁体字，使用国家已废止的文字以及其他不规则使用语言文字的广告进行重点清理。全系统广告监管部门共检测、检查广告，54770条，发现违规广告1003条，责令限期整改965条，责令停发38条，净化了广告市场语言文字环境。

2. 加强涉"性"低俗广告整治。

省局发出责令整改通知书四期，对含有涉性等低俗严重违法内容的龙琦鹰睾丸片、根增大胶囊、咖特胶囊、鹿茸口服液、威尔圣达胶囊等5个品种的广告进行了停止发布。沈阳监测检查网站496件，提请关闭4家发布有涉"性"等低俗内容严重违法广告的网站。鞍山市局配合公安、广电、新闻出版等部门，重点对利用互联网，手机网站等媒体发布的涉"性"违法广告进行了全面的检查。

3. 加强印刷品和户外广告的整治。

省局与省新闻新出版局联合开展了固定形式，印刷品广告专项行为，对核发的固定形式印刷品广告经营单位进行了全面检查，对18户存在广告名称不规范，含有非广告信息，使用与期刊相混淆用于行为的经营单位，督促限期整改。各级监管机关共清理路牌广告、街牌广告、公交车候车亭广告、电子显示屏广告，以及车体广告共计3700个，净化了城市环境。

4. 五是配合有关部门开展非法集资广告的监测检查。

省局将非法集资广告列入广告监测检查的内容，要求各地积极相关部门，做好对转办非法集资广告案件的查处。省局还参与相关单位对非法集资广告监管的文件起草工作，对涉及集资广告的审查、发布和监管提出了建议和意见。

沈阳市继续开展了农村广告市场专项行动，严厉打击坑农害农的虚假违法广告，发放宣传材料 2 万份，停止发布严重违法广告 24 条，查办案件 21 件，罚款 26 万元。大连市局与市教育局相配合，落实了教育培训广告发布前审批备案制度，将教育培训类广告纳入监测检查范围，延伸了监管职能。抚顺市开展了车体、车身广告专项行动，2 次召开公交公司和广告公司广告整治会议，使 5 条线路近 100 台公交车的 1800 余块广告牌得到了撤换。

为了对发广告进行监管，省工商局加强制度建设，在以下方面进行了探索：

一是落实违法广告警示公告制度。

省局结合开展 3.15 纪念活动，在沈阳地区省级和市级媒体曝光了大连渤海医院、沈阳华佗中医顽症研究院肿瘤科 2 家医疗机构广告，丹神抗骨丸等 4 个药品广告。各地全年发布违法广告警示公告 47 期，其中省局 4 期，曝光典型违法广告 196 个，对违法者起到震慑作用。

二落实广告监测检查制度。

省局对全省部分媒体发布的药品、医疗、保健食品等重点品种广告进行了三次集中监测，发布广告监测通报 3 期，共监测广告 8178 条，涉嫌违法广告 821 条，曝光严重违法广告 95 条。各市普通加大了广告监测检查的力度，共监测广告 145 万条，并将监测结果及时向党委、政府以及相关部门通报。

三是落实广告经营资格年检制度。

结合开展广告经营许可证换证和广告经营资格年检，对省直广告经营单位的广告发布情况进行了检查，对 23 户广告发布进行了指导，对 1 户发布严重违法广告的杂志社进行了调查取证。

辽宁省工商局发挥行业协会的作用，促进广告监管与广告研究的良性互动。

一是完善广告协会的自身建设。年初结合省局社会团体清理整顿工作的开展，制定下发了《关于推进对广告协会自身建设的意见》，进一步明确了广告协会的框架结构，改革自身建设的目标要求，以及按照政会分开的原则需要做好的具体工作。

二是指导各地广告协会开展有特色的活动。

沈阳是广告协会投身到广告节的组织工作中，并为成功申办做了大量工作。大连市广协组织会员单位参展，有四件获得中国广告节铜奖和入围奖，并筹备了户外广告分会的组建工作。阜新市广协获得了全国广告行业文明单位称号，在《阜新日报》上进行了报道，提升了广告协会的形象。

省内各地区工商管理局在广告监管方面也取得了突破。沈阳市工商局还深入走访辽宁广播电视台、沈阳广播电视台、沈报集团等媒体单位，现场指导和督促媒体单位落实在广告经营过程中各项接收、查验、存档等管理制度，提高广告发布者、广告经营者、广告主的自律意识，并且倡导广告行业进一步完善广告信用监管评价和市场退出机制建设，提高整个行业的自律水平。积极参与培育和优化广告产业体系，促进广告产业的专业化、规模化发展，以辽宁电视台和辽宁广播电台媒体整合为契机，多次走访辽宁广播电视台，全程服务本地大型综合性广告媒体的整合，为培育具有国际竞争力的广告企业出谋划策和提供法律咨询服务。他们还关注民生，着力解决违法广告欺骗消费的行为，维护广大人民群众的合法权益。紧紧抓住防范、查处、曝光三个关键环节，通过违法广告公告、违法广告警示、消费提示、监测提示等方式提高消费者的防范意识和认识程度。

2011年，沈阳市工商局广告监管和商标监管工作主要有两个机遇。一个是要办好第十八届中国国际广告节，这是沈阳市工商局的一件大事，要做好承办的各项工作，充分展现沈阳形象。二是做好抓环境促提升打假工作，积极净化沈阳市场环境。2010年2月24日，沈阳市工商局广告处召开全体干部开会，认真学习国家工商总局等12部委近日联合出台制定《2010年虚假违法广告专项整治工作实施意见》办法，结合沈阳实际，探讨强化全市媒体广告市场监管对策。会议提出，要严把广告发布前审查关，规范媒体广告发布活动，加强媒体广告发布审查的行政指导，会同广告行业协会开展广告审查员广告法律法规培训，指导媒体单位建立健全广告业务承接登记、审核把关、档案管理等各项制度。要强化广告发布后的依法查处工作。加大对虚假违法广告的处罚力度，对多次发布虚假违法广告、屡罚屡犯的广告主、广告经营者、广告发布者，在依法处罚虚假违法广告的同时，要暂停其广告发布业务，直至取消广告发布资格，并建议有关部门追究媒体单位主管领导和有关责任人的责任。对广告经营者、广告主、广告发布者串通作假，隐瞒真实广告费、出具假证明等行为，要会同有关部门依法严厉查处，曝光违法行为，并追究播出机构主管领导和相关责任人的责任。

大连工商局局自2011年年初以来，就对经营范围中含有经营广告业务的企事业单位和个体工商户进行检查，共检查广告经营单位956家，基本掌握了大连市广告经营现状，为今后广告业发展与监管摸清了底数。中山区工商局还积极创新监管方式，开展广告监管"五进"工作，即进网络、进社区、进医院、进楼宇、进学校，提高了全社会抵御虚假违法广告能力。针对大连市广告业发展的实际情况，大连市工商局认真研究确定指导广告业发展的职能定位和主要任务，积极协调相关部门尽快出台促进广告业发展的指导意见，促进广告监管由应急向常态转变，变被动监管为主动服务。该局积极加强与广告行业组织的联系，支持和指导广告行业组织开展各项工作，认真组织广告从业人员职业评价考试工作，及时通知报名、购买教材、联系培训，组织89名广告企业员工参加首届全国广告师、助理广告师考试。在今年大连市争创全国文明城市活动中，大连市工商局统一安排，主动与户外广告公司联系，具体部署户外公益广告的设置，加强督促检查，确保20%以上户外广告设施设置公益广告，为大连城市文明贡献了一份力量。

2011年3月2日，大连市《关于深入开展虚假违法广告专项整治工作的通知》把直接关系人民群众身体健康和生命安全的医疗、药品、食品（保健食品）、美容、化妆品广告，危害未成年人身心健康的非法涉性、低俗不良广告，以及扰乱公共秩序、影响社会稳定的严重虚假违法广告作为整治重点。在整治虚假广告过程中，该局定期召开广告监管联席会议，建立了协作制度，特别是加强与市食药监、卫生等部门的协作。该局2011年上半年在媒体上发布了两期违法广告警示公告，对发布虚假违法广告的5家医疗机构，20家药品、保健食品生产商予以曝光，加强社会舆论监督。

大连市工商局还会同城建部门开展户外广告专项整治行动，对未经审批擅自发布的户外广告坚决取缔，并严格规范户外广告发布者的发布行为，加大对户外广告的监管力度。2011年上半年，大连市广告监管部门严格把关，共审批户外广告528件。同时，该局积极做好印刷品广告的监督检查，集中监测春季房地产交易会的印刷品广告，对大连国际徒步大会发布的户外广告和印刷品广告进行检查，以大连广告信息形式通报了检查结果，对发现的违法广告及时联合相关部门进行查处。

2011年8月，中国广告协会会长李东生到辽宁省大连市调研广告业发展情况时说："公益广告是建设社会主义精神文明的重要工具，是促进社会和谐的润滑剂。广告业必须承担应有的社会责任，维护国家利益。广告公司只有努力履行社会责任，促进地方经济发展，广告行业才能发展。大连市西岗区工商局在实践中促进了广告与公益的良性互动。"

随着大连市的发展，西岗区核心功能城区的定位更加明确，众多广告企业入驻该区。2011年7月，西岗区经营广告业务的市场主体已超过400户，这一情况为监管带来了挑战。西岗区工商分局通过调研发现，虚假广告损害消费者权益的案件呈上升态势，严重损害了广告业在群众心中的形象。为此，该分局严把广告审查关口，约谈广告发布者、广告经营者及广告主，督促相关负责人增强守法意识，完善管理制度。同时，该分局加强与城建执法、卫生等职能部门的联系，充分发挥各部门职能作用，共享执法信息和案件线索，开展虚假违法广告联合整治工作。

大连市公益广告和商业广告的比例在全国各大城市中也是名列前茅的。大连市政府最近几年加大对公益广告的投入，使得公益广告的数量与日俱增。这既体现了一个城市的文明程度，同时也增加了人们对户外广告的亲和力。通过工商机关的牵线搭桥，大连长江传媒公司等十余家广告经营单位纷纷在发布的户外广告中加入公益宣传内容。该分局还协助广告企业，在西岗区各大商业楼宇和集贸市场树立的 LED 电子显示屏上，滚动播出宣传社会主义文明风尚的广告语，并在西岗区 7 个街道、9 个社区先后设立了 17 块公益广告牌。在工商机关的引导下，西岗区广告企业经营风貌焕然一新，在市民心目中的形象得到改观，走上了一条"德艺"双发展的道路。

目前，全国的广告监管仍存在一些具体问题，如高尔夫球场属于违法建设，不能做广告，但高尔夫球场的广告依然存在。肯德基食品安全有问题，但还做广告。对其食品安全的处理，仅是报刊的舆论谴责，不能进入法律层面，因为无法取证。山村教师代言药品广告表现了公益广告产业化倾向。产生这些问题的根本原因是媒体依靠广告生存，导致部分企业非法广告能够刊登，因此需要媒体广告部门的行业自我监管和诚信建设。这些问题，需要辽宁广告监管部门警惕、深思。

第四节　辽宁广告人才培养

据有关部门统计，沈阳有大大小小近千家广告公司，但每年依然会以 100 余家的速度递增，遗憾的是，每年倒闭的公司都高达 180 家。面对着国际广告公司来势汹汹的入侵，很多时候，本土的广告公司只能以自身微弱的力量还击。本报调查结果显示，有近五成广告公司的老总认为，虽然沈阳经过 30 余年的竞争与发展，沈阳本地的广告业有了一定的改观，但离国际化的 4A 公司标准相去甚远；有三成广告公司老总认为，受限于行业、经济等大环境因素的影响，许多广告公司还存在鱼目混珠的困境；有两成老总认为，经过长足的发展，沈阳广告业已经趋于成熟，像北方传媒等广告公司已经与国际化广告公司差距不大。（见孙颖：《沈阳广告业呼唤六种人》，《时代商报》2010-07-21）纵观国际知名的广告公司，沈阳广告从业人员除了经验上的欠缺之外，目前还普遍存在的问题是专业化程度不高、沟通和创造能力不强、服务意识和法制观念淡薄等。一方面是广告科班专业的培养严重不足，另一方面因为沈阳与外界接触有限，在思维上影响了一部分有创新思维的广告人才。

广告是智者的职业，是知识密集、技术密集、人才密集的高智商产业，现代的广告公司需要的是综合性、多元化人才，更需要一批才能出众、各有专长的人才组成的精英团队。因为工作经验和知识结构的积累相当重要，广告从事者对市场学、传播学、消费学、心理学乃至一切与广告相关的学科都要有所涉猎并有一定的研究。而来自国内某知名招聘网站的最新统计和广告公司在网上发布的招聘岗位显示，目前热招的广告类职位涵盖了广告设计、活动策划、后期客服、执行文案等诸多岗位。而创意人才招聘并没特别限制必须是广告专业毕业，而涉及专业性较强的行业，如 IT、化工、建筑等行业的广告公司招聘，需要有一定的行业知识储备。相比之下，媒体营销中心的招聘则对专业要求较高，像媒体营销中心专员、市场策划专员，必须是广告或新闻等相关专业本科以上学历，且具有在业内知名公司从事过项目策划、品牌推广、营销管理等两年以上工作经验；且具有较好的文字表达能力和独立分析、制订策略的能力。

有关调查显示，目前仅广告公司对创意人才的需求缺口已达到 72%。而最热门职位当属文字、艺术、设计，占到总需求的 43%。在薪酬方面，广告创意、设计主管的平均年薪是 4.8 万元；广告设计专员的平均年薪在 3.6 万元；而在广告创意总监类的高端职位，平均年薪则达到了 15 万—20 万元。成功的广告人应该具有哪些特征呢？根据市场的细分，目前中国广告市场对人才的需求已从单一型人才向复合型人才转变。而复合型人才最突出的特征就是要求从业人员同时具备沟通能力、洞察能力和创造能力。一是通晓国际市场、并了解国际广告运作规则，有较强沟通能力的人才；二是能够自己创作、设计的人才；三是了解市场、消费者、媒体的接触点价值链，一切从客户需求出发，了解消费者语言及传播方式的人才；四是有敏锐洞察力和市场驾驭能力的高级管理人才；五是具有整合营销、传播、策划的复合型人才；六是高层次的各类广告制作，特别是擅长影视广告制作的专业技能型人才。（孙颖：《沈阳广告业呼唤六种人》，《时代商报》2010-07-21）因此，沈阳的广告公司应该更多地网罗复合型人才，才能无限接近广告业的国际化高度，创出沈阳品牌乃至中国品牌。2011 年 8 月，中国广告协会会长李东生到辽宁省大连市调研广告业发展情况，并根据调研情况，提出了"建议将大连本土广告公司集中经营，形成广告创意中心，推动广告资源整合和布局，促进广告公司之间的合作与发展"。

广告公司人员频繁流动是一个症结，除了薪金因素之外，主要在于对行业的信念缺失。信念，是广告理念深入骨髓的烙印，是广告人在面对困难，危机来临时，要有能挺身而出为行业说话的信心支撑。信念，是改变整个行业本质面貌的根本要素。中国广告业目前急迫需要的广告人，是在对行业的坚定信念和大格局的支撑下，有更开阔的视野，更敏锐的眼光，面对当下中国广告业遇到的截然不同的两股势力与观点，既不自恋，又不盲从，而能把西方广告理论与本土实践两者有效地结合起来，真正为中国特色的广告市场提供解决方案的人。数字化为广告业带来无限的冲击和机遇，消费者、媒体市场环境的变化也为广告人带来前所未有的巨大挑战，广告人的专业越来越丰富、充实、复杂、多变。广告人向来不以出身为门槛，却要求以出色的学习能力作为入行必需。除此之外，快速沟通与有效沟通能力也是广告人必不可少的有力武器，未来谁能用更短时间更高效率把事说清，把人搞定，谁就有核心竞争力。当然，团队精神是所有工作的重要基础，单打独斗的年代早已被我们远远抛在了上个世纪。

2011年8月，中国广告协会会长李东生到辽宁省大连市调研广告业发展情况，召开了有当地广告监管部门、部分媒体、广告公司、企业代表参加的座谈会。李东生着重强调："2011年是'十二五'规划的开局之年，'十二五'规划强调要做强做大服务业、大力发展文化产业，并把发展服务业和文化产业作为今年工作重点。广告产业作为文化产业和服务业的重要组成部分，面临着加快发展的大好机遇。按照中央的要求，根据自己的情况贯彻落实十分重要。谁做得好谁就能发展，大家做得好，中国的广告业就能有大发展。大力发展广告产业，逐渐形成以广告、传媒、创意等行业为主的广告创意园，才能形成聚集效应，促进行业发展。广告协会应该加强对广告从业人员的培训，积极邀请有关专家、教授和广告界精英来大连授课，与大连广告人共同交流，以提升大连广告人的专业水平，增强大连广告人的法律意识，引导大连广告企业规范经营和守法经营。"这为辽宁广告产业的发展指出了方向。

附：辽宁广告行业发展大事记

2010 年 11 月 18 日，辽宁广播电视广告有限公司 2011 年广播广告招标会在沈阳万豪酒店皇朝殿举行。

2011 年 3 月 2 日，大连市工商局下发了《关于深入开展虚假违法广告专项整治工作的通知》

2010 年 2 月 24 日，沈阳市工商局广告处召开全体干部开会，认真学习国家工商总局等 12 部委近日联合出台制定《2010 年虚假违法广告专项整治工作实施意见》办法。

2011 年 5 月 6 日，第三届辽宁印刷产业发展大会在辽宁工业展览馆一楼报告厅举行。

2011 年 6 月 14 日，沈阳市工商局广告处召开全市省级和市级主要媒体广告监管工作会议。

2011 年 9 月 25 日在沈阳举办第十八届中国国际广告节。中国国际广告节是中国广告产业级别最高、最具权威性和影响力集展览、商务、评比、论坛等为一体的唯一国家级专项活动。

（作者：徐明君，辽宁省社会科学院哲学所

王凯，辽宁省工商行政管理局商广处）

第四编

辽宁文化发展环境报告

第十九章　辽宁对外文化交流发展报告

文化是活的生命，只有发展，才有持久的生命力，只有传播，才有影响力，同时在传播中也得到发展。世界文化的表现形式是多样性的，不同文化只有相互交流、学习和借鉴，才能让彼此相互理解、共同繁荣。辽宁对外文化交流工作在过去一年里，取得了长足发展，对未来产生了深远影响。

第一节　辽宁对外文化交流述要

辽宁对外文化交流继续拓展，文化影响不断扩大。受文化部派遣，辽宁芭蕾舞团选派青年教师赴阿尔及利亚国家芭蕾舞团担任指导教师。辽宁省图书馆与俄罗斯伊尔库茨克州图书馆进行了馆际交流。与新加坡新中文化教育交流中心建立了关系，推动了与东南亚地区的文化交流。辽宁加强了与美国、日本、韩国、俄罗斯、朝鲜、法国驻沈阳总领事馆的联系。如与法国驻沈阳总领事馆在辽宁大剧院共同主办法国滑稽剧《丑角中国行》演出活动；邀请上述几国驻沈阳总领事馆总领事及有关人员观看辽宁省优秀剧节目演出季演出。

辽宁充分利用现有的文化资源优势，积极拓展国际演出市场，构建文化交流平台，使我省的对外文化贸易有较大增长。2010 年，辽宁省审核、审批对外（对港澳台）文化交流项目 203 项，交流人数 1853 人，其中，出访项目 52 项，人数 244 人；来访项目 151 项，人数 1609 人。交流范围涉及美国、英国、法国、意大利、德国、俄罗斯、朝鲜、菲律宾等国家以及我国的香港、澳门、台湾，主要包括艺术表演、文博展览及文化学术交流等内容，为把中华民族的文化艺术瑰宝传向世界，将国外文化艺术精彩引进辽宁做出了积极的贡献。

一、省委、省政府高度重视对外文化交流工作

省委、省政府始终坚持把提升国际影响力作为战略取向。把"文化强省"

建设作为一个战略目标来实施，充分说明省委、省政府对文化建设的高度重视。对外文化交流是"文化强省"战略的重要组成部分，事关辽宁在国际舞台上的形象。我省对外文化交流各项工作开展得极为顺利，不仅圆满地完成了各项任务，提升了辽宁在国际舞台上的形象，也为拓展文化贸易空间奠定了良好的基础。

二、深入实施"走出去"战略

认真抓好对外文化贸易和交流可以不断扩大国际影响力。辽宁的文化要走向世界，最重要的是要通过文化贸易的形式，把丰富的民族文化资源转换为具有强大吸引力的优势文化产品并推向国际市场，构建跨文化交流机制和文化产业国际交流平台。这些年来我省狠下苦功、勤修内功、潜心创作、多出精品，为文化走向世界打好基础、创造良好的客观条件。

（一）辽芭《末代皇帝》赴澳巡演成功

2011年6月4日至7月4日，辽宁芭蕾舞团现代芭蕾舞剧《末代皇帝》赴澳大利亚参加"中国文化年"演出活动，在布里斯班、堪培拉、墨尔本、悉尼等5个主要城市巡演13场，演出规模盛况空前，在澳大利亚各地掀起一股中国艺术热潮。作为此次"中国文化年"的重点演出项目，《末代皇帝》是唯一一场芭蕾舞剧，在澳演出期间面对的观众90%以上是外籍人士，他们对演出给予了热情的赞美和高度的评价。澳大利亚总理特为辽宁芭蕾舞团发来贺电，称这部舞剧"为当地观众提供了一个深入了解中国历史文化的精彩视窗，进一步加深了两国人民间的传统友谊"。

这次赴澳巡演，辽宁芭蕾舞团全体演职人员克服困难、积极热情，在演出期间通过各种渠道向澳主流社会宣传中国文化，增进艺术交流，圆满完成了演出任务，使该重点项目成为"中国文化年"开幕期间的一大亮点，为我省争得了荣誉，为辽宁的文化艺术走向国际舞台做出了实际贡献。

（二）旅顺日俄监狱旧址博物馆与韩国独立纪念馆结为友好姊妹馆

2011年5月23日，旅顺日俄监狱旧址博物馆与韩国独立纪念馆结为友好姊妹馆合作协议签字仪式在旅顺举行。双方经过友好协商，决定为了进一步密切双方的关系，全面推进双方的交流，两馆结为友好姊妹馆。今后双方将全面加强彼此间的资料交换及捐赠工作，加强学术交流活动的开展和专业人员的互访。在签字仪式上，两馆还依据协议，互相交换了专题科研成果及相关的出版物。

双方的研究人员还在仪式上作了专题的学术报告交流。旅顺日俄监狱旧址博物馆是继韩国独立运动纪念馆与中国人民抗日战争纪念馆签订友好合作协议后，与之签订友好合作协议的第二家博物馆。

（三）丹东"非遗"首次"出使"朝鲜

具有浓郁地方特色的丹东非物质文化遗产，在异国他乡再次绽放风采。2011"欢乐春节"中国工艺品展于12月28日在朝鲜民主主义人民共和国平壤市举行。

北京时间12月28日下午4点，2011"欢乐春节"中国工艺品展在平壤市羊角岛酒店举行。这是丹东市"非遗"项目首次在朝鲜亮相，共展示了20幅'丹东剪纸'和10幅'丹东农民画'。'丹东剪纸'代表性传承人董宝君、'丹东面塑'代表性传承人刘云驰进行了现场演示。此次活动充分展示了中华民族文化的无穷魅力，增进了朝鲜人民对中国文化的理解，丹东市非物质文化遗产成为促进中朝友谊的使者。

（四）"辽宁古代文物展"赴韩国展出

2011年2月，汇集了省博物馆、省文物考古研究所和沈阳市文物考古研究所收藏的辽宁商周时期文物精品的"辽宁古代文物展"在韩国京畿道博物馆开展。展览由省文物局和韩国京畿道博物馆联合主办，展览共遴选出省博物馆、省文物考古研究所和沈阳市文物考古研究所所藏149件珍贵文物，内容涵盖了辽宁商周时期各地区不同文化的陶、石、骨器以及铜器和金器，具有广泛的代表性。展览为韩国学者深入了解辽宁地区商周时期考古学文化面貌和发展水平提供了契机，也使广大观众在随展品步入中国古代社会生活的同时，感受人类文明的延续与进步。

（五）辽宁杂技团赴法国演出首演成功

受法国勒芒市市长 Jean-Claude Boulard 的邀请，2010年11月20日，辽宁杂技团演出队启程赴法国进行文化交流演出。法国时间2010年11月23日，辽宁杂技团演出队赴法首场演出在勒芒文化会议中心（Palais des Congres et de la Culture）拉开帷幕。法国当地政要、社会名流、华侨华人及中国留学生观看了首场演出。演出现场1400个座位，座无虚席，演出过程中观众反应热情，掌声不断，高达100余次。演出结束，谢幕达到三次，观众起立为演员鼓掌。

（六）锦州4个"非遗"项目俄罗斯巡展受追捧

已分别在北京奥运会、上海世博会亮相的锦州非物质文化遗产项目，又在俄罗斯大放异彩。2010年9月22日至10月9日，锦州市4项非物质文化遗产名录的代表性传承人前往俄罗斯 5 个城市开展文化交流、展示活动,辽西木偶、满族刺绣、锦州撕纸和面塑作品更加声名远扬。

此次活动在俄罗斯 5 市、13 所大中专院校进行艺术交流、巡展,各展出现场气氛热烈,展览项目涉及中华传统民俗文化、才艺等方面。其间,"辽西木偶戏"代表性传承人王娜,"锦州满族民间刺绣"代表性传承人夏丽云,"义县撕纸"代表性传承人许会春,"锦州面塑"代表性传承人张斌分别以精湛技艺向俄罗斯各界展示了锦州悠久的历史文明和绚丽的民间民族文化。这次巡展不仅备受俄罗斯各高校师生、当地民众喜爱,更吸引了四大院士同时到场参观。锦州 4 名"非遗"传承人每到一处展演,都令俄罗斯观众流连忘返,他们想通过这些艺术交流更加了解中国,就连布展、撤展场景,都在现场观看。俄罗斯观众也感到这些非物质文化遗产着实需要保护,有的还给出一些宝贵建议,比如多举办展览,把这些传统文化引进课堂等,通过交流让世界了解中国、辽宁和锦州,让锦州走向世界。

(七) 营口市艺术剧院将赴阿尔及利亚演出

营口市艺术剧院有限责任公司受省文联的委派,于 2010 年 7 月 17 日至 7 月 25 日赴阿尔及利亚参加第 43 届国际艺术节演出。这是首次以市级院团代表中国参加此项活动,将为增进世界各国之间的文化交流和友谊作出新贡献。据悉,此次赴阿尔及利亚演出团共 11 人,参演剧目时长 60 分钟,以戏曲和民族民间舞蹈为主。

(八) 维也纳将奏响马头琴

2010 年 6 月 22 日起,应中国马头琴学会、中奥文化交流会的邀请,包玉明等 4 位中国音乐家参加了这次"世界音乐节"活动。曾参加北京奥运会开幕式的演出的阜新马头琴演奏家包玉明将在奥地利维也纳表演。届时,一些富有浓郁草原风情的蒙古族乐曲,如《万马奔腾》、《吉祥的祝福》、《蒙乡儿女的祝愿》等将响彻金色大厅。

(九) 朝阳市"四大文化"惊艳亮相韩国首尔

在 2010 年 3 月 25 日至 30 日举办的首届"文化中国——中国名城摄影展"活动中,朝阳市四大文化摄影图片亮相韩国首尔,引起了当地民众的极大关注和对朝阳文化的浓厚兴趣。据悉,这种以展出摄影图片的形式进行两国文化的交流在全国尚属首次,朝阳市的市景图和四大文化的摄影图片也是第一次走出国门对外进行展示。在"韩国访问年"活动中,为进一步促进中韩两国文化交流,增进双方的友谊和了解,拓展两国城市之间多层次、宽领域的交流与合作,中央外宣办与韩国大学路发展研究所于 3 月 25 日至 30 日在韩国首尔广场举办"文化中国——中国名城摄影展"活动。其中有 35 个中国城市参展，展出摄影图片 589 幅。

朝阳市的四大文化特别是佛教文化、三燕文化在韩国具有广泛的影响力，在历史上对韩国佛教的传播、民族文化的形成产生过深远影响。韩国学术界对朝阳的佛教文化和三燕文化有着非常浓厚兴趣，并对韩国佛教文化、民族文化与朝阳的佛教文化、三燕文化的关系进行过深入的研究与探讨。

三、积极构建对外文化交流平台

通过文化交流可以宣传辽宁，提升辽宁的城市品位。一个城市要走向世界，首先要把自己宣传出去，而文化交流则是最好的宣传途径。通过文化交流，把辽宁的特色展现给世界，把辽宁的历史文化传播给世界，把辽宁人民的友好情谊送达给世界。为达成此目的，我省坚持实施"请进来"战略，利用各种机会，积极邀请国（境）外文化代表团来南京进行交流。

（一）俄罗斯芭蕾舞剧《斯巴达克》在大连上演

享誉世界的莫斯科古典芭蕾舞团于 2011 年 1 月 12 日在大连文化俱乐部演出芭蕾舞剧《斯巴达克》。上世纪 60 年代，著名舞蹈大师伊格尔·莫耶赛耶夫缔造了莫斯科古典芭蕾舞团，如今，该舞团已成为莫斯科第二大芭蕾舞团，拥有演职人员百余人，在业界享有"芭蕾明星工厂"的美誉。莫斯科古典芭蕾舞团近年来致力于创排新的经典剧目，大型历史题材芭蕾舞剧《斯巴达克》被誉为芭蕾史上最为震撼的舞剧。

（二）白俄罗斯芭蕾舞团首次来沈阳演《睡美人》

享誉世界的白俄罗斯国家大剧院芭蕾舞团已确定来沈演出日程，于 2010 年 12 月 23 日在辽宁中华剧场演出经典芭蕾舞剧《睡美人》。18 世纪建立于明斯克的白俄罗斯国家大剧院芭蕾舞团以精湛的芭蕾技艺著称，以独舞和群舞闻名。该团由舞蹈编导大师瓦连金·叶里萨利耶夫担任艺术指导。该团保留了各个时期的经典芭蕾剧目，曾在数十个国家举行巡演，备受好评。此番该团派出强大阵容首次来沈演出，为辽沈观众带来的是难度高、观赏性强的经典芭蕾舞剧《睡美人》。

（三）平壤艺术团《怒放的金达莱》在大连"怒放"

继朝鲜版歌剧《红楼梦》成功演出后，代表朝鲜国家最高艺术水准的平壤艺术团,于 2010 年 11 月 11 日在大连人民文化俱乐部上演大型歌舞晚会《怒放的金达莱》。在上海世博会朝鲜馆开幕仪式上,朝鲜平壤艺术团作为唯一表演团体,曾为广大游客呈现了一台体现朝鲜民族传统风格、糅杂了古朴与华丽的精彩演出。此次巡演,平壤艺术团将陆续在北京、上海、宁波、广州、深圳、珠海、昆明、重庆、武汉等 20 多个城市亮相,并于 10 月参加北京国家大剧院的纪念抗美援朝 60 周年演出。

(四)日本相爱大学交响乐团来沈阳演出

日本相爱大学交响乐团来沈访问。2010 年 8 月 31 日晚,在辽大崇山校区礼堂演奏了精彩的专场交响音乐会。日本相爱大学是辽宁大学友好院校。为了纪念两校建立友好关系 5 周年,辽大特邀相爱交响乐团来校演出,并为东北亚论坛的开幕献礼。该乐团组建于 1956 年,下设五个分团,人数达 300 余名。创建以来,乐团指挥均有著名指挥家担任,小泽征尔就曾受聘。9 月 1 日还在东北大学举行了一场演出。

(五)俄著名画家作品在大连展出

由俄罗斯巴尔瑙尔收藏家协会主办、大连艺术展览馆承办的俄罗斯著名油画家奥克佳比尔·丹尼斯油画作品展于 2010 年 8 月 25 日至 9 月 3 日在大连艺术展览馆展出。此次画展共展出 70 余幅作品。丹尼斯是俄罗斯当代优秀青年画家,2001 年加入俄罗斯国家艺术联盟,继承了俄罗斯绘画史上现实主义大家列宾,苏克里夫等大师们的遗风。画家大胆地在光与色,写实与朦胧,写实与抽象之间进行探索并予以突破,一方面体现出画家在俄罗斯绘画传统技法上的成熟与扎实;另一方面,每幅作品都留下大块空间表现虚与实的变化,引人思考。

(六)芭蕾舞中华巡演寻根之旅上演

2010 年 8 月 12 日,"七彩世博,舞动中华"芭蕾舞中华巡演寻根之旅在辽宁大剧院隆重上演。100 多位来自美国的华裔小演员们为沈阳观众献上一台融合了东方与西方多元风格的舞蹈演出。此次演出是在国务院侨办、上海世博局、省外事侨务办公室等部门的支持下,经过一年多的筹备而成行的。100 多位华裔演员全部来自美国张利芭蕾舞学校,年龄在 8 岁至 20 岁之间,是美国的第二、三代华裔。他们怀着对祖国的赤子之心与寻根之情,于 8 月初来到上海,亲身感受到了世博会的华美和祖国的巨大变化。演出之后,这些华裔演员又在我省沈阳、大连两市体会东北特有的人情风物。

(七)印度宝莱坞歌舞团莅沈演出

享誉世界的印度宝莱坞歌舞团于 2010 年 8 月 1 日在辽宁大剧院演出大型歌

舞节目《宝莱坞的入场券》。印度歌舞片给全世界观众留下了美好的印象，宝莱坞正是印度电影生产基地。观众将会在《宝莱坞的入场券》中欣赏到印度古典舞、民间舞、现代舞以及《流浪者》、《大篷车》等印度电影中的经典歌曲，此外，观众还能欣赏到奥斯卡获奖影片《贫民窟的百万富翁》里著名的片尾曲。除了精彩的歌舞表演，《宝莱坞的入场券》还展示了400多套华丽的印度服装、1000多件民族配饰。观众通过这场演出了解印度的历史文化与民俗。

（八）中韩文化周暨2010抚顺市朝鲜族民俗节开幕

2010年6月16日，中国抚顺中韩文化周暨2010年抚顺市朝鲜族民俗节活动启动。来自抚顺市近5000名朝鲜族同胞身着民族服装，表演了长鼓舞、扇子舞等民族传统节目。据了解，在此次中韩文化周期间，将举办中韩美术书法作品展，中韩歌舞节，广场文艺演出等系列活动，以此为两国文艺工作者搭建相互沟通与交流的平台。

（九）美国爵士乐四重奏乐队来沈演出

2010年6月9日6月7日，美国马克·谢尔曼——蒂姆·霍纳爵士乐四重奏乐队来沈，在辽宁大学进行了首场演出。作为"旋律之路：美国音乐在海外"项目的一部分，该乐队于6月8日至10日在沈阳师范大学和沈阳音乐学院给学生进行专业培训并举办音乐会。

（十）白俄罗斯国家模范军队歌舞团来沈演出

白俄罗斯国家模范军队歌舞团，于本月2010年28日19时30分在辽宁大剧院演出。该团是一个阵容强大、实力雄厚的军队歌舞团，由交响乐、舞蹈、合唱团演员组成。演员阵容中有白俄罗斯国家人民艺术家、功勋演员和许多在欧洲艺术比赛中多次获大奖的后起之秀。该团每年都参加俄罗斯、乌克兰、瑞士、德国军队的文艺汇演。

（十一）美国著名钢琴家博耐特·汤普森来沈献艺

2010年4月15日，美国著名钢琴家、作曲家及教育家博耐特·汤普森将与辽沈晚报传媒乐团的艺术家联袂在辽宁大剧院小剧场上演钢琴专场演奏会。这也是博耐特·汤普森先生来沈举办的唯一一场音乐会。在这场演出中，既有钢琴与中国民族乐器二胡的完美合作，又有经典室内乐演绎的世界名曲。

（十二）朝鲜平壤杂技团将到朝阳市展技艺

2010年3月23日，世界上最大的杂技团——朝鲜平壤杂技团将来朝阳，在市体育馆为全市人民展示精彩的杂技艺术，丰富市民精神文化生活。朝鲜拥有两千多年悠久的杂技传统和优良的杂技遗产。平壤杂技团是1952年由朝鲜人民伟大领袖金日成发起成立的。是朝鲜唯一可以出国表演杂技的团体，他们出访过亚洲、非洲、欧洲、美洲的许多国家，其表演深受世界各国人民欢迎，许多作品在历届世界各种高等级比赛中荣获冠军及最高金奖。杂技团有世界最大的杂技场和最多的演员。杂技团注重创新与传承，根据朝鲜民族游戏改成的杂技作品"浪桥飞人"、"秋千顶技"、"走绳"等，创造了闻名世界的独特朝鲜民族杂技，因此在世界空中杂技中称霸。

（十三）旅顺博物馆与日本北九州市立自然史·历史博物馆，签署友好协议

2010年2月6日，旅顺博物馆与日本北九州市立自然史·历史博物馆友好交流协议的签字仪式在日本北九州市举行。北九州市立自然史·历史博物馆，又被称作"生命之旅博物馆"，是西日本地区最大，并享有国际声誉的博物馆。它将北九州3个传统的市立博物馆（自然史、历史、考古）合并为一，于2002年11月重新开放。收藏并陈列着约4500件化石、标本等自然史系列的资料以及约1500件陶器、古文书等历史系列的资料。

（十四）韩国USP乐团到大连演出

韩国USP乐团于2010年1月15日晚在大连人民文化俱乐部演出。蔚山弦乐团目前每年在固定周期举办两场音乐会，以及超过10场的规划音乐会。除此之外，乐团还应邀举办了每年一届的"韩国前总统金大中纪念音乐会"。另外，USP乐团还致力于公益慈善事业，举办年度"青年协奏曲之夜"音乐会来挖掘有潜力的音乐人才。

第二节　辽宁对外文化交流发展中存在的问题

近代以来，我省加大了对外文化交流的力度，取得了可喜的成绩。但是对外文化交流和文化贸易的主要产品，无论是文艺演出、影视作品、图书期刊、动漫产业还是语言文化等，存在着严重的"文化赤字"。

一、缺乏品牌文化产品

我们输出的文化产品质量不尽如人意，尤其是反映当代发展面貌、现代人核心价值观和精神风貌的文化作品有限，有文化内涵和思想深度的原创作品太

少，能展示中华文化的内在魅力、代表国家形象的高端文化产品更是凤毛麟角。在各种国际文化交流活动中，仍停留在以展示剪纸、泥人、刺绣、大红灯笼之类的民俗作品以及其他出土文物等为主的阶段，在国外较有影响的戏剧歌舞和影视作品也仅仅有屈指可数的几部，动漫产业与美国和日韩相比较，我们还处于刚刚起步阶段。我省现在还没有能够吸引人的、占领国际市场的文化产品，尤其是被人们广为接受的品牌性产品。

二、观念滞后，产品缺乏创意

在传统观念中，文化就是文化，产业就是产业，很少想到去把文化变成产业，这种思维方式与世界上文化产业做得好的国家有不少的差距。文化产品能否赢得市场，最根本的问题在于其所内含的文化价值、生活方式、思想观念、情感因素；在于文化产品是否具有思想感染力、情感的亲和力、精神的震撼力以及生活方式的凝聚力。只有赋予文化产品这几种力量，才会得到国内外消费者的认可，让他们心甘情愿地购买你的产品。作为国际贸易主体的企业在制定贸易策略时应注意与当地文化融合，创造出易于被当地人接受又有吸引力的情境。在整个经营设计过程中注意配合文化环境要求进行创新，既要创造出适合销售国外的文化产品，又要使定价的方式和程度为之接受，还要找到适合当地的渠道，采取购买对象乐意接受的宣传方式。

三、缺乏战略与支持

我省对外文化交流缺乏战略方针，缺乏政府的大力推动和扶植，缺乏有效的资源整合，缺乏国际化的运作和推介。所以应制定对外文化交流发展战略，加大政府扶持力度，着眼长远、整合资源、形成合力、循序渐进，搭建各种形式的对外文化交流平台，策划组织一系列高端的文化产品，提高对外文化交流的整体水平。

四、文化产品品种单一

目前我们"走出去"的文化产品还偏重于传统文化，没有建立与市场相适应的营销运行机制，大部分企业都是靠传统经营理念维系生存。在当代文化和流行文化方面的传播力度不够，特别是缺少能反映当代中国发展面貌、具有文化内涵和思想深度的优秀图书、戏剧、歌舞和影视作品，导致国外民众对当代中国情况缺乏全面准确的了解。经营意识呆板、滞后，经营方式简单、粗放，缺乏市场创意和经营的创新，市场占有率较低，没有形成现代企业科学经营的理念。这是我们必须认真加以解决的。

五、文化企业对国际市场规则不熟

在文化产品走向世界过程中，文化企业对国际贸易规则也不很熟悉。针对这个问题，政府要研究制定各项政策，使文化企业能够获得更好的融资渠道，并更加熟悉国际文化市场规则，更规范地走向世界。

第三节　发展辽宁对外文化交流与贸易的对策建议

一、积极探索市场化、商业化、产业化的运作方式

辽宁要着力打造一批具有国际竞争力的文化企业，打造具有重要影响力的国际文化交易平台，推动我省文化产品和服务出口，扩大演艺产品在国际市场的份额和影响。通过举办文化年、文化周、文化节等大型文化宣传活动，积极展示我省特色文化和现代风貌，坚持以政府为主导，民间为主体，政府推动与民间实施相结合的方式，有利于避开意识形态壁垒，增强中华文化走出去的亲和力、吸引力和竞争力，在更大范围、更多层次、更广空间上加强我省与世界各国的交流与合作。

我们要逐渐改变了过去单一的以政府交流主导"文化走出去"模式，强调文化交流和文化贸易并重，从出版、影视、演艺等方面推动我们的文化企事业单位，作为市场主体参与国际文化市场的竞争。文化"走出去"还应该包括文化产品和服务的"走出去"，这里面包括艺术演展、海外商演、版权输出、影视剧出口、有形文化产品和无形服务贸易等等。所以，我们在继续扩大政府间文化交流的同时，要着力推动文化企业"走出去"，成为参与国际文化竞争的主体。

培育外向型骨干文化企业，打造文化知名品牌加强对外文化交流，要积极培育具有较强竞争力的文化产业和大型跨国文化企业。政府需要做最大限度地放松文化产品的出口审批；积极开展国际间的文化代理和中介服务；鼓励国内

文化企业集团与国外文化企业的兼并收购或非股权联系的跨国战略联盟。要本着盘活存量、优化增量的办法，改革创新国有文艺团体，解放文化生产力。对于短时间内条件尚不成熟、无法在市场中独立生存发展的文化单位，应当继续投入资金，扶持其成长壮大，为其参与改革创造综合条件。对于具备一定条件的文化单位，要以产权制度为基础、以公司制为载体、以法人治理结构为核心、适应社会化大生产和市场经济发展要求，建立产权清晰、权责明确、政企分开、管理科学的文化企业主体，使之焕发活力，壮大实力，做大做强。

二、必须坚持"两条腿"走路，不断创新渠道途径和方式方法

开展对外文化交流，是一个综合性的系统工程，充分调动各部门的积极性，形成强大的合力。文化交流应以政府推动为主导，发挥民间机构作用，鼓励文化企业通过符合国际惯例的市场运作走向世界。充分发挥人民团体、社会组织和民间力量的作用，形成更大范围、更广空间、更多层次的交流与合作。把官方渠道与民间渠道、公益性文化事业与经营性文化产业、调动国内力量与借助外部力量结合起来，通过多种渠道把中华文化推向世界。整合政府和民间"两种资源"，在加强以政府为主导的官方交流与合作的同时，大力加强民间交流。

政府要重视并加强国际文化领域的多边合作，为我省开展对外文化交流提供平台。要通过双向对等交流，加快我省文化交流在海外的落地工作，使之成为推动我省文化走向世界的直接手段。对世界各国特别是西方发达国家的文化交流工作，要统一部署，整体协调，共同实施；鼓励各有关部门大力开展文学艺术、语言教学、新闻出版、广播影视，社会科学等多领域的交流与合作，促进我省与世界的多层次、多方面接触，使我省的文化和信息更多、更全面地传递给世界。

建议全面整合我省的对外交往渠道，采取渠道共享，双向互动，多层次推进的做法。发挥外事部门的综合协调职能，按照渠道共享，双向互动，多层次推进的思路，整合我省对外交往渠道。把友好省市交流与合作纳入到对外开放的大格局中，加强协调，相互配合，共同利用。对内要调动各市县、各部门的力量共同参与友好市县交流与合作；对外要将交流活动扩展到国际友好省市的周边城市和地区。发挥对外友协和海外联谊会在对外开放中的推动作用，它在我省对俄、日、韩、朝民间交往方面发挥了主渠道作用。要在现有的基础上不断扩大对外交往空间，积极与世界各国的民间组织、民间团体以及非官方的科

研、文化等研究机构建立联系，为我省开展全方位、多领域的对外交往开辟更广阔的发展空间，为我省的经济建设和社会发展服务。

随着改革开放和世界形势变化，只有政府性质的文化交流是不够的，文化"走出去"必须坚持两条腿走路。文化"走出去"可以更多地利用市场和商业渠道进行，要坚持文化交流和文化贸易两个渠道并重的方针。坚持公益性文化交流与经营性文化贸易"两条腿走路"，在大力开展公益性对外文化交流的同时，积极发展文化产品和服务的对外贸易，鼓励文化企业通过商业渠道参与国际文化市场竞争，不断提高中华文化的国际竞争力。

三、必须大力推出代表中华优秀文化的精品力作

新的一年，我们要继续探索，把更优秀的中国文化产品推广到世界舞台。通过继续举办大规模的对外文化交流活动，集中展示我省文化产品，同时也要调动各地方和各部门的积极性，整合资源，进一步完善文化走出去战略。用更大的力度来扶持文化贸易的发展，鼓励和遴选更多优秀的民间文化产品推到国际文化市场，为中国文化"走出去"增加更多活力。

积极推动对外文化工作上一个新台阶，要打造具有国际影响力的文化产品，加快推进文化产业走向世界，早日实现"文化强省"的梦想。政府要从政策、资金保障、优惠奖励上，对文化"走出去"有更多的支持和更大的倾斜；要加强对外文化交流等方面的立法工作；要加大对外文化交流和贸易的人才培养；要注重借鉴和学习国外的优秀文化，满足国内外人民多层次的精神文化需求等。

对外文化交流靠的就是品牌，品牌就是能力，就是质量，就是效益，就是竞争力，就是生命力，只有品牌才能走向世界。因此，要更好地加强对外文化交流，政府应该尽量避免"为交流而交流"的浅层活动，可以选择一部分文化企业，加大投入人力物力财力，加快培育更多世界级企业和世界级品牌，用品牌出去说话。

四、政府应加强完善网络文化建设和管理的体制机制

互联网的无界性，使文化传播可以突破时空界限，对全球文化的发展、创新和传播产生越来越深远的影响，互联网发展潜力巨大，是我们促进对外文化交流不可忽视的一个重要的阵地和窗口。建议政府专门建立一个部门，招募聚集一大批优秀外语人才和网络技术人才，负责互联网的对外文化传播与管理。

建立对外文化中介机构和对外文化交流的海外营销网络。对外文化中介机构是对外文化交流不可少的环节。因此，我们要采取积极鼓励政策，大力发展、扶持各类文化中介机构，建立健全规范完善的市场运作机制。建立加强对外文化交流的海外营销网络，着力点可放在四个方面：一是组织制造业大企业和文化企业对接会，利用现有货物对外销售渠道，带动文化产品输出；二是在举办海外展会方面，支持文化企业出国参展办展，建立文化产品展台，实现"一展多用"；三是在境外经济贸易合作区建设中，推动文化产业入驻，在海外建立文化产品生产网络，贴近当地市场销售；四是借助现有海外华人文化传播资源，由龙头企业采取投资、合作、参股等方式，经营各类海外"文化城"、"音像城"、"书城"等，建立文化产品国际连锁经营网络。

五、组织专业人员对海外受众的接受心理、接受习惯和思维特性的研究

善于借用西方人易于接受的艺术形式，例如歌剧、舞蹈、交响乐等，以取得事半功倍的效果。对外文化交流活动应该充分利用不同文化的形式方面的差异，激发不同文化的人们进行交流的愿望，采取不同文化背景的人们能够接受的方式，恰当合理地表现这种差异，让不同的文化能在异文化语境中得以成功交流和展示。从工作层面来讲，从事对外文化交流实际工作的人员，不仅要了解本民族文化，还要注重学习和积累世界其他地区和民族的文化，不断拓宽自己的知识范围，善于从不同文化的比较中发现差异，并对这种差异做出合理处理，使其能在异文化语境中得到最富有特性的展示。

六、加强高等文化艺术人才的培养和教育

良好的文化形象，有创意的、高精尖的文化艺术产品，要靠优秀的、杰出的文化艺术人才去树立、去创造、去表现、去经营。政府应按时代和全球化发展趋势的需要，设置更高层次的教育机构，对其投入更多的资金和精力，使这样的教育和培训机构成为国家文化走出去所需的杰出人才的摇篮，成为文化产业发展的内力不竭的助推器。通过借助通晓国际文化市场和运作的国际化专业机构和专业人士的优势，用符合国际市场的运作方式，推介中国文化产品，传播中国文化。

第四节　辽宁对外文化交流与贸易的发展趋势

一、会逐步形成全方位、多层次、宽领域的文化走出去格局

辽宁要坚持多管齐下，在推进政府主导的文化交流的同时，积极探索市场化、商业化、产业化的运作方式，发挥国有文化企业骨干作用，鼓励非公有制文化企业积极参与，加快培育一批有实力、有竞争力的外向型文化企业。要推动文化产品的内容创新，充分挖掘和展示中华文化的独特魅力，贴近国外受众群体文化需求和消费习惯，增强文化产品和服务的表现力吸引力，形成核心竞争力强、附加值高的国际知名品牌。要积极探索符合国际惯例和市场运作规律的营销方式，推进出口平台和海外营销渠道建设，加大国际文化市场开拓力度。要充分利用高新科技改造传统文化产业，大力发展新的文化业态，努力形成对外文化贸易新的增长点。要落实完善配套政策，加大对重点企业和重点项目扶持力度，加快培养熟悉外贸业务的文化企业家和外向型人才，为推进文化产品和服务出口提供有力保障。

二、把推动辽宁文化"走出去"作为文化强省发展的核心战略

从目前辽宁文化对外工作的现状看，辽宁文化走向世界，一个最根本的转变在于把丰富的民间文化力量走到了对外文化交流的前台，官方从"前台"转为"幕后"，实现了角色的成功转变。从过去单纯依靠官方组织赴国外演出展览，向以市场为主导，政府提供服务，调动各文化艺术门类和各种民间、社会力量全面自主地进行资源整合，形成优势产品和特色品牌"走出去"的模式转变。政府成为搭建平台，服务主体的"推动者"。

继续做好一些重点文化品牌的建设和推广。要"利用春节、国庆日、建交日等重要节日、纪念日，组织举办高水平文化交流活动，增进世界对我省的了解"。要重视文化领域的多层次互访，加强友好城市间的文化交流，主动开展对外文化合作。这几年，春节品牌、国庆品牌等做得比较有声势，在海外产生了很好的效果。要积极参加和举办多边国际文化活动，继续做好中外互办文化年、在国外举办文化节、周、电视周和文物展等工作；进一步加强与联合国教科文

组织、世界知识产权组织和亚欧基金等重要国际组织的联系与合作，利用多边活动的国际舞台，宣传我省和平、发展、合作的对外方针，拓展对外文化工作的领域和空间。

三、以项目合作的方式推进辽宁对外文化交流与贸易

根据形势发展和工作的需要，适时推出一批有影响的重点文化项目。比如，配合重大外交举措，安排高水平的文化活动，积极营造良好的文化氛围；选择一些有影响的国家，组织文化年、文化周、文化日等大型综合性活动。政府方面可以继续通过签订文化交流计划来推动项目的执行，政府对民间文化交流将继续给予支持，同时鼓励通过商业渠道将我文化产品推向国际市场。

发挥我驻外机构宣传推介优秀文化产品的重要作用。要积极参与相关国际规则的制定，增强我省在国际文化活动中的话语权，维护世界文化多样性；发挥多元载体的文化传播作用，借助国外著名的电影节、电视节、艺术节、书展、博览会等平台，积极推介我省文化产品和服务；精心选择参与单位及文化产品，认真组织代表国家水平的参展、参演团队，展现我省整体文化实力和形象；积极参与或主办国际性书展、节展期间的文化论坛和主宾国活动等，提升我省的文化影响力；拓展民间交流合作领域，鼓励人民团体、民间组织、民营企业和个人从事对外文化交流；扩大商业性展演、展映和文化产品销售；建立健全中外学者交流机制，加强与外国有影响的哲学社会科学机构、国外知名汉学家、中国问题专家及研究机构的交流与合作；把文化交流工作与外交、外贸、援外、科技、旅游、体育等工作结合起来，把展演、展映和产品销售结合起来，充分调动各方面力量，形成对外文化交流的合力。

四、要把握全局、突出重点，形成相应的对外文化工作机制

一是要选好项目，有重点地组织好对外文化交流活动，形成品牌和系列；二是要统筹和拓宽对外文化交流渠道，发挥企业和民间团体的积极性；三是要发展一批跨国生产、经营的文化企业，打造一批中国特色的文化品牌；四是要大力发展文化外贸，扶持文化产品的出口；五是要积极鼓励支持健康向上的网络文化产品，开辟推出中华文化的新通道；六是要努力改进、提高对外文化交流宣传品的制作质量，有效吸引世界的目光。勇于创新观念、创新内容、创新机制，增强使命感和责任感，使辽宁的对外文化交流工作更上一层楼。

文化走向世界，与世界文化进行对话、交流，已成为一个不可逆转的大趋势。我省要根据不同的国家、不同的地区、不同的文化心理，制定我们的对外文化交流对策，挖掘我们的文化资源，做到内容创新、形式创新、手段创新，持续不断地营造文化氛围，传播中国的文化艺术、文化传统和价值观念，以营造有利于我省经济、政治和文化发展的良好国际环境。

（作者：郭莲纯，辽宁社会科学院哲学所）

第二十章　辽宁文化产业园区发展报告

文化产业园区是指在政府整体规划和引导下，按照兴办经济开发区的成功模式，以区域文化资源为载体，以优惠的产业政策吸引多种文化生产要素聚集的园区。文化产业是文化中可以进行市场化运作的部分，而文化产业园区则是文化资源与经济效益相互转换的场所，是以产业集聚的方式来搭建一种介于政府、市场与企业之间的新型社会经济组织和发展平台，是增强文化产业核心竞争力的重要途径。当前，辽宁正处于大跨步迈向文化强省的重要历史时期，因此，大力发展文化产业，积极培育和建设文化产业园区，对于发挥龙头示范作用，推动产业联动发展，驱动经济快速增长都具有十分重要的意义。

第一节　辽宁文化产业园区发展述要

一、积极探索"辽宁模式"，形成联动发展大格局

毋庸置疑，文化产业的发展与一个地区文化体制改革的推进速度成正比。针对传统体制和机制对产业发展的束缚问题，辽宁近年来逐步加大了文化系统体制改革的力度，努力为文化产业提供良好的发展环境，在整合资源上出效益，推出了一批"辽宁模式"。在规范推进经营性文化单位转企改制这一任务上，通过实施跨区域、跨行业整体改革，设立辽宁中部城市群文化体制综合改革试验区，形成具有全国影响力的"营口模式"；率先实现文化信息资源共享的"广电模式"，完成了辽宁人民广播电台、辽宁电视台、辽宁教育电视台三台合并；在全国首先实现全省网吧连锁经营，建立了新型政府管理网吧有效模式，形成未成年人受益、家长放心满意、网吧业主得益、政府监管高效的多赢发展新格局。

辽宁积极探索和丰富发展文化产业的模式和手段，创建了"文化产业园区"这一文化产业发展模式。辽宁积极发挥以沈阳棋盘山开发区、沈阳、大连动漫产业基地、辽宁民间艺术团、辽宁演艺集团等龙头产业园区的示范作用，努力

建成拥有自主创新能力、自主知识产权的文化产业体系，逐步实现了以沈阳为中心的中部七城市群文化产业区牵动效应，以大连为龙头"五点一线"沿海经济带文化产业区的联动作用，发挥辽西城市文化产业区特色示范作用，进而形成全省文化产业联动发展的大格局。

二、国家级园区迅速崛起，位居全国前列

新世纪以来，特别是党的十七大提出"加快文化产业基地和区域性特色文化产业群建设"的战略以来，国家对文化产业的发展越来越重视，各地文化产业园建设也如雨后春笋一般蓬勃发展起来。辽宁文化产业园区的建设起步较晚，经过几年的努力培育，已产生了一批具有较强实力与自主创新能力的文化企业和大型文化企业集团，园区数量、规模居全国前列。

截止2011年5月，全省拥有1个国家级文化产业示范园区，即沈阳市棋盘山开发区；9个国家文化产业示范基地，即辽宁大剧院、大连大青集团、辽西文化古玩商城、辽宁民间艺术团、大连普利文化产业基地、沈阳杂技演艺集团、大连海昌企业发展有限公司、大连圣亚旅游控股股份有限公司、沈阳新民文化博览园；1个国家文化（美术）产业示范基地，即辽河文化产业园；2个国家级动漫游戏产业基地，即沈阳动漫产业基地和大连动漫产业基地。另外，辽宁还在开展省级文化产业示范基地评选工作，现已完成33个基地的初审工作。几年来，这些示范基地始终坚持社会效益和经济效益相统一，在实施文化产业发展战略，推进文化体制改革方面做出了积极贡献。

表20-1　辽宁省国家级文化产业示范基地概况

名　称	地　点	规　模	构　成	发展趋势
沈阳市棋盘山国家级文化产业示范园区	坐落于沈阳市东北部距沈阳市中心约17公里	全区主要由森林公园景区（58平方公里）、秀湖景区（48平方公里）、世园区（97平方公里，含13平方公里英达镇用地）三部分构成	棋盘山开发区旅游资源丰富，世博园景区、秀湖景区、森林公园景区、鸟岛、清福陵、森林野生动物园、盛京高尔夫俱乐部等分布其中，构成了沈阳黄金旅游线路。	在"十二五"时期，重点建设"绿廊、银带、四园区"，形成大"L"形发展骨架，实施"四轮驱动"战略，实现"四园区"协调联动，同步发展。

名称	地点	规模	构成	发展趋势
辽宁大剧院国家文化产业示范基地	坐落于沈阳中心市府广场东侧	辽宁大剧院是建国后我省投资最大的文化设施之一,总建设面积3万平方米,是辽沈地区最大的、功能齐备的文化艺术中心。	辽宁大剧是经省文化体制改革领导小组批准转企改制的单位,内部设有大剧场、小剧场、电影厅、多功能厅、餐厅、酒吧、排练厅、配套公寓和地下停车场。	2010年7月,以辽宁大剧院为龙头,整合各市剧场资源,组建"北方剧院联盟",构建跨区域演出剧院平台。
大连大青文化产业集团国家文化产业示范基地	坐落大连开发区保灵街10号	大连大青文化产业集团累计资产近3亿元,拥有员工二百六十人,总占地面积近十万平方米,建筑面积3万多平方米。	是以中华民族传统文化和佛教文化为基础,以青铜雕铸造为表现形式,集艺术创意、设计制造、安装施工为一体的集团公司,被誉为"青铜艺术铸造业旗舰"。	将以艺术创新为基础,以资本为纽带,争取在未来在五年内实现年收入5亿元的经营目标,并成为大连文化产业的支柱型企业。
辽西文化古玩商城国家文化产业示范基地	坐落在锦州市区北侧的重庆路	商城于2001年建成并投入使用,建筑面积2.7万平方米,内设210个精品屋和500个经营摊位,设有248个国际标准展位。	是锦州市文化局利用社会资金扶持起来的大型民营文化企业,经营古玩、工艺美术品和图书等文化商品,经营品种达3200多种。	搭建起辐射整个东北和内蒙古西部以及京、津、唐地区的古玩经济平台,进而成为拉动经济的文化产业。
辽宁民间艺术团国家文化产业示范基地	坐落在沈阳市苏家屯区佟沟梧桐大街66号	成立于2003年,由赵本山任团长,从建团时的28人发展到116人,目前已开办了8家连锁剧场,剧场营业额连续三年蝉联全国演出业第一。	是省直民营专业艺术表演团体,以演出业为主,以电视剧制作为依托,以电视栏目广告业为窗口,以艺术教育为基础,形成比较完整的文化产业链条。	用3—5年的时间发展成为融演出业、影视制作业、音像发行业、艺术教育业、广告代理业为一体的文化产业集团。
大连普利国家文化产业示范基地	坐落于大连市甘井子区华东路	由文化产业聚居区、文化物流基地、文化产业生产基地三部分组成,总占地面积5.5公顷,总建筑面积165000平方米。	奉行"四实一虚"的原则即:艺术创意中心、文化创意生产聚居区、出版物交易平台、文化物流配送基地和网络销售展示中心(一虚)。	在一定时期内,搭建文化交流的平台,在北部地区铸就文化产业标志性地位,填补文化产业空白。

名称	地点	规 模	构 成	发展趋势
沈阳杂技演艺集团国家文化产业示范基地	坐落于沈阳市东陵区文化东路	2004年8月，在整合沈阳杂技团、沈阳南湖剧场和市文化局招待所3家原事业单位资源上成立，注册资金2443万元。	沈阳杂技团为资源依托，以杂技艺术演出为主，同时涉足剧场经营、演出经纪、宾馆服务等领域。	以人为本的发展理念，坚持用"健康、快乐、勤奋、家园"的思想观念，积极打造外向型文化企业。
大连海昌集团发现王国国家文化产业示范基地	坐落于大连金石滩国园内	2006年7月16日，由大连海昌集团和新加坡西瑞克公司共同投资兴建的，总投入10亿元人民币，公园占地47万平米。	发现王国分为6大主题景观区和婚礼殿堂发现广场、传奇城堡、魔法森林、金属工厂、沙漠王国和疯狂小镇。	预计2011年，接待的游客超过1500万人次，每年收入超过11亿人民币，力求打造成为中国人式的"迪士尼"。
大连圣亚旅游国家文化产业示范基地	坐落于大连市沙河口区中山路	成立于1993年，现有员工500余人，截至2010年底，资产总值5.97亿元，市值超过18.3亿元，营业面积近5万平方米。	以圣亚海洋世界、圣亚极地世界、圣亚珊瑚世界为核心项目的文化旅游景区。	未来，随着各个主题旅游项目的逐一建成，圣亚必将成为中国未来的主题公园，掀起最大规模、最具影响力的革新风暴。
沈阳新民文化博览园国家文化产业示范基地	坐落于辽宁省新民市大柳屯南部	园区始建于1997年，园区规划5000亩，已开发1000亩，其中核心功能区600亩，建筑面积28000平方米。	按照不同使用功能，分为四大功能区，是以"三农"这主体，以文化为灵魂，人文景观与自然景观相结合的旅游区。	园区发展前景广阔、潜力巨大，有着雄厚的物质基础和丰厚的人流资源，它将以三农百年史诗、民族文化博览，农业科学实践为亮点，向全国展示独特魅力。
辽河文化国家文化（美术）产业示范基地	坐落于盘锦市兴隆台区	辽河文化产业园创建于2003年初，于2006年6月正式投入使用，总建筑面积11331平方米，展厅面积约6000平方米。	拥有美术馆、画院、文化商业街、石油公园、文化产业园网站及民俗文化市场、画家村和博物馆群落八个组成部分的综合性产业园区。	以优惠的产业政策，吸引省内外多领域艺术家和文化产品经营者向产业园集聚，形成了覆盖东北，影响全国的特色文化产业园区。

名　称	地　点	规　　模	构　　成	发展趋势
沈阳国家级动漫游戏产业基地	坐落于沈阳市浑南新区内	基地于2004年开始建设，目前投资已经达到10亿元以上，基地总投资达到10亿元，产业用房面积达到9万平方米。	来自国内外近60余家集聚基地，主要从事动画创作、网络游戏、手机游戏、虚拟仿真、游戏运营、技术培训等。	基地以"创文化名城，建动漫之都"为宗旨，通过政府扶持，市场化运作方式使之成为国内首屈一指的国家级动漫产业基地。
大连国家级动漫游戏产业基地	坐落于大连高新技术产业园区内	基地于2004年开始规划建设，投入使用的楼宇面积10万余平方米，投入使用的楼宇面积12万余平方米。	动漫游产业基地已进驻水晶石、金山、乾元九五、阿凡提、博涛等动漫游企业100余家，现有动画、网络游戏、手机游戏、影视、广告及用CG手段进行建筑设计等8大类产品。	未来3—5年，基地将规划建设总面积1.5平方公里的产业区，建设国内最具特色的数字内容产业基地，实现东北亚国际数字内容产业中心区的目标。

三、龙头示范作用初见端倪，抢占国内市场份额

现代经济的发展注重"抓手经济"，利用若干的大项目和龙头企业，带动周边产业的发展，显现聚集效应，从而提升整个区域的产业发展。经过几年的发展，辽宁已经培育一批龙头园区，竞争力和辐射带动力明显增强。国家级文化产业示范园区——沈阳市棋盘山开发区从2003年成立以来，发展空间不断扩大，经济总量日益增加，综合实力显著增强，顺利完成了"十一五"规划的各项任务，取得了令人瞩目的成就。五年间，棋盘山开发区累计实现地区生产总值125.1亿元，年均增长22.6%；接待国内外游客5005万人次，旅游总收入47.9亿元，年均增长20%；固定资产投资308.9亿元，年均增长9.8%；财政一般预算收入13.3亿元，年均增长38%；国家首批文化产业示范基地——辽宁民间艺术团，连续三年蝉联全国演出行业第一，旗下8家刘老根大舞台，2010年实现收入突破2亿元大关，获全国文化企业30强称号；沈阳、大连两个国家级动漫产业基地，截止至2010年底，共入驻企业323家，年产值93亿元，已有17家动漫企业通过国家认定。其中沈阳（浑南）动漫产业基地，综合实力已经跨入全国第一军团，跻身全国四强。

四、民营企业方兴未艾，多种所有制度共同发展

民营文化企业的积极性直接关系到文化产业的发展速度，因此，扶持民营文化企业成长、保护民营文化企业发展成为我省发展文化产业又一个工作重点。辽宁省始终把制定政策作为发展文化产业的重中之重，先后制定出台了《关于加快发展非公有制经济的决定》、《关于深化文化体制改革，加快文化产业发展，全面加强文化建设的意见》、《辽宁省加快发展文化产业的若干优惠政策》等一系列政策措施，极大调动了民营企业投资文化产业的积极性。

截止 2010 年底，民营文化企业的收入已占全省文化产业收入的 25% 以上，基本形成多种所有制度共同发展产业格局。作为全国第一批文化（美术）产业示范基地——辽河文化产业园在发展初期就提出，要以优惠的产业政策、良好的发展环境吸引民营经营者到产业园创业。对于在园区投资兴办文化、艺术培训、旅游、艺术品生产等文化企业，可享受兴隆台区政府制定的发展第二、三产业的优惠政策。对于调到辽河文化产业园工作的艺术家，区政府提供 10 万元的住房补贴。此外，以艺术家的身份进驻辽河文化产业园参加国家级美术展览（比赛）并获奖的艺术家，区政府还会给予 1000 元至 5 万元的奖励。正是凭借这些优惠的产业政策，辽河文化产业园在全国范围内招商引资，招才引智，吸引了省内外多领域艺术家和文化产品经营者向产业园集聚，形成了覆盖东北影响全国的特色文化产业园区。

社会资本投资 1.05 亿元建成的辽宁民间艺术团，从建团时的 28 人发展到 116 人，目前已开办了 8 家连锁剧场，剧场营业额连续三年蝉联全国演出业第一，2010 年更实现演出收入突破 2 亿元，资产累计近 10 亿元，已成为集二人转演出、影视制作、艺术教育、会展、广告传媒于一体的综合性文化企业；锦州市辽西古玩商城没用国家一分钱投资，建成了两万平方米的商城，吸纳了近 2000 多个商户，安置就业 6000 余人，实现年产值 8 亿多元，成为东北地区最大，辐射内蒙古、京、津、唐等地的古玩艺术品集散地；大连大青集团从一个手工制作雕塑的民营小企业，一跃成为面积达 10 万平方米的现代艺术雕塑制造重点企业，年产值 3 亿元，被文化部授予"国家文化产业示范基地"称号。

五、筑巢引凤，重大项目入驻辽宁

发展文化产业，离不开一批品牌效应好、竞争实力强的大企业、大集团等

战略投资者的带动。为促进文化产业发展、支持文化企业发展，辽宁省先后出台一系列政策举措，通过多种渠道为文化产业搭建融资平台，吸引一大批文化项目入驻辽宁。2009年6月10日，棋盘山国际风景旅游开发区与辽宁出版集团有限公司共同投资30亿元人民币兴建"出版产业庄园"。该项目占地面积约1.05万亩，预计三年建成，建成后将成为全国最有影响的文化动漫产业园。

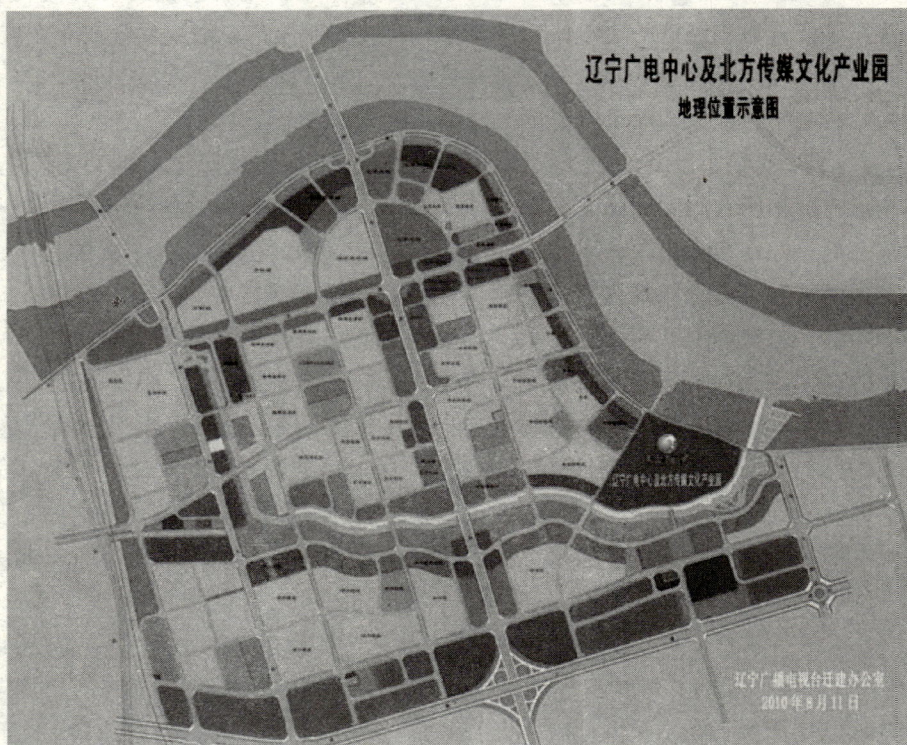

辽宁广电中心及北方传媒文化产业园地理位置示意图

　　2010年4月13日，香港世茂集团投资500亿元的大连世茂嘉年华项目开工建设，这是迄今国内规模最大的高端旅游项目，将建成国内最先进的全天候、全季节的室内主题乐园和购物中心，预计每年吸引游客达2000万人次。2011年1月23日，志高实业集团将投资200亿元，在盘锦兴隆台区和辽滨沿海经济区分两期建设盘锦志高文化科技动漫产业园项目和水上乐园、高档酒店和行政中心BT项目，打造国内顶级集旅游、休闲、娱乐、住宿和会议于一体的多功能城市综合体。2011年3月，斥资50亿元的辽宁广电中心及北方传媒文化产业园正式破土动工。该项目占地面积 20 万平方米，总建筑面积 50 万平方米，文化产业园建筑面积 35.5 万平方米。目前，辽宁已经初步建立了省文化系统文化产业项目资源库，形成了 83 个文化产业投融资项目，为下一步推介文化产品和文化服务以及招商引资打下了良好基础。

第二节　辽宁文化产业园区的发展机遇

一、文化家底深厚，赋予强劲发展动力

文化产业园是以文化为基础，以产业发展为目的的综合性新型文化聚集体。因此，要做大做强文化产业园区，首先要盘点好我省的文化资源，在深刻挖掘文化资源基础上，赋予其强劲发展动力。辽宁有着独特的文化底蕴与地理环境，有着独特的历史变革与工业痕迹，以及独特的关东情怀与黑土地的情意，厚重的文化功底为辽宁文化产业奠定了坚实的基础。深厚的文化资源不仅是灵动鲜活的动态历史，也是很好的文化素材，有极高的附加值和产业运作空间。像辽宁的"二人转"这种在民间本来不见经传的文化现象，目前已经成为了辽宁省某种意义上的文化名片。因此，只要下力气充分挖掘好辽宁特有的文化资源并量身定做好产业外衣，变文化现象为文化产业，通过文化服务获取经济效益，通过产业园区实现聚集效应，辽宁的文化产业园区还有更大的发展空间。

二、强大政策优势，为产业发展保驾护航

好的政策是大力发展文化产业的重要保障。有好的政策，资金总是朝着利润最大化的地方去流淌。有好的政策，许多的创业者和企业家总是会朝着这样有利益的地方去忙碌。为了进一步发展文化产业，辽宁相关部门多措并举，相继出台《辽宁省"十一五"时期文化发展规划纲要》、《辽宁省加快发展文化产业的若干优惠政策》、《辽宁省文化产业振兴规划纲要》等文件，积极推进文化产业健康快速发展，努力实现社会和经济的双重效益。

2010 年 6 月 5 日在沈阳召开的全省文化系统文化产业工作会议提出：从 2010 年起在辽宁全省开展文化产业"四个一"工程建设，目的是三至五年内建立一批高起点、高水准的文化产业园区（基地）；培育一批有实力和竞争力的骨

干文化企业；打造一批具有地方特色的品牌文化产品；搭建一批形式多样、风格各异的文化产品展示、交流的平台，使文化产业成为辽宁经济支柱之一，竞争力位居全国前列。此外，辽宁还将实施扶持百个中小文化企业行动，进一步做大文化产业总量。

三、全运盛典驱动，带来全新的发展机遇

全运会是我国规格最高、影响最大的全民运动会，其载体作用是其他体育赛事、文化、展览、会议等活动所不可替代的。它不仅将直接推动会展业和文化旅游业的发展，还将全面带动新兴传媒、数字内容、创意设计、演艺娱乐等各个文化产业领域，尤其是新兴文化业态的发展。

2009年10月16日，第十一届全运会在山东的成功举办，让全国人民重新认识了山东。如今，辽宁已经从山东的手中接过了接力棒。作为十二运的主会场，辽宁也将同山东一样，迎来难得的历史发展机遇。由于地理上的优势，辽宁文化企业有更多机会参与全运会筹备工作，能够直接而便利地学习和模仿，这对于一个微观个体的成长，是免费而难得的文化经济体验。直接参与全运会并提供和分享由于举办全运会所带来的经济收益的企业是少数，但由此引发的对于文化产品和服务的标准、品味的提升所带来的产品和服务的革新，是所有微观个体都能够直接感受到且将从中收益。

四、巨大的文化消费缺口，将迎来难得的发展契机

文化消费在整个社会消费中占有重要地位，既对应服务类的最终消费需求，潜移默化地影响着广大受众的生产和生活，塑造人们日常习惯、生活方式，又引导其他生产和消费，具有热点多、弹性大、持续久、影响深等特点。一个国家的文化消费取决于其经济发展状况。在西方发达国家，文化消费已经成为人们日常消费的重要组成部分，但在我国，文化消费在相当长时间内处于边缘地位。近年来，随着我国文化产业异军突起，文化市场不断壮大，文化消费出现新的拐点，并且正在成为调整经济结构、扩大内需的重要突破点，成为拉动中国经济增长的重要力量。2010年，我国人均GDP已达4000美元，按照国际惯例，以今天的人均GDP规模来看，我国文化消费支出总量应该达到4万亿元以上，然而遗憾的是，2010年我国文化消费支出总量仅为1万亿元。近3万亿元的文化消费缺口将给一批拥有创意、比较优势和核心竞争力的文化企业和文化

产业园区带来广阔的市场空间和难得的发展契机。

五、中国文化的吸引力不断增加，开拓国际市场空间

伴随着新中国六十多年特别是改革开放以来的大发展，中国国力不断增强，中外文化交流日益频繁，世界各国更加正视和关注中国，国外民众对我国文化的兴趣日益浓厚，中国文化的吸引力与日俱增，客观上营造了有利于我国文化外贸发展的氛围和条件。据被称为"世界创意产业之父"的约翰·霍金斯的估算，2020年全球核心创意产业市场规模将达到8万亿美元，不断扩大的国际文化市场为中国文化产业国际化发展提供了扩张空间。尚未结束的国际金融危机也为我国文化产品进入国际主流社会，文化企业参与国际竞争和开拓国际市场、并购国外文化资产，在境外建立自己的生产基地等提供了机会。

第三节　辽宁发展文化产业园区面临的挑战

一、针对性的人才培养滞后，影响文化产业园区的发展速度

产业提升期待着人才，要使文化产业真正成为国民经济的支柱性产业，离不开高素质、高层次的领军人才和创新团队。辽宁新兴文化产业发展方兴未艾，但专业人才十分短缺，主要表现在以下几个方面：一是文化产业经营管理人才数量少、专业化程度不高，尤其是懂经营管理和营销的少，擅长策划、资本运作的更少，就目前文化产业的人才结构的来看，从事文化艺术专业的人才比例远远大于从事产业运营的人才比例，文化产业人才产业方面的素质缺乏，已成为严重制约文化产业发展的一个重要因素；二是文化经营管理人才开拓能力、创新精神和创新能力不够强，缺乏经营管理经验；三是熟悉国际惯例和规则、擅长媒介市场运作、具有战略思维的外向型经营人才尤其短缺。目前，辽宁一些高校开设艺术管理专业时间还不长，人才培养才刚刚起步，人才引进工作也不能完全满足需要，适应信息时代文化产业高技术化的人才缺乏，文化产业经营管理人才更为短缺，尤其缺乏整合产业资本、金融资本和文化资源的企业家。

二、房地开发产业的高额利润，导致文化产业园区面临萎缩

随着城市化进程的加速，与房地产等高收益行业相比，占地较多而盈利周期较长的文化产业园区将面临萎缩的威胁。有的企业为了得到文化产业优惠政策，打着文化产业的旗帜，私底下进行房地产项目开发；有的文化产业园区迫于资金压力会引进一些商业企业入驻，导致园区内企业间关联度较低，产业集聚效益不明显；有的文化产业园本来发展势头很好，闲置荒芜的地皮经过艺术家捂热后开始繁荣，成为城市的一块热土和文化亮点。政府发现后开始规范化管理，开发商也嗅到了商业价值投资开发，结果导致地价飙升，艺术家无奈只好选择离开。"开始是艺术，结局是商业"，文化产业成为房地产商的开发项目。如国内很多开发商打着建设主题公园的幌子上马项目，先低价圈地，再借建设主题公园炒热地皮，开发房地产盈利，醉翁之意不在酒。中国三星经济研究院首席研究员邱罡表示："开发商通常运作集主题公园、别墅、酒店、商业街等多种业态为一体的旅游复合地产，主题公园最少的只占项目用地的 1/5 左右，最多也就一半。"再如广东"花卉产业"一直是传统优势产业，原有陈村、芳村、花都、南海、中山五大花卉交易市场，基本垄断了全国花卉市场。但随着房地产开发的如火如荼，五大花卉交易市场中的四家都被房地产开发项目所吞噬，在只剩下陈村花卉交易市场一枝独秀的局面。

三、金融危机向实体经济蔓延，影响文化产业园区投资力度

文化产业园区作为产业集聚的实体，成型之后往往会发挥强大的集聚效应实现高收益，其前提是建设初期的高投入。土地规划、建筑设计、网络构建、人员培训等，都需要大规模的资金注入。受金融危机的影响，世界范围的股票暴跌、房地产泡沫破灭以及各种负面因素的叠加，投资者信心受挫，持观望和保守态度比例增加，或者投资主体资本缩水自身难保，可能缩减或停止对文化产业园区的资本投入。上海证大现代艺术馆是一个集展览、研究、收藏、学术交流、国际艺术家工作室为一体的文化产业园区，由上海证大集团投资兴建。由于该集团主营的地产业和金融业在危机中受冲击较大，资金出现较大困难，目前只能保证艺术馆的人工成本。艺术馆的日常运营、展览、宣传、图册以及大型项目运作等费用支出，只能通过内部调整消化。证大艺术馆馆长沈其斌表示：除了将 70 人的工作团队缩减至 40 人左右外，随着事态的逐步发展，今后

大型展览也会酌情减少并选择性举办，主要是选择有基金会赞助或有出资方承担费用的展览。因此，当园区所依赖的企业或组织无法再提供充足的资金支持的时候，园区不得不放弃原本计划中的项目和活动，或暂缓发展规划，以缩减运作成本，维持园区的正常运转。

四、盲目投资和重复建设，造成产业园区经济效益不高

从世界产业园发展的经历看，成功的产业簇群多是经过几十年、甚至上百年的自然演化发展而来的。而我国文化产业园除少数是自发形成的外，大多数都是遵循政府导向的模式，盲目跟风建设，缺乏领军式的企业和特色优势、产业形态极其相似，最终造成集群的资源分散和产业的恶性竞争。目前全国经立项通过审批的影视基地有 110 多家，但 80% 以上的影视基地处于亏损状态，15% 的影视基地勉强持平，仅有 5% 的影视基地可以做到微利。据横店影视城统计，2011 年 4 月份最多时一天有 36 个剧组进驻，而同一时间在全国其他地方拍摄的剧组加起来还不到 36 个。由此可见，目前影视城的数量已经远远超出了影视拍摄的需要。然而，在全国仍有多达上百个地市有建设影视城的打算，"影视城"、"影视基地"仍然被列为龙头项目。以华北地区 5 省市自治区为例，京、津、冀、晋、蒙等 5 省区市对文化产业的规划基本上都瞄准文化产业的高端和原创性强的行业，与北京的产业选择雷同率一般在 50%—60%，有些规划甚至与北京基本一致。目前的现状是只要一谈到文化产业就是动漫和数字娱乐，各地的动漫产业园层出不穷。据不完全统计，仅国家广电总局、文化部、国家新闻出版总署规划的各类动漫基地多达 42 个，而真正产生集聚效果的不多。

五、创新能力欠缺，削弱产业园区国际竞争力

文化产业又被称为创意产业，而文化产业园区作为文化产业聚集区，如果要做大做强，必须以特色文化为依托，在充分发挥创新能力基础上，形成独色的文化品牌，抢滩国际市场。我国是文化资源大国，但文化资源只是一个先在的优势条件，并不是一个必不可少的条件。如果没有强大的创意能力，来推动文化资源的创造性转化，创造新鲜的时代感强的文化名牌，那么再优秀的文化资源也只是形同虚设，文化产业的实力也不会太强。据波士顿咨询公司的最新研究结果，中国的创新能力居全球第 27 位，落后于新加坡（第 1 位）、韩国（第 2 位）、美国（第 8 位）、日本（第 9 位）等。当前，我国文化创意能力尚不

够强，主要表现为：文化产品的科技含量较低，附加值不高，产品复制能力强大，原创能力低下，能够影响世界的文化产品稀缺；高端尤其是大师级文化创意人才较匮乏，制约着中国文化原创能力的提升；文化业态创新不足、执行力的不足，文化业态创新尤其是新兴文化业态主要成形于国外，尚处于"拿来"阶段。

第四节　对辽宁发展文化产业园区的建议

一、合理利用园区杠杆，培育复合型人才

文化产业园区作为一种发展较为成熟、文化资源转化效率较高、产业集聚优势鲜明的载体，是人才培育尤其是复合型人才培育的杠杆。对于文化产业研究基地和文化产业项目来说，其所针对的培育对象多为专业性高等人才。而作为园区来说，从业者的学历、知识结构和经验水平更为宽泛，其从业人员涵盖了产业链的上中下游三个环节，尤其是产业链下游环节，多为文化产品的直接生产制造者，园区模式为文化产业终端制造环节培养批量加工人才提供了可能性。

二、建立论证、审批、监督机制，避免房地产圈地行为

为了避免由于文化产业园区建设热而衍生的房地产圈地行为，辽宁应加强文化产业园的论证、审批和监督机制建设。首先，要论证其建设的必要性，还要论证其发展的性质和建设的规模，促使产业园的建设行之有效，避免地方政府意志行事；其次，要加强规划和国土部门对土地的审批和监管，只有在合理的论证程序后，方可进行用地的批复和征用；再次，政府应从集聚区和企业健康发展的角度出发，尽力做好服务者的角色，营造产业发展的良好环境，防止不利于产业发展的因素侵入，尤其应预防打着文化产业名号的新一轮圈地和房产运动；最后，要实行园区建设的有效监督，利用媒体和公众参与，确保建设过程和发展过程的公开化、透明化。

三、挖掘特色、找准亮点，避免产业园区的同质化建设

一个城市的文化一定要有自己的地标，要有自己标志性的延续，要找出差异化的经营，不能千篇一律，千人一面。产业结构雷同既制约了产业聚集，也提高了企业生产成本，使园区优势产业难以形成。目前，辽宁的文化产业园，呈现出这样一种现象：市市有园区，全省有重点。诚然，辽宁文化产业园区建设已经进入了高速发展的时期，但园区数量多并不代表发展有特色。辽宁省拥有多元民族文化绚丽多彩，地方文化资源渊源深厚。为此，要利用特色文化内涵，根据自身具有的综合优势和独特优势，合理地进行产业发展规划和布局，确定主导产业、支柱产业以及基础产业。即让文化展示与独特人文景观、自然景观相结合；让文化设施与文化内涵营造相结合；让传统文化底蕴与现代文化气息相结合；让文化产业与相关产业相结合，建设一些有特色的、有生命力的、可持续发展的园区。

四、坚持以市场为导向，实现产业园区与经济效益成功对接

文化产业园区不仅是精神家园，还是经济实体。因此，我们在大力发展文化产业园区时，既要看到文化产业的意识形态属性、具备自身的特殊规律，同时也要看到其产业发展属性，必须符合市场经济规律的发展要求。当前，我们要从实际出发，在文化产业向市场机制转变过程中，进一步转变政府职能，强化竞争意识，加强市场分析，减少管理环境，降低经营成本，完善管理体制和运行机制，提高管理水平，创新市场化运作手段，形成多种经济成分平等竞争的文化产业格局，实现产业园区与经济效益成功对接。

五、搭建创新平台，注入产业园区持久生命力

文化产业园的生命力就是持续创新能力。之所以产生聚集效应，除了能够使不同的创意群体更好地营造创新环境，培育创意氛围外，更重要的是鼓励创新。当文化产业园区进入后白炽阶段时，地理、空间、政策等优势已经退而求其次，而创新平台的搭建和创新成果的孵化则成为关键。而创新平台的关键又在于创新动态的可持续性。因此，为文化产业园区不断地注入创新理念，即依托于内在人才的互动和思想碰撞所产生的创新火花，鼓励文化产业园区不同人才的流动，促进园内生产要素的超流动机制的形成。

六、加大知识产权保护，营造产业园区有利的法制环境

加大和重视知识产权的保护是文化产业园区建设和发展的前提，也是赢取国外同行业者信任、进驻园区和投资园区的关键。知识产权是文化产业最根本的"游戏规则"，要参与国际竞争，就要充分了解和遵循其中的规则，不然就只能接受被淘汰和边缘化的命运。根据辽宁实际，第一，要进一步完善相关的法律法规体系，用法律法规制度引导和促进创意产业发展；第二，要针对加入WTO后所面临的挑战，在立法中既要考虑与国际惯例接轨，又要重视运用和实施保障措施原则，确保文化产业在创造、传播和应用各阶段中得安全；第三，要充分考虑文化产业与其他产业领域的互渗性、相关性和兼容性，立法时可多点试验性和灵活性；第四，要鼓励建立辽宁知识产权服务中心，推动文化单位、科研院所、高等学校重视和加强知识产权保护和管理，构筑覆盖全省的知识产权服务网络，为产权登记、展示、发布、保护、策划和交易提供服务。

（作者：张岩，辽宁社会科学院哲学所）

第二十一章　辽宁文化品牌建设发展报告

从文化发生学角度讲，文化品牌的打造不是一个完全无中生有的杜撰过程，而是对原生的器物、制度、精神文化形态和符号的创新与产业化进程。辽宁拥有数量众多、种类齐全的文化品牌资源，包括演艺、文博、非物质文化遗产、会展、工艺美术、动漫游戏等。近年来，辽宁省的文化品牌建设在省委、省政府的高度重视下，在省文化厅的具体指导下，紧紧围绕辽宁老工业振兴和构建和谐辽宁这一中心任务，各项工作都取得了长足进展，呈现出良好的发展态势。

第一节　辽宁文化品牌建设述要

随着文化产业振兴工作上升到国家战略，文化品牌资源及其建设引发的经济效应和社会效应愈发明显，不仅有力推动了我省的文化产业进程，而且扩大了省域文化对外贸易交流的国际影响力，大大提高了我省的文化综合水平，增强了我省的区域核心竞争力。

一、以名人、名团、名剧、名剧场联动为主导的演艺品牌

近年来，我省按照《辽宁省文化产业振兴规划纲要》要求，遵循"同剧种合并、跨地市重组、一次性注资、全部实现转企"的文艺院团改革新思路，推进我省除中央允许保留事业体制之外的院团转企改制；整合了我省优势演艺资源，促进了重点艺术院团、剧场、演出公司等强强联合，打造出了一批名人、名团、名剧、名剧场联动品牌。2010年全省实现演出收入2.63亿元。全省现有演出团体516家，其中，国有文艺演出院团52家（省级4家，市县级48家），目前有23家国有文艺院团已经完成转企改制工作（省直1家，市县级22家），民营演出团体464家，演出场所45家。这些演艺集团及其文化品牌为辽宁文化

"走出去"做出了突出贡献。

国有艺术院团品牌。辽宁演艺集团、沈阳杂技演艺集团、辽宁芭蕾舞团被商务部、文化部评为 2009—2010 年国家重点出口文化企业。辽宁演艺集团有限公司自成立后，积极开拓国内外演出市场，舞剧《女儿风流》剧组先后赴国内五省（湖北、湖南、广西、广东，福建）巡演，同时还组团赴日本、法国、德国等十一个国家进行商业演出和文化交流活动，2010 年国内外演出近 700 场，实现营业收入 3200 万元，同比增长了 14.29%。沈阳杂技集团有限公司继续实施"走出去"战略，2010 年与美国快乐时光演出公司签署了中美和南美地区巡演 3 年的演出合同，每年演出 700—800 场。营口市艺术剧院转企后，2010 年演出 78 场，演出收入 90 余万元，比上年同期"三团"演出收入总和翻了一番。①沈阳评剧院评剧《我那呼兰河》入选 2008—2009 年度国家舞台艺术精品工程重点资助剧目并获文华大奖。辽宁人民艺术剧院的话剧《黑石岭的日子》获得文华奖特别奖和全国话剧优秀剧目展演一等奖，入选 2009—2010 年度国家舞台艺术精品工程初选剧目。

民营演艺品牌。辽宁民间艺术团的"刘老根大舞台"，已经成为全国知名文化品牌，先后被文化部命名为"国家文化产业示范基地"；被文化部、国家旅游总局评为"国家重点旅游演出项目"；被中宣部评为全国文化企业 30 强。2010 年演出收入 2 亿元，上缴税金 2900 万元，创全国演艺行业之首。如今，辽宁民间艺术团现已形成以"刘老根大舞台"为主的演出娱乐和影视制作、电视栏目、艺术教育四大产业，逐步打造出"国内民营演艺第一品牌"。

二、以物质文化遗产为区域特色的文化旅游品牌

物质文化遗产也称"有形文化遗产"，包括历史文物、历史建筑、人类文化遗址。2010 年，辽宁文博事业协调发展，物质文化遗产保护水平不断提升。比如提请省政府将公主屯后山遗址等 56 处文物遗迹公布为第八批省级文物保护单位；海城市牛庄镇被建设部和国家文物局评选为国家级历史文化名镇；提请省政府将城子坦镇和前所镇公布为省级历史文化名镇；全部完成了省内 14 个市、100 个普查单元的野外调查工作，完成率和调查覆盖率均达到 100%，调查登记不可移动文物 24182 处，其中新发现 12770 处，复查 11412 处，消失 1262 处，

---

① 资料来源于辽宁省文化厅。

新发现率超过 100%；确认辽宁明长城总长度为 1218.81 千米，单体建筑 1049
处，堡城 103 座，居住址、采石场等相关遗存 71 处，标志着辽宁进入了长城资
源大省行列；会同省委宣传部、省财政厅公布全省 65 个博物馆、纪念馆和全
国、省爱国主义教育示范基地为免费开放单位，2010 年，我省文化文物系统免
费开放单位共举办阵地展览和专题展览 93 个，各类临时展览 118 个，引进国内
国外展览 6 个，推出和交流展览 22 个，全年接待观众 506 万人次，其中未成年
人 144 万人次；鞍山市博物馆和本溪市博物馆等一批市、县级博物馆新馆建成
并对外开放；"国家文物进出境审核辽宁管理处"正式挂牌，省文物总店举办了
"2010 年岁末文物展销会"，参展各类文物商品近万件，销售各类文物商品近千
件，实现销售额 200 余万元。

　　近年来，随着我省文博保护与开发工作的不断发展，我省的文化资源也与
旅游产业实现了有机结合，依托我省悠久的历史文化资源和自然文化景观，形
成了我省三大旅游带及品牌。一是以沈阳的"一宫二陵"、张氏帅府，抚顺的元
帅林、清永陵等为主要内容的沈抚相衔接的清及近现代文化旅游带，二是以锦
州的奉国寺、朝阳的牛河梁遗址、葫芦岛的九门口长城、兴城古城等为主要内
容的辽西特色历史文化旅游带，三是以大连的金石滩、旅顺口、丹东的鸭绿江
等为主要内容的沿海沿江旅游带。培育出了一批在国内外有影响的文化旅游品
牌，带动了相关产业的发展。据统计，2010 年全省文博旅游门票收入达 1.82
亿元。

三、以地域性传统文化为基础的对外合作交流品牌

　　近年来，我省抓住老工业基地振兴和沿海开放双重机遇，以历史文化、文
艺演出、民俗民间工艺品等优势传统文化项目为载体，通过各种活动和现代传
媒手段，推动我省文化产品和文化服务走出了国门，推动更多的文化企业和优
秀文化产品进入了国际市场。

　　2010 年辽宁对外文化交流继续拓展，文化影响不断扩大，圆满完成了上海
世界博览会辽宁活动周非物质文化遗产展示、展演和巡游活动的承办工作，组
织参加了首届中国非物质文化遗产博览会，省文化厅获优秀组织奖。我省艺术
团体参加了中国（深圳）国际文化产业博览交易会，并获得优秀组织奖和优秀
展示奖。2010 年，辽宁省审核、审批对外（对港澳台）文化交流项目 203 项，
交流人数 1853 人，其中，出访项目 52 项，人数 244 人；来访项目 151 项，人数

1609 人。交流范围涉及美国、英国、法国、意大利、德国、俄罗斯、朝鲜、菲律宾等国家以及我国的香港、澳门、台湾等十几个国家和地区。受文化部派遣，辽宁芭蕾舞团选派青年教师赴阿尔及利亚国家芭蕾舞团担任指导教师。辽宁省图书馆与俄罗斯伊尔库茨克州图书馆进行了馆际交流。与新加坡新中文化教育交流中心建立了关系，推动了与东南亚地区的文化交流。此外，辽宁还加强了与美国、日本、韩国、俄罗斯、朝鲜、法国驻沈阳总领事馆的联系。如与法国驻沈阳总领事馆在辽宁大剧院共同主办法国滑稽剧《丑角中国行》演出活动；邀请上述几国驻沈阳总领事馆总领事及有关人员观看辽宁省优秀剧、节目演出季演出。按照文化部的统一安排，完成了朝鲜血海艺术团《红楼梦》剧组在沈阳、大连的接待、演出工作。

四、以会展、主题节庆活动为重头的文化展示交易品牌

近年来，我省为了宣传展示优秀文化企业和产品，积极搭建了东北文化产业博览交易会等全国性大型文化会展，打造一批以辽宁特色文化为内涵、特色产业为依托的全国知名会展品牌。2010 年，以"东博会"、沈阳电玩博览会、锦州古玩艺术节、阜新玛瑙节为主导，以大连服装节、鞍山文化产品博览会、盘锦艺术品博览会、营口文化产品及非物质文化遗产展销会、铁岭工笔画展等为补充的系列展会，有力地促进了我省文化企业、文化产品的对外交流与合作。2009 年"东博会"推介文化产业合资合作项目 451 项，实现交易额 75 亿。2010 年沈阳动漫电玩博览会实现签约额 6.3 亿元。至 2010 年底，沈阳、大连两个国家级动漫基地和沈北新区入驻企业 323 家，年产值 93 亿元。今年我省有 17 家动漫企业通过国家认定。2011 年 8 月，第四届东北文化产业博览会在沈阳举办，参展的境内外企业达 800 多家，所展示的文化产品和文化服务内容有 8 大门类 5 万余种，展会期间参加活动的总人数超过 220 万人，推介会现场签约合作项目 8 项，现场签约额高达 181.8 亿元人民币。历届东北文博会深入挖掘东北历史文化底蕴，推出了一批具有浓郁东北地方民族民俗风情的优秀舞台作品，集中展现了东北区域文化的独特魅力，有效地彰显了黑土地的文化品牌。

此外，新兴文化主题节日或活动种类繁多。大连的"国际服装节"已经举办了 21 届、"中国国际啤酒节"举办了 13 届，营口有全国十大地方节庆活动之一的"中国·营口望儿山母亲节"、"中韩'王中王'歌咏节"，丹东有"鸭绿江国际旅游节"、"中国·丹东桃花节"、"杜鹃花节"和"东方丝绸节"，葫芦

岛有"国际葫芦文化节"，盘锦有"中国盘锦河蟹节"、"中国·盘锦国际湿地旅游周"，锦州有"笔架山海洋音乐节"、"中国·锦州古玩文化节"、"中国·锦州京剧票友节"。每个主题节日品牌活动都由政府牵头主办，通过文化搭台带动了区域经济的集中发展。

五、以动漫游戏产业为先锋的新兴文化产业品牌

我省动漫游戏产业发展迅速，共有动漫游戏企业323家，从业人员13500人，2010年产值达到93.2亿元，比2009年的68亿元增长了37%。沈阳浑南动漫产业基地目前拥有动漫企业142家，从业人员6000人，2010年底实现产值25个亿，有12部原创动画作品在央视播出，原创动画片突破2万分钟。大连动漫产业振兴基地有动漫企业158家，从业人员7123人，实现产值68个亿，上缴税金26166.54万元，出口创汇30880.74万美元，动漫原创及动漫技术应用创新作品1321部，原创作品8549分钟。

近年来，我省依托沈阳、大连高新技术开发区的人才、技术、环境和区域优势，积极培育和打造沈阳、大连两个国家级动漫基地，打造出系列知名文化产品。沈阳非凡创意动画制作有限公司制作的365集原创动画片《兜兜的世界》被评为东北唯一一部优秀国产动画片；并获得文化部文化企业和产品"走出去"扶持资金15万元。沈阳治图文化传媒有限公司的《招财童子》获文化部"原创动漫扶持计划"扶持资金7万元。沈阳四维数码科技有限公司先后被国家教育部、文化部批准为"4D立体教学产业基地"和"文化艺术科技创新基地"。大连乾豪公司出品的《侠义小青天》在中央电视台播出，被国家广电总局评为原创动画作品及人才扶持项目最佳编剧奖。大连胡军漫画文化发展有限公司的《摩登西厢》系列获文化部"原创动漫扶持计划"扶持资金7万元。

第二节　辽宁文化品牌发展的条件与因素

辽宁特殊的地理和社会环境滋生出的丰富的文化含量，既有中华民族传统文化的共性，又有沿海沿边沿江地域文化的特殊性，主要集中体现在生态文化、历史文化、民俗文化、海洋文化四大方面。辽宁的自然和人文景观丰富，历史

文化资源源远流长，民俗文化既有少数民族文化特性，又有东北地域特色。海洋文化既具有历史特点，也具备新时代的意义，主要体现在开放创新的意识形态和发达先进的物流技术条件等方面。此外，辽宁的区域文化含量特点还体现在产业和创意层面。新兴文化主题节日或活动种类繁多，城市文化及定位基本明确，有部分颇具影响的文化企业。

辽宁的文化品牌建设基本依据了我省资源现状和产业特点。然从文化角度解析，文化含量的提升即文化品牌塑造的过程是一个具有时代意义的命题。文化含量应该包括"新型机制、创新能力以及培育这些能力和机制的法制化、国际化程度和人口质素"，既是器物文化、制度文化、精神文化的有机结合，也有创意层面和产业层面的内涵。我国现已形成环渤海湾经济圈、长三角经济圈、珠三角经济圈三大主体经济圈，三大经济圈的竞争力各有侧重。最初以京津塘为主的环渤海经济圈，其政治文化角色优势突出，长三角的加工制造力是其强项，而珠三角则立足于对外开放前沿创新方面。三大经济圈背后所承接的也是三种不同的文化背景，即京派文化、海派文化、岭南文化。因此，除了硬件的竞争优势以外，文化含量也是引领三大经济圈的核心力量。可见，发掘并构建出具有地方特色和优势的文化品牌资源及其服务是一个需要综合考量和符合比较优势理论的问题。

斯图尔德的"文化生态学"（cultural ecology）认为文化与环境密不可分，互相影响、互相作用、互为因果。世界工业化历史和国内改革开放以来的经验都证明，都市化的进程势必加速文化的传播与交流，处于非主流文化的地域文化同样面临着更加严峻的冲击，处于边缘化的境地。中国又是个文化生态的大熔炉，岭南文化、海派文化、齐鲁文化、吴越文化、巴蜀文化等每一种文化都衍生出了庞大的文化集群。因此，面对外在特殊的文化生态环境，如何凝练自身文化品牌并发展出特色和优势也是辽宁文化品牌建设必须面对的一个紧迫命题。

为了使辽宁的品牌企业及产品和服务的独到之处、品牌文化内涵得到发扬光大，政府组织开展了多种形式的联展联销活动。比如东北文博会、大连服装节、省群众艺术节、沈阳电玩博览会、锦州古玩艺术节、阜新玛瑙节、鞍山文化产品博览会、非物质文化遗产展销会等，形成文化品牌展演展销的集散地。值得一提的是，辽宁省服务业委员会还组织开展了辽宁知名风味评选认定活动，全省评定出 38 家企业的 77 个品种为"辽宁知名风味"，其中 20 多家为"老字号"企业，为老字号企业的发展注入了活力。

广泛宣传，营造品牌发展良好氛围。近年来，政府有关部门普遍重视对文化品牌的宣传与推介，通过平面媒体、立体媒体和网络等进行多维宣传，且注重深度文化挖掘力度。比如，制作优良的辽宁省整体旅游形象宣传片在央视和辽宁卫视进行连续强化播放，不仅集中展示了辽宁的文化品牌形象，而且形成了一个区域发展合力，彰显了辽宁的文化凝聚力及其精神。

我省的文艺演出团体不仅继承和弘扬了我省的优秀剧种和民间艺术，形成了一批具有民族特色和时代气息的辽宁品牌剧节目，而且着力发展现代表演形式，积极适应市场需求，不断创新、提升自身的品牌竞争力，向产业化方向发展。同时积极推动全省重点艺术表演团体与各类演出场所以及演出中介机构的联合，构建演出市场服务体系。据中国文化报介绍，自2011年7月中旬以来，沈阳杂技团的杂技秀《天幻Ⅱ》已先后在南美洲巴西的圣保罗、里约热内卢、巴西利亚、累西腓和纳塔尔等8个城市演出，10月至11月还将附阿根廷、智利和墨西哥等国继续巡演，今年累计将演出140场。团长安宁介绍说：沈阳杂技团与南美最大的演出商"快乐时光"娱乐演出公司保持了长达11年的合作。在《天幻Ⅱ》制作之前，就已经获得了未来3年在南美洲高端演出市场进行700—800场演出的订单。

传统文化企业也积极顺应时代发展，巩固传统核心产品的同时也努力创新产品结构，比如辽宁的老字号企业。老字号是极其珍贵的传统文化品牌，蕴含丰富的优秀文化内涵，如商业文化、饮食文化、建筑文化、民俗文化等，老字号企业分布在餐饮、零售、食品、居民服务等众多行业，各行业间竞争是非常激烈的。因此，各老字号企业都在积极顺应经济社会发展转变经营模式，创新和拓展自己的产品结构，产品已由单一性逐步实现了多元化，产品质量得到广大老百姓的认可和赞誉。比如，老龙口积极拓展酒类品种，打造了多种高端产品，几年来企业营业收入一直稳步增长，今年老龙口高档酒还被省市政府列为公务接待专用酒；鹿鸣春饭店和明湖春酒店通过几年打拼已跻身于高端消费服务酒店行列；老边饺子馆积极开拓国内外市场，让老字号、老品牌在异地开花结果，目前已在国内包括北京等地开设了多家分店；萃华金店在辽宁省的老字号企业行业当中可以说是领军型企业，在体制转型后发展潜力充分释放出来，目前在省内14个市开设了经营分店，同时在深圳开设了第一家分公司，内蒙古、河北和长春、哈尔滨、北京等外省城市也开设多家分店。

据调研①，近三年来，辽宁省老字号企业在经营发展方面所采取的措施，第一位的措施为"增加新产品"（19.5%），第二位是"提高服务水平"（18.3%），第三位为"改善经营环境"（13.4%）。辽宁省受访老字号在自身经营发展方面还采取了"增加新的工艺技术"（8.5%）、"增设新的分公司"（8.5%）、"降低成本"（8.5%）、"增加宣传广告"（7.3%）、"增加新的生产线"（6.1%）等措施来促进自身的发展。可见，辽宁省老字号企业为了自身的发展主要采取了"增加新产品"、"提高服务水平"、"改善经营环境"这三项主要措施。

受访老字号企业近年来在经营发展方面采取的措施

	频次	百分比
增加新产品	16	19.5%
提高服务水平	15	18.3%
改善经营环境	11	13.4%
增加新的工艺技术	7	8.5%
增设新的分公司	7	8.5%
降低成本	7	8.5%
增加宣传广告	6	7.3%
增加新的生产线	5	6.1%
增加销售网点	3	3.7%
优化业务流程	3	3.7%
扩大到其他行业	1	1.2%
增大投资	0	0.0%
增加员工数量	0	0.0%
其他	1	1.2%
总计	82	100.0%

辽宁省老字号企业在新产品开发方面所采取的措施中，"开发新的生产工

---

① 通过问卷调查和深度访谈两种方式，问卷涵盖全省80%老字号企业，填写者均为经理级以上管理人员。

艺"（19.4%）与"迎合新的消费需求"（19.4%）并居首位、其次是"迎合传统消费"（10.4%），再次是"设立研发部门"（9.0%）。而"设立研发部门"、"增加研发人员的数量"、"增建新的厂房"、"高薪引进研发人才"、"降低生产成本"、"改善生产环境"等措施也是调研中受访老字号企业积极采取的在新产品开发方面的主要措施。

受访企业近年来在新产品开发方面采取的措施

	频次	百分比
开发新的生产工艺	13	19.4%
迎合新的消费需求	13	19.4%
迎合传统消费	7	10.4%
设立研发部门	6	9.0%
增加研发人员的数量	6	9.0%
增建新的厂房	5	7.5%
高薪引进研发人才	4	6.0%
降低生产成本	4	6.0%
改善生产环境	3	4.5%
提高研发人员的工资	2	3.0%
增加新的生产线	2	3.0%
其他	2	3.0%
总计	67	100.0%

第三节　辽宁文化品牌建设中存在的问题

辽宁的文化品牌建设工作尚处于摸索阶段，基于丰富的文化资源和地域优势，业已渐趋形成多种类、多数量的全国知名品牌。然而，文化品牌的挖掘、塑造和开发进程需要不断的实践积累和历史沉淀，所以，近年来我省文化品牌建设工作中存在着些许问题，其中不乏具有全国性的普遍问题。

一、中华民族传统文化品牌濒危

物质文化遗产不可复制。虽然我省已启动了一宫三陵、海城太平桥、五女山山城、桓仁高俭地山城、兴城城墙等几十项文物本体的保护工程，对博物馆藏金属类及陶器类文物也开展了修复保护工作，但是因为技术水平和管理水平与国外发达国家有所差别，致使文物遭受破坏的现象仍屡见不鲜。

非物质文化遗产受到越来越大的冲击。随着全球化趋势的加强和现代化进程的加快，我国的文化生态发生了巨大变化，一些依靠口授和行为传承的文化遗产正在不断消失，许多传统技艺濒临消亡，大量有历史、文化价值的珍贵实物与资料遭到毁弃或流失境外，随意滥用、过度开发非物质文化遗产的现象时有发生。一方面，许多非遗项目多源自农村，或者项目传承人年龄偏大、文化偏低、经济状况较差。比如"辽宁鼓乐"的传承人刘振义今年已经95岁，评剧一代宗师筱俊亭也已88岁，萨满歌的传人许多已过世。还有一些传承人身怀"独门绝技"，比如能讲1000多个故事的农村老汉谭振山、玛瑙雕刻大师李洪斌等，他们的技术依托于特殊的时代背景和高深的审美造诣，学徒们很难完全复制并掌握。另一方面，许多未浮出水面的潜在的非遗资源也面临濒危和边缘化的态势。比如具有辽宁历史文化资源特色的抗联文化、化石文化等也是亟待挖掘的非遗项目甚至"文化保护区"项目。此外，许多潜在的非遗资源，如沈阳的李连贵熏肉大饼等许多饮食老字号，虽然政府积极鼓励，但其未意识到申遗对其自身发展的促动作用，申报并不积极。再有，一些零散的非遗项目只能各自发展，现有已初具规模的手工艺厂也为数寥寥，势单力薄。在省级非物质文化遗产凤城满族荷包的传承人黄加祥自筹资金办起的手工工厂里，有几十位农家妇女跟他学习满族香荷包的刺绣和制作工艺。这个工厂还被国家民委定为"全国少数民族特需用品定点企业"，被辽宁省旅游局授予"辽宁十佳纪念品"称号。但目前由于产品单一、生产效率低、营销不利等因素工厂发展缓慢，举步维艰，用黄加祥老人的话说"几十口人等着我吃饭啊"。

据悉，1936年沈阳市餐饮业的老字号企业曾达600余家，并有"三春"、"六楼"、"七十二店"之说。但经过20世纪50年代的公私合营、70年代的文革以及90年代的市场经济冲击后，老字号企业已所剩无几，目前沈阳现存50年以上历史的餐饮业老字号仅有50余家，为建国前的1/12。老字号的数量不仅少，而且能带走的更少。许多外地游客来沈阳常抱怨不知买些什么沈阳特产带回去才好。老字号企业在创立之初都有自己的核心产品，但90%都是从以家族为单位的小手工作坊形式发展而来的，随着时代的发展，在市场经济的大潮中老字号的核心产品逐渐被新产品所冲击，竞争力越来越弱。比如以手工工艺制作为主的老字号，店铺规模通常比较小，制作条件简陋，手工制作成本较高，也没有批量生产的能力。胡魁章毛笔制作现在依旧延续着古法，一支毛笔的制作过程有近百道工序，由于全部采用手工制作，周期长，生产量低下，笔庄目前经营十分艰巨。再如沈阳的天益堂药房始创于清道光四年，曾经以中医中药闻名于世，一度是沈阳中医药行业的魁首，有自己的药厂和坐堂医。近年来，天益堂虽然还保留着中药销售，中街门店还保留着坐堂医，但是，主要经营收入却要靠西药，如今的天益堂已经与其他连锁药店没有太大区别，没有优势可言。许多老字号企业面临人亡艺绝的窘境。由于自身机制等原因，一些身怀绝技的员工经常被其他企业挖走，而急需的人才又难以引进，造成后继乏人。

二、部分文化企业品牌营销、宣传、策划水平不高

我省大部分文化企业对自身文化产品的宣传形式单一、规模小、传播领域窄，使我省的文化企业和文化产品不能被社会认同、百姓认可，不能引起市场的关注。

据调研，近三年来，辽宁省老字号企业在营销策划方面主要采取的办法首先是"关注消费者的新需求"（22.4%）；其次是"设立营销部门"（18.4%）；再次采取的是"结合传统节庆搞营销活动"（14.5%）；"增加销售网点"（11.8%）紧随其后。由此可见，更多的企业将营销策划的重点放在了"关注消费者的新需求"上，以产品为导向调整自己的营销策略。但更高层次的营销策略对于老字号企业来说较为陌生，包括软硬广告、策划促销活动、培养营销队伍等方面都较为落后。辽宁省的老字号企业有常规广告宣传的比例不到1/10，增加营销人员的比例为6.6%，引进高端营销人才的仅有2.6%。虽然老字号企业对于经营规模的扩大并不盲目，但市场经济体制下的营销策略是任何企业发展不可或缺的一环，应该得到应有的重视。

受访企业在营销策划方面采取的办法

	频次	百分比
关注消费者的新需求	17	22.4%

	频次	百分比
设立营销部门	14	18.4%
结合传统节庆搞营销活动	11	14.5%
增加销售网点	9	11.8%
改善销售环境	7	9.2%
增加广告投入	6	7.9%
增加营销人员的数量	5	6.6%
提高营销人员的工资	3	3.9%
高薪引进营销人才	2	2.6%
增加经销商	1	1.3%
增加代理商	0	0.0%
其他	1	1.3%
总计	76	100.0%

三、有竞争力的优秀文化品牌不多，品牌价值较低

我省大部分文化企业规模不大，大部分文化产品影响力小，缺少在全国具有影响的大型文化企业和优秀文化品牌，在市场中缺乏竞争力。

根据商务部、文化部、广电总局和新闻出版总署共同制订的《2009—2010年度国家文化出口重点企业和重点项目目录》显示，211家企业和225个项目中，辽宁共有6个企业及其项目入选，占全国项目总数的2%，相较于北京（26.5%）、浙江（11%）等地差距明显。6个企业及项目为中国历代书法大家书法精品集（北方联合出版传媒（集团）股份有限公司）、歌舞剧《女儿风流》（辽宁歌舞团）、大型杂技晚会《龙幻》（沈阳杂技演艺集团有限公司）、芭蕾《末代皇帝》（辽宁芭蕾舞团）、芭蕾《二泉映月》（辽宁芭蕾舞团）、杂技版《胡桃夹子》（大连杂技团）。

辽宁老字号企业的品牌价值在全国范围内相较于广东、浙江、北京、上海等地尚有较大差距，在2007"中华老字号"品牌价值100强中，辽宁省仅有老边饺子1家入选，排第86位，品牌价值为1.76亿元，数量上与上海（15家）、北京（13家）等相比差距较大，价值与排在榜首的贵州茅台（145.26亿元）相

比更是不在一个量级。

四、高级专业人才和服务人才匮乏

由于我省的经济与发达省（市）比较，优势不明显，缺少对优秀文化产业人才的吸引力，难以形成优秀人才的洼地效应。再则由于我省文化企业规模小，经营手段滞后，很难造就出优秀的文化产业经营管理人才。此外，缺乏优秀文化产业人才引进、培养的有效机制，使我省文化产业发展缺乏优秀人才的支撑。

规范高效的品牌建设对中、高层管理和专业人才的要求较高，人才的缺乏可能会成为制约发展的重要瓶颈。全球主要发达国家都形成了一系列国际文化产品和文化服务贸易的跨国公司，形成了产业集中度的优势，比如美国好莱坞的索尼、环球、派拉蒙、迪斯尼、时代华纳，英国索斯比拍卖行、法国最大的德鲁奥国家艺术品拍卖行等。这些强势企业不但是国际文化投资的领头羊，也引导了文化消费趋势的风向标。他们的文化产品多元化、专业化、规模化，产业链丰厚完善，拥有一批高水平的管理和技术人才。据悉，仅美国奥兰多迪斯尼动画公司就拥有400多名签约画家，这些画家均是迪斯尼公司高薪从世界各地"挖"来的顶尖人才。可见，通过强势的文化产业人才和企业，建立起国际化的文化产品和服务贸易平台，是形成全球化竞争优势的制高点，是我们进行品牌建设系统工程中暂时或缺必须积极争取的关键因素。

第四节　对辽宁文化品牌建设的建议

一、形成以原生优势文化品牌资源为主的现代产业化模式

面对丰厚多样的辽宁省域原生文化，需要提炼具有代表性和市场潜力的优势文化资源，通过统一的文化符号形成文化产业发展链条。短期内可以整合主题节庆活动、会展项目继续打造一两个区域文化品牌，形成合力和联动效应。长远来看，基于比较优势理论，可以以自然、历史、人文和制度因素为考量，围绕辽宁固有的工业文化、生态文化、创意文化、民俗文化四大文化产业发展为主线，着力发展旅游业、演艺业、娱乐业、动漫业、生态业五大业态。通过核心文化符号的提炼和衍生，不断丰富配套产业链元素，带动相关旅游业、手

工业、服务业、餐饮业、演出业的发展。应尽可能丰富产业链上的元素，涉及范围越广，区域文化的优势力越大，传播效果越好，参与度越高，产生的价值也越大。产业链上包括公共服务体系（平面、电视、网络媒体的立体宣传、普及基础教育、国际交流、产品评估咨询、保护项目研究基地和培训基地）、技术介入（提炼核心文化符号，制造、营销不同形态的文化产品）、实体产品（旅游景区、影视和演艺作品、博物馆或文化馆、纪念品）等层面。产业链之间的协调和对接需要规范科学的运营模式和政府、市场的监督执行，要有主有次，有轻重缓急，不能盲目扩充。应该以一个硬件实体产品为依托和根据地，不断注入相应文化项目的软件，通过配套发展，实现标准化经营。

二、创新保护扶持文化品牌，增强企业内生活力

振兴文化企业及其品牌，首先应该把重点放在企业自身修炼上。一要支持企业体制创新，引导企业深化产权制度改革，建立现代企业制度，支持企业控股、收购、兼并其他企业。二要支持企业技术创新。鼓励企业运用高新技术和先进适用的技术改造传统工艺、恢复产品服务、升级经营设施等，并按照相应政策优先给予资助。鼓励企业实施信息化工程，推动传统技艺的数字化和网络化。三是要支持企业经营创新。鼓励企业发展连锁经营、电子商务等，健全营销网络，拓展业务领域，创新交易形式。支持有实力的文化企业"走出去"，参与国际竞争与合作。鼓励文化企业开发旅游纪念品，同等条件下政府优先采购文化企业产品。

三、加大传统文化遗产的挖掘、保护和开发力度

为提升文化软实力，我们应当找到一个载体。中华民族丰厚的文化资源和悠久的文化传统是我们一切文化创意的重要源泉。建议注重具有地方特色和历史价值的乡镇、村庄人文环境的延续，重视保护整体风貌，形成具有辽宁特色的立体化文化空间。积极保护濒危的文化资源，包括物质和非物质文化遗产，个别项目实施未立项先保护。继续发掘潜在的文化资源，包括少数民族文化、藏传佛教文化、历史文化、老字号等。

文化遗产资源的综合性保护与利用，目前业已成为英、法、韩、日等多国的文化发展战略和文化产业经济增长点。法国于1984在世界上最早设立"文化遗产日"。届时所有公立博物馆免门票，像卢浮宫、凯旋门等都在免费开放之

列。每次"文化遗产日"政府大力支持，社会各界组织积极参与，活动策划地丰富多彩，参与性强，鲜明的活动主题吸引越来越多的民众参与。近年来，每年参加人次大约有 1000 多万，占全国总人口的 18% 左右。韩国的江陵端午祭，每年参加活动总人数都达 100 万之多。国内的浙江、江苏、北京等省市制定了以非遗为增长点的文化品牌发展战略，并结合本地情况通过展出展演、商品销售等方式把非物质文化遗产资源作为增强区域文化旅游吸引力和扩大宣传影响力的重点和亮点。"首届中国（浙江）非物质文化遗产博览会暨第六届中华老字号竞品博览会"搭建非遗生产性保护平台，组织 50 家外贸企业董事长和 50 家文化经销商参展洽谈、帮助非遗项目代表性传承人和老字号企业落户东方文化园等。可见，在国家政策的鼓励下，在政府的大力支持下，只要善于包装和策划，将单一的文化遗产衍生出丰富多彩的系列活动，不仅能促动旅游业的发展，而且能极大地提高文化遗产的传播和影响力，从而达到社会效应和经济效应的双赢。

四、优惠政策拓宽融资渠道，实现文化资源的横向跨越式发展

努力降低文化资源保护准入门槛，通过实施财政扶持、税收扶持、金融服务扶持、房租补贴扶持等政策，放宽民间资本和外资进入。增加精品文化产品的引入和交流，鼓励国内外知名文化企业的输出管理服务，通过打造一流的演艺品牌增强对外宣传交流的主体和引进外资的优势项目。可以借鉴西安曲江新区的发展模式，曲江充分发挥国家级文化产业示范区的辐射带动和产业集聚作用，为了鼓励文化企业入区发展，政府实施了一系列优惠政策，包括财政扶持、税收扶持、金融服务扶持、房租补贴扶持等。例如，注册资本在 200 万元以上的新办文化企业或为区内文化企业提供配套服务的企业，经曲江新区相关部门认定后，自工商注册登记之日起，给予相当于企业 3 年营业税额的财政补贴。经认定的国内外高雅艺术和优秀民族文化艺术的演出，由曲江文化产业发展专项基金给予适当的财政补贴。

五、培育强有力的经营团队和强势企业

目前国内许多文化企业尤其是主题公园都意识到资源是基础，经营和管理才是关键，纷纷聘请外来有经验的团队进行输入式管理，从而通过深入式交流掌握核心管理技巧带动企业的可持续发展。辽宁拥有高校近百所、独立科研机

构百余所，还拥有大量高素质的产业工人、技术人员。这些人力资源都是发掘和构建辽宁区域文化品牌的保障因素。可以大力培养旅游、规划、设计、演艺等高层次文化产业管理人才、文化品牌创新型人才和技艺精湛的高技能人才队伍。同时可以引进国内外文化产业领域的先进管理人才和团队，进而培育一批辽宁本土骨干文化传承人、运营团队和企业。还可以鼓励文化企业与域内高校、科研机构联合办学和研发，让学校为其培养人才，为学生提供实习平台，解决就业问题等方式，努力营造培养人才、吸引人才和发挥人才潜能的良好环境，形成尊重知识、尊重人才的氛围，最终达到互利双赢目的，为文化产业的后续发展注入强劲的持续动力。这样才能有效地做大产业集团，打造一批知名文化品牌。最终形成构建多文化共同发展，多产业协力经营文化的规模化、标准化、专业化和连续性的发展辽宁文化品牌的战略模式，为经济社会发展注入新的亮点。

第五节　辽宁文化品牌建设趋势分析

一、品牌数量不断增多，逐步优胜劣汰

按照省委、省政府提出的"三大区域发展布局"，坚持以文化产业"四个一"工程建设为抓手，实施重大文化产业项目带动战略，文化品牌增长主要体现在节庆、主题活动等品牌建设将加大。据悉，中国很多民族民间歌舞、武术、杂技等在欧美市场相当受欢迎。辽宁文化资源广阔丰富，有独特地理环境造就的"海洋文化"、"生态文化"，有历史沿袭而成具有浓郁民俗特点的"满族文化"、"清文化"、"朝鲜族文化"、"蒙古族文化"、"锡伯族文化"，有具有边境特点的"边境文化"，有富有时代特点的"工业文化"、"动漫文化"、"滨海旅游文化"和"冰雪温泉旅游文化"，有以名产为主导的阜新玛瑙节、岫岩玉雕节，有借助活动为载体促进商贸交易的"大连服装节"、丹东"东方丝绸节"，有各大院团排演的歌舞、戏剧等等，这些基于区域文化资源特点打造的文化品牌数量将在文化全球化进程中如雨后春笋般大大增加，目不暇接，并形成对外文化贸易和区域文化活动的主打项目。但鉴于活动举办规模、主题吸引力、招商引资、策划营销等因素影响，许多软性品牌活动将会昙花一现，优胜劣汰，

最终通过资源整合形成具有区域代表性、专业性的若干知名品牌。

以主题公园为主的辽宁新兴旅游品牌数量将逐年递增。辽宁的文物古迹、自然景观资源丰富，但主题公园建设和管理方面一直具有较大的上升空间。许多知名旅游企业都把包括辽宁在内的东北三省看做主题公园开发的处女地。随着辽宁经济的迅猛发展、区域竞争力的逐年增强和招商引资力度的加大，将有更多文化企业在辽宁投资建设主题公园旅游项目，或者满足辽宁现有主题公园的管理诉求。但全国的主题公园项目70%处于负债局面，因此在打造辽宁主题公园品牌进程中一定不能粗制滥造，对开发企业、开发规模和整体布局方面都得进行综合规划，否则将难以避免面临全国主题公园开发中半数倒闭的窘境。

二、品牌与科技结合力度将显著增强

回顾人类文化的发展史，科学技术的每一次重大进步都不同程度影响和促进了文化的发展。"艺术借助科技的翅膀才能高飞。"达·芬奇这句名言生动地揭示了文化与科技的内在联系。科技引领时代发展，先进技术是增强文化表现力和影响力的新引擎，高新技术将有力提升文化产业竞争力。预计今后我省将着力以科技创新推动文化产业发展。主要体现在三方面。一是提高文化产业技术创新能力，提高文化产品生产和文化服务手段的科技含量。用高新技术和适用技术改造传统文化产业，培植开发新兴文化产业。比如用声光电等科技手段强化文化艺术的表现形式，用技术含量提高文化产品的艺术魅力等。二是提高文化领域产学研结合能力。鼓励文化企业加大自主创新投入，主动与高校、科研机构联合开展关键技术开发和创新平台建设。三是提高文化人才创新创业能力，大力培养文化科技复合型人才。

三、以非物质文化遗产、老字号为主的民族品牌将促进辽宁文化"走出去"

同样，老字号代表着一种文化一种品质，中华民族品牌已经在中华文化走出去的战略中发挥着越来越大的作用。上海、杭州等地的老字号企业（如天堂伞、王星记扇子、张小泉剪刀等）现在都是地区的文化形象代言。目前，辽宁省有"老字号"企业近百家，其中，经商务部认定的"中华老字号"企业34家。老字号文化品牌的发展将越来越受到重视。一将做大做强一批"老字号"，其中沈阳萃华金店、老边饺子、马家烧麦等一批具有发展潜力的"老字号"企业，将通过整合市场资源，优化企业结构，发展现代流通方式和实施"走出去"战略，成为具有较强竞争能力的知名品牌。二是改造提升"老字号"。支持一些具有一定品牌影响力和市场认知度，但发展后劲不足的企业，进行技术改造，挖掘企业发展潜力，以体制、经营、文化创新为重点，吸收各方面资源参与，培育新的增长点。三是规范恢复一批"老字号"。对具有优秀文化传统，能够体现中华民族文化特色，但活力不足或濒临破产的"老字号"品牌，量化无形资产，引进新型经营管理人才，并给予必要的政策支持，使之焕发青春和活力，逐步实现振兴与发展。总之，我省将按照商务部关于实施"振兴老字号工程"的统一部署，积极推进振兴老字号的各项工作，老字号这一民族品牌将得到各级政府和社会各界的普遍关心和重视，使许多老字号企业呈现出生机与活力，逐渐成为辽宁省第三产业中的一个亮点，为振兴辽宁老工业基地正发挥越来越大的作用。

四、品牌知识产权保护工作突飞猛进

首先，随着文化品牌影响力和知名度日益扩大，势必要求政府有关部门和文化企事业单位增强知识产权、品牌保护意识和法治观念，通过品牌名称、简称及 LOGO 的商标注册，对演出、场地出租、票务代理、纪念品、音像制品等在内的项目申请法律保护等一系列举措，树立品牌的良好形象，同时也品牌今后更好地利用品牌号召力开展品牌普及与推广活动，推进主流产品精品建设，以文化品牌商标为载体进行业务延伸与开发等打下基础。其次，还将积极制定参与市场竞争的知识产权战略，实行研究、创作、开发、生产销售全过程的知识产权保护。避免因为知识产权问题而产生的品牌流失和文化产品走私问题。再次，社会各界将大力支持文化创新，鼓励广大文化工作者创造和拥有更多的知识产权，提高自主知识产权的数量和质量，努力培养和发展文化品牌的核心竞争能力。

附：辽宁文化品牌发展大事记

2010年5月，商务部、文化部、广播电影电视总局、新闻出版总署公布了《2009—2010年度国家文化出口重点企业目录》和《2009—2010年度国家文化出口重点项目目录》，我省有6家企业和6个项目名列其中。

2010年，民营演出团体辽宁民间艺术团先后被文化部命名为"国家文化产业示范基地"、被中宣部评为全国文化企业30强。

2010年5月中旬至6月初，辽宁演艺集团组织优秀艺术品牌《女儿风流》剧组赴湖北、湖南、广西、广东、福建等5省8市进行了13场的巡演，反响热烈，继续扩大了辽宁演艺集团及辽宁歌舞团在国内的影响力。

2010年6月16日，中国抚顺中韩文化周暨2010年抚顺市朝鲜族民俗节活动启动。

2010年6月22日起，阜新马头琴演奏家包玉明将在奥地利维也纳表演。届时，一些富有浓郁草原风情的蒙古族乐曲，如《万马奔腾》、《吉祥的祝福》、《蒙乡儿女的祝愿》等将响彻金色大厅。

2010年7月17日至7月25日，营口市艺术剧院有限责任公司受省文联的委派，赴阿尔及利亚参加第43届国际艺术节演出。

2010年7月，首届全国"玉星奖"评选活动暨首届中国岫岩玉文化艺术节日前在辽宁省岫岩满族自治县落幕。

2010年9月22日至10月9日，已分别在北京奥运会、上海世博会亮相的锦州非物质文化遗产项目在俄罗斯大放异彩。

2010年11月23日，辽宁杂技团演出队赴法首场演出在勒芒文化会议中心拉开帷幕。

2010年12月28日具有浓郁地方特色的丹东非物质文化遗产参加2011"欢乐春节"中国工艺品展于在朝鲜民主主义人民共和国平壤市举行。

2011年2月27日，汇集了省博物馆、省文物考古研究所和沈阳市文物考古研究所收藏的辽宁商周时期文物精品的"辽宁古代文物展"在韩国京畿道博物馆展览结束。

2010年，在省委宣传部、省文化厅的大力支持下，以辽宁演艺集团为龙头，联合省内8个城市的12个剧场，组建了"中国辽宁剧院联盟"。2011年的各项演出将陆续开展。

2011 年 5 月 13 日，光明日报社和经济日报社发布了第三届"文化企业 30强"名单。辽宁民间艺术团有限公司榜上有名，隶属文化艺术类。

2011 年 5 月 27 至 29 日，"2011 年中国大连文化休闲娱乐及数字内容产业交易博览会暨第十届大连游戏游艺设备交易订货会"在大连举行。

2011 年 8 月 5 日至 9 日，中国（沈阳）第三届动漫电玩博览会在沈阳辽宁工业展览馆成功举办。

2011 年 8 月 12 日至 14 日，2011 中国·盘锦首届工笔画交易博览会在盘锦辽河美术馆举行，届时还举行了"2011 辽河画院美术作品年展"。

（作者：王焯，辽宁社会科学院民俗所）

后　记

　　本书是辽宁社会科学院 2011 年度重大课题"辽宁文化发展研究"的结项成果。在课题组负责人、辽宁社会科学院副院长、孙洪敏研究员的指导下，辽宁社会科学院组成了以哲学所、文学所、历史所、党史所、民俗所等研究机构的相关领域专家学者参加的研究团队，由牟岱所长具体协调。辽宁省委宣传部文化发展处郭铁钧处长也热情参与，对本课题的研究导向和研究方法提出了中肯的建议。一年来，课题组成员就辽宁省文化体制改革、文化事业和文化产业的发展，和省内相关部门领导和同志进行了广泛交流，并深入辽宁文化发展的第一线进行调查，并对一些文化企业进行了个案研究。这部著作的出版既是辽宁文化大发展大繁荣的历史见证，也是课题组成员心血的结晶。

　　以广播电视、新闻出版为代表的辽宁文化体制改革工作，已经走在了全国前列，得到了中央领导的肯定，对全国其他地区起到了一定的"示范"效应。这对课题组的研究提出了巨大的挑战。我们一直要求课题组成员要具有前瞻意识和创新思维。很多同志根据这部书的框架进行了相关的子课题的研究，所撰写的文章在一些刊物上公开发表。有的同志针对辽宁文化发展实践的难点问题，提出了自己的对策性建议，部分成果得到了省委、省政府领导及相关管理部门的批示和采用。

　　本书是在辽宁省文化体制改革领导小组办公室的直接指导下完成的，辽宁省委宣传部的领导对本书给以大力支持和热情鼓励，使课题组成员深受鼓舞。同时，辽宁省文化厅、新闻出版局、广播电视局、工商行政管理局、统计局等省内相关厅局也对本课题的完成提供了翔实的数据资料，使课题组能够把握辽宁文化发展的整体状况。人民出版作为国家级高水平出版社对本课题的顺利完成做了很多工作，特别是责任编辑雍谊老师更是付出了辛勤的汗水。在此，课题组全体成员一并深表谢意！

　　在西方，文化研究成功地促进了知识分子身份的转型。工作在作为省政府的智囊团与思想库的社会科学院，我们深感自己对辽宁文化大发展大繁荣，对辽宁文化体制改革的全面开展和最后成功负有一定的责任。在这本《辽宁文化发展形势分析与预测（2011—2012》）中，我们欣喜地看到，一些作者在调研实践中不断进步。但整体上，我们的编写水平与日益发展的辽宁文化实践还不相适应。我们会以一种不断前行的姿态，追求本书的日臻完美！同时，欢迎省内外文化研究的学界、业界同仁对本书进行批评、指正！

课题组
2011 年 10 月

责任编辑:雍 谊
装帧设计:王 舒
版式设计:刘泰刚

图书在版编目(CIP)数据

辽宁文化发展形势分析与预测 :2011～2012/孙洪敏,牟岱主编.
—北京:人民出版社,2012.2

ISBN 978-7-01-010485-0

I.①辽… Ⅱ.①孙… ②牟… Ⅲ.①文化事业-建设-研究-辽宁省-2011～2012
Ⅳ.①G127.31

中国版本图书馆 CIP 数据核字(2011)第 258147 号

辽宁文化发展形势分析与预测(2011—2012)

LIAONING WENHUA FAZHAN XINGSHI FENXI YU YUCE(2011—2012)

孙洪敏 牟 岱 主 编

张思宁 徐明君 副主编

人民出版社出版发行
(100706 北京朝阳门内大街 166 号)

北京中科印刷有限公司印刷 新华书店经销

2012 年 2 月第 1 版 2012 年 2 月北京第 1 次印刷
开本:710 毫米×1000 毫米 1/16
印张:23.5 字数:480 千字

ISBN 978-7-01-010485-0 定价:56.00 元

邮购地址 100706 北京朝阳门内大街 166 号
人民图书销售中心 电话 (010)65250042 65289539